HISTOIRE

DU

BAILLI DE SUFFREN.

Lin 27/19219

DÉDIÉ

A

LA MARINE FRANÇAISE

COMME EXEMPLE

DE GÉNIE ET D'HÉROISME

Le Bailli de Suffren,

Vice-Amiral de France.

Lith. Landais & Oberthur, Rennes.

HISTOIRE

DU

BAILLI DE SUFFREN

Par Ch. CUNAT,

Ancien officier de la Marine ; chevalier de la Légion-d'Honneur ;

Auteur de **DUGUAY-TROUIN**, lieutenant-général ; de **ROBERT SURCOUF**, capitaine de corsaire ; etc.

Si l'histoire d'un grand homme lui donne une seconde vie, elle doit avoir pour but d'en former d'autres sur le modèle de celui que l'on fait en quelque sorte sortir du tombeau.

RENNES,
IMPRIMERIE DE A. MARTEVILLE ET LEFAS, RUE NATIONALE, 8.

1852.

PRÉFACE.

Lorsque la pensée se porte vers la marine, on reste frappé de cette suite d'événements désastreux que nos armées navales éprouvèrent à toutes les époques ; de là cette prévention nationale qui venait militer contre nos armements maritimes en faveur de nos armées de terre : on s'imaginait, sans doute, que toute lutte sur mer devenait impossible.

Quelle que fût cette prévention, chaque fois que la France se trouva pressée par le besoin de repousser les agressions de la Grande-Bretagne et de protéger notre commerce maritime, des flottes se créèrent comme par enchantement dans nos ports ; les escadres si belles de Louis XIV, anéanties sous son successeur, reparurent plus formidables sous le règne de Louis XVI : Malgré la perte de nos vingt-sept vaisseaux livrés ou brûlés à Toulon (1), malgré la catastrophe de Trafalgar, l'Empire, en s'écroulant, légua à la Restauration soixante vaisseaux à flot.

Un grand État ne se laisse point abattre par des revers ; la France ne fut point vaincue par la défaite de ses armées na-

(1) Sur les trente-un vaisseaux que nous avions dans le port de Toulon, quatre seulement, le *Patriote*, l'*Orion*, l'*Entreprenant* et l'*Apollon*, furent conservés à la France. Les amiraux anglais et espagnols rendirent hommage à leur noble et patriotique résistance, et offrirent une capitulation par laquelle les quatre vaisseaux qui appartenaient aux ports de l'Océan purent y retourner.

vales : une nation généreuse survit toujours aux grands naufrages qui la submergent momentanément, et se représente
ensuite à l'ennemi plus redoutable qu'elle n'était auparavant.

Quoi qu'il en soit, cette succession d'anéantissement et de
restauration de notre marine est une preuve irrécusable des
ressources de la France comme puissance maritime : ces
ressources, habilement utilisées, pourraient donc lui ouvrir
l'avenir qu'elle a droit d'espérer.

Je n'entreprendrai point ici l'énumération des causes qui, à
toutes les époques, ont si fatalement influencé nos luttes sur
mer contre l'Angleterre : je n'écris point l'histoire de la marine,
mais celle d'un de ses grands capitaines. Toutefois, dans le
récit des événements que retrace mon ouvrage, les faits prou-
veront assez que, si nous avons succombé, ça toujours été
par notre faute.

Dans aucun temps, notre nation n'a paru mieux comprendre
qu'aujourd'hui la nécessité d'avoir une marine ; jamais occasion ne s'est présentée plus favorable à un écrivain qui veut
rappeler ce qui a été fait sur mer à une époque peu éloignée,
et montrer ce qu'on aurait pu obtenir, si l'on avait su mieux
tirer parti des circonstances et des hommes. Ce ne sera donc
point une vaine entreprise que celle d'écrire l'histoire d'un des
plus grands hommes de mer du xviiie siècle, et le premier, si
Duguay-Trouin ne lui eût pas appartenu. Les héros ont toujours été formés par d'autres héros ; les belles actions laissent
après elles une trace lumineuse vers laquelle les hommes
généreux se sentent attirés.

Le nom de Suffren est inscrit en première ligne dans les
fastes de la marine, entre ceux des Duquesne, des Tourville,
des Jean-Bart et des Duguay-Trouin. C'est la vie de cet illus-

tre amiral que j'ai entrepris de raconter. Aussi, avant de peindre, avec les plus grands détails, sa belle campagne de l'Inde, qui l'a immortalisé, j'esquisserai toutes les batailles auxquelles il s'est trouvé en sous-ordre. J'aurai donc à mettre sous les yeux de mon pays une époque glorieuse après une longue série de revers et de désastres; mais, là encore, on verra la faiblesse remplacer l'énergie, le désir de jouir de la vie enchaîner les élans magnanimes, éteindre les nobles flammes.

Je n'ai donc besoin d'employer aucun art, d'avoir recours à aucune recherche, pour préparer le lecteur à ce que je dirai pour la gloire du Bailly de Suffren : les éloges qui se trouveront dans le cours de ce livre se justifieront par le témoignage des services qu'il a rendus à la patrie.

Il me reste à dire comment, moi Breton, j'ai été amené à choisir, parmi nos illustrations maritimes, le Bailli de Suffren, de préférence à plusieurs grands hommes de ma province.

Il y a quarante-sept ans, la nécessité, autant qu'une vocation prononcée, me portèrent à prendre l'état de marin. Alors, poussé par les événements, j'arrivai, en juin 1805, à l'Ile-de-France, où des relations sociales et de famille me firent connaître plusieurs officiers distingués qui avaient servi sous le Bailli de Suffren. Ivre de cet enthousiasme du premier âge, plein de la lecture des Duguay-Trouin et des Labourdonnais, exalté par le souvenir de leurs exploits, j'apportais dans ma profession ce qu'il fallait pour la suivre avec distinction ou y périr avec courage.

Après avoir parcouru les mers de l'Inde pendant trois ans, je fus fait prisonnier de guerre par les Anglais, et ils me donnèrent pour prison la ville de Pondichéry. Là, durant dix-huit mois d'une douce captivité, j'eus des rapports de chaque jour

avec des militaires, des employés d'administration, des chirurgiens et des habitants qui avaient assisté aux batailles livrées par Suffren, ou à des combats sous Duchemin, d'Offelize et de Bussy. En 1809, lorsque je quittai Pondichéry pour
repasser à l'Ile-de-France, je savais par cœur mon *Suffren*,
comme *Duguay-Trouin*. C'était dans l'édition de 1740 des mémoires de ce dernier que j'avais appris à épeler.

La Restauration vint changer la perspective que j'envisa-
geais. Officier à bord d'une flûte du Roi, je débarquai malade
à Bourbon, et je fus mis à la retraite à vingt-huit ans. Cependant, j'avais assisté à quelques-uns des glorieux combats qui
avaient précédé la reddition de l'Ile-de-France. L'Inde, que
j'avais parcourue plus jeune, s'offrait à moi. Capitaine et ar-
mateur, je sillonnai ses mers et fréquentai ses côtes. Je tra-
versai en tous sens, et nombre de fois, les champs de bataille
que les Anglais vaincus abandonnèrent au Bailli victorieux.
Je jetai l'ancre partout où Suffren laissa tomber les siennes;
et je pus, sur ces lieux mêmes, si pleins de glorieux souvenirs, puiser aux précieuses traditions orales de ses compagnons d'armes une foule de faits intéressants.

A ces témoignages, j'ai ajouté celui de M. Trublet de la
Villejégu, second capitaine du *Flamand*, vaisseau de l'escadre de M. de Suffren, et ceux de quelques autres officiers de
marine dont je possède les journaux. (1) M. Bossinot Ponphily,

(1) MM. Sébire-Beauchêne, Clément et Tréhouart *(a)*. Dans le dossier
du capitaine de Saint-Félix qui avait ramené le *Flamand* à Lorient, se
trouve, sous la date du 12 juin 1784, un rapport extrêmement flatteur
de MM. les commissaires du Roi, sur la tenue des journaux de MM. Trublet et Sébire, officiers du vaisseau.   *(Arch. de la Mar.)*

(a) Ces trois officiers sont morts capitaines de vaisseau.

petit-fils de M. Trublet, a bien voulu me communiquer plusieurs documents importants provenant de son grand-père, et l'on en trouvera quelques-uns à la fin de ce volume, parmi les notes. Un ouvrage du caractère de celui-ci présentait un tout dont chaque partie solidaire des autres devait se justifier.

J'ai compulsé, aux archives de la marine, le dossier du bailli de Suffren, notamment ses lettres, et la correspondance de M. de Souillac avec le ministre. J'ai lu attentivement les rapports officiels de l'amiral Hughes et des généraux anglais Coote et Stuart. J'ai étudié l'Histoire de la guerre de 1778, publiée avec l'approbation du Roi ; la relation détaillée de la campagne de M. de Suffren, depuis le 1er juin 1782 jusqu'au 29 septembre suivant, imprimée à Port-Louis, en 1783 ; et enfin l'excellent ouvrage inédit de M. Saint-Elme Leduc, sur l'Histoire de l'Ile-de-France.

Mais afin de répandre le plus de clarté possible sur les faits, j'ai publié séparément une série de notes et pièces officielles (1), qui forment à elles seules une histoire, et qu'un récit succinct ne pouvait comporter. A ces pièces authentiques, j'ai ajouté une carte de l'Inde et un plan de chacune des batailles livrées par Suffren,

Si j'ai traité avec sévérité quelques-uns des hommes qu'on verra figurer dans les événements que je retrace, je l'ai fait sans prévention et sans récrimination. Éloigné de toute adu-

---

(1) Je dois la communication de la plupart de ces pièces au bienveillant empressement de M. d'Avezac, chef du bureau des archives de la marine ; je suis heureux de pouvoir lui exprimer ici, d'une manière durable, toute ma gratitude.

HISTOIRE

DU

BAILLI DE SUFFREN.

———◆———

CHAPITRE I.

La famille de Suffren. — Naissance de Pierre-André de Suffren. — Son enfance. — Son admission dans les gardes de la marine. — Il embarque sur le *Solide*. — Combat naval. — La *Pauline*. — Il passe à bord du *Trident*. — Expédition du duc d'Anville. — Suffren est promu au grade d'enseigne de vaisseau. — Il s'embarque sur le *Monarque*. — Combat naval. — Suffren prisonnier en Angleterre. — Paix d'Aix-la-Chapelle. — Il se rend à Malte. — On le reçoit chevalier. — Courses contre les Infidèles. — Suffren quitte Malte et revient à Toulon. — Conduite des Anglais. — Déclaration de guerre contre l'Angleterre. — Il s'embarque sur le *Dauphin-Royal*. — Suffren nommé lieutenant de vaisseau. — Il passe à bord de l'*Orphée*. — Combat naval. — Victoire des Français — Mort de la Galissonnière. — Suffren à bord de l'*Océan*. — M. de la Clue. — Départ de l'escadre de Toulon. — Combat naval sous le cap Santa-Maria. — Défaite de l'armée française. — Suffren est conduit en Angleterre. — Il revient à Toulon. — Paix de 1763. — Il commande le chebec le *Singe*. — Expédition de Larrache. — Sa promotion au grade de capitaine de frégate. — Il commande l'*Union*. — Expédition au Maroc. — Il retourne à Malte. — Courses contre les Barbaresques. — Il est nommé commandeur. — Suffren apprend sa nomination au grade de capitaine de vaisseau. — Il revient à Toulon. — Il commande la *Mignonne*. — Il passe à celui de l'*Alcmène*. — Escadre et campagne d'évolutions. — Il monte le vaisseau le *Fantasque*. — Nouvelle campagne dans la Méditerranée. — La France se dispose à reconnaître les provinces d'Amérique.

Paul de SUFFREN, chevalier, seigneur de Saint-Torpez, dont la famille est originaire de la ville de Salon (1), où elle existe encore, tenait un rang distingué parmi la noblesse de

(1) Voyez la pièce officielle n° 7, tirée d'Hennequin, et celle sous le n° 31, de la Chenaye-Dubois.

Provence, et résidait à son château de Saint-Cannat. Il épousa Mlle de Bruny de la Tour-d'Aigue, et, de son mariage, naquirent quatre garçons et deux filles.

L'aîné, marquis de Saint-Torpez, embrassa la carrière des armes. Il fut maréchal-de-camp, chevalier de Saint-Louis, et servit, en 1745, en qualité de maréchal-général-des-logis, sous les ordres du maréchal de Maillebois, en Italie. Maillebois avait remplacé le prince de Conti, et commandait, avec l'infant Dom Philippe, l'armée combinée des Français et des Espagnols.

Le second entra dans les ordres et devint successivement évêque de Sisteron et de Nevers.

Le troisième, Pierre-André de Suffren Saint-Torpez, est le célèbre bailli qui fait le sujet de cet ouvrage ; il naquit au château de Saint-Cannat, le 17 juillet 1729 (1).

(1) *Extrait des registres de Saint-Cannat*. (Copie littérale de l'acte de naissance) :

« L'an mil sept cent vingt-neuf et le 17 juillet, est nai noble Pierre-
» André de Suffren, fils de noble Paul de Suffren, chevalier, seigneur de
» Saint-Torpez, de Riche-Boislamole, marquis de ce lieu de Saint-Cannat,
» et autres places, et de dame Marie-Hiéromée de Bruni de Suffren, dame
» de ce d. lieu de Saint-Cannat, mariés, et a esté ondoyé dans le châ-
» teau de ce dit lieu, ensuite de la permission de M. S[r] le grand-vicaire
» de Marseille (a), le sus dit jour, et les cérémonies du baptême ont esté
» supplées dans l'église paroissiale de ce d. lieu, le vingt-sept du sus d.
» mois, par moy de Saint-Chamas, curé soussigné. Le perrin a esté noble
» Pierre-André Le Blanc, ancien capitaine de cavalerie de la ville d'Aix,
» et la merrine dame Thérèse Destienne de Villemus, épouse de M. de
» Saint-Pons, conseiller à la Cour des Comptes de la d. ville d'Aix. Le père,
» le perrin et la merrine ont signé.

» LE BLANC, VIELEMUS DE SAINT-PONS, SUFFREN SAINT-TORPEZ,
» DE SAINT-CHAMAS, *curé.* »

(a) Saint-Cannat, du canton de Lambesc et de l'arrondissement d'Aix, dépendait autrefois du diocèse de Marseille, à cause du patron du pays, qui fut nommé évêque de cette ville. Ce saint homme, qui portait le nom du lieu, s'était retiré dans un bois, situé à Saint-Cannat, pour y faire pénitence ; mais il fut forcé de quitter sa retraite pour remplir ses fonctions épiscopales.

Le quatrième, connu sous le nom de commandeur Saint-Tropez (1), se distingua dans diverses rencontres qui eurent lieu entre les frégates de *la Religion* et les bâtiments barbaresques. En 1783, il faisait partie de l'expédition espagnole contre Alger, et commandait les deux frégates que Malte y envoya, la *Sainte-Elizabeth*, à bord de laquelle flottait son guidon, et la *Sainte-Marie du Carmen*, que montait le chevalier de Soubirats. L'amiral Dom Antonio Barcelo, dans son rapport, donna de grands éloges au commandeur et au chevalier.

L'aînée des deux filles épousa le marquis de Pierrevert. Nous aurons à parler du chevalier de Pierrevert, son fils, et de sa fin prématurée. La cadette se maria au marquis de Nibles de Vitrolles.

Le marquis de Saint-Torpez, ayant destiné son troisième fils à la marine et à entrer dans l'ordre de Saint-Jean-de-Jérusalem, dirigea les études de l'enfant vers la profession qu'il devait exercer ; et, à peine eut-il atteint ses quatorze ans, qu'il l'envoya à Toulon. Admis dans les gardes de la marine, au mois d'octobre 1743, le jeune Pierre-André reçut l'ordre de s'embarquer sur le *Solide* (2), qui était un des dix-sept vaisseaux (3) que le cabinet de Versailles armait dans ce port, sous le commandement du chevalier de Court, vieillard de quatre-vingts ans, et doyen des lieutenants-généraux. On voulait les réunir aux seize vaisseaux espagnols aux ordres de Dom José de Navarro, que l'amiral Mathews, avec une formidable escadre, retenait enfermés depuis plus d'un an.

Quoique le cardinal de Fleury eût employé le reste de ses forces à comprimer les élans de la nation contre son or-

---

(1) Corruption du nom de Saint-Torpez. Sur l'acte de décès du bailli, que nous rapportons à la fin de cet ouvrage, M. le comte de Suffren, son neveu, signe : *Suffren de Saint-Tropès*.

(2) Essai historique sur le bailli de Suffren, par Hennequin, 1824.

(3) Arch. de la marine.

gueilleuse rivale, et à jeter un voile épais sur les empiéte-
ments de l'Angleterre, pour conserver la paix jusqu'à sa dernière heure, il fut débordé en abandonnant ainsi les intérêts
de l'avenir. Le 2 septembre 1743, une alliance offensive et
défensive ayant été signée entre Georges II, Marie-Thérèse
et le roi de Sardaigne, la France, qui avait fait passer deux
armées en Allemagne pour soutenir l'électeur de Bavière,
qu'elle venait de faire nommer empereur, se trouva engagée
dans une guerre continentale; elle devait bientôt l'être dans
une guerre maritime.

Louis XV, que la mort du cardinal de Fleury (1) vint af-
franchir de toute tutelle, n'ayant plus de ménagements à garder vis-à-vis des Anglais, d'après les infractions exercées par
eux au traité conclu avec le roi d'Angleterre à Hanovre, en
1741, mit fin à cet absurde semblant de paix; il déclara donc
la guerre au roi Georges, en reprochant à ce prince d'avoir
insulté la France par la piraterie de ses vaisseaux de guerre,
et surtout d'avoir fait bloquer le port de Toulon par ses escadres. En même temps qu'il jetait le gant au souverain de la
Grande-Bretagne, en affectant de le traiter d'électeur d'Hanovre, pour l'offenser, le roi, qui désirait donner des preuves
de son amitié à l'Espagne, intima l'ordre à M. La Bruyère de
Court de se combiner avec l'escadre espagnole, et si Mathews
s'opposait à leur passage, de le combattre sans avoir égard
au nombre : l'amiral anglais avait quarante-cinq vaisseaux de
ligne. Cet ordre, qui rappelait celui que Louis XIV avait in-
considérément donné à Tourville, n'eut heureusement pas
de si désastreux résultats à inscrire dans les fastes de la marine.

Le 19 février, les deux escadres mirent sous voiles. L'ordre

(1) André Hercule de Fleury naquit à Lodève en 1653. Il mourut en
1743, dans sa quatre-vingt-dixième année, avec la douleur de n'avoir vu
dans la dernière guerre que des malheurs, et des malheurs que le public
lui reprochait.   *(Biographie universelle.)*

de marche arrêté portait « que les deux escadres hors la grande
rade se mettraient en bataille sur un front de bandière, conformément aux signaux qui en seraient faits, l'escadre d'Espagne faisant l'avant-garde. » Mais, après deux heures de
marche, la frégate *la Volage* aborda *le Léopard* (1), ce qui fit
manquer l'occasion d'attaquer l'armée anglaise, comme on
l'avait résolu ; occasion d'autant plus favorable qu'on avait
l'avantage du vent sur les ennemis. L'armée alliée mouilla
aux Vignettes ; le 20, elle en sortit avec un petit vent d'O.
Tous les vaisseaux étaient sous voile à neuf heures du matin. Les Anglais firent la même manœuvre ; mais, comme ils
ne détachèrent que deux ou trois frégates pour observer la
marche des alliés, il ne se passa rien ce jour-là : le vent
soufflait de l'O. variable à l'O.-S.-O. ; les vaisseaux français
et espagnols restèrent en panne, conservant les îles d'Hières
sous le vent.

Le 21, on décida que les Espagnols iraient attaquer les
Anglais dans les îles, et l'on s'y disposa ; mais, sur les 8 heures 30′, les vents tournèrent à l'E., et arrêtèrent la marche
des alliés. Les deux armées furent en présence tout le jour,
à deux lieues de distance. Une grosse mer du S.-O. empêcha sans doute les Anglais de commencer le combat, puisqu'ils étaient au vent : cet avantage du vent qu'avaient les
ennemis décida M. de Court à courir au sud et à s'éloigner,
sans paraître s'occuper de nos alliés, dont les vaisseaux marchaient mal.

Le 22, par suite de la manœuvre de M. de Court, les Français se trouvèrent à l'avant-garde et les Espagnols à l'arrière;
mais ces deux corps d'armée étaient malheureusement fort
éloignés l'un de l'autre, et l'amiral anglais, qui était maître
du vent, profita de cette faute pour tomber sur les Espagnols.

_____

(1) Archives de la marine. — Suivant Sainte-Croix, le vaisseau rentra
au port.

Voici la composition des escadres française et espagnole au moment de l'action :

ESCADRE FRANÇAISE. (1)

Le *Terrible*,	de 74 canons,	De Court,	lieut.-gén.	620 homm.
L'*Espérance*,	de 74 »	De Gabaret,	chef d'esc.	620 »
Le *Ferme*,	de 74 »	De Sorgues,	capitaine,	600 »
Le *Duc d'Orléans*,	de 74 »	Dolves,	»	600 »
Le *Saint-Esprit*,	de 74 »	le chevalier de Piosins,	»	600 »
Le *Borée*,	de 64 »	de Marquaisat,	»	430 »
Le *Trident*,	de 64 »	de Caylus,	»	430 »
Le *Solide*,	de 64 »	de Châteauneuf,	»	430 »
Le *Sérieux*,	de 64 »	de Cheylas,	»	430 »
L'*Éole*,	de 64 »	marquis d'Albert,	»	430 »
Le *Toulouze*,	de 62 »	d'Astour,	»	420 »
L'*Heureux*,	de 60 »	de Vaudreuil,	»	400 »
Le *Diamant*,	de 50 »	de Massiac,	»	300 »
Le *Tigre*,	de 50 »	de Saurin,	»	300 »
L'*Alcion*,	de 50 »	de Lancaz,	»	300 »
L'*Aquilon*,	de 42 »	Duquesne,	»	280 »

FRÉGATES.

Le *Zéphir*,	de 30 canons,	de Glandeves,	capitaine,	220 homm.
L'*Atalante*,	de 30 »	de la Clue,	»	220 »
La *Volage*,	de 26 »	de Beaufremont,	»	190 »
La *Flore*,	de 26 »	de Bompar,	»	190 »

BRULOTS.

Le *Saint-Pierre*,	de Chabot, capitaine.
Le *Vainqueur*,	de Matheux, capitaine.
La *Bellone*,	de Beaussier de Quier, capitaine.
Le *Fors-Hopital*,	Truguet, capitaine.

ESCADRE ESPAGNOLE.

Le *Real Philippe*. .	114 canons,	Dom José Navarro	937 hommes.
L'a *Sainte-Elisabeth*,	80 »	. . . .	508 »
Le *Constant*.	60 »	. . . .	496 »
L'*Hercule*	60 »	. . . .	374 »
Le *Saint-Fernand* .	62 »	. . . .	359 »

(1) Archives de la marine.

L'*Amérique*	60 canons,		319 hommes.
Le *Superbe*	62 »		335 »
Le *Poder*	62 »	Dom Rodrigo Urratia	349 »
L'*Orient.*	62 »		307 »
L'*Alcion.*	46 »		317 »
Le *Brillant*	62 »		356 »
Le *Neptune*	62 »	Dom Henrique d'Olivaros,	390 »
Le *Galgu*	54 »		302 »
Le *Retiro*	54 »		265 »
Le *Xavier.*	46 »		281 »
Le *Paloma*	54 »		189 »

L'amiral anglais, encore supérieur en forces, quoiqu'il eût détaché plusieurs vaisseaux de sa flotte, engagea le combat. Son escadre, qui comptait trente vaisseaux de ligne, dont cinq à trois ponts, partagée en trois divisions, courait sur une ligne prolongée. A l'avant-garde est Rowley, Mathews est au centre et Lestock à l'arrière-garde.

L'armée combinée formait également trois divisions : la première, en tête, était conduite par M. de Gabaret (1); la seconde, au centre, se trouvait sous le commandement de M. de Court; Dom José Navarro commandait la dernière. Mathews, qui était au vent, profita de l'éloignement des Français pour tomber avec son corps de bataille sur le *Real-Philippe*, couper notre ligne et envelopper notre arrière-garde. Les Espagnols, qui se virent séparés de leurs alliés et attaqués les premiers, se battirent avec une bravoure inimaginable, et pendant trois heures ils essuyèrent seuls le feu du corps de bataille et de l'arrière-garde des ennemis. Rowley se porta sur notre corps de bataille; mais les canons de nos vaisseaux furent si bien servis, que son avant-garde, malgré

(1) Il était le cinquième officier de marine de ce nom. Il y a aux archives un mémoire de cet officier au ministre, par lequel il demande le commandement de huit vaisseaux, pour protéger nos vaisseaux de commerce, que les Anglais molestaient, quoiqu'en état de paix.

(Arch. de la mar.)

les trois vaisseaux à trois ponts qui s'y trouvaient, fut contrainte de s'éloigner.

Quelques vaisseaux espagnols ayant été désemparés, laissèrent rompre leur ligne; Mathews eut alors la liberté d'attaquer avec trois vaisseaux le *Real-Philippe*, à bord duquel flottaient les insignes de l'amiral espagnol. Blessé deux fois (1), Dom José Navarro fut contraint d'abandonner le pont, que balayaient les boulets anglais, où son capitaine de pavillon, M. de Gerardin, avait été tué. Mathews, apercevant M. de Court, qui, après être resté long-temps à observer Rowley, venait prendre part à la lutte engagée entre lui et le *Real-Philippe*, se décide à avoir recours à une de ces machines de destruction inventées par un art infernal, pour incendier le *Real-Philippe*; en conséquence, il fait avancer un brûlot. Ce petit bâtiment n'était plus qu'à une faible distance du vaisseau amiral, lorsque quelques officiers parlent d'amener. Le chevalier de Lage, de Saint-Malo, qui se trouvait remplacer M. de Gerardin dans le commandement, leur dit : « Vous avez donc oublié que j'étais à bord! » En même temps qu'il fait mettre un canot à la mer, pour changer la proue du brûlot de direction, il fait tirer sur ce bâtiment incendiaire, qui est atteint à la flottaison. Le capitaine du brûlot, voyant qu'il allait couler, mit le feu avec tant de précipitation, qu'il périt par l'explosion qui eut lieu, sans pouvoir endommager de ses débris enflammés le *Real-Philippe*.

M. de Court, ayant vu que les Anglais portaient leurs efforts sur les Espagnols, avait fait signal à son avant-garde de virer de bord pour les secourir. Comme elle était fort éloignée et que la fumée pouvait l'empêcher de voir le signal du *Terrible*, l'amiral français se décida à faire le mouvement ordonné avec sa division seule, persuadé que M. de Gabaret

(1) Il paraît, d'après Sainte-Croix, que ses blessures n'étaient pas graves, et qu'elles lui servirent de prétexte pour rester à fond de cale.

l'imiterait. A l'approche des Français, Mathews fit ralentir l'attaque du vaisseau amiral espagnol, pour répondre au feu des nouveaux combattants. Le *Terrible* engagea le combat avec une indicible ardeur contre le vaisseau amiral anglais, mais il ne put réparer le mal causé par l'absence de l'escadre française, dont l'avant-garde n'avait pas encore tiré un seul coup de canon. Le *Solide*, qui appartenait au corps de bataille, attaqua bord à bord le *Northumberland*; le *Ferme* et le *Saint-Esprit* se distinguèrent particulièrement par leur audacieuse attaque et la vivacité de leur feu. Enfin, tous nos vaisseaux amenés sur le champ de bataille engagèrent successivement le combat contre les vaisseaux ennemis. Le jeune de Suffren reçut dans cette affaire le baptême du feu, et montra cette bravoure qui devait tant de fois briller dans nos luttes contre les Anglais. Malgré l'infériorité de leur nombre durant la première phase du combat, il n'y avait eu qu'un seul vaisseau espagnol, le *Poder* (1), à s'être trouvé dans la nécessité d'amener son pavillon ; mais le *Terrible* eut le bonheur de le reconquérir sur les Anglais.

Le combat dura jusqu'à cinq heures et demie ; les alliés laissèrent le champ de bataille aux ennemis, quoique ceux-ci eussent plusieurs vaisseaux fort endommagés, et l'un d'eux, le *Marlborough*, coula (2). L'armée franco-espagnole, craignant le retour instantané de la division anglaise envoyée en mission, crut prudent de se réfugier dans les ports d'Espagne, qui étaient sous le vent. Au moment de la retraite des alliés et pendant toute la nuit, l'escadre de France se tint entre les Anglais et les Espagnols, pour mettre ceux-ci à même de se réparer. Le 23, au jour, le vaisseau espagnol l'*Hercule*, s'étant égaré durant la nuit, était sur le point de tomber au pouvoir de Mathews, si M. de Court ne se fût

(1) M. de Court brûla ce vaisseau démâté.   (*Arch. de la mar.*)
(2) Archives de la marine.

porté à la rencontre des vaisseaux ennemis qui allaient l'envelopper. Le 24, les escadres firent voile vers Carthagène, où elles arrivèrent sans avoir perdu un seul bâtiment (1). Après s'être ravitaillée, l'armée française rentra à Toulon.

Assurément, quoique M. de Court montrât dans le feu une grande valeur, sa manœuvre méritait d'être blâmée. En France, on s'attendait à ce qu'il eût passé devant un conseil de guerre; mais le gouvernement commençait à montrer cette faiblesse qui caractérisa le règne de Louis XV, pendant lequel toutes les fautes des officiers de la marine restèrent impunies. Le duc d'Orléans, qui avait valu à ce général le commandement de l'escadre, empêcha que cette affaire n'eût des suites plus sérieuses que celles de l'exil au château de Gournay, seule punition à laquelle il fût condamné. Ce vieillard oublia sa disgrâce dans les délices de ce séjour enchanté qui lui appartenait, et dans les fêtes qu'il donnait aux Parisiens. Cinq ans après, M. de Court rentra en faveur près du roi; le 7 février 1750, il fut élevé au rang de vice-amiral, et le 28 avril nommé grand'croix de l'ordre de Saint-Louis (2). Le cardinal de Fleury avait négligé nos ports; il ignorait qu'une marine oubliée est une marine détruite : aussi la nôtre ne fit que déchoir d'année en année.

Le printemps suivant, le jeune Pierre-André s'embarqua sur la *Pauline*, qui faisait partie de l'expédition que commandait le capitaine de vaisseau de Macnemara, composée de cinq vaisseaux de guerre et de deux frégates. Cette escadrille, destinée pour les îles de l'Amérique, rencontra plusieurs fois des divisions ennemies qu'elle combattit et mit en fuite. Dans toutes les occasions, elle soutint avec distinction l'honneur du pavillon français. Le sang-froid que

(1) Archives de la marine.
(2) M. de Court remplaçait M. le chevalier de Broglie, décédé.

(Arch. de la mar.)

le jeune de Suffren montra dans ces diverses rencontres put faire présager ce qu'il devait être un jour.

La *Pauline* désarma, et le garde de la marine, de Suffren, fut employé dans son grade à bord du vaisseau le *Trident*, capitaine d'Estourmel (1). En 1746, le gouvernement du roi songea à reconquérir ce qu'il n'avait pas su garder : en conséquence, il fit partir de Brest une escadre de quatorze vaisseaux, pour reprendre le Cap-Breton, et ruiner la colonie anglaise d'Anapolis. Mais, comme tout ce qui se fit à cette époque était marqué au coin de l'inintelligence et du malheur, Maurepas, qui dirigeait nos opérations maritimes, confia au duc Danville cette opération, comme si on devait, dans des expéditions de cette importance, essayer les talents d'un homme parce qu'il est duc. La mésintelligence se mit tout d'abord entre lui et les capitaines sous ses ordres, jaloux de ce seigneur, qu'ils appelaient *un intrus*, n'ayant pas passé par les grades inférieurs ; les deux officiers qu'on lui avait donnés pour conseil ne s'entendirent point non plus : le duc, qui avait besoin d'être guidé, ne pouvant agir d'après eux, n'osa agir d'après lui-même. Non seulement aucun capitaine ne voulut aider son inexpérience, mais ils contribuèrent à lui faire faire des fautes, qu'ils lui reprochèrent ensuite. Danville dirigea son escadre dans le sud des îles Açores, où il n'avait pas besoin d'aller, et resta vingt-deux jours en vue de ces îles, pris par le calme. La disette d'eau, la mauvaise qualité des vivres, occasionnèrent le scorbut parmi les équipages. Au milieu des dissentiments qui avaient éclaté, les opérations se ressentirent de l'incapacité du chef qui les dirigeait ; retardée dans sa marche, l'escadre fut assaillie par une violente tempête, qui la dispersa ; bientôt après, la majeure partie fut prise en détail par l'armée anglaise ; le reste de la flotte ne rapporta à Brest, pour tout fruit de l'expédi-

(1) Hennequin, *Essai historique.*

tion, que la peste. Le *Trident* fut du petit nombre de ceux qui parvinrent à regagner le port.

Le duc Danville, que la nature n'avait pas pourvu d'une constitution robuste pour résister aux fatigues de la mer, profondément affligé de l'insuccès de son opération, alla terminer, sur un rivage éloigné, une carrière qu'il eût sans doute illustrée dans les armées de terre.

Mais cet esprit d'insubordination, qui avait régné parmi les capitaines de l'escadre, et auquel on devait les désastreux résultats qui eurent lieu, fit une vive et douloureuse impression sur l'esprit du garde de la marine; il semblait pressentir que, lui aussi, aurait un jour à subir la funeste conséquence de cette faiblesse et de cette insouciance que montrait le ministre Maurepas pour le défaut de discipline des capitaines envers les généraux. Cependant, ainsi qu'on le lui reprocha plus tard, s'il eût fait quelque exemple éclatant des mutins de l'escadre du marquis d'Antin, ou des mécontents de celle du duc Danville; s'il eût fait trancher la tête à ce Maison-Fort ou à ce Poulkonque, plus coupable que l'amiral Byng, fusillé peu de temps après en Angleterre (1), il eût rendu un grand service à l'État, et épargné bien des fautes et des malheurs.

M. d'Estourmel, dans son rapport au ministre, rendit un témoignage avantageux sur l'activité, la bravoure et le zèle du jeune Suffren, ce qui lui valut le brevet d'enseigne de vaisseau; et ce fut dans ce nouveau grade qu'il embarqua, en 1747, sur le *Monarque*, capitaine de la Bédoyère, en armement à Rochefort.

La cour avait équipé avec beaucoup de peine, en la rade de l'île d'Aix, une escadre de huit vaisseaux, et l'avait confiée à M. de l'Etenduère, officier d'un grand courage. Cette escadre avait mission de convoyer deux cent cinquante-deux

(1) L'amiral Byng fut fusillé à bord du *Ramillies*, le 14 mars 1757.

navires marchands allant en Amérique, et qui étaient venus se rallier à elle. Toutefois, l'exécution de cette mission était hasardeuse, car l'Angleterre, qui comptait à cette époque deux cent soixante-neuf bâtiments de guerre, couvrait les mers de ses croiseurs ; nos bâtiments de commerce, traqués partout, ne pouvaient plus naviguer seuls, et réclamaient l'escorte de nos vaisseaux.

Le 17 octobre 1747, M. Desherbiers de l'Etenduère partit de l'île d'Aix avec son escadre et le nombreux convoi qu'elle protégeait ; pris de calme, le chef d'escadre fit jeter l'ancre à La Rochelle, d'où il appareilla le lendemain. Après être sorti des Pertuis, M. de l'Etenduère fit valoir la route le O.-N.-O. jusqu'au 23 qu'il vint à l'O. 1/4 N.-O., et le 24 à l'O. Les succès de ces premiers jours de navigation devaient se terminer par un échec aussi glorieux qu'une victoire. Le 25 octobre, ayant dépassé le méridien du cap Finistère (1), la flotte courait encore à l'O., favorisée par des vents d'E. variables au S.-E., lorsque les vigies du *Neptune*, vaisseau serre-file de l'escadre, annoncèrent qu'elles voyaient environ cinquante bâtiments au vent et un peu de l'avant, mais qu'en même temps elles en voyaient d'autres dans les eaux de l'escadre. Le signal ayant été fait au général, l'Etenduère fit venir au vent, sous petites voiles, pour rallier les premiers, en leur signalant l'ordre de rejoindre le gros du convoi. Ces navires déclarèrent que, pendant la nuit, un bâtiment était venu leur dire, de la part de l'amiral, de faire valoir la route O. 1/4 S.-O.

L'escadre mit ensuite en panne pour attendre les voiles qu'on avait vues de l'arrière, croyant qu'elles composaient un fragment de la flotte ; mais comme ces bâtiments, couverts de toile, approchaient vite, on les reconnut pour ce

(1) L'armée s'en faisait à quatre-vingts lieues dans le N. 1/4 N.-O.

(*Arch. de la mar.*)

qu'ils étaient : le *Neptune* signala dix-neuf vaisseaux de guerre ennemis. L'Etenduère fit aussitôt le signal de l'ordre de bataille et celui de se préparer au combat. Ce fut à cette prompte résolution et à ce noble dévoûment de notre chef d'escadre que le convoi dut son salut. A huit heures, il hissa deux pavillons à la tête de son grand mât, qui exprimaient l'ordre au convoi de fuir en forçant de voiles ; la flûte le *Content* dirigea les bâtiments marchands, tandis que la frégate le *Castor* resta spectatrice du combat qui allait se livrer.

L'Etenduère attendait audacieusement, babord amures, ses nombreux et formidables adversaires dans l'ordre suivant :

L'*Intrépide*,	de 74 canons,	capitaine	de Vaudreuil.	Vaisseau de tête.
Le *Trident*,	de 64	»	»	d'Amblimont.
Le *Terrible*,	de 74	»	»	Duguay.
Le *Tonnant*,	de 80	»	»	L'Etenduère. Vaisseau amiral.
Le *Monarque*,	de 74	»	»	La Bédoyère.
Le *Severne*,	de 56	»	»	Du Roulet.
Le *Fougueux*,	de 64	»	»	Du Vignau.
Le *Neptune*,	de 68	»	»	De Fromentière. Vaiss. serre-file.

En approchant, l'ennemi, qui était sur une ligne de front, se forma sur la ligne de bataille. Voici les vaisseaux qui composaient l'escadre aux ordres de l'amiral Hawke, et sur la force de laquelle les écrivains ont si souvent varié : (1)

ESCADRE ANGLAISE.

Le *Devonshire*,	de 70 canons,	capit.	lord Hawke.	Portant pavillon blanc,
Le *Yarmouth*,	de 66	»	Saunders.	de croix rouge au
L'*Edimbourg*,	de 66	»	Coats.	mât d'artimon.
Le *Montmouth*,	de 66	»	Harrison.	
Le *Kent*,	de 66	»	Fox.	
L'*Aigle*,	de 64	»	Rodney.	Ces vaisseaux portaient
Le *Nottingham*,	de 64	»	Saumarès.	du 32 et du 18.

(1) Nous en donnons la liste d'après les rapports des capitaines conduits prisonniers en Angleterre. (*Arch. de la Mar.*, dossier de *M. de l'Etenduère*.)

Le *Windsor*,	de 60 canons, capit.	Itanauray.		
Le *Lyon*,	de 64	»	Scott.	
Le *Jetbury*,	de 60	»	Hawland.	
La *Princ.-Louise*	de 60	»	Hastone.	
La *Défiance*,	de 60	»	Benty.	
Le *Portland*,	de 58	»	Stephens.	
Le *Glocester*,	de 58	»	Durett.	Ces vaisseaux portaient du 24 et du 18.
L'*Hector*,	de 40	»	Flanop.	Grosse frégate, portant du 18 et du 8.

Plus : Deux frégates de 20 canons.
Deux brulôts.

Un peu avant midi, au moment où les Anglais accostaient notre arrière-garde, M. de l'Etenduère lui fit le signal de forcer de voiles pour se rapprocher du *Tonnant*; mais il était trop tard : onze vaisseaux ennemis prolongèrent notre armée sous le vent, et quatre autres la doublèrent au vent à babord, plaçant l'arrière-garde entre deux feux. Quoique le combat fût inégal, il avait duré près de quatre heures sans aucun événement remarquable, lorsque le *Neptune* démâta de tous ses mâts et perdit en même temps son capitaine, le brave Fromentière; ne pouvant plus manœuvrer, ce vaisseau fut contraint d'amener son pavillon. Le *Monarque*, écrasé sous le feu de trois vaisseaux anglais, fut contraint de céder à la nécessité, et son pavillon descendit sans tache de sa gaule de poupe. Le courageux La Bédoyère, qui le commandait, venait de mourir, et il n'eut pas connaissance de la reddition de son vaisseau, qui donnait une forte bande, malgré la perte de son mât d'artimon, de son grand mât de hune et de sa grande vergue. Le *Severne*, ras comme un ponton, et le *Fougueux*, dont les gaillards étaient couverts des débris de son grand mât, furent obligés de se rendre aux vaisseaux ennemis qui les entouraient; alors il ne resta plus que les quatre vaisseaux d'avant-garde.

Le nombre des assaillants augmentait au fur et à mesure

de la reddition d'un des nôtres ; chaque vaisseau français eut trois vaisseaux anglais à combattre à la fois. Au soleil couchant, le *Trident* se rendit au vaisseau-amiral le *Devonshire*, en lui envoyant sa dernière bordée : ses munitions étaient épuisées. Le *Terrible*, capitaine Duguay, était mitraillé par quatre vaisseaux ennemis acharnés à sa destruction ; il avait cent cinquante hommes tués ou blessés, quatre pieds d'eau dans la cale, ses voiles criblées et son gréement si haché que ses mâts menaçaient de s'abattre. Dans cette position désespérée, l'intrépide Duguay combattait toujours; il croyait n'avoir pas encore assez fait pour l'honneur de son pavillon, qu'il avait cependant si dignement défendu. Son intention était de prolonger la lutte, lorsqu'un boulet coupa le bâton de poupe et emporta le pavillon fleurdelisé qui s'y déployait avec majesté, M. Duguay ne le remplaça pas : il s'était décidé à amener, et son feu cessa (1). Pendant qu'on amarinait le *Terrible*, le grand mât et le mât d'artimon se rompirent à quelques pieds au dessus de leurs étambrais.

Les Anglais avaient tiré à désemparer nos vaisseaux, et ils avaient réussi dans leur but. Au moment où le *Tonnant* perdait son grand mât de hune et son perroquet de fougue, il démâta de son petit mât de hune un des vaisseaux qui le combattaient à bas-bord, et coupa la vergue du grand hunier à un autre qui le canonnait à tribord. Assailli par cinq vaisseaux, son itague du petit hunier fut coupée, et la vergue tomba sur le ton. Aussitôt l'Etenduère établit ses basses voiles toutes criblées, et continue une lutte héroïque: il veut par une défense désespérée illustrer sa défaite. La chute du mât d'artimon lui paraît inévitable, et dans l'état de détresse qui augmente, il allait ou se rendre ou périr; mais de Vaudreuil, qui aperçoit la position critique de son général, laisse porter, abandonne ses adversaires, traverse la flotte anglaise, et vient le

(1) Rapport de M. Duguay. *(Arch. de la mar.)*

secourir ou succomber avec lui. L'Etenduère ne pouvant avoir aucune assistance de la frégate le *Castor*, lui hisse le signal de prendre son parti ; elle se dirige de suite vers la flotte, dont les bâtiments les plus près étaient à l'entrée de la nuit à cinq lieues sans avoir été poursuivis (1).

Le *Tonnant* et l'*Intrépide* restent donc seuls exposés à l'artillerie de toute la flotte ennemie. Déjà cinq vaisseaux anglais désemparés par le feu des Français sont contraints de se retirer ; d'autres reviennent à la charge, puis laissent arriver pour s'éloigner du champ de bataille, et réparer à leur aise les dommages qu'ils ont essuyés.

M. de l'Etenduère, qui avait vu six de nos vaisseaux amenés, profita de l'éloignement des Anglais pour laisser arriver vent arrière le cap à l'ouest ; à minuit, il fit route au nord-ouest et à quatre heures au nord, non pas positivement dans l'espoir de se soustraire aux ennemis, mais plutôt pour donner le temps à la flotte d'échapper, en cas d'une nouvelle chasse de leur part. Au jour, il ne vit plus que trois vaisseaux ennemis extrêmement loin ; alors il fait mettre le cap au N.-E.-1/4-N., et prend la remorque de l'*Intrépide*, qui avait jeté tant d'éclat sur son nom. A huit heures, ne voyant plus les vaisseaux anglais, il fit route au N.-O.

Enfin, lorsqu'il se fut réparé, l'Etenduère se dirigea sur Brest, où il rentra le 9 novembre 1747 avec ses deux héroïques vaisseaux (2).

La résistance inouïe de ces deux vaisseaux fit une impression bien vive dans l'esprit du jeune enseigne ; elle développa dans son cœur le germe du sentiment des grandes actions qu'il accomplit plus tard. Pendant sa belle campagne de l'Inde, il se plaisait à raconter dans le plus grand détail ce fait d'armes, qu'il désignait comme un des plus glorieux qui se fussent livrés sur mer.

(1) Dossier de l'Etenduère. *(Arch. de la Mar.)*
(2) Dossier l'Etenduère. *(Arch. de la Mar.)*

Suffren, fait prisonnier, fut conduit en Angleterre avec les six vaisseaux français que l'amiral Hawkes amena en triomphe jusque dans la Tamise. L'arrogance britannique lui déplut, et ce fut durant les quelques mois de sa captivité qu'il conçut les premières impressions de cette haine profonde qu'il voua aux Anglais, et qu'il ne cessait de proclamer.

Notre devoir d'historien nous impose la douloureuse obligation d'évoquer les honteux souvenirs de cette époque où la France sans vaisseaux n'osa plus hasarder son pavillon sur l'Océan : réduite à un système d'inaction, elle fut contrainte à le laisser abattu. Ce fut alors que la nation maudit la politique suivie sous le ministère du cardinal Fleury, politique timide et fausse qui avait laissé nos chantiers déserts et nos arsenaux démunis de tout; politique funeste, qu'on n'osa pas louer, même dans l'oraison funèbre du cardinal ministre. Après lui, pour qu'il ne manquât rien à la ruine de la marine, on ne vit plus donner aucune suite, aucune direction aux affaires de l'Etat; après sa mort, le royaume, qui n'admet pas les femmes à le gouverner, fut livré aux caprices de toutes les maîtresses d'un monarque blasé : les plus chers intérêts de la France furent sacrifiés à des intrigues de boudoir.

Au milieu du flux et du reflux des événements qui agitaient l'Europe, des négociations qui avaient pour but de faire cesser les hostilités se poursuivaient à Aix-la-Chapelle; la prise de Maëstricht par le maréchal de Saxe décida toutes les puissances à accepter une paix devenue nécessaire : elle fut en effet signée le 18 octobre 1748.

Suffren était revenu à Brest, où la paix le condamnait au repos, car le marin ne porte pas en compte les fatigues et les périls auxquels peuvent l'exposer les vents des tempêtes ou les écueils de l'Océan, dans le cours d'une navigation pacifique. Destiné par sa famille à entrer dans l'ordre de Saint-Jean-de-Jérusalem, le jeune enseigne de vaisseau, auquel l'inaction ne convenait pas, profita de cette circonstance pour se rendre à Malte, et à son arrivée il fut admis au nombre des chevaliers. Suffren se conforma ensuite aux prescriptions de son ordre, en faisant des caravanes exigées par les réglements et en se battant contre les barbaresques : ses courses contre les Infidèles, sur les bâtiments de la Religion, durèrent jusqu'à la fin de l'année 1754, époque à laquelle il quitta Malte pour revenir à Toulon.

Lorsque la France, par le traité d'Utrecht, céda l'Acadie (Nouvelle-Ecosse) à l'Angleterre, les limites, par une négligence impardonnable, ne furent pas arrêtées d'une manière positive. Des commissaires nommés réciproquement avaient ouvert des conférences qui duraient depuis plusieurs années ; mais on était loin de s'entendre ; on ne cherchait qu'à gagner du temps. Durant ces longs pourparlers, les Anglais, qui désiraient la guerre, faisaient des armements considérables dans les ports britanniques pour la pousser énergiquement lorsqu'ils seraient en mesure de la déclarer ; ils savaient que les termes ambigus du traité d'Utrecht leur en fourniraient l'occasion quand ils le voudraient.

Louis XV désirait conserver la paix, pour laquelle il avait fait tant de sacrifices, et dont la jouissance lui était si précieuse, depuis que le repos l'avait fait retomber dans son engourdissement naturel.

Cependant, en présence des préparatifs de la Grande-Bretagne (1), la France équipa, dans les ports de Brest et de Ro-

---

(1) Les Anglais, en 1754, avaient 89 vaisseaux, 91 frégates et 67 corvettes ou bâtiments légers. Voici les escadres qu'ils mirent en mer durant l'année 1755 :

1 escadre de 11 vaiss., commandée par Boscawen, appareilla le 22 avril.

1	do	de 7 vaiss.,	do	Holburne,	do	11 mai.
1	do	de 19 vaiss.,	do	Hawke,	do	22 juillet.
1	do	de 4 vaiss.,	do	Fanklan,	do	13 août.
1	do	de 22 vaiss.,	do	Bing,	do	14 octobre

Total . . 63 vaisseaux.

chefort, vingt vaisseaux formant deux divisions. La première,
de six vaisseaux de ligne et trois frégates, tous armés en
guerre, commandée par M. de Macnemara, lieutenant-général; et la seconde, par M. Dubois de la Motte, chef d'escadre, forte de quatorze vaisseaux de ligne et de deux frégates, dont trois vaisseaux seulement, l'*Entreprenant*, le *Dé-
fenseur* et le *Dauphin-Royal*, montés par MM. Dubois de la
Motte, de Beaussier et de Montalais, étaient armés en guerre;
les autres, portant vingt-deux canons, avaient été destinés à
transporter douze bataillons qu'on faisait passer au Canada
avec M. le baron de Dieskau. Le chevalier de Suffren, qui ne
voulait laisser échapper aucune occasion de se signaler, sol-
licita et obtint l'ordre de s'embarquer à bord du *Dauphin-
Royal*, de soixante-dix canons.

Dès ce début, on commit une série de fautes, qu'il est utile
de relever pour l'enseignement de la postérité. La première
fut, de la part du ministère, de s'amuser à négocier avec
l'Angleterre, dans l'espoir de l'endormir, au lieu d'agir.
D'après les ordres donnés au Canada pour la construction et
l'avancement des forts, il devait s'attendre au ressentiment
du gouvernement de la Grande-Bretagne, lorsqu'il apprendrait que ces ouvrages étaient poussés avec vigueur. En effet,
aux premiers avis qui lui en parvinrent de ses établissements
d'Amérique, il adopta le système violent qu'on vit bientôt
éclore. La seconde faute fut de n'armer qu'en flûtes la plupart des vaisseaux de l'escadre de M. Dubois de la Motte, et
de garder en Europe celle de M. Macnemara, qui avait relâché à Brest, après le départ du chef d'escadre, au lieu de
poursuivre sa route pour le rejoindre. Ce général sembla seconder la fausse politique du ministère, en rentrant, sous
prétexte d'une maladie, et laissant percer son inquiétude par
le débarquement de son argenterie et la confection de son tes-
tament. En allant directement à sa destination, il aurait pu
rendre un service réel, n'eût-ce été que celui d'en imposer à

nos rivaux. En retenant dans le port l'escadre de M. de Macnemara, le ministère se flatta de montrer en cela son désir
de conserver la paix, puisqu'il ne donnait aucun ombrage sérieux aux Anglais.

Le gouvernement britannique, qui avait suivi les mouvements de nos deux escadres de Brest et de Rochefort, certain
d'une grande supériorité de forces en Amérique, persista dans
les ordres hostiles qu'il avait donnés à l'amiral Boscawen.
Ainsi donc, tandis que notre ambassadeur, M. de Mirepoix,
négociait encore à Londres avec les ministres, et M. de Bussy,
un des premiers commis des affaires étrangères, à Hanovre,
avec le roi d'Angleterre, l'escadre anglaise s'empara des vaisseaux l'*Alcide* et le *Lys*, qui s'étaient séparés malheureusement de leur flotte. Le *Dauphin-Royal*, égaré avec eux, s'en
était tiré plus heureusement et avait échappé. — Profitant de
la supériorité de sa marche, il se réfugia dans le port de
Louisbourg, et parvint ensuite à effectuer son retour à Brest.

L'Angleterre fut d'abord étonnée de la résolution hardie
que ses ministres venaient de prendre. L'amiral Boscawen
lui-même était si peu glorieux d'être le premier pirate de la
Grande-Bretagne, qu'il crut se donner un air de modération, en disant qu'il n'attaquerait que les vaisseaux chargés
de secours pour le Canada et l'Ile-Royale. Mais, au bout de
deux mois, les chefs d'escadre anglais ne firent plus de distinction et se mirent à écumer les mers ; chaque vaisseau de
guerre de cette nation devint un forban redoutable aux bâtiments marchands, soit qu'ils allassent ou qu'ils revinssent des
Antilles, soit qu'ils fussent affectés à la pêche de Terre-
Neuve ; il l'était même pour le voyageur passager. Ce n'est
point la guerre que nous faisons, disaient-ils. Ils avaient
raison : c'était un brigandage ; l'Océan restait en proie à
leurs rapines. Le voyageur qui n'a pas entendu parler de
guerre est surpris de trouver des ennemis dans les mers
d'Europe, là où il ne doit rencontrer que des voisins amis.

Il demande vainement, au corsaire qui le dépouille, quelle est la nation dont il est prisonnier; et avant que son étonnement cesse, les ports de l'Angleterre s'emplissent de leurs vaisseaux, traînant à la remorque des bâtiments français chargés de riches marchandises. Le gouvernement autorisait le pillage, en attendant que le Parlement décidât s'il était permis.

Cette conduite de l'Angleterre, que la France taxa d'injustice, de perfidie, de violation du droit des gens, qui la rendit odieuse aux nations, que blâmèrent même les plus honnêtes citoyens des Trois Royaumes-Unis, fut bientôt justifiée par l'impunité et le succès. Les fausses mesures que prit notre ministère, qui n'agissait jamais qu'avec timidité et mollesse, vinrent contraster avec la réponse fière du duc de Mirepoix, qui, sur la notification qu'on lui donna des instructions de Boscawen, répondit *que son maître regarderait le premier coup de canon tiré en mer, d'une manière hostile, comme une déclaration de guerre.* Ce coup de canon, on le tira sur des vaisseaux du roi, qu'on arrêta et conduisit dans les ports de la Grande-Bretagne; des bâtiments de commerce, sous le pavillon de la France, sans hostilités légitimes, furent pris et livrés au pillage (1). Les officiers et les

(1) L'état des bâtiments pris par les Anglais avant la déclaration de guerre portait le chiffre de 300, et se divisait ainsi :

Venant des îles	74
Négriers portant deux mille nègres	5
Allant aux îles	26
Allant à la côte de Guinée	1
Navires de la Compagnie des Indes	2
Terre-Neuviers	66
Revenant de la pêche de la baleine	2
Allant ou revenant du Canada	22
Faisant le grand cabotage	27
Faisant le petit cabotage	75
Total	300

passagers, dépouillés avant de débarquer, se trouvèrent exposés aux traitements les plus indignes et à l'insulte, plus
cruelle que la dureté. Nos matelots, victimes d'un procédé
odieux que la justice réprouve et qui révolte l'humanité,
furent enfermés dans des *vaisseaux gardes-côtes* (1). Là, en-
tassés les uns sur les autres, ils ne reçurent qu'une faible
ration de biscuit et de salaison corrompus. On eût dit que la
destruction de ces infortunés marins était le but que se proposait le gouvernement britannique. Le vice de ces aliments,
le mauvais air de ces prisons infectes, occasionnèrent des
maladies, et en peu de temps ces *vaisseaux-prisons* ne présentèrent plus qu'un affreux spectacle de malades et de mou-
rants. Mais, qu'importe au cabinet de Saint-James que la raison combatte contre lui et que l'opinion le flétrisse dans sa
machiavélique politique? Il a pour lui la force et la fortune,
et cela lui suffit.

La France suspendit encore quelque temps la vengeance
qui lui était due; fatale temporisation dont se riait le gouvernement britannique en continuant ses exactions. Tandis
que le vaisseau de soixante-quatre, l'*Espérance*, capitaine
Bouville, armé en flûte, était attaqué et pris par l'*Oxford*,
de soixante-dix canons, Louis XV faisait reconduire en Angleterre la frégate le *Blankeford*, que son escadre de Brest
avait arrêtée en se rendant à Cadix. Persistant dans son système de modération, ou plutôt de pusillanimité, le gouvernement fit adresser, le 21 décembre 1755, par le ministre

On estimait la valeur de ces trois cents bâtiments pris, au moins
30,000,000 livres.

Les Anglais, en s'emparant de ces navires et de nos vaisseaux de
guerre l'*Alcide*, le *Lys*, et l'*Espérance*, firent six mille prisonniers, officiers, officiers-mariniers et matelots compris; plus de mille cinq cents
soldats on gens de nouvelles levées.

(1) Ce fut là l'origine de ces infâmes pontons, opprobre de l'Angleterre.

des affaires étrangères, un mémoire par lequel S. M. très-chrétienne demandait au roi d'Angleterre satisfaction de tous les brigandages commis par sa marine. En effet, les Anglais doutaient tellement de la légitimité de leurs prises, qu'ils avaient demandé, le 2 décembre, au Parlement, de les déclarer légitimes et valables. Après de longs débats, l'intérêt l'emporta sur la justice, et le Parlement déclara les prises bonnes.

Le 13 janvier 1756, sur la réponse négative de M. Fox, la France se décida à agir de représailles contre la Grande-Bretagne. Quelques écrits animés d'un style noble et chaud, qu'on répandit à profusion, vinrent éclairer la nation, mal instruite jusqu'alors de ses intérêts et des discussions politi-ques. Ils excitèrent à un si haut degré son indignation, qu'on vit renaître la haine invétérée qui n'était qu'assoupie contre ces perfides rivaux; la fureur devint telle, qu'on ne songea plus qu'à leur rendre les maux qu'ils nous avaient causés.

Nous avions encore soixante vaisseaux, mais la plupart n'étaient là qu'en nom, puisque trois étaient condamnés, huit avaient besoin d'être refondus, et quatre n'étaient pas encore achevés de construire; plusieurs des quarante-cinq autres avaient besoin d'un radoub pour pouvoir prendre la mer. M. Machault, ministre, faisait tous ses efforts pour suppléer au temps et se mettre en état d'entrer en ligne. A cette époque, l'Angleterre comptait quatre-vingt-neuf vaisseaux de guerre, dont seize à trois ponts.

Forcé de combattre, le gouvernement fit avancer quatre-vingt mille hommes des meilleures troupes sur les côtes de l'Océan et de la Méditerranée. On ordonna en même temps l'armement de trois escadres : l'une fut destinée à porter des troupes en Amérique; l'autre à protéger le siège de Mahon, qu'on projeta; la troisième se tint dans la rade de Brest, prête à appareiller au premier signal, pour se porter où sa présence serait jugée nécessaire.

Le chevalier de Suffren, qui venait d'être fait lieutenant de vaisseau et qui appartenait au port de Toulon, obtint la permission de rejoindre son département maritime ; là il s'embarqua sur l'*Orphée*, l'un des douze vaisseaux qui composaient l'escadre confiée à M. Roland-Michel Barrin, marquis de la Galissonnière. Douze mille hommes, sous les ordres du maréchal de Richelieu, étaient répartis sur cent cinquante bâtiments-transports.

Cette escadre partit de Toulon le 10 avril 1756 et des îles d'Hières le 12, faisant éclairer sa marche par cinq frégates. Le 17 elle parut devant Minorque, et le lendemain jeta l'ancre devant Ciutadella. La ville se rendit à la première sommation ; mais il fallut faire le siége du fort Saint-Philippe, où s'était retirée la garnison anglaise, commandée par le général Blackeney.

M. de la Galissonnière, pour empêcher cette place d'être secourue, avait établi sa croisière entre Majorque et Minorque, lorsque, le 17 mai, il eut connaissance de l'escadre de l'amiral Byng, forte de treize vaisseaux, dont un à trois ponts, qui arrivait de Spithead, d'où elle était partie le 5 avril, pour empêcher la descente ou jeter du secours dans la place.

C'était la première fois que M. de la Galissonnière commandait en chef ; sa conduite fit regretter qu'il n'eût pas été chargé plus tôt de quelques grandes expéditions. Jamais on ne combattit avec plus d'ordre et de méthode ; jamais le feu ne fut mieux réglé, les signaux mieux entendus, mieux suivis, et les distances mieux observées. Il n'en fut pas de même du côté des Anglais : ils firent plusieurs fautes, quoiqu'ils eussent l'avantage du vent, et nous restâmes maîtres du champ de bataille. Quelque médiocre que fût la victoire des Français, l'importance du service qu'elle rendait dut la grossir aux yeux de la nation reconnaissante ; c'est à elle qu'on fut redevable de la prise de Mahon, qui eut lieu quelque temps après (1).

Rentré à Toulon avec son escadre victorieuse, la Galissonnière se mit en route pour Fontainebleau, où était la cour; mais il expira aux approches de cette résidence royale (2). Les lauriers dont son front était ceint ne purent le garantir de la mort, et la France perdit en lui son meilleur officier de mer.

Il fut le premier à humilier dans cette guerre le pavillon britannique, et il faut ajouter que malheureusement il fut le dernier. Depuis le combat naval de Minorque, les Français n'éprouvèrent plus sur mer que des pertes, et, ce qui est pis encore, de la honte.

M. Machault, qui avait déployé beaucoup d'activité comme ministre de la marine, et que Louis XV appelait *le ministre suivant son cœur*, céda sa place à M. Moras. Le roi eut la faiblesse de le sacrifier à une intrigue de boudoir; on put dès lors présager la ruine de la marine et la servitude de la nation.

En 1757, le chevalier de Suffren reçut l'ordre de passer sur l'*Océan*, de quatre-vingts, vaisseau amiral d'une escadre de six vaisseaux et deux frégates, aux ordres de M. de la Clue. Cette escadre appareilla de Toulon en novembre, pour Brest, où elle devait se réunir aux vaisseaux destinés à porter des secours à notre colonie du Canada; mais l'amiral français n'osa pas forcer le détroit, où il trouva les Anglais en nombre supérieur, sous le pavillon de l'amiral Holburne. En conséquence, le 7 décembre, il relâcha à Carthagène, sous le prétexte d'y faire de l'eau. Bientôt il fut bloqué si étroitement dans ce port espagnol, que le ministre, M. de Moras, se détermina à armer de nouveaux vaisseaux pour

(1) La capitulation du fort Saint-Philippe eut lieu le 29 juillet.

(2) Il mourut à Nemours, le 26 octobre 1756.

aller à son secours et le mettre à même de tenir tête à l'ennemi. Le *Foudroyant*, de quatre-vingts, l'*Orphée*, de soixante-quatre, l'*Oriflamme*, de cinquante, et la *Pléyade*, frégate de trente-six, appareillèrent sous le commandement de M. le marquis Duquesne, ayant mission de rejoindre l'escadre de M. de la Clue. Le 28 février 1758, le *Foudroyant* et l'*Orphée* vinrent se faire prendre en vue de Carthagène, d'où l'amiral français put contempler leur défaite avec une impardonnable indifférence. Cet officier-général, le croirait-on ! n'essaya même pas d'aller les dégager. Suffren fut si outré de la conduite pusillanime de son général, qu'il en conserva toute sa vie un souvenir pénible, et bien des fois, dans l'intimité, il lui arriva de laisser percer le sentiment d'indignation qu'il avait ressentie à la prise des deux vaisseaux français. Le *Foudroyant* et l'*Orphée* combattaient si près du port, que les vergues des bâtiments français étaient garnies de spectateurs. Après cette malheureuse expédition de M. Duquesne, le voyage de M. de la Clue, dont l'objet était d'aller aux îles de l'Amérique et de passer ensuite à Louisbourg, déjà trop retardé, fut absolument manqué. Cet amiral se trouva consolé d'avoir pu, dans son échec, rentrer à Toulon avec son escadre. Quant à son heureux compétiteur, sous les auspices duquel s'était passé le blocus de Carthagène et la prise des deux vaisseaux, le Parlement britannique le remercia au nom de la nation.

M. Berryer avait remplacé M. Moras, et nous venions de perdre le Canada, faute d'avoir pu y porter les secours nécessaires. L'escadre de M. de Beaussier avait été brûlée ou capturée à la prise de l'Ile Royale, et sa perte était un nouveau coup porté à la marine française. L'espérance de la France était l'invasion du sol britannique, que méditait le maréchal de Belle-Ile, et pour laquelle on se consumait en préparatifs immenses. L'escadre de Brest n'était point assez forte pour l'appuyer ; on songea à l'augmenter par celle de Toulon.

C'était malheureusement encore M. de la Clue qui la commandait. Boscawen, qui avait commencé la guerre, conquis Louisbourg et détruit les vaisseaux de Beaussier, fut chargé de bloquer le port de Toulon. Cependant, pour provoquer l'amiral français à sortir et à le combattre, il poussa l'insolence, le 17 juin, jusqu'à tenter de faire brûler, par quelques-uns de ses vaisseaux, deux navires qui étaient en grande rade, sous la protection des canons de notre escadre.

M. de la Clue ne fut pas plus ému de cette insulte chez lui qu'il ne l'avait été à Carthagène, à la vue de la prise du *Foudroyant* et de l'*Orphée* ; il laissa les vaisseaux ennemis tombés en calme, fort maltraités par le feu des batteries du fort, et contraints de se faire touer par leurs embarcations, se retirer sans les poursuivre. Suffren, dont l'audace était la qualité la plus caractéristique, se trouvait humilié, comme officier français, de la lâcheté de son amiral ; tout disait cependant à M. de la Clue de profiter de la circonstance favorable qui se présentait pour attaquer les Anglais. En effet, Boscawen se trouvait en si mauvais état, par suite de son entreprise, qu'il fut contraint de lever le blocus et de regagner Gibraltar pour y réparer ses vaisseaux. — M. de la Clue, dont rien ne pouvait aiguillonner la nonchalance, au lieu de saisir pour appareiller l'instant où se retirait son antagoniste, qui n'aurait pu l'attaquer avec avantage, ne voulut mettre en mer que bien certain de n'avoir plus d'ennemis en vue. Ah ! s'il est du devoir de l'historien de transmettre à la postérité les noms des héros chers à la patrie pour qu'on les honore, il faut aussi qu'il ose inscrire ceux des hommes qui l'ont mal servie, afin qu'ils soient livrés à la vindicte publique !

L'escadre française, après avoir perdu beaucoup de temps, mit sous voile et se dirigea vers le détroit. Elle était ainsi composée :

L'*Océan*,   de 80 canons, de la Clue, chef d'escadre.
Le *Redoutable*, de 74 »   de Saint-Aignan,   capitaine.
Le *Centaure*, de 74 »   de Sabran-Grammont,   »
Le *Souverain*, de 74 »   de Panat,   »
Le *Guerrier*, de 74 »   de Rochemore,   »
Le *Téméraire*, de 74 »   de Castillon, l'aîné,   »
Le *Fantasque*, de 64 »   de Castillon, cadet,   »
Le *Modeste*,   de 64 »   du Loc de Montvert,   »
Le *Lion*,   de 64 »   Colbert Turgis,   »
Le *Triton*,   de 64 »   de Venet,   »
Le *Fier*,   de 50 »   de Marquison,   »
L'*Oriflamme*, de 50 »   de Dabon,   »

FRÉGATES.

La *Chimère*,   de 26 canons, de Faucher, capitaine.
La *Minerve*,   de 24 »   d'Oppede,   »
La *Gracieuse*, de 24 »   de Fabri,   »

Boscawen, qui avait jugé la timidité de son adversaire, se douta qu'il profiterait de son absence pour tenter le passage du détroit; et, afin d'éviter qu'il le fît impunément, il mit en station deux de ses plus fins voiliers, l'un à la côte d'Espagne et l'autre à la côte d'Afrique. Le soir du 16 août, profitant d'un vent sous vergue, M. de la Clue serra la côte de Barbarie et se glissa dans le détroit. Il était déjà rendu par le travers de Ceuta, quand il fut aperçu à huit heures par la frégate le *Gibraltar*, l'une des védettes de Boscawen. Aussitôt ce bâtiment fit des signaux de nuit qui furent aperçus par l'amiral anglais; celui-ci, informé de l'arrivée des Français, mit sous voiles, et à dix heures, l'escadre anglaise vidait la baie de Gibraltar.

L'armée française continuait son aire, en forçant de voiles pour sortir du détroit et gagner la pleine mer. Mais, soit par couardise, soit par une ignorance impardonnable, ou *par une fatalité dont on ne peut rendre raison* (1), les capitaines du

_____

(1) Lettre de M. de la Clue à M. le comte de Merle, datée de Lagos, le 18 août 1759.

Fantasque, du *Lion*, du *Triton*, du *Fier* et de l'*Oriflamme*, dont le poste était au centre de l'armée, ainsi que ceux des trois frégates, dont la destination est de ne jamais perdre de vue le vaisseau commandant, se séparèrent de l'escadre au milieu d'une nuit d'été, où il n'y avait pas de parfaite obscurité, par un vent d'E., qui n'est jamais violent dans un canal étroit, et lorsque aucun incident atmosphérique ne pouvait justifier cette séparation. Le 17 août, à la pointe du jour et à son grand étonnement, M. de la Clue ne vit autour de l'*Océan* que le *Redoutable*, le *Guerrier*, le *Souverain*, le *Téméraire*, le *Modeste* et le *Centaure*.

Désespéré de cet affaiblissement de son escadre, il perdit la tête. D'abord, il tint le vent et gouverna sous les huniers pour attendre des voiles en vue, qu'il prit pour les vaisseaux qui lui manquaient. Plus tard, lorsqu'il eut reconnu les ennemis, au lieu de sacrifier le *Souverain*, lourd de marche, et de forcer de voiles avec les six autres vaisseaux qu'il sauvait, en gagnant le port de Cadix, rendez-vous de l'armée, en cas de séparation, il régla sa vitesse sur celle du vaisseau le *Souverain*. Boscawen profita de cette faute pour le rejoindre. Néanmoins, malgré la lenteur de marche de l'armée française, il ne put l'atteindre, avec ses quatorze vaisseaux, que fort avant dans l'après-midi, près du cap Santa-Maria.

Si M. de la Clue n'avait montré que de la pusillanimité et de l'hésitation jusqu'à ce moment, une fois le combat décidé, il montra du courage. Nos vaisseaux en ligne attendirent les Anglais. L'engagement commença, et l'*Océan* et le *Centaure* combattirent avec une grande résolution. L'*Océan* tira à lui seul deux mille cinq cents coups de canon. Le *Namur*, monté par Boscawen, perdit son mât d'artimon, son bâton de foc et deux vergues. Ce vaisseau se trouva tellement désemparé, que Boscawen le laissa à son capitaine de pavillon Carné, et passa sur un autre. Toutefois, le capitaine à qui revint tout l'honneur de cette journée fut M. de Sabran-Grammont. En effet, le *Centaure*, quoique successivement assailli par cinq vaisseaux, et, en dernier lieu, par le *Kernosprik*, de quatre-vingt-dix canons, à bord duquel l'amiral anglais avait hissé son pavillon, fit des prodiges de valeur, et n'amena qu'après avoir été réduit à l'état de ponton. La belle résistance de ce vaisseau, qui occupa l'ennemi jusqu'à la nuit, aurait pu sauver l'escadre, s'il y eût eu plus d'intelligence et de conduite. Le contraire eut lieu : tandis que M. de la Clue était étendu sur son cadre, où on lui amputait une jambe fracassée par un boulet, MM. de Panat et de Rochemore, oubliant leur devoir et faisant infraction aux ordonnances, profitèrent de l'obscurité pour abandonner leur chef d'escadre et se réfugier à Lisbonne. Cette évasion découragea et les capitaines, et les équipages. Dès ce moment, ce ne fut plus qu'une déroute honteuse. Nos vaisseaux, qui avaient sous leur écoute le port de Lagos, appartenant au roi de Portugal, ne songèrent plus qu'à s'y refugier, en invoquant l'immunité du pavillou neutre de Bragance. Mais, au lieu d'y trouver la protection qu'ils avaient droit d'attendre, les Anglais, sans respect pour le droit des nations, vinrent attaquer nos quatre vaisseaux jusque sous les forts portugais. Le *Téméraire* et le *Modeste* furent pris ; l'*Océan* et le *Redoutable* brûlés. Le lieutenant de vaisseau, chevalier de Suffren, tomba de la sorte, une seconde fois, au pouvoir des ennemis, et fut envoyé prisonnier en Angleterre. Nous le verrons, plus tard, prendre, en pareille circonstance, sa revanche sur les Anglais.

Le ministre de la marine, M. Berryer, voulait faire passer tous les capitaines de M. de la Clue devant un conseil de guerre. Ils le méritaient bien. Mais, comme il tenait plus à sa place qu'à la justice et à l'honneur du pays, il craignit de révolter contre lui la noblesse de Provence, à laquelle appartenaient ces capitaines, et d'indisposer le corps entier de la marine, dont quantité de membres inculpés avaient intérêt à ce qu'il n'y eût point de recherches qui pouvaient les atteindre. En conséquence, les choses en restèrent là ; l'enquête n'eut pas lieu. La seule punition des coupables fut, à leur retour à Toulon, d'être hués par la populace, tandis qu'ils virent M. de Sabran-Grammont et ses officiers fêtés dans ce port, à Paris et à la cour.

Au bout de quelques mois de captivité, M. de Suffren revint à Toulon, son département maritime, et resta plusieurs années sans être employé sur mer, vu l'épuisement de notre marine. En juin 1760, les armateurs faisaient seuls la guerre maritime : dans l'espace de quatre ans, ils avaient capturé trois mille navires anglais. L'inepte Berryer voulut suivre les errements de Jérôme Pontchartrain, et vendit les vaisseaux de l'Etat à des particuliers. Il ne s'en tint pas là : il mit aux enchères tout ce que contenaient nos magasins des ports royaux : « De Brest à Toulon, dit M. Léon Guérin, il n'y eut plus un seul vaisseau à la disposition du Gouvernement ; les arsenaux furent vides, et le silence du néant régna dans tous les ports de France. » Mais il n'en pouvait pas être autrement : Louis XV avait remis les destinées de la France entre les mains de la Pompadour, sa maîtresse. La paix qui eut lieu au commencement de 1763, faisant craindre à M. de Suffren une prolongation d'inactivité, il se disposait à se rendre à Malte ; mais ses qualités avaient été appréciées, et, au commencement de l'année suivante, on lui donna le commandement du chebec le *Caméléon*, portant vingt canons de huit, avec mission de protéger le commerce dans la Méditerranée. Quelque temps après, il monta le *Singe*, autre chebec de même force, qui faisait partie de l'escadre de M. Duchaffaut, destinée à agir contre les Salétins ; il prit part à l'expédition de Larrache, et, le 26 juin 1765, brûla dans ce port un vaisseau ennemi qu'il avait eu mission de détruire. Trois jours après, Suffren quitta M. Duchaffaut pour se rendre à un point de croisière qui lui avait été désigné, et rentra à Malaga le 10 juillet.

Promu au grade de capitaine de frégate, en 1767, il se rendit à Brest. On y réunissait une escadre sous le commandement de M. de Breugnon, que le roi envoyait en ambassade à Maroc, pour y traiter de la paix. Ce chef d'escadre lui confia le commandement de la frégate l'*Union*, à bord de laquelle il avait arboré son pavillon.

Au retour de cette campagne, le chevalier de Suffren partit pour Malte, et, pendant les quatre années qu'il y resta, il fit différentes courses contre les corsaires barbaresques, sur les galères de la *Religion*. Ce fut durant cette navigation, où il se distingua dans maintes occasions, qu'il fut élevé au grade de commandeur.

Ayant appris sa nomination au rang de capitaine de vaisseau, au mois de février 1772, il quitta Malte, et revint à Toulon, où il prit, au mois de septembre 1774, le commandement de la *Mignonne*, de vingt-six canons de huit, et fit successivement avec cette frégate deux croisières dans les mers du Levant (1).

En 1776, M. Duchaffaut, qui connaissait le mérite du commandeur de Suffren, l'appela au commandement de la frégate l'*Alcmène*, qui faisait partie de l'escadre qu'on avait armée sous ses ordres, pour entreprendre une campagne d'évolutions : le cabinet de Versailles, dans l'éventualité d'une guerre contre l'Angleterre, voulait former des officiers de marine, afin de ne pas être pris au dépourvu. A peine M. Duchaffaut fut-il rentré à Toulon, qu'une nouvelle escadre, sous le pavillon de M. de Broves, appareilla en avril 1777. Le *Fantasque*, de soixante-quatre, qu'on avait donné au commandeur, fit cette seconde campagne d'évolutions.

Le port de Brest, de son côté, armait et mettait en mer de fortes divisions navales, qui se portaient dans le golfe

_____

(1) Voyez, à la fin du volume, la pièce officielle sous le n° 27.

de Gascogne ou dans la Manche. Leur mission était d'écarter les croiseurs anglais qui pouvaient intercepter les bâtiments américains et gêner notre cabotage, en visitant et interrogeant nos bâtiments. La France, long-temps oppressée sous le sentiment de l'humiliant traité de 1763, agitée par des désirs de vengeance, essayait ses forces nouvelles en face de l'Angleterre : confiante dans son jeune monarque (1), elle pouvait désormais regarder, d'un air moins timide, son altière rivale.

(1) Louis XVI monta sur le trône, le 10 mai 1775, âgé de vingt ans.

CHAPITRE II.

La France arme. — Port de Toulon ; départ du comte d'Estaing avec une escadre. — Suffren fait partie de cette escadre. — Son arrivée aux États-Unis. — On y apprend le combat de la *Belle-Poule*. — La guerre est déclarée — Expédition contre New-Port. — Succès de Suffren. — Son arrivée avec le *Fantasque* à la Martinique. — Combat naval devant la Grenade. — Victoire des Français. — Le *Fantasque*, vaisseau de tête, s'y distingue. — Combat de Savannah. — Suffren force la passe et protège la défense. — Retour en France. — Il reçoit comme récompense une pension de 1,500 livres. — Il monte le *Zélé*. — Sa réunion à l'escadre de Cadix. — Prise d'un convoi. — Mémoire de Suffren au ministre. — Le *Zélé* revient à Brest. — Guerre entre la Hollande et l'Angleterre. — Suffren commande cinq vaisseaux. — Il a ordre de protéger le cap de Bonne-Espérance. — Combat de la Praya. — Il prime les Anglais au Cap et sauve cette colonie. — Son arrivée à l'Ile-de-France.

Au commencement de l'année 1778, d'après les nombreux armements que faisaient la France et l'Angleterre, on pouvait prédire une rupture prochaine entre ces deux gouvernements. A Toulon, une escadre de douze vaisseaux et de cinq frégates se disposait à mettre à la voile, sous les ordres du comte d'Estaing. Depuis long-temps des bâtiments légers, français et anglais, observaient réciproquement les mouvements des ports des deux nations ; mais cette surveillance mutuelle augmenta d'activité par l'effet de la déclaration que notre ambassadeur, le marquis de Noailles, adressa à la cour de Londres, le 14 mars 1778. Louis XVI, désireux de conserver la paix, avait bien voulu, en accédant aux sollicitations de l'ambassadeur anglais, réduire à vingt-quatre heures le séjour des corsaires américains dans les ports de France ; mais, ayant appris qu'on avait eu le projet de brûler les vaisseaux américains jusque sur nos rades, et que nos bâtiments de commerce étaient visités partout et de la manière la plus dure, il s'était déterminé à reconnaître publiquement l'indépendance des États-Unis. Cette déclaration fut portée, deux jours après, à la chambre des pairs, par le vicomte de Weymouth, et, par suite, lord Stormout, ambassadeur de la Grande-Bretagne, quitta brusquément Paris, le 20 mars. En conséquence, le marquis de Noailles eut ordre de partir de la capitale de l'Angleterre, sans prendre congé. La France se souvenant de la violation des traités, en 1755, embrassait avec ardeur la cause des États-Unis. La cour de Versailles n'avait pu différer plus long-temps, sans manquer à l'honneur national, de demander à celle de Londres, réparation pour les insultes réitérées faites à notre territoire et à notre pavillon.

Le *Fantasque*, de soixante-quatre, que commandait depuis un an le chevalier de Suffren, quitta le guidon de M. de Broves (1), pour se réunir avec la *Provence*, le *César* et l'*Hector*, aux huit autres vaisseaux qui étaient en armement sous le pavillon du comte d'Estaing (2) et compléter les douze destinés à ce vice-amiral.

Le 13 avril 1778, sur un ordre du ministre, l'escadre qui portait M. Silas Deane, député du Congrès, et M. Gérard, ministre de France auprès de la République, appareilla pour les États-Unis d'Amérique, afin de secourir les provinces insurgées contre leur métropole ; mais, contrariée par les vents, elle ne put passer le détroit de Gibraltar que le 16 mai, ce

(1) Cet officier général commandait une escadre d'évolution de six vaisseaux, quatre frégates ou corvettes, afin de favoriser le commerce et surtout d'exercer les marins du département de Toulon.

(2)   ORDRE DE BATAILLE.

AVANT-GARDE.		CORPS DE BATAILLE.		ARRIÈRE-GARDE.	
Le *Zélé*	74	Le *Marseillais*	74	Le *Fantasque*	64
Le *Tonnant*	80	Le *Languedoc*	90	Le *Sagittaire*	50
La *Provence*	64	L'*Hector*	74	Le *César*	74
Le *Vaillant*	64	Le *Protecteur*	74	Le *Guerrier*	74

FRÉGATES. { L'*Engageante*, 36 ; La *Chimère*, 36 ; L'*Aimable*, 32 ; La *Flore*, 32 ; L'*Alcmène*, 32.

qui fut cause qu'elle n'arriva à l'embouchure de la Delaware que le 8 juillet, dix jours après la sortie de l'escadre anglaise. L'amiral Howe, qui avait été informé par son gouvernement du départ de l'armée française, s'était retiré le 28 juin, avec ses onze vaisseaux (1), à Landy-Hook, près New-Yorck.

D'Estaing l'y suivit; mais trouvant les Anglais embossés et maîtres des passes qu'il ne pouvait forcer lui-même, parce que le *Languedoc* et le *Tonnant* tiraient trop d'eau pour les franchir, il leva l'ancre le 22 juillet, et alla, de concert avec les Américains, se présenter devant Rhode-Island.

Depuis le départ de l'amiral d'Estaing du port de Toulon, les hostilités avaient enfin éclaté entre la France et l'Angleterre, sans qu'elles eussent été dénoncées par aucun manifeste. Le 17 juin, avait eu lieu le glorieux combat de la *Belle-Poule* contre l'*Aréthuse*, à la vue de l'escadre de l'amiral Keppel. Cette première effusion de sang, nécessitée par une sommation contraire à l'honneur du pavillon, faite par le capitaine Marshall au brave de la Clochetterie, devint le signal de la guerre, et détruisit en lambeaux les pages du honteux traité de paix de 1763.

Cette nouvelle, qui montrait les Anglais agresseurs, était bien propre à ranimer l'émulation du corps de la marine : aussi le comte d'Estaing était-il désolé d'avoir manqué l'occasion de se mesurer avec Howe. Le 8 août, Suffren reçoit l'ordre d'aller avec le *Fantasque* et les trois frégates l'*Aimable*, la *Chimère*, l'*Engageante*, attaquer, dans la rade de New-Port, les cinq frégates anglaises la *Juno*, la *Flora*, le *Lark*, l'*Orpheus* et le *Cerberus*, qui y étaient ancrées. Le commandeur se présente devant cette rade, défendue par un fort bien armé. Il y pénètre sous toutes voiles, et va embosser sa petite division le plus près possible des cinq frégates

(1) L'*Aigle*, le *Raisonnable*, le *Nan-Such*, le *Saint-Albans*, le *Sommesret*, le *Pembrok*, le *Preston*, le *Centurion*, l'*Experiment*, le *Renown* et l'*Isis*.

ennemies. A sa subite approche, les Anglais furent saisis d'une si grande frayeur, qu'ils n'examinèrent point s'ils pourraient prolonger leur résistance : après avoir tiré quelques coups de canon, ils échouèrent leurs frégates à la côte et les y brûlèrent; deux corvettes et plusieurs magasins eurent le même sort.

Le comte d'Estaing, satisfait du succès de l'entreprise qu'il avait confiée à Suffren, appareilla pour la Martinique, où il donna rendez-vous au *Fantasque* et aux trois frégates qu'il laissa derrière lui. Long-temps après que le commandeur eut rejoint l'escadre, l'amiral appareilla, pour se porter sur l'île de Grenade, qu'il voulait conquérir : l'attaque eut lieu, et cette colonie importante se rendit aux armes de S. M. très-chrétienne.

L'amiral Byron accourut pour la défendre., mais il était trop tard; lord Macartnay, le gouverneur, était prisonnier. Un combat eut lieu, le 6 juillet, entre les deux escadres: Suffren s'y distingua. Le *Fantasque*, qui ne portait que 64 canons, était le matelot de l'avant du *Zélé* et formait la tête de l'avant-garde. Dans ce poste d'honneur, il dut soutenir le feu des premières bordées de toute l'escadre ennemie, qui courait à contre-bord; et puis, lorsque les Anglais eurent reviré, Suffren se trouva, à différentes reprises, sous le feu du *Royal-Oak*, de 74, et celui du *Boyne*, de 70; il eut soixante-deux hommes tués ou blessés (1). L'amiral Byron, fort maltraité, se détermina à la retraite, et le comte d'Estaing vint jeter l'ancre dans la rade de Saint-Georges, aux acclamations des troupes et des habitants français qui, du haut des montagnes, avaient été spectateurs du combat.

Après cette conquête, et pour la compléter, le comte d'Estaing envoya une division de son escadre, composée de deux vaisseaux et de trois frégates, aux ordres du commandeur de

(1) Voyez à la fin du volume la pièce officielle sous le n° 24.

Suffren, faire capituler les îles de Cariacou et de l'Union, et recevoir le serment de fidélité des habitants. La reddition des autres îles Grenadines ayant suivi de près celle des premières, l'amiral se présenta, le 22 juillet, devant Saint-Christophe, où l'armée anglaise était à l'ancre. Durant les deux jours que le comte d'Estaing croisa devant cette île, Byron n'osa pas accepter le défi que lui faisait son adversaire ; il refusa obstinément le combat.

L'amiral français alla à Saint-Domingue, d'où il partit escortant, jusqu'à une certaine latitude, les flottes marchandes qui s'y trouvèrent. Ensuite, contrairement à ses instructions, il conduisit son armée vers les côtes du continent d'Amérique, dérogeant en cela aux ordres du ministre, qui lui enjoignaient : 1º de détacher de son armée trois vaisseaux de ligne, sous le commandement du chevalier de la Motté-Picquet, pour aller prendre la station de Saint-Domingue ; 2º de laisser, durant l'hivernage à la Martinique, sous le pavillon du comte de Grasse, huit vaisseaux de ligne et quatre frégates, pour agir de concert avec le marquis de Bouillé ; 3º et enfin d'effectuer, sans perdre de temps, son retour à Brest, avec les douze vaisseaux et les trois frégates qu'il avait emmenés de Toulon. Un coup de vent qu'il reçut, le 2 septembre, à l'embouchure de la Savannah, l'empêcha de remonter plus au nord ; la plupart de ses vaisseaux furent désemparés, et cinq d'entre eux eurent leurs gouvernails brisés. Les réparations à faire aux vaisseaux exigeant un temps considérable, dans un pays pauvre en munitions navales, cette circonstance décida le comte d'Estaing à s'emparer, de concert avec le général américain Lincoln, de la ville de Savannah. Toutefois, les avaries des vaisseaux, le mauvais temps, ainsi que les conférences qui eurent lieu entre les chefs français et américains, vinrent malheureusement retarder le débarquement des troupes que portait la flotte de d'Estaing.

Pour protéger les embarcations, lorsqu'elles transporte-

raient les soldats au rivage, et rendre impossible la fuite
des bâtiments ancrés dans la rivière de Cok-Pur, le comte
d'Estaing donna, le 7, ordre au commandeur (1) d'appareiller,
aussitôt qu'il le jugerait convenable, avec les vaisseaux l'*Artésien* et la *Provence* et les frégates la *Fortunée*, la *Blanche*
et la *Chimère*. Il lui enjoignait, en outre, de franchir la barre
à l'embouchure du fleuve, et de mouiller aussi avant qu'il
pourrait le faire sans danger. Suffren remplit, avec autant de
zèle que de talent, cette nouvelle mission, et justifia, pour
la troisième fois, la confiance que son amiral avait en lui.
Le 9, il opéra son changement de mouillage, obligea l'ennemi à détruire les fortifications de l'île de Tibée, en même
temps que quatre de ses navires armés, qui la défendaient,
abandonnaient leur ancrage et se réfugiaient sous les murs
de Savannah. Le 12, le débarquement put s'opérer facilement à Beaulieu, point que le comte avait indiqué au bailli.

Toutefois, l'attaque, quoique dirigée par l'amiral en personne, ne réussit point. Elle avait été cependant très-vigoureuse, et la résistance encore plus opiniâtre, parce que le général anglais Prévost avait reçu des renforts inespérés pour lui.
Néanmoins, les Français et les Américains plantèrent deux
de leurs drapeaux sur les retranchements anglais; mais le feu
de l'artillerie de la place, qui prenait les assaillants dans
presque toutes les directions, fut si vif, qu'il les força à la
retraite. Les Français eurent sept cents hommes tués ou blessés, et les Américains quatre cents. Le 20 octobre, le comte
rembarqua ses troupes, et Lincoln ramena les siennes dans la
Caroline du Sud, sans que les Anglais songeassent à troubler
les unes et les autres dans leur opération. Ainsi se termina
l'expédition de l'amiral en Géorgie.

Ce général ayant reçu un nouveau coup de vent en appareillant, fut séparé d'une partie de son escadre, et ne rentra

(1) Voyez cet ordre à la fin du volume, sous le n° 1 des pièces officielles.

à Brest, à la fin de novembre, qu'avec sept vaisseaux et trois frégates. Le *César* n'y arriva que le 16 décembre.

Le *Marseillais*, le *Zélé*, le *Sagittaire* et la frégate l'*Amazone*, atterrirent à Cadix, et de là à Toulon ; ils étaient suivis de leurs prises l'*Experiment*, de cinquante canons, et le *Tigre*, corsaire de vingt canons. Quant au *Tonnant*, de quatre-vingts, qui donna de si vives inquiétudes, ce vaisseau, sous le commandement de M. de Barras, relâcha à Saint-Domingue, d'où il appareilla, escortant un convoi de cinquante-cinq voiles, qu'il conduisit heureusement en France, dans les premiers jours du mois de mars 1780.

Durant l'année 1779, la cour de Saint-James rejeta tout-à-coup, avec hauteur, les propositions officieuses que la cour de Madrid lui avait adressées au mois de janvier, pour le rétablissement de la paix entre la France et l'Angleterre. S. M. catholique fut informée que, tandis que la Grande-Bretagne paraissait adhérer à sa médiation, elle avait fait, dans le même temps, des tentatives secrètes près des Américains, pour qu'ils en agréassent une partie, à l'insu de la France et de l'Espagne. Ce procédé offensant fit perdre au roi catholique tout espoir d'une prochaine réconciliation ; et bientôt ce prince pacifique se vit forcé de prendre les armes (1), tant pour venger les offenses qui lui étaient personnelles, que pour remplir les obligations qui le liaient envers S. M. très-chrétienne.

Le 1er mars 1780, le roi, d'après le rapport que fit l'amiral d'Estaing sur la belle conduite du commandeur, pendant la campagne d'Amérique, et notamment au combat naval devant l'île de la Grenade, lui accorda une pension de *quinze cents livres*, pour lui marquer sa satisfaction (2).

(1) Sa déclaration fut remise par le marquis d'Almovodar, son ambassadeur à Londres, le 16 juin 1779, au ministre anglais.

(2) Voir cette pièce officielle, sous le n° 28.

En avril 1780, M. de Suffren monta le vaisseau le *Zélé*, et appareilla de Brest, ayant pour conserve le *Marseillais*. Après une campagne de quelques mois, il rejoignit, avec ses deux vaisseaux, l'armée combinée de France et d'Espagne, aux ordres de Don Luis de Cordova, ancrée à Cadix (1). Cette armée, qui avait vidé la rade espagnole le 31 juillet, croisait à l'ouest du cap Saint-Vincent, lorsque, le 9 août, elle tomba au milieu d'un convoi anglais de soixante-quatre bâtiments-transports, escortés par le vaisseau le *Ramillies*, de soixante-quatorze, capitaine J. Montray, et les frégates la *Thétis* et le *Southampton*.

A la vue des Anglais, la division légère, sous le guidon du commandeur, se mit à poursuivre les navires de guerre convoyeurs ; mais ceux-ci prirent la fuite. Le *Ramillies*, qui avait hissé le signal de *Sauve qui peut*, fut suivi par les frégates, et tous les trois parvinrent à se sauver, grâce à leur supériorité de marche sur nos vaisseaux. Cette supériorité était due à leur nouveau doublage en feuilles de cuivre, innovation récente qui n'était pas encore introduite en France. M. de Suffren, voyant le vaisseau et les frégates lui échapper, leva la chasse et donna avec sa division sur les bâtiments du convoi. Il en resta soixante-deux au pouvoir de l'escadre franco-espagnole ; dans ce nombre se trouvaient cinq gros vaisseaux armés de la Compagnie des Indes-Orientales. Le *Bristish-Queen* et le *Fanny*, aussi doublés en cuivre, furent, avec les convoyeurs, les deux seuls transports qui parvinrent à se sauver. Ils atteignirent la rade de Funchal, dans l'île de Madère, deux jours après la déroute de leur flotte.

(1) Ce fut à cette époque que Rochambeau remit au général Washington, de la part du roi de France, un drapeau où se trouvait représentée une aigle, les ailes déployées, blessée, mais portant autour du col une couronne de laurier, avec le *motto* : *Vulnerata et invicta*. Les officiers américains portèrent des cocardes noires et blanches, en signe de leur réunion avec les Français.

La perte de ces navires fut un rude coup porté à nos ennemis, et infiniment plus rude que ceux du même genre que la France et l'Espagne avaient essuyés depuis le commencement de la guerre. La Bourse de Londres en fut elle-même considérablement affectée, car, depuis long-temps, les annales britanniques n'avaient fourni un pareil événement.

Huit jours après, M. de Suffren, qui avait en vue la prospérité de notre marine, adressait au ministre de ce département un mémoire (1) sur la nécessité de doubler en cuivre les vaisseaux du roi. Voici la lettre d'envoi :

« MONSEIGNEUR,

» Ayant vu échapper le *Ramillies*, je puis d'autant moins ressentir de la joie de la prise du convoi, que j'avais manœuvré de façon à être à portée de l'attaquer le premier, si la supériorité de sa marche ne l'eût dérobé à ma poursuite. L'espoir de le joindre, qui n'était fondé que sur le désir, a été dissipé par la vitesse évidente avec laquelle il s'éloignait. J'ai peut-être à me reprocher d'avoir laissé échapper quelques bâtiments marchands, pour avoir chassé trop long-temps. J'en ai fait cependant amener dix ou douze et amariné quatre.

» L'évasion du vaisseau et de ses deux frégates m'engage à vous adresser un mémoire sur la nécessité de doubler en cuivre, et sur les moyens d'accélérer une opération qui procurera à l'Etat les plus grands avantages et illustrera votre ministère. Ne croyez pas, Monseigneur, que je cherche à me faire valoir, en vous adressant des mémoires ; je ne suis déterminé que par l'amour du bien de la chose et de notre gloire : un militaire doit se distinguer par des faits, point par des écritures.

» Mon vaisseau est dans le meilleur état ; depuis trois mois que je suis parti, je n'ai perdu qu'un soldat de marine, qui

(1) Pièces justificatives n° 2.

est tombé sur une vergue et qui s'est tué. Si Messieurs les majors avaient mis autant de chaleur à les exercer au métier de matelot qu'à demander à les embarquer pour tels, cet accident né serait peut-être pas arrivé.

» Je crois que la prise de ce convoi vous fera assez de plaisir pour vous en faire mon compliment. Oserai-je vous faire observer qu'il y a plusieurs bâtiments chargés de vivres que le roi pourrait acheter à bon marché et expédier de Cadix pour les Iles? Il y en avait pour les troupes et pour l'escadre de Sainte-Lucie. Je crois qu'ils étaient douze; il doit y en avoir au moins neuf ou dix de pris. Un des bâtiments que j'ai amarinés portait deux mille sept cents barils de poudre et une infinité de munitions pour l'artillerie.

» Je ne saurais finir sans vous réitérer combien l'objet de doubler en cuivre est important.

» Je suis avec respect,

» MONSEIGNEUR,

» *Votre très-humble et obéissant serviteur*,

» LE CHEVALIER DE SUFFREN. »

« A bord du *Zélé*, le 17 août, vingt lieues à l'O. du cap Saint-Vincent.

» *P. S.* Il y a une partie du mémoire que je n'ai pas voulu confier à un secrétaire (1). »

L'escadre combinée resta en croisière et ne rentra à Cadix que dans les premiers jours d'octobre, après avoir protégé l'arrivée de plusieurs de nos divisions d'Amérique, qui avaient reçu l'ordre d'y aborder avec les convois qu'elles escortaient. Ces dispositions avaient été prises par la cour de Versailles, en conséquence de la croisière établie au nord des caps Ortégal et Finistère par l'amiral Geary, ayant une escadre de

---

(1) Deux mois après, l'intendant de Brest reçut l'ordre de faire doubler en cuivre tous les vaisseaux de l'escadre de M. Latouche-Tréville.

vingt-sept vaisseaux de guerre sous ses ordres, dans le dessein de s'emparer de nos flottes à leur atterrage.

A cette époque, la France possédait soixante-dix-neuf vaisseaux de ligne, dont quatre de cent dix canons, cinquante-neuf frégates, et beaucoup de corvettes et de bâtiments d'un rang inférieur; en tout deux cent quatre-vingt-cinq bâtiments de guerre. M. de Sartines, auquel on reprochait de l'hésitation et de l'indécision, et aussi de manquer d'énergie pour mener la guerre à une fin heureuse, fut renvoyé du ministère. Cependant, les défauts dont on l'incriminait étaient justement ceux qui dominaient dans le conseil du prince, que dirigeait le vieux monarque.

Le 31 octobre, les deux nations alliées avaient réuni soixante-quatre vaisseaux dans le port de Cadix; trente-huit étaient sous le pavillon du vice-amiral, le comte d'Estaing, que le nouveau ministre, le marquis de Castries (1), avait envoyé en prendre le commandement, et les vingt-six autres se trouvaient aux ordres de l'amiral Luis de Cordova.

Le 7 novembre, l'escadre de France, forte de trente-sept vaisseaux et de sept frégates, mit sous voiles. Le *Guerrier*, de soixante-quatorze, et la frégate la *Courageuse*, capitaines du Pavillon et de la Rigaudière, ne pouvant appareiller en même temps qu'elle, restèrent à l'ancre. L'avant-garde de l'armée était commandée par le comte de Breugnon, lieutenant-général, qui montait le *Royal-Louis*, de cent dix. Le corps de bataille était sous les ordres immédiats du vice-amiral comte d'Estaing, qui avait arboré son pavillon de général en chef à bord du *Terrible*, de cent dix, ayant pour matelot de l'arrière le *Zélé*, de soixante-quatorze, commandé par le bailli de Suffren. L'arrière-garde était conduite par le comte

---

(1) Le 12 octobre 1780, M. de Sartines, ministre de la marine, avait été remplacé par M. le marquis de Castries.

de Guichen , dont les insignes flottaient à bord de la *Cou-ronne*, de quatre-vingts canons. Sept frégates , deux flûtes et cent bâtiments de commerce naviguaient de conserve.

Jetée à l'O. par des vents de N.-E. , cette imposante ar-mée ne put joindre l'escadre anglaise, qui se tenait à l'ou-vert du golfe de Gascogne, d'où elle poussait ses bordées aux abords de la Manche du S.-E. Cette flotte ennemie échappa de la sorte à une rencontre sur laquelle l'Angleterre conçut de bien vives alarmes. Enfin, après avoir bataillé long-temps contre des vents contraires et des gros temps, l'escadre attei-gnit Brest, dans les derniers jours de décembre, et les bâti-ments du convoi entrèrent dans les différents ports pour les-quels ils étaient destinés.

Tandis que la lutte se prolongeait, avec des chances di-verses, entre les puissances belligérantes, l'union continuait à régner entre la Russie, la Suède et le Danemarck. Cet ac-cord admirable avait pour objet le maintien de leur indépen-dance et la défense de leurs droits. La cour de Saint-James, effrayée de cette attitude, arrêta ses projets hostiles et affecta même un système de modération à l'égard de ces trois mo-narchies du Nord : elle consentit au transport des provisions navales sous leurs pavillons.

Pendant que ces gouvernements agissaient de concert pour faire respecter la neutralité des pavillons qui couvraient leurs bâtiments, la rupture devenait de jour en jour plus probable entre la Grande-Bretagne et la Hollande. La conduite des Anglais décelait le dédain et le mépris pour leur ancienne al-liée , la république batave. Sans aucun respect pour sa sou-veraineté indépendante et le droit des gens , ils avaient violé ses hâvres et s'étaient emparés de vive force , soit dans les Indes, soit même en Europe, de navires appartenant à des citoyens hollandais.

Le 20 décembre 1780, la cour de Saint-James donnait l'ordre à son ambassadeur à La Haye d'en partir sans prendre congé ; et le lendemain , en même temps qu'elle prescrivait à tous ses vaisseaux de guerre ou corsaires de courir sur les navires hollandais qu'ils rencontreraient en mer et de les amener dans les ports britanniques , elle faisait saisir tous ceux de la même nation qui se trouvaient mouillés dans la Tamise et sur les rades de la Grande-Bretagne.

Le motif qui portait l'Angleterre à hâter de la sorte sa rupture avec la Hollande était de l'exclure du nombre des puissances neutres de la confédération du Nord, dans laquelle cette dernière voulait entrer, pour se soustraire à la tyrannie anglaise, qui pesait sur son commerce et sa navigation.

La république batave , affectant une entière sécurité, n'avait pas songé à armer des escadres pour protéger son commerce maritime. Elle ne pouvait se persuader que l'Angleterre voulût une guerre nuisible aux deux nations; aussi son pavillon, sans défense, essuya-t-il toutes sortes d'outrages de la part des Anglais. Dès les débuts de cette guerre, le gouvernement hollandais comprit que ses forces de terre et de mer seraient insuffisantes pour protéger son commerce en Europe et défendre ses possessions dans les Indes-Orientales et Occidentales. Cependant, comme il lui importait de ne rien négliger pour repousser l'attaque que la Grande-Bretagne préméditait contre le cap de Bonne-Espérance, qu'elle regardait comme la clef de ses possessions asiatiques, elle eut, dans une position aussi critique, recours à la France. Cette puissance, de son côté, ne pouvait voir avec indifférence cet établissement important passer sous la domination anglaise, son port pouvant servir de relâche aux vaisseaux français allant dans l'Inde. Elle avait donc un intérêt immense à la conservation de cette importante colonie. Le 6 janvier 1781, la corvette la *Sylphide* partit de Brest pour le cap de Bonne-Espérance, afin d'y annoncer la déclaration de guerre du gouvernement britannique à la Hollande. La corvette y arriva le 24 mars, d'où elle releva pour l'Ile-de-France.

Dès que la cour de Versailles eut accepté les propositions de la République, elle équipa à Brest une petite flotte, pour porter au cap de Bonne-Espérance des troupes et des munitions de guerre ; le ministre fit choix de M. de Suffren pour la commander. Cette honorable distinction entre tous les officiers de la marine fut due à son activité bien connue, mais principalement à la recommandation du comte d'Estaing, qui, ayant deviné un grand homme de mer dans le capitaine du *Fantasque* et du *Zélé*, crut devoir l'indiquer au marquis de Castries comme un des officiers les plus capables d'être opposés au commodore Johnston, marin qui jouissait d'une grande réputation : on venait d'apprendre que ce chef distingué remplaçait le contre-amiral Hughes Paliser dans le commandement des vaisseaux et du convoi destinés à faire la conquête du cap de Bonne-Espérance.

En conséquence, on désigna cinq vaisseaux parmi ceux qui avaient fait partie de la grande escadre que le comte d'Estaing venait de ramener de Cadix à Brest : le *Héros* et l'*Annibal*, de soixante-quatorze ; l'*Artésien*, le *Sphinx* et le *Vengeur*, de soixante-quatre, formèrent une division à part, et leurs capitaines firent place à MM. de Suffren, Trémigon, Cardaillac, du Chilleau et Forbin. Dans le même temps, on équipait une escadre qu'on avait hâte de renvoyer en Amérique sous le commandement du comte de Grasse, promu au grade de lieutenant-général. M. le marquis de Castries était venu à Brest hâter le départ de cette armée ; sa présence avança cet instant de plus de huit jours : sans l'heureuse intervention du ministre, Suffren n'eût pu rejoindre le commodore Johnston à San-Iago, et le cap de Bonne-Espérance tombait sans défense au pouvoir de l'ennemi. Le 15 mars, le capitaine de Saint-Félix, commandant la frégate la *Fine* (1),

_____

(1) Cette frégate arriva au cap le 25 mai, et à l'Ile-de-France le 10 juillet.

d'une marche supérieure, partit en avant, afin d'annoncer au gouverneur hollandais la prochaine arrivée du commandeur. MM. de Chevreau et de Montigny étaient passagers à bord de la frégate. Durant la relâche de la *Fine*, M. de Chevreau, nommé intendant de l'Ile-de-France, prit des arrangements avec l'administration hollandaise pour le ravitaillement de nos vaisseaux.

Le 22 mars 1781, les préparatifs étant terminés, les deux escadres vidèrent la rade, franchirent le goulet, et naviguèrent de conserve jusqu'à la hauteur de Madère ; là, elles se séparèrent, et chacune fit route vers sa destination.

Suffren, que le roi avait autorisé à porter le pavillon de chef d'escadre dans les mers de l'Inde, avait mission spéciale de secourir le Cap de Bonne-Espérance contre les entreprises de Johnston, qui devait incessamment quitter la rade de Sainte-Hélène, avec trente-sept voiles composant sa flotte expéditionnaire. En effet, lorsque Suffren prit la mer, ce commodore était appareillé depuis plusieurs jours. Suffren, qui savait que le succès d'une opération maritime dépend le plus souvent de la promptitude qu'on met à l'exécuter, forçait de voiles pour devancer l'arrivée de son antagoniste sur la rade de *Table-Bay*. La flottille française se composait des cinq vaisseaux que nous avons nommés, de la corvette la *Fortune*, de seize canons, commandée par M. de Lusignan, et de sept moyens navires de transport pour les troupes et les munitions de guerre ; en tout treize bâtiments. Mais, pour suppléer au nombre des transports, chacun des vaisseaux de ligne portait cent treize militaires du régiment de Pondichéry.

M. de Cardaillac, capitaine de l'*Artésien*, qui d'abord avait dû faire la campagne des Antilles avec l'amiral de Grasse, n'avait calculé sa provision d'eau que sur un court trajet; mais sa destination ayant été changée subitement, il ne put remplacer l'eau qu'il lui fallait pour une longue traversée. Cet officier, craignant d'en manquer, demanda en passant devant

San-Iago la permission de remplir ses pièces à la baie de la Praya. Le commandeur y consentit ; mais ne voulant pas se séparer de ce vaisseau, M. de Suffren se décida à y conduire l'escadre et le convoi.

De son côté, Johnston, avec les trente-sept bâtiments qui composaient sa flotte, avait jeté l'ancre dans cette baie, afin d'y rafraîchir ses gens avant de gagner le Cap ; cette colonie neutre lui offrait avec une relâche commode un asile inviolable : le commandeur se dirigeait donc vers l'île portugaise avec la même intention qui y avait conduit son rival.

Le 16 avril, à la pointe du jour, l'escadre de France fit voile avec des vents de N. E., pour passer entre l'île de Mai et San-Iago. L'*Artésien*, qui marchait alors en avant, découvrit, à l'entrée de la rade, un bâtiment de guerre battant pavillon anglais ; il était 8 heures 15' du matin : à l'instant ce vaisseau revira sur son commandant en hissant le signal de *Voiles ennemies*. Suffren transmit à la division le signal de l'*Artésien* par celui-ci : *Des vaisseaux ennemis en vue !* Cet avertissement fut bientôt suivi de l'ordre de *se préparer à combattre*, et d'un second, *se préparer à mouiller*.

Le commandeur ne douta pas que ce ne fût l'escadre de Johnston, et sans s'arrêter au nombre ou à la force de ses vaisseaux, il prit avec spontanéité la résolution d'aller l'attaquer. Ce grand homme comprit que le salut du Cap était trop risqué, s'il lui faisait courir les chances du *plus vite rendu*. La flottille française avait de si mauvais bâtiments de transport qu'un d'eux, l'*Espérance*, avait été constamment à la remorque du *Sphinx*. Suffren dut donc présumer qu'avec un vent semblable, les ennemis, toujours mieux équipés que nous, arriveraient les premiers et prendraient la colonie laissée sans moyens de résistance.

Le respect pour le pavillon portugais, qui flottait sur le fort au fond de la baie, ne pouvait pas être un obstacle à sa détermination. Cette baie n'était qu'une rade foraine, et les

Anglais n'avaient pas hésité d'entrer dans le port de Lagos. Là, malgré la neutralité d'un lieu sur la côte du Portugal, malgré la protection du pavillon de Bragance, ils avaient brûlé des vaisseaux français qui s'y étaient réfugiés (1).

A 10 heures, M. de Suffren, décidé à combattre, ordonna au convoi de tenir le vent sous la direction de la corvette la *Fortune*, et à ses cinq vaisseaux de former la ligne de bataille dans l'ordre renversé. A 10 heures 1/2, cette disposition d'attaque fut changée par le signal de reprendre l'ordre naturel; ensuite le commandeur, se mettant à la tête de sa division, s'élança avec impétuosité sur l'ennemi, sans regarder la distance où se trouvaient derrière lui ses vaisseaux de guerre. Ce marin expérimenté jugeait avec raison qu'à dix heures du matin, les hommes de l'équipage de chaque bâtiment devaient être en grand nombre à terre, soit pour le service (2), soit pour se promener. Il espérait donc surprendre

(1) Quoique nous ayons parlé dans notre précédent chapitre du combat de M. de La Clue, nous croyons devoir rappeler ici la circonstance qui détermina le commandeur à attaquer Johnston à la Praya.

L'*Océan*, à bord duquel servait le chevalier de Suffren, faisait partie d'une escadre sous les ordres de M. de La Clue; le 16 août 1759, elle fut rencontrée et combattue par les Anglais, supérieurs en force. Quatre des vaisseaux français étaient parvenus à se réfugier à Lagos, port du royaume de Portugal; mais les vainqueurs les y suivirent et continuèrent le combat, contre le droit des nations et la neutralité de la rade. Deux vaisseaux furent pris, deux se brûlèrent; l'*Océan* tomba au pouvoir des ennemis, et Suffren devint leur prisonnier.

(2) Le commodore Johnston, dans sa lettre du 30 avril 1781, au comte d'Hilsborough, secrétaire-d'État, dit qu'au moment de l'approche des Français, environ *quinze cents hommes* de ses équipages étaient absents et employés, soit à faire de l'eau, soit à pêcher ou à embarquer du bétail, soit aux occupations nécessaires pour accélérer le ravitaillement de sa flotte; et puis ajoutait : « Comme cette affaire tenait un peu de la surprise, la nature du service dans lequel nous nous trouvions engagés devait naturellement jeter parmi nous beaucoup de confusion. »

les vaisseaux de Johnston par une apparition vigoureuse et intrépide, et arrêter bien des bateaux dans leur retour par la surprise d'un grand feu; enfin, il entrevoyait beaucoup d'éléments de succès dans la confusion qui est inséparable d'une conflagration subite et non prévue. Voici comme marchaient ses vaisseaux à grande distance les uns des autres:

Le *Héros*, de 74 canons, le chevalier de Suffren.
L'*Annibal*, de 74 » de Trémigon.
L'*Artésien*, de 64 » de Cardaillac, aîné.
Le *Vengeur*, de 64 » de Forbin.
Le *Sphinx*, de 64 » du Chilleau.

Du côté des Anglais, au signal que fit l'*Isis*, en apercevant l'escadre du Roi, Johnston se transporta à bord de ce vaisseau, qui était ancré en avant de sa ligne, afin de reconnaître les forces de ses adversaires. La reconnaissance faite, il retourna à bord du *Romney*, d'où voyant nos bâtiments continuer leur aire sur le mouillage qu'il occupait, il fit le signal de se tenir prêt à combattre. Les vaisseaux ennemis, quoique mouillés proche des bâtiments de leur convoi, sur un fond de huit à neuf brasses d'eau, formaient une ligne dans l'ordre suivant :

L'*Isis*, de 54 canons, capitaine Sutton.
Le *Jupiter*, de 54 » Pasley.
Le *Montmouth*, de 64 . . . . Alms.
Le *Héros*, de 74 . . . . Hawker.
Le *Romney*, de 56 . . . . Johnston, commodore.
        Saltern, capitaine.

Excepté le *Jason*, qui était auprès de l'*Ile-aux-Cailles*, les deux autres frégates la *Diana* et l'*Active*, la bombarde la *Terror*, le brûlot l'*Infernal* et un cutter, étaient groupés à quelque distance en avant de leur escadre, auprès de la *Pointe de l'Est*, et plus à terre; les dix vaisseaux de la Compagnie et les dix transports du Roi, ainsi que les six bâtiments munitionnaires, se trouvaient ancrés sans ordre, sur l'espace entre les vaisseaux de guerre et le rivage.

En doublant la pointe de l'Est, haute, escarpée et sans écueils, avec des vents variables du N.-E. au N.-N.-E., Suffren hisse son pavillon et serre la terre pour passer entre la *Diana* et l'*Isis*; à 10 heures 45', il laisse à bâbord et sous le vent le vaisseau auquel il tire deux coups de canon, et va audacieusement jeter l'ancre entre le *Héros* (anglais) et le *Montmouth*. Le commodore Johnston, qui l'attendait en branle-bas de combat, ne laissa pas les échos de la baie répercuter seuls le bruit de cet avertissement d'un duel à outrance : tous les vaisseaux anglais répondirent simultanément à la provocation de l'intrépide commandeur, et la détonation des deux bouches à feu du *Héros* se confondit dans le roulement incessant des cinq cents canons qui tonnèrent contre lui (1). Quoique couvert par le feu des bâtiments de la Grande-Bretagne, Suffren prit poste là où il l'avait arrêté, au centre des ennemis.

(1) Tableau des forces de l'escadre et du convoi aux ordres du commodore Johnston :

Le vaisseau le *Héros*.	74 canons.
Le *Montmouth*	64
Le *Romney*	56
Le *Jupiter*	54
L'*Isis*	54
Trois frégates de 32.	96
Six transports de 22	132
Quatre transports de 16	64
Dix vaisseaux de la Compagnie de 30	300
Six bâtiments munitionnaires 14	84
Un cutter	16
Un brûlot.	14
Une galiotte à bombe	»»
	1,008 bouches à feu.
Le fort Portugais	16
	1,024 total.

L'*Annibal*, le plus fort vaisseau de l'escadre, qui s'était illustré sous Lamotte-Piquet, suivait le *Héros*; mais son capitaine, persuadé que le commandeur respecterait la neutralité de la rade portugaise, n'avait malheureusement fait aucune disposition pour combattre; les ponts étaient même embarrassés par les pièces à eau disposées pour l'objet qui avait déterminé la relâche. Voyant l'action engagée et le *Héros* seul aux prises avec le gros de l'escadre anglaise, le brave de Trémigon ne balance pas à aller partager les périls de son chef, quoiqu'il doive être quelque temps sans pouvoir le seconder : du moins, il attirera sur lui une partie du feu dirigé sur M. de Suffren. L'*Annibal* s'avance silencieux, essuie les bordées de l'*Isis* et du *Jupiter*, et, au milieu d'un nuage que forme une épaisse fumée, mouille sur l'avant du *Héros* français; mais si près de ce vaisseau que le commandeur est obligé de filer son câble à bout de touée, pour ne pas rompre son beaupré contre la poupe de son matelot.

L'*Artésien* voulait prendre poste à babord du *Héros*; son capitaine, le brave Cardaillac, forme même le projet d'aborder un des vaisseaux ennemis, et, afin de réussir, il établit les plus sages dispositions. Il entre dans la baie, et va, au milieu de la fumée, aborder le vaisseau de la Compagnie la *Fortitude*, capitaine Grégory, qu'il prend pour un vaisseau de ligne; son dessein était de mettre le beaupré de son ennemi dans ses grands haubans, mais comme il ventait bon frais, il dépassa un peu trop l'avant de l'Anglais, et il n'y eut que les haubans d'artimon de l'*Artésien* à s'engager dans le beaupré de la *Fortitude*. Cardaillac donne ordre de mouiller; mais voyant que son équipage passait difficilement à bord de l'ennemi, où huit hommes seulement étaient parvenus (1),

---

(1) Ce vaisseau, repris aux Indes par la frégate la *Fine*, avait encore à bord les huit hommes de l'équipage de l'*Artésien*.

il défend de laisser tomber l'ancre : son intention est de re-
virer sur l'Anglais et de le mieux accrocher dans un second
abordage. Il allait en faire le commandement, lorsqu'il reçoit
dans la poitrine une balle qui le tue raide. Cardaillac tombe
de son banc de quart, où il était resté en évidence, et la manœuvre du revirement de bord reste suspendue. Le second
capitaine, M. de la Boixière, qui, contre l'usage, se trouvait à
commander la batterie basse, vient pour le remplacer ; mais,
avant qu'il eût été averti, et qu'il eût pris connaissance de la
face du combat, interceptée par la fumée, les dispositions
bien ménagées du capitaine s'étaient évanouies. Le vaisseau,
tombé sous le vent, aborde le vaisseau de la compagnie l'*Hinchinbrook*, qu'il prend pour une frégate. L'équipage saute à
bord, s'en empare, coupe le câble, et tous deux, jouets des
vents, dérivent vers la pointe Tubazon, l'autre extrémité de
la baie. Ses pertes en hommes, outre son capitaine, ne consistaient qu'en trois matelots tués et douze blessés.

Le *Vengeur*, qui venait après, passe au vent de tous les
vaisseaux de Johnston et parcourt leur ligne de front. Lorsque le capitaine, M. de Forbin, a choisi sa place, il fait
mettre la barre du gouvernail à babord, vient le bout au vent
et donne l'ordre de mouiller ; mais le bruit de son artillerie
et celui des batteries de l'ennemi empêchent les hommes du
gaillard d'avant d'entendre son commandement, et puis, par
l'épaisse fumée qui enveloppe le vaisseau de l'arrière à l'avant,
il ne peut s'apercevoir de son inexécution. M. de Forbin,
qui ne pouvait croire qu'on n'avait pas laissé tomber l'ancre,
se persuade, en voyant le vaisseau venir en travers et dériver,
qu'il a manqué de fond ; alors, dans cette conviction étrange,
puisqu'il était à terre des vaisseaux ancrés, il ordonne de
couper le câble, afin de reprendre le mouillage en louvoyant,
ordre inutile qui ne fut point exécuté. M. de Forbin courut
des bords, mais ce fut en vain ; la brise avait fraîchi du

N.-N.-E., et les courants qui portaient avec violence au S.-S.-O. drossèrent le *Vengeur* dans cette direction. Ce vaisseau, en tirant sur les Anglais, avait fait le tour de la rade, et en était sorti sans avoir eu à regretter la perte d'un seul homme.

Le *Sphinx*, resté en arrière, parce que, ayant remorqué un gros navire-transport, l'*Espérance*, d'une mauvaise marche, il lui avait fallu le temps de rembarquer les trois grelins qui, bout-à-bout, servaient à traîner cette lourde charrette, paraît enfin à la pointe de l'est; mais, au moment de la doubler, il trouve la brise plus au nord, qui s'oppose à ce qu'il puisse, comme ceux qui l'avaient précédé, passer au vent de l'*Isis*, premier vaisseau de guerre des ennemis. Il fut forcé de laisser porter sur l'arrière de ce bâtiment et, par conséquent, sous le vent. Toutefois, le *Sphinx* rangea l'Anglais de si près, en lui envoyant toute sa bordée, qu'il lui emporta, avec son bout-dehors, son pavillon de poupe; l'*Isis* en fut écrasé et son feu se ralentit aussitôt. Malheureusement, le capitaine du Chilleau s'abstint de mouiller, se croyant sur un trop grand fond, et continua à courir des bordées, en faisant un feu vif et bien nourri.

Telle fut l'entrée, la disposition et l'attaque de nos cinq vaisseaux de guerre, dont deux seulement, le *Héros* et l'*Annibal*, mouillèrent par le travers des cinq vaisseaux de guerre ennemis et supportèrent tout le feu de leurs batteries, auquel se joignit celui des frégates, des vaisseaux de Compagnie et de la forteresse portugaise, qui crut devoir se mettre de la partie, pour venger la neutralité de son pavillon violée par M. de Suffren.

Au fort de l'action, plusieurs bâtiments-transports avaient coupé leurs câbles, pour louvoyer en dehors du champ de bataille, afin d'éviter de se trouver criblés par les boulets des vaisseaux des deux nations qui se croisaient sur leur ancrage. Malheureusement, M. de Suffren n'avait pas de frégates ; la corvette, la *Fortune* était le seul bâtiment léger qu'il eût avec lui : ce petit trois-mâts, qui n'avait que seize canons de six, prit le brûlot l'*Infernal* de même force que lui. Après en avoir retiré le capitaine et quinze hommes, pour attester sa victoire, M. de Lusignan l'abandonna, au signal que lui fit Suffren d'aller porter des ordres à nos transports ; ce brûlot resta sans être amariné et rentra dans la baie.

Le commodore Johnston, en voyant trois de nos vaisseaux en dérive, juge qu'il n'aura désormais sérieusement affaire qu'avec deux d'entre eux ; alors il quitte le *Romney* et passe à bord du *Héros*, capitaine Hawker, son matelot de l'avant, d'où il est plus à même de diriger le combat ; il est suivi du général Meadows, qui commande les troupes de débarquement.

La rade présentait le tableau d'un volcan dans sa plus forte éruption ; plus de 600 bouches à feu y faisaient entendre le bruit de leur effroyable roulement, que répétaient et multipliaient les échos des montagnes cernant le rivage de la baie de la Praya.

L'*Annibal*, mouillé par la joue du *Montmouth*, avait été un grand quart-d'heure sans pouvoir riposter d'aucun de ses canons, exposé aux coups de biais de l'avant de ce vaisseau, au feu direct des batteries du *Jupiter* et aux volées de l'*Active* et de la *Diana*, que secondaient encore quelques vaisseaux de la Compagnie. Dans cette situation périlleuse, bon nombre des braves marins de l'*Annibal* tombèrent sous les boulets anglais. Ses canons dégagés tonnèrent enfin contre ses nombreux ennemis ; ils furent servis avec d'autant plus d'ardeur que l'équipage avait hâte de se venger des pertes qu'il avait éprouvées. Dans cette lutte acharnée, qui s'établit aussitôt, la satisfaction du capitaine ne fut pas de longue durée, car, après une demi-heure de combat, un boulet lui coupa la cuisse gauche (1). Sa perte fut vivement sentie ; mais ce digne capitaine se trouva remplacé par un aussi brave officier que lui : M. de Galles, lieutenant de vaisseau, second capitaine, accourut sur le gaillard d'arrière et continua l'action avec une valeureuse détermination. L'héroïque équipage n'avait pas traversé toutes les épreuves qu'il devait subir : à 11 heures 40' le feu prend dans la chambre du conseil, par l'explosion d'une caisse de cartouches ; mais, grâce au sang-froid et aux ordres entendus de M. de Galles, cet accident fut promptement réparé et le combat repris avec furie.

Quoique les postes se dégarnissent sous les boulets et la mitraille, l'énergie des vaillants hommes qui les servent supplée au nombre des combattants, et les batteries de l'*Annibal* ripostent avec vivacité aux batteries ennemies. Dans cette épouvantable conflagration, pour rendre la position de l'*Annibal* plus critique et plus glorieuse, le mât d'artimon, criblé de boulets, tombe ! A midi, pour compléter cette affreuse péripétie, le grand mât, fortement endommagé, s'écroule avec un fracas horrible, et, dans sa chûte, entraîne l'extrémité supérieure de la gaule d'enseigne, à laquelle était attaché le pavillon. Attentif à cet événement, le valeureux de Galles, qui craint qu'on ne le suppose amené, demande à l'un des aides-pilotes qui se trouve près de lui un autre pavillon ; voyant qu'il tardait à l'apporter, il s'empare d'une serviette qui se présente sous sa main, monte en diligence sur la dunette, et là, avec une tranquillité admirable, il la fixe au tronçon du mât, résolu de ne l'en détacher jamais.

Suffren, avec son *Héros*, ancré près du *Héros* anglais, de même force que le sien, malgré les feux croisés du *Romney* et du *Montmouth*, auxquels se joignaient ceux de deux des vaisseaux de la Compagnie, et celui de la frégate le *Jason*, continuait avec une chaleureuse intrépidité cette scène de car-

(1) Il mourut à 5 heures du soir.

nage qu'il avait provoquée. Cependant, à midi 18', c'est-à-dire au bout d'une heure et demie de conflit; le commandeur voyant ses étais coupés, ainsi que vingt-neuf de ses bas-haubans, sur les trente-quatre qui tenaient ses mâts, ayant eu trente-deux hommes tués et cinquante-six blessés, et jugeant que l'*Artésien*, le *Sphinx* et le *Vengeur* ne peuvent regagner les eaux du combat, ni coopérer efficacement à l'action engagée, se décide à se retirer. Mais, avant de quitter le champ de bataille, il veut ordonner à l'*Annibal* de couper son câble, et ne sachant où frapper les pavillons pour lui en faire le signal, persuadé qu'il sera suivi, il commande de filer le bout du câble. Le vaisseau abat aussitôt, en faisant feu des deux bords, et abandonne avec autant de fierté qu'il l'avait pris l'ancrage sur lequel il espérait plus de succès, après y avoir déployé une si grande valeur. L'*Annibal*, en apercevant le *Héros* tourner sur lui-même, coupe son câble et le suit; mais, en faisant son arrivée, pour passer sur l'espace que laissent entre eux le *Héros* de Hawker et le *Montmouth*, son mât de misaine, le seul qui lui reste, tombe, et les cris de *hurra*, *hurra*, partent des ponts britanniques, car les ennemis croyaient que cette dernière catastrophe allait leur livrer le vaisseau français. Les insensés! ils ignoraient que de Galles le commandait, et qu'il pouvait leur répéter ce que le chevalier de Lage dit aux Espagnols du vaisseau le *Royal-Philippe*, qui voulaient amener : «Vous ne savez donc pas que je suis à bord? »

Néanmoins, l'*Annibal*, sous l'impulsion seule du vent contre sa carène, passe lentement au milieu des deux Anglais qui, dans leur dépit, redoublent la vivacité de leurs coups, sans chercher par aucune manœuvre à s'opposer à sa glorieuse retraite. Le gaillard d'arrière de l'*Annibal* avait tellement été balayé par les boulets et la mitraille, que le chevalier de Galles resta long-temps seul avec son maître d'équipage. A peine ce vaisseau se trouve-t-il sous le vent de la ligne anglaise, que M. de Suffren donne ordre au *Sphinx*, qui bordaillait en canonnant l'ennemi, de le prendre à la remorque. Du Chilleau, qui n'avait essuyé aucune avarie, et dont la perte en hommes se réduisait à trois marins tués et quinze blessés, exécute, sous le feu des ennemis, cette manœuvre avec une habile célérité, et entraîne hors de la baie cette masse qui ne pouvait plus se mouvoir seule. Quoique le *Héros* eût encore ses mâts debout, son gréement était tellement haché qu'on s'attendait à un démâtage d'un moment à l'autre; mais, là encore, la fermeté et l'activité du chef, dignement secondées, surent remédier au mal : la mâture du vaisseau fut promptement et provisoirement consolidée par des pataras et des faux étais. Si les deux vaisseaux, durant leur retraite, servirent de points de mire aux canonniers de l'escadre anglaise, tous deux aussi, à leur tour, saluèrent de leurs bordées les bâtiments de Johnston.

Lorsque les vaisseaux du roi eurent vidé la baie, le commodore reprit le commandement du *Romney*. Là, appelant les capitaines à l'ordre, il se fait rendre compte de l'état de chaque vaisseau de son armée. Voyant l'*Annibal* démâté, Johnston présume qu'il peut, en recommençant la lutte, s'emparer de ce vaisseau, dont la perte en hommes devait être immense. En effet, outre son capitaine, soixante combattants avaient été jetés à la mer, et cent vingt-cinq autres étaient sur les cadres (1). A 3 heures 1/2, le commodore, malgré l'état où

(1) Nous eûmes dans cette affaire 99 tués et 208 blessés; parmi les premiers, on comptait MM. de Trémigon et Cardaillac, capitaines de vaisseau ; Levary-Leroy, capitaine de brûlot ; le Tiollay, lieutenant de frégate ; de Many, volontaire, et de Chazon, officier d'infanterie. Au nombre des seconds se trouvaient MM. Morard de Galles, Morel de Mons de Villeneuve, Huon de Kermadec, tous trois lieutenants de vaisseau ; le baron de Rochemore et Dapché, enseignes ; de Vigny et de Cosnoal, gardes de marine ; le chevalier d'Amphernet, Giloux et Morfoace, officiers auxiliaires ; Idgnnot, officier suédois.

se trouvaient réduits l'*Isis* et la *Diana*, appareille en hissant le signal de gagner le large, qu'il fait suivre de celui de se former en ordre de bataille sur la ligne de front.

Dès que Suffren voit les Anglais sous voiles : « Allons, s'écrie-t-il, *point de manœuvres honteuses !* » et il ordonne de former de suite la ligne de combat babord-amures, l'*Annibal* au centre, remorqué par le *Sphinx*. A cette contenance des Français, Johnston, arrivé à portée et demie de canon, ralentit tout-à-coup sa marche, sous prétexte que l'*Isis* et la *Diana*, qui étaient de l'arrière, ne pouvaient le rallier.

Cependant notre escadre était demeurée en travers à l'attendre, et ce ne fut que lorsque la nuit vint qu'elle laissa arriver en route, en tenant ses feux allumés pour provoquer l'ennemi à la suivre ; mais au jour l'armée anglaise, à laquelle il appartenait de décider le combat, puisqu'elle était au vent, avait disparu en forçant de toile, pour rejoindre son convoi resté dans la baie de la Praya. Sur sa route le commodore rencontra le vaisseau de la compagnie l'*Hinchinbrook*, dont l'*Artésien* s'était emparé. M. de la Boixière, à l'instant où il avait vu l'*Annibal* sortir de la baie, abandonna sa prise pour se porter au secours du chevalier de Galles : il mit tant de précipitation dans sa manœuvre qu'il laissa une partie de son monde à bord de l'Anglais (1). Cette rencontre ne le dédommagea pas du mauvais succès de sa bravade de la veille, dont il était tout honteux : aussi essaya-t-il de le faire rejeter sur le capitaine Sutton, de l'*Isis*, qui fut démonté. C'est ainsi qu'en Angleterre, pour sauver l'orgueil national, on n'hésite

---

(1) C'était pour la seconde fois que des hommes de l'équipage de l'*Artésien* étaient abandonnés sur des vaisseaux anglais. La conduite que tint M. de la Boixière, durant le combat, ne fut pas approuvée ; le commandeur s'en plaignit au ministre et M. de la Boixière fut mis en retraite.

(Voyez à la fin du volume le n° 10 des pièces officielles.)

pas à commettre un acte injuste ; on accuse, on condamne, on punit un brave officier qui n'a été que malheureux (1), mais on ne s'avoue pas vaincu.

Suffren, débarrassé des Anglais, qu'il n'avait pu anéantir par les mauvaises dispositions et les fausses manœuvres de trois de ses vaisseaux, ne songea plus qu'à les primer à l'attérage du Cap de Bonne-Espérance. L'objet important de sa mission était de protéger et de sauver cette colonie, dont la perte aurait eu une fâcheuse influence sur nos affaires dans l'Inde. En conséquence, il ordonna au convoi qui pouvait retarder sa marche de naviguer séparément, sous l'escorte de la corvette la *Fortune*, tandis que lui s'avancerait à force de voiles, faisant remorquer l'*Annibal* par le *Sphinx*, sur lequel on avait établi des mâtereaux. Ces dispositions eurent les plus heureux résultats ; le 21 juin, au fort de la mauvaise saison, les cinq vaisseaux entrèrent dans la vaste baie de *False* et jetèrent l'ancre sur la rade abritée de *Simons' Bay* ; le 30, ils furent rejoints par la *Fortune* et les bâtiments-transports. Le petit navire l'*Union*, qui avait trente soldats du régiment de Pondichéry, fut le seul qui manqua au rendez-vous. Par l'arrivée simultanée du convoi et de l'escadre, la ville du Cap de Bonne-Espérance fut préservée du danger qui la menaçait. A peine ancré à *Simons' Bay*, Suffren débarqua le brigadier-général comte de Conway, colonel du régiment de Pondichéry, que transportaient les vaisseaux et les navires de charge. Cet officier-général se rendit à la tête de ses troupes à la ville

(1) Byng, pour n'avoir pas arrêté l'escadre de M. de la Galissonnière, le 17 mai 1756, et, quoiqu'il eût fait ce qu'il était possible de faire dans sa position, fut jugé et condamné à la peine capitale.

L'amiral Rodney n'ayant pu vaincre le comte de Guichen, le 17 avril 1780, s'en prit à deux capitaines de son escadre, qu'il traduisit devant une cour martiale, afin de faire retomber sur eux l'insuccès de son attaque et la cause de sa retraite.

du Cap, où il fit rétablir les batteries et élever des redoutes sur tous les points accessibles à l'ennemi : quinze jours suffirent, par l'activité qu'on déploya, à mettre cette intéressante colonie à l'abri de toute tentative de la part des Anglais.

Le 21 juillet, entre 10 et 11 heures du matin, un mois après l'arrivée du commandeur, la flotte anglaise, forte alors de trente-quatre voiles, parut devant *Table-Bay* ; mais le commodore Johnston, après une courte exploration des lieux, laissa deux frégates en observation et fit route pour la baie de *Saldanha*, à 22 lieues au N. de celle du Cap, dans le but, sans doute, de prendre langue avant d'opérer son débarquement ; au reste, dans la saison où l'on se trouvait, les vaisseaux remontaient facilement au S. Là, le commodore renonça à toute entreprise contre la colonie hollandaise, en y apprenant l'arrivée des Français : ainsi l'expédition anglaise, créée à grand frais, avorta pour avoir été retardée par le combat inattendu que lui avait livré Suffren.

Mais si l'argent peut dédommager un officier militaire d'avoir manqué une opération importante qui lui était confiée, certes, Johnston put se consoler par la riche capture qu'il fit de quatre vaisseaux de la compagnie des Indes qui revenaient de Batavia. Le 24 mars, lorsque la *Sylphide* vint au Cap, annoncer au gouverneur de Plettenberg que le cabinet de Saint-James avait déclaré la guerre à la République de Hollande, neuf gros vaisseaux de la compagnie, richement chargés, étaient en rade prêts à partir pour l'Europe. Alarmé sur l'issue de leur traversée du Cap en Europe, M. de Plettenberg n'osa prendre sur lui de les faire suivre leur destination, sans de nouveaux ordres de son gouvernement. Redoutant encore l'arrivée des Anglais à *Table-Bay* et à *False-Bay*, il prit le parti, d'accord avec les capitaines, de diviser les risques de guerre en partageant les vaisseaux ; cinq appareillèrent pour *Saldanha-Bay* et les quatre autres furent s'amarrer dans la petite anse de *Hood-Bay*.

Les résultats obtenus par la flotte anglaise se réduisirent à la prise de quatre vaisseaux dans la baie de *Saldanha* ; le cinquième, le *Mildelbourg*, eût le temps de faire côte et de s'y brûler ; enfin, à l'exception de dix à douze hommes, tous les marins hollandais purent se sauver à terre et éviter de tomber au pouvoir des Anglais.

Suffren n'avait pas perdu de temps ; après avoir débarqué les troupes et les munitions de guerre qu'il amenait à la colonie hollandaise, afin de la mettre à l'abri de toute attaque, il s'occupa activement de réparer ses vaisseaux. Les blessés et les malades avaient été envoyés aux hôpitaux, dont le séjour, beaucoup plus favorable que celui du bord, contribua à leur prompt rétablissement.

Le 24 juillet, trois jours après le passage de Johnston, le commandeur sortit de la baie de *False*, avec quatre vaisseaux, par un fort vent de N.-E., pour se rendre à *Table-Bay*, afin d'y recevoir les Anglais s'ils se présentaient. Au large, il aperçut une des deux frégates d'observation qui courait après la corvette la *Fortune*, portant des paquets à l'Ile-de-France. Aussitôt il dirigea le *Héros* sur l'Anglais, qui leva sa chasse, fit fausse route et ne reparut plus ainsi que sa conserve..

Suffren éclaira les abords du Cap pendant quelques jours, et ne mouilla devant la ville que le 10 août. Certain alors que les Anglais avaient renoncé à en faire la conquête, il embarqua des vivres le plus possible, et se disposa à mettre à la voile pour l'Ile-de-France. Le 16, il fut rejoint par la *Consolante*, partie le 13 juillet du Port-Louis, trois jours après l'arrivée de la *Fine*.

Retenu par des vents contraires, qui soufflaient avec violence, ce ne fut que le 28 que le commandeur, au bruit des salves de la citadelle et des forts qui protègent le mouillage, appareilla de la rade du Cap pour l'Ile-de-France. En passant avec ses quatre vaisseaux et la *Consolante* à l'ouvert de la baie de *False*, il fut rejoint par l'*Annibal* remâté et le convoi.

Avant de clore ce chapitre, arrêtons-nous un moment devant les faits accomplis et les reproches qu'on osa adresser à M. de Suffren, sur l'inopportunité de son combat de la Praya. L'objet de sa mission, dirent les détracteurs, était d'occuper le Cap de Bonne-Espérance avant Johnston ; or, plutôt que de s'aventurer dans une *entreprise insensée* qui pouvait compromettre son expédition, le commandeur, aussitôt qu'il eut reconnu la flotte anglaise, envoyée pour lui ravir la colonie hollandaise, ancrée dans la baie de la Praya, devait forcer de voiles et continuer sa route ; par ce moyen, il laissait derrière lui l'ennemi au mouillage et primait indubitablement le commodore à l'atterrage du Cap.

Mais un semblable argument n'a pu être avancé par des hommes du métier, s'ils étaient de bonne foi. En effet, si l'on considère la longueur du chemin qui restait à parcourir de l'endroit où elles se rencontraient jusqu'au Cap, la différence des routes suivies par chacune des escadres pouvait occasionner, au passage de l'équateur et à la rencontre des vents variables, au-delà du tropique, des contrariétés ou des chances plus favorables à l'une des flottes qu'à l'autre, faire disparaître l'avantage de l'avance de deux ou trois jours que Suffren aurait eu sur Johnston ; en un mot, rendre très-problématique la priorité de l'atterrage.

M. de Suffren, en homme de cœur, préféra s'en rapporter, pour le succès de sa mission, aux hasards d'un combat, qu'à l'inconstance des vents ; et, quoique les résultats n'eussent pas, il est vrai, répondu en tous points à son attente, ils justifièrent toutefois l'heureuse inspiration qu'il eut en cherchant à les obtenir. Le commandeur, comptant avec raison sur le désordre et la confusion que devait produire à bord de vaisseaux qui n'étaient ni alestis ni préparés au combat,

5

son apparition imprévue, se proposait de les écraser et de les mettre hors d'état de reprendre la mer ; par là, faire manquer totalement au commodore le but de son expédition. Peut-on encore douter par ce que nous avons rapporté sur cette action remarquable, que si l'*Artésien*, le *Vengeur* et le *Sphinx* (1) eussent jeté l'ancre par le travers des vaisseaux anglais, ainsi que le firent le *Héros* et l'*Annibal*, les espérances du commandeur ne se fussent complètement réalisées? Disons plutôt, à la gloire de ce grand homme, que si des circonstances malheureuses, si des dispositions mal conçues, si des manœuvres mal exécutées, que Suffren ne pouvait ni ne devait présumer de la part de ses capitaines, empêchèrent les trois vaisseaux français de prendre poste près de lui, de seconder ses efforts et d'en assurer le succès, du moins, il se retira de son périlleux mouillage avec la même fierté qu'il avait montrée en y arrivant, et sa mémoire ici ne peut être en rien responsable des fautes commises par les officiers qu'il commandait.

(1) Les capitaines du Chilleau et de Forbin durent rendre compte par écrit de leur conduite.

CHAPITRE III.

Affaires dans l'Inde. — Conduite des Anglais. — Les établissements français de Chandernagor et de Pondichéry attaqués sans déclaration de guerre. — Combat naval. — M. de Tronjoly abandonne nos établissements de Coromandel. — Belle défense de M. de Belle-Combe. — Pondichéry se rend. — Arrivée de M. de Tronjoly à l'Ile-de-France. — Son inaction. — Arrivée du vaisseau l'*Orient*. — Le vaisseau le *Sévère* et deux flûtes mouillent au Port-Louis. — M. de Tronjoly abandonne tout projet sur l'Inde. — Il part avec quatre vaisseaux et deux frégates pour le banc des Aiguilles. — L'escadre essuie deux tempêtes. — Sa relâche au cap. — Son retour à l'Ile-de-France. — M. de Tronjoly est rappelé. — Campagne infructueuse de M. d'Orves. — Hayder-Aly. — Ses succès. — La déclaration de guerre entre l'Angleterre et la Hollande est connue. — Entreprise des Anglais contre les comptoirs hollandais. — Siége et prise de Négapatam et de Trinquemalay. — Richesses dont s'emparent les Anglais. — Départ de l'escadre française de l'Ile-de-France. — Suffren attaque et prend l'*Annibal*. — L'armée mouille au nord de Madras. — Les vents passent au sud. — Mort de M. d'Orves. — Suffren commande l'escadre. — Les Anglais en forces devant Madras. — Projet manqué. — Combat de Madras. — Conduite des capitaines; chagrin de Suffren. — Fuite des Anglais. — Suffren s'arrête sur le champ de bataille.

Avant d'esquisser le tableau des luttes dans l'Inde sous le Bailli, nous allons donner le précis des événements qui les ont précédées, et établir la situation et les forces respectives des parties belligérantes au moment où elles ont commencé. Ces faits éclaircis, la campagne de M. de Suffren durant les années 1782 et 1783 paraîtra admirable, quoique moins décisive que celle d'Amérique. Elle prouvera ce que peut le génie de la nation française, lorsque le chef de l'Etat confie ses armées à des hommes énergiques, qui se dévouent au bien public et à la gloire de la patrie.

Au commencement de la guerre de 1778, personne ne contestait la supériorité de la marine anglaise sur la nôtre ; aussi les Français, intimidés par les revers de la guerre précédente, bornèrent-ils d'abord leur ambition à ne pas se laisser entamer. Mais bientôt nos escadres, conduites par des hommes courageux et dévoués, combattirent avec avantage contre les flottes de la Grande-Bretagne, quoique celles-ci eussent pour les commander des amiraux tels que Keppel, Hardy, Howe et Darby dans les mers de l'Europe; Byron, Groves, Hood et l'heureux Rodney en Amérique; sir Edward Hughes en Asie.

Vers la fin de juin 1778, le gouverneur-général du Bengale et celui de Madras, sur les premiers avis qui leur parvinrent qu'une rupture entre la France et l'Angleterre était probable, se décidèrent d'un commun accord à attaquer simultanément les établissements français dans l'Inde. Ces délégués de l'honorable Compagnie anglaise jugèrent qu'en temporisant ils laisseraient échapper une belle occasion d'écraser les Français, et que, d'ailleurs, quoiqu'il y eût encore une apparence de paix, la guerre serait sans doute déclarée en Europe avant qu'on y pût recevoir des nouvelles de ce qui se passait dans cette partie du monde, où les affaires de la Grande-Bretagne, prenant une tournure favorable, justifieraient au besoin leur déloyale conduite (1). En conséquence, le 29 juillet, le général Munro, qui commandait l'armée d'Arcate, se mit en marche pour investir Pondichéry, et le même jour le commodore Vernon appareilla de la rade de Madras avec ses cinq bâtiments de guerre, pour venir bloquer par mer la ville française.

(1) Le 10 juillet 1778, un corps de troupes anglaises, commandé par le colonel Dow, investit le jardin de *Goretty,* où M. Chevalier, gouverneur de Chandernagor, faisait sa résidence. Ce gouverneur, poursuivi personnellement, crut devoir éviter de tomber dans les mains des ennemis du Roi, devenus les siens. Il s'échappa et parvint à gagner les Etats du Raja-Maratte de Naguepour, à quatre-vingts lieues du Bengale. Accueilli par le gouverneur de la province de *Catek,* il reçut les assurances de la protection du souverain; mais le sieur Elliot, député par les Anglais, séduisit le gouverneur par des présents : 600,000 roupies furent le prix de son infidélité, qui depuis a été punie par son maître. M. Chevalier fut conduit sous escorte à Calcutta, où il protesta contre une telle violation du droit des gens. M. Chevalier a été vendu et livré dans un pays neutre, par suite de trahison criminelle qu'aucune raison d'Etat ne pouvait légitimer.

L'armée aux ordres de Munro arriva le 8 août devant Pondichéry, et prit position au pied de la petite montagne nommée le *Coteau*, d'où le général anglais somma M. de Belle-Combe de lui remettre la place. A cette agression injuste et inattendue, le gouverneur avait répondu avec le courage et la dignité d'un représentant de la France ; et aussitôt, du milieu d'une place dont l'on avait négligé de relever les fortifications depuis le rétablissement du pavillon à la paix de 1763, parce que les fonds accordés avaient été divertis pour d'autres objets, il prit les dispositions les mieux entendues pour soutenir l'attaque qu'on préparait.

Le 10 août, apparut au N.-E. 1/4 N., doublant la pointe de *Conjimer*, l'escadrille du commodore Vernon, louvoyant, contrariée par les vents et les courants. Aussitôt le chef de division de Tronjoly, qui avait sous ses ordres cinq bâtiments de force égale à ceux de l'Anglais, lève l'ancre et va à sa rencontre, marchant sur une ligne de front. La division française était composée comme il suit :

	Le Brillant,	de 64 canons,	de Tronjoly,	commandant.	
	La Pourvoyeuse,	de 40 »	de Saint-Orins,	capitaine.	
	Le Sartines,	de 26 »	du Chayla,		»
Transport	*Le Brisson*,	de 24 »	du Chézeau,		»
»	*Le Lawriston*,	de 24 »	Le Fer de Beauvais,		»

La division anglaise était ainsi formée :

	Le Rippon,	de 64 canons,	Vernon,	commodore.
	Le Coventry,	de 32 »	Marlow,	capitaine.
Corvette	*Le Seahorse*,	de 24 »	»	»
»	*Le Cormoran*,	de 24 »	»	»
»	*Le Valentin*,	de 24 »	»	»

A 2 heures 3/4, les deux escadrilles engagèrent le combat. Après une vive canonnade qui dura 2 heures, les combattants se séparèrent : leurs forces se balançant, l'action resta indécise. Les Français revinrent jeter l'ancre devant Pondichéry, où les Anglais n'osèrent les suivre, quoique le vent leur fût devenu favorable pour continuer l'engagement.

La division de France avait eu soixante-onze hommes tués et cent quatre-vingt-neuf blessés ; au nombre des premiers étaient les enseignes Lechat-Deslandes et Le Noir-Pas-de-Loup.

M. de Tronjoly resta au mouillage jusqu'au 20 août sans être inquiété par les ennemis. Ce même jour il appareilla ; mais, au lieu de recommencer l'action du 10, il fit voile pour l'Ile-de-France. Cette retraite inexplicable surprit les habitants et la garnison de Pondichéry, qui se trouvèrent de la sorte livrés à eux-mêmes, devant les forces réunies de terre et de mer de la Grande-Bretagne.

Le commandant français donna pour excuse qu'il ne pouvait se procurer à terre les provisions de bouche et les munitions de guerre nécessaires à sa division. Du côté de la mer, le commodore anglais devait être renforcé (1); tandis que lui, ne pouvant attendre aucuns renforts, ni de l'Ile-de-France, ni d'Europe, aurait été bloqué par des forces supérieures et réduit à subir le sort de Pondichéry.

Sous M. de Maurepas, le ministère, par une ignorance complète des avantages de nos possessions asiatiques pour la France, était resté dans une coupable indifférence relativement à nos comptoirs dans l'Inde ; et c'est à l'insouciance de ce vieillard (2), auquel Louis XVI, en montant sur le trône,

---

(1) En effet, l'escadrille anglaise fut renforcée de cinq vaisseaux de la Compagnie. Nonobstant, on reprochait à M. de Tronjoly de n'avoir pas tenté une seconde fois le sort des armes avant d'abandonner Pondichéry.

(2) Un ancien gouverneur de nos possessions dans le Bengale, connaissant parfaitement les intérêts des princes de l'Asie, la force, la situation politique de chaque nation européenne dans l'Inde, possédant les langues orientales, avait proposé des plans, présenté des mémoires à M. de Maurepas, pour se mettre en mesure vis-à-vis des Anglais, dont on prévoyait

remit le sceptre et le pouvoir, que la France dut la perte de ses établissements dans cette partie du monde, et l'Angleterre les éléments de sa puissance.

Le savant ministre auquel on confia le département de la marine, malheureusement trop pénétré de l'idée que Pondichéry ne pouvait se soutenir sans d'immenses secours, qu'il prévoyait devoir arriver trop tard, laissa cette ville et nos autres comptoirs à peu près abandonnés à leurs seules forces.

M. de Belle-Combe, réduit à ses faibles moyens, prit la résolution de défendre Pondichéry avec toute la vigueur que lui suggéraient son intrépidité et son expérience. Les 6 et 7 septembre, l'armée anglaise put battre la place avec vingt-huit pièces de gros calibre et vingt-sept mortiers. Animée par la présence et l'activité de son chef, la garnison opposa aux assiégeants une vigoureuse résistance, mais ne put les empêcher de faire brèche et de détruire deux bastions. Le 17 octobre, après quarante jours de tranchée et au moment où les soldats anglais, renforcés par des troupes de marine et deux cents matelots prêtés par Vernon, allaient livrer un assaut général, M. de Belle-Combe, manquant de vivres et de munitions, demanda à capituler. La bravoure de ce commandant avait inspiré tant d'estime aux Anglais pour sa personne et pour les troupes de la garnison, qu'ils lui accordèrent tout ce qu'il demanda. Il obtint donc, avec tous les honneurs de la guerre, d'être transporté en France aux frais du gouvernement britannique, lui, ses officiers, le régiment de Pondichéry, qui garda son drapeau, et tous ceux qui étaient em-

l'agression dans cette partie du monde. Jamais il ne put faire sortir ce ministre du cercle de son éternel persifflage. De lourdes facéties, que l'histoire dédaigne de transmettre, furent les seules réponses qu'il opposa aux vues sages et éclairées que le zèle pour son pays, une animosité particulière contre les Anglais, avaient suscitées à ce gouverneur, de qui je tiens cette anecdote. (Trublet de la Villejégu.)

ployés au service du Roi. Quant aux *Cipayes*, ils furent congédiés et renvoyés dans leurs foyers (1).

M. de Tronjoly arriva à l'Ile-de-France à la fin de septembre, et rendit compte à M. de la Brillane des motifs de son retour. A cette époque, les forces navales de la colonie consistaient en deux vaisseaux, le *Brillant* et le *Flamand* ; deux frégates, la *Consolante* et la *Pourvoyeuse* ; trois corvettes, la *Subtile*, l'*Elisabeth* et la *Sylphide*. Mais au lieu de retourner dans l'Inde, pour troubler le commerce de la Compagnie anglaise, notre division, frappée d'une fatale inertie, reste paisiblement ancrée sur une mer sans agitation et abritée des vents ; elle manque, par une déplorable succession de fautes, aux grandes destinées attachées à sa présence sur les côtes de Coromandel et de Malabar. Toutefois, M. de la Brillane détache la *Pourvoyeuse* et l'*Elisabeth*, et envoie ces deux bâtiments croiser au S. du Cap des Aiguilles.

Pendant que, par l'incurie du gouvernement, nos possessions asiatiques, tombaient, faute de secours, sous la puissance britannique et que nos marins restaient à l'Ile-de-France, plongés dans une coupable apathie, en attendant des renforts, le ministre de la marine, sortant un instant de son insouciance pour nos colonies au-delà du Cap, qui se réduisaient aux îles de France et Bourbon, fait partir de Brest, le 28 décembre 1778, le vieux vaisseau l'*Orient*, commandé par le chevalier d'Orves, d'un tempérament indolent et apoplectique.

(1) Le 1er mai 1780, à 5 heures du soir, à 6 lieues dans le S. du cap Saint-Vincent, le vaisseau-cartel le *Sartine*, ayant à bord M. et Mme de Belle-Combe et des soldats du régiment de Pondichéry, fut canonné par le vaisseau de guerre le *Romney*, quoiqu'il eût arboré le pavillon parlementaire. Le capitaine Dallès et deux hommes furent tués, après quoi le commandant Rodlam-Home lui envoya un canot pour le visiter. Le cartel entra à Cadix.

Le *Sévère* (1), aux ordres de M. de la Pallière, ancien capitaine de la Compagnie, qui venait d'être fait capitaine des vaisseaux du Roi à cet effet, appareilla, le 27 mars 1779, avec les deux transports l'*Hercule* et les *Trois-Amis*; ils naviguèrent de compagnie avec les vaisseaux du Roi, le *Bien-Aimé* et le *Triton*, jusqu'aux Açores, où la séparation se fit (2). En approchant du Cap de Bonne-Espérance, la division comptait deux cents scorbutiques, ce qui décida sa relâche à *False-Bay*; cette rade fut préférée, à la fin de juin, à celle de *Table-Bay* : les bâtiments français en partirent le 13 juillet, et, le 9 août 1779, ils mouillèrent au Port-Louis.

Il y avait déjà trois mois que M. le vicomte de Souillac, gouverneur de Bourbon, était venu remplacer M. de la Brillane, mort des suites d'une grave et douloureuse maladie. En effet, ce fut le 1er mai que cet administrateur prit le commandement supérieur des deux colonies et de leurs dépendances. M. de Souillac, qui revenait de Saint-Denis à bord de la *Sylphide*, trouva dans le port le *Brillant*, la *Consolante* et la *Subtile*, sans nulle destination ultérieure. Dans les premiers jours de juin, la *Pourvoyeuse* et l'*Elisabeth* revinrent de leur croisière, escortant le navire l'*Osterley*, riche prise dont la valeur est énoncée dans un rapport de M. de Souillac au ministre de la la marine. Ce fut à cette époque que la corvette la *Sylphide* partit pour France, afin d'y annoncer les changements survenus dans l'administration des deux colonies.

La réunion de M. d'Orves avait porté nos forces à trois vaisseaux, deux frégates et deux corvettes, et cependant M. de

(1) Ce vaisseau, qui avait été armé à Lorient dans les mois d'octobre et de novembre, s'était rendu à Brest pour rejoindre le chevalier d'Orves ; mais l'*Orient* partit seul, parce que les transports n'étaient pas prêts. (*Arch. de la Mar.*)

(2) Sage mesure qu'on négligea plus tard. Au reste, le *Sévère* n'était armé que comme flûte, et ne pouvait protéger les deux transports.

Tronjoly resta dans l'inaction ! Il détourna même ses regards de l'Inde pour ne pas voir la capitulation de Mahé suivre celle de Pondichéry. Après le 20 mars 1779, on eût en vain cherché un seul endroit où le pavillon français eût pu être arboré ; il avait entièrement disparu dans cette vaste contrée où il avait flotté avec honneur. Le navire les *Amis*, armé par la colonie, partit le 30 septembre, parvint à Lorient le 18 janvier 1780, et y annonça l'arrivée de MM. d'Orves et de la Pallière (1).

Au lieu donc de se porter vers l'Inde, où l'amiral Hughes ne faisait que d'arriver (2), et alors que les Anglais, peu en force sur mer, se trouvaient obligés de protéger en même temps les côtes de Malabar et de Coromandel, où ils étaient en guerre. M. de Tronjoly projette, avec ses vieux navires, une croisière dans les parages du Cap de Bonne-Espérance, là précisément où les meilleurs bâtiments ont peine à tenir contre contre les efforts incessants d'un vent furieux et d'une mer agitée. Peu pressé de quitter le port, quoiqu'il se fût écoulé un an depuis son retour, M. de Tronjoly accorde quatre mois aux vaisseaux de d'Orves pour se réparer. Le 6 décembre 1779, à 8 heures, le signal d'appareiller apparut enfin aux mâts du *Brillant* et les six bâtiments qui composaient la division française, mirent immédiatement sous voiles. A 6 heures du soir, les vents soufflant de l'E., il fut ordonné à l'armée, qui gouvernait à l'O.-N.-O., de se mettre sur deux

(1) On arma de suite le *Sévère* ; ce vaisseau avait quitté Brest, équipé en flûte. M. de Tronjoly eut alors quatre vaisseaux sous ses ordres, et il ne fit rien.

(2) L'amiral ne quitta l'Angleterre que le 4 mars 1779, avec quatre vaisseaux de guerre, deux frégates et quatorze bâtiments de la Compagnie ; relâcha à Madère et au Cap ; il n'arriva à Bombay qu'à la fin de l'année 1779. Jusque là la marine anglaise, dans toutes les mers d'Asie, n'avait consisté qu'en deux vaisseaux de guerre et quelques bâtiments légers.

colonnes dans l'ordre qui suit : Le *Brillant*, la *Subtile* et le *Sévère* ; l'*Orient*, la *Consolante* et le *Flamand*.

L'escadre, toute désemparée, arriva sur la rade du Cap le jeudi 13 janvier 1780. Il était 7 heures du matin lorsqu'elle laissa tomber l'ancre par huit brasses fond de sable fin : deux coups de vent, de la partie du O.-N.-O., reçus le 2 et le 6, la forçaient à s'éloigner du point de sa croisière et à chercher un prompt refuge dans la baie de la Table.

M. de Plettenberg, gouverneur de la colonie hollandaise, donna aux vaisseaux tous les secours qui dépendaient de lui, et, le 3 mars, l'escadre réparée quitta son mouillage à 7 heures du matin, avec une petite fraîcheur du S.; elle fit route pour le banc des Aiguilles, où elle stationna jusqu'au 2 avril. Nous lisons dans un journal de bord de cette campagne : «A 6 heures du matin, levé la croisière sans y avoir obtenu aucun succès, et avons fait route immédiatement pour l'Ile-de-France.» Le 3 mai, l'escadre eut connaissance de Rodrigue, et le 6 mai, à 5 heures 1/2 du soir, les six bâtiments mouillèrent en grande rade de l'Ile-de-France ; le lendemain, les pilotes lamaneurs les touèrent dans le port.

On voit, par le résultat malheureux d'une croisière mal conçue, comment nos affaires étaient menées au-delà du Cap de Bonne-Espérance et la mansuétude du gouvernement devant de semblables méfaits. Cependant l'ennemi actif et entreprenant, que nous eussions dû combattre et inquiéter, profitait du répit que nous lui donnions par notre absence, pour étendre ses faciles conquêtes (1).

Les Anglais devenaient dès cette époque les maîtres dans

___

(1) Voici ce que nous trouvons dans le savant et consciencieux ouvrage de M. Saint-Elme Leduc sur l'Histoire de l'Ile-de-France : « Au retour » de cette croisière, le capitaine de Saint-Orins, MM. de la Biolière, » de Saint-Mandé et Lacombe, lieutenant et enseignes, appartenant tous » à la frégate la *Pourvoyeuse*, furent suspendus de leurs fonctions, par or-

l'Inde., s'ils n'avaient trouvé dans le Nabab Hayder-Aly un ennemi puissant qui vînt balancer leur prépondérance dans cette partie du monde. Ce prince, ayant à se plaindre du gouvernement de Madras, qui avait refusé de le secourir contre les Marattes, se prépara à recommencer la guerre, à la première nouvelle qui lui parvint des hostilités entre les Français et les Anglais dans l'Inde.

Il n'est peut-être pas hors de propos de faire connaître ce prince, le plus redoutable ennemi que les Anglais aient eu à combattre depuis leur établissement dans les Indes.

Fils de Nadin-Saëb, commandant un corps de dix mille hommes de cavalerie dans l'armée du Mogol, Hayder profita du premier revers qu'il essuya pour jeter les fondements de la révolution qu'il a opérée dans la presqu'île de l'Inde. Frappé d'étonnement à la vue de huit cents Français et de quatre mille Cipayes qui osèrent attaquer (en 1750) et mirent en déroute l'armée mogole, forte de deux cent mille combattants, et dans laquelle il commandait deux cent cinquante hommes, cette entreprise audacieuse lui fit regarder cette nation comme capable de tout oser. Sa surprise augmenta lorsqu'il eut examiné les fortifications de Pondichéry, ses bâtiments, la discipline des troupes françaises, leur armure avantageuse, leur adresse à manier le canon, l'industrie et les mœurs des habitants de cette ville. Dès lors il conçut le projet de se procurer des fusils, des baïonnettes, des canons; et ce fut à son instigation qu'Ismaël Saëb, son frère, en envoya acheter à Bombay, et en arma un corps de Cipayes. Mais quel avantage ses troupes pouvaient-elles retirer de ces armes, aussi longtemps qu'elles manquaient d'Européens pour leur enseigner

» dre de M. de Souillac, le 12 septembre 1780, pour détournement d'ob-
» jets de la prise l'*Osterley*. De Saint-Orins mourut d'un coup de sang. »
(*Arch. de la Mar.*, lettre de M. de Souillac.)

la manière de s'en servir? Cette réflexion le conduisit à engager à son service plusieurs sergents et bas officiers français,
qu'il jugea les plus capables de leur apprendre les évolutions
européennes. Il eut la satisfaction d'en voir augmenter le nombre, après la prise et la destruction de Pondichéry, en 1760.
Une grande partie des habiles armuriers, charpentiers et autres ouvriers de l'arsénal de cette ville, que la Compagnie française des Indes avait formés et entretenait à grands frais, s'attacha aussi à son service. Occupé sans cesse à faire exercer
au mousquet et au service du canon ses troupes jusqu'alors
mal disciplinées, il parvint, en peu d'années, à les faire évoluer avec autant de célérité que de précision, et les prépara de cette manière à exécuter dans la suite les mouvements rapides auxquels les Anglais attribuèrent tous ses succès. Nous ne suivrons point ce prince dans ses conquêtes des
royaumes de Mayssour, de Canara, de Calicut, de Bisna-
gar et de la plus grande partie de la côte de Malabar. Nous
nous contenterons de faire observer que toutes les ruses de
guerre inventées par la tactique contre le nombre et la force,
telles que les marches, les contre-marches, les retraites sa-
vantes, les attaques subites, les embuscades, il les mit souvent en usage, et qu'elles lui réussirent presque toujours;
qu'au siège de Seirra, dans le Canara, il fit miner et sauter
deux bastions et une courtine, et força ainsi les assiégés à
se rendre à discrétion; que, par cette manière d'attaquer les
places, nouvelle pour les Indiens, il ajouta beaucoup à la
terreur que ses armes devaient naturellement inspirer à des
nations dépourvues de toutes connaissances militaires.

Cette rapidité des conquêtes d'Hayder, cette élévation subite de sa puissance, ne pouvaient que beaucoup alarmer l'administration anglaise dans l'Inde; aussi saisit-elle le moment
de l'invasion des Marattes dans le Mayssour, pour joindre une
partie de ses troupes aux forces de cette nation. Cette dé-

marche hostile lui était dictée par cette politique qui la portait sans cesse à traverser les projets du moindre potentat qui
tentait d'étendre les limites de sa souveraineté, pour le priver des moyens de lui résister. Les événements malheureux
dont elle fut suivie durent la faire repentir plus d'une fois d'a-
voir embrassé le parti des Marattes. Tippou-Saëb ayant été
reconnu Nabab d'Arcate, en exécution du traité qui termina la
guerre avec cette nation, Hayder, son père, fit sur-le-champ
remettre un mémoire au gouverneur de Madras, pour lui notifier qu'il allait prendre les armes contre Méhémet-Ali-Kan (1),
auteur de tous les troubles qui agitaient depuis si long-temps
l'Indostan, et qu'il ne les quitterait que lorsqu'il l'aurait dé-
pouillé de tous les pays qu'il possédait et qu'il avait usurpés
sur leurs légitimes propriétaires. Il le prévenait de ne lui donner aucun secours, et de retirer toutes les garnisons que les
Anglais pourraient avoir dans la Nababie d'Arcate et dans les
autres pays usurpés par Méhémet; et comme ces places étaient
le gage que ce Nabab avait donné à la Compagnie pour les
sommes dont il était son débiteur, Hayder offrait de rembour-
ser tout ce qui serait trouvé légitimement dû. Il serait difficile
de bien exprimer la surprise qu'excita un pareil mémoire
ou manifeste, inusité jusqu'à ce moment dans l'Inde, et qui
annonçait aux Anglais une guerre inévitable, dont eux seuls
supporteraient le fardeau.

L'administration de Madras le regarda comme une déclaration de guerre d'autant plus directe contre les possessions
de la Compagnie, que Méhémet, n'étant en quelque sorte
que son prête-nom, n'avait ni troupes, ni argent. Elle se
prépara donc, sans perdre de temps, non seulement à
repousser Hayder, mais même à porter la guerre dans ses
États. En conséquence, elle ordonna au général Smidt,
commandant de ses troupes, d'entrer en campagne.

(1) La Grande-Bretagne l'avait fait reconnaître par la France pour légi-
time Nabab du Carnate, par l'art. XI du traité de paix de 1763.

Les événements de cette guerre sont trop étrangers à notre sujet, pour que nous entreprenions de les décrire. Nous nous bornerons à dire que, quoique les Anglais eussent l'avantage de la science et de la discipline militaires, Hayder porta le ravage jusqu'aux portes de Madras, dont il plongea les habitants dans la plus grande consternation, et que ce fut sous les remparts de cette ville qu'il dicta (le 15 avril 1769) les conditions suivantes de la paix : Il obligea Méhémet d'évacuer incessamment les villes et les forteresses d'Oscotta, qui resteraient dans l'état où elles se trouvaient lors de la signature du traité. Il l'assujétit encore à un tribut annuel de 600,000 roupies, ou 1,440,000 livres, argent de France, dont une année serait payée d'avance et comptant, et le fit consentir à rendre la liberté à toutes les familles des princes et autres personnes de distinction, ci-devant établies dans le pays d'Arcate, et pour lors détenues en prison, avec permission d'aller résider où il leur plairait. La Compagnie anglaise, en se rendant garante de ce traité, promit à Hayder de lui faire présent d'un vaisseau de cinquante canons, et de lui fournir douze cents Européens, pour servir dans ses armées, toutes les fois qu'il en ferait la réquisition.

L'exécution de cette dernière condition du traité remit les armes à la main du prince indien. Irrité du refus que le gouvernement de Madras faisait de le secourir contre les Marattes, Hayder, à la première nouvelle des hostilités entre les Français et les Anglais dans l'Inde, se prépara à recommencer la guerre. Mais, pour n'avoir pas deux ennemis redoutables à combattre tout à la fois, il eut l'adresse de conclure (en 1778) une trève de six ans avec les Marattes, que la violation de la foi publique (1) et des traités, et la nécessité de

(1) Le général Goddard, sans attendre aucun ordre, venait de déclarer nulle la capitulation que les Marattes forcèrent le gouverneur de Bom-

mettre un frein à la tyrannie britannique dans cette partie du monde avaient armés contre les Anglais. Tranquille alors pour ses Etats de la côte de Malabar, ce prince entra dans le Carnate à la tête d'une puissante armée.

Instruit dans l'art de la guerre, le 23 juillet 1780, il s'empare de Porto-Novo, et le 11 septembre surprend et détruit les troupes des colonels Pletcher et Bailli, près de Congivaron (1). La défaite complète de ce corps force le général Munro, qui était à Tanjibouram, tout près de là, à enclouer ses canons, à détruire ses charriots et munitions de guerre, et à battre en retraite précipitamment sur Chinglaput, afin de se rapprocher de Madras; dans sa marche, il fut constamment harcelé par un corps de cavalerie commandé par le célèbre partisan de Lallée. Ne pouvant tenir contre Hayder-Aly, Munro lui abandonna le plat pays, que le monarque indien dévasta avant d'aller assiéger Arcate, capitale de la Nababie de ce nom. Le 1er novembre 1780, cette ville fut emportée d'assaut, après avoir été battue en brèche durant quarante-cinq jours.

Vainqueur partout, le fils de Nadim-Saëb, général dans l'armée mogole, se procure des firmans qui légitiment son usurpation; et, par ce moyen, Hayder-Aly concilie le respect des peuples avec le fantôme d'autorité de la cour de Delhy (2).

bay à signer en 1774, après avoir enveloppé son armée, et la guerre avait recommencé entre la Compagnie anglaise et le Peshwa, Madhoo, Row, Pundit, Purdham.

(1) M. de Boigne était enseigne dans un des bataillons anglais; il parvint à s'échapper, et alla offrir son épée à Seindia, chef des Marattes, qui récompensa si généreusement ses services, que M. de Boigne laissa une fortune estimée 37,000,000, dont, au reste, il a fait le plus noble usage.

(SAINT-ELME LEDUC, *Histoire de l'Ile-de-France.*)

(2) Voici un trait du Nabab Hayder-Aly, qui nous a été raconté à Trinquebar, en 1807, par M. Dufayel, agent français près du gouvernement danois; il dépeint bien, ce nous semble, le caractère de ce souverain : En

Tandis que Hayder-Aly soutenait seul la lutte contre les Anglais, le ministre de la marine fit partir de Lorient, le 3 février 1780, le vaisseau le *Bizarre* (1) pour l'Ile-de-France ; pauvre renfort, qui dénotait de plus en plus l'ignorance de notre administration sur l'importance de nos anciennes possessions et de nos relations avec les princes asiatiques. Il est bon de faire observer ici que, soit que la fatalité présidât à nos opérations maritimes, soit que l'insouciance ou l'incapacité des hommes qui conduisaient les affaires du ministère y apportassent leur funeste influence, l'on choisissait pour ces expéditions lointaines les plus vieux vaisseaux, au lieu de les employer dans les escadres de Cadix ou des Antilles. Le *Bizarre*, construit en 1750, venait d'être refondu, il est vrai ; mais c'était toujours un vaisseau de trente ans, qu'on ne se donna pas la peine de doubler en cuivre.

Comme on savait le départ d'Angleterre de l'amiral Hughes, on fit suivre le *Bizarre* par le *Protée*, l'*Ajax* et la fré-

---

l'année 1767, Hayder sortit de Coulmoutour, à 5 heures du soir, pour prendre l'air ; il était assis dans sa voiture, que traînaient deux bœufs poyades et que suivait un nombreux et imposant cortège. Tout-à-coup, une vieille femme se précipite au milieu de la route, en criant : « Justice, seigneur ! » Hayder fit arrêter sa voiture, et questionna la suppliante. « Seigneur, reprend cette femme, je n'avais qu'une fille, et Aggi Mahmout me l'a enlevée ; il y a un mois que j'ai remis ma requête à votre fils, Hayder-Sha, et je n'ai pas eu de réponse. » Le Nabab appelle le prince, qui précédait la marche, et celui-ci s'excuse sur la réputation de la mère et de la fille. « Il est du devoir d'un prince, dit le Nabab courroucé, de faire rendre justice au dernier de ses sujets et de ne pas souffrir que l'oppression demeure impunie. » Il fait partir un de ses officiers pour la demeure de Aggi Mahmout, avec l'ordre de ramener la fille et la tête du coupable. La fille fut retrouvée et la sentence exécutée. Hayder-Sha fut sévèrement réprimandé pour n'avoir pas remis le placet.

(1) Ce vaisseau avait pour commandant M. de Trémigon jeune, et M. de Cuverville pour lieutenant en premier.

gate la *Charmante*, qui avaient, sous leur escorte, la gabarre l'*Eléphant* et quinze bâtiments-transports affectés au commerce, portant le régiment d'Austrasie et quelques centaines de recrues : cette misérable expédition militaire avait pour but de couvrir nos deux colonies, l'Ile-de-France et Bourbon. M. Duchemin de Chenneville, brigadier des armées du Roi, commandait les troupes. Ainsi, au lieu de chercher à prendre l'offensive là où les Anglais redoutaient le plus la guerre, entassant fautes sur fautes, nous nous contentons de nous mettre à l'abri d'une attaque impossible, à laquelle ils ne pensaient pas, préoccupés qu'ils étaient de l'irruption de Hayder-Aly dans le Carnate, et de leur guerre avec les Marattes. Mais le cabinet de Versailles, indifférent à ce qui se passait dans cette partie du monde, ne cherchait pas à s'en informer.

Le 23 février, par 40° de latitude N., le *Protée* rencontra la division de l'amiral Digby, faisant partie de la grande escadre de Rodney (1), qui, ayant rempli sa mission, effectuait son retour en Angleterre. A l'instant le vicomte du Chilleau, qui le commandait, prescrivit la route pour la nuit à l'*Ajax* (2), capitaine Bouvet, ancien officier de la Compagnie, nommé, ainsi que M. de la Pallière, capitaine des vaisseaux du Roi; les autres bâtiments durent prendre son escorte. Du Chilleau, continuant à observer les voiles qu'il avait découvertes, fit un faux convoi avec son vaisseau, la frégate et deux petits transports, afin d'engager l'ennemi à ne pas changer de route, et de donner par là, au gros de la flotille, le temps de s'échapper.

Cette manœuvre lui réussit, son escadre fut seule poursuivie durant la nuit; mais au moment où, jugeant son con-

---

(1) L'amiral Rodney était allé ravitailler Gibraltar, avec vingt-et-un vaisseaux de ligne escortant un nombreux convoi.

(2) Ce vaisseau, ainsi que la *Sévère*, était armé en flûte. Le capitaine de brûlot Clémensin était second.

voi en sûreté, il voulut venir au plus près du vent, allure la plus avantageuse pour la marche de son vaisseau, son petit mât de hune tomba, et il ne put, en profitant de l'obscurité qui régnait sur les eaux, se dérober à la chasse qu'on lui donnait. Cette perte, en ralentissant son sillage, permit à l'ennemi de le rejoindre. Attaqué par cinq vaisseaux de ligne, le vicomte du Chilleau céda au nombre : le *Protée*, démâté, fut conduit à la remorque dans les ports d'Angleterre, ainsi que trois bâtiments du convoi.

L'*Ajax* continua sa route, et arriva à sa destination avec le reste de la flotte. Quant à la *Charmante*, que commandait le baron de la Haye, elle rentra à Lorient, et y annonça le désastre éprouvé (1).

Telle était la situation de la presqu'île de l'Inde et celle de l'Ile-de-France, après les renforts reçus durant l'année 1780. Mais M. de Tronjoly, quoique ayant six vaisseaux sous ses ordres, ne savait pas, ou ne voulait pas les utiliser au profit de la France (2). Sur ces entrefaites, ayant eu son rappel, il remit le commandement à M. d'Orves, et se décida à re-

---

(1) Cette frégate s'empara, à l'atterrage, d'un corsaire de vingt-quatre canons. La *Gazette de France* du 13 mars, en annonçant cette prise, ajoutait : « L'on regrette que le convoi n'ait pas attendu le départ de l'escadre de M. de Guichen, avec laquelle il eût pu faire route à une très-grande distance. »

(2) Durant les sept dernières années de possession de l'Ile-de-France, sous le gouvernement du général Decaen, la marine militaire de la colonie en 1805, après le départ du vaisseau le *Marengo* et des frégates la *Belle-Poule* et l'*Atalante*, se trouva réduite, jusqu'à la fin de 1810, à quelques frégates. Le chiffre, long-temps fixé à trois, ne s'éleva jamais à plus de quatre à la fois, parce qu'une d'elles fut prise et que deux autres furent vendues au commerce, faute de pouvoir les réarmer en guerre. Ces trois ou quatre frégates, aidées de quelques corsaires, firent plus de tort au commerce anglais en parcourant les mers de l'Inde que toute la marine de France dans la même période.

passer en France (1). Revêtu du pouvoir, et responsable de
sa conduite, cet officier-général (2) appareilla avec six vaisseaux, une frégate et deux corvettes, le 14 octobre 1780, relâcha à Achem le 26 décembre, et apparut à la côte de Coromandel le 17 février 1781. — Les Anglais, supposant que sa
destination était d'opérer un débarquement à Pondichéry, se
portèrent sur ce point, afin de s'y opposer, Hayder-Aly, éloigné de quelques journées, se hâta de venir chasser les Anglais, qui se replièrent sur Gondelour, placé à quatre lieues
au sud de l'établissement français.

Jamais le Nabab ne put obtenir de M. d'Orves qu'il prolon-
geât son séjour à la côte, où il eût fait une diversion favorable : les vaisseaux, en mouillant devant Gondelour, forçaient les Anglais assiégés par Hayder-Aly à capituler ; de là,
se portant sur la rade de Madras, qui n'était alors protégée
par aucun vaisseau de guerre, il eût pu couler et brûler une
quantité de bâtiments marchands dont cette rade est toujours
couverte, principalement en janvier, février et mars ; intercepter ceux qui y arriveraient à chaque instant ; en un mot,
nuire au commerce des Anglais.

En vain, le défaut d'eau et de vivres, pour ses vaisseaux,
servant de prétexte à sa prompte et honteuse retraite, Hayder-Aly promit-il à cet officier-général de les avitailler.
M. d'Orves qui s'était fait une réputation dans le commandement de l'*Actif*, de soixante-quatorze, au combat de M. d'Or-
villiers, s'abandonna aux conseils pusillanimes de gens dont
il s'était entouré : ainsi les demandes les plus justes, les plus

(1) Il quitta la colonie, et s'embarqua à bord de l'*Osterley*. A la prise de
la *Pourvoyeuse*, on avait emménagé ce navire pour le recevoir. Un journal de Paris, du 7 mai 1781, annonça son arrivée à Brest à la fin d'avril.

(2) Il prenait le titre de chevalier et celui de brigadier des armées navales, commandant la division de l'Ile-de-France, quoiqu'il ne fût réellement que capitaine de vaisseau. *(Pièce officielle. — Arch. de la Mar.)*

conformes à la politique, aux succès de notre allié et, par conséquent, au rétablissement de nos propres affaires, éprouvèrent de la part du chef d'escadre le refus le moins motivé. Hayder demandait qu'on formât un détachement des troupes en garnison sur les vaisseaux, qui devenaient inutiles, puisque l'escadre n'avait aucun ennemi à combattre (1). C'était moins le besoin d'une augmentation de quelques centaines d'hommes qui rendaient ses instances pressantes que l'effet moral et politique qu'il prévoyait de l'alliance contractée entre lui et la France, manifestée aux Indiens par la présence des soldats français.

Ah! quels regrets ne doit-on pas éprouver en voyant les intérêts de la France confiés à de tels hommes? Le chevalier d'Orves se montra bien le digne successeur de M. de Tronjoly! Et cependant, dans ces contrées, la France, dignement représentée, eût obtenu des succès inouïs! — D'Orves en laissa échapper l'occasion. Notre escadre était maîtresse de la mer, et Hayder-Aly de tout le Carnate.

Avant, et même à l'époque de l'irruption du prince, en juillet 1780, le gouvernement du Fort Saint-Georges, épuisé, avait négligé les préparatifs militaires. Le nabab d'Arcate s'était déclaré dans l'impossibilité de contribuer à la force du préside, à cause de sa dette et de la perte du Tamjaour. De son côté, le rajah de cette riche province avait annoncé que les vexations d'Hayder-Aly, sur son pays, lui ôtaient la possibilité de fournir des subsides.

Après avoir contraint le général Coot et les quatorze mille hommes réfugiés dans Gondelour à capituler, d'Orves se présentait devant Madras, défendue par cinq cents invalides

---

(1) Par des lettres trouvées à bord de la prise les *Deux-Amis*, on savait que l'amiral Hughes avait appareillé avec cinq vaisseaux le 18 octobre, de Madras, pour se rendre à la côte de Malabar, d'où il ne pouvait revenir de si tôt.

seulement. L'armée du Nabab venait attaquer cette place par terre, et les beaux jours de la Bourdonnais renaissaient. D'Orves sacrifia tous ces avantages, et jusqu'à son honneur, au repos qui l'attendait sur le paisible ancrage du Port-Louis, où de Tronjoly était resté timide spectateur des succès de nos ennemis.

Le chevalier d'Orves refusa donc de céder à des instances qui, à tout prendre, étaient flatteuses pour notre nation (1), prétextant qu'il n'avait pas d'ordre pour se dégarnir de la moindre partie de son monde (2). Il prit congé du Nabab le 13 février, et se hâta de faire route pour l'Ile-de-France, où ses vaisseaux arrivèrent le 1er avril 1781. Le général, cependant, avait donné au Nabab l'espoir qu'il le reverrait bientôt paraître avec des moyens plus étendus, et la promesse de faire un plus long séjour à la côte. Une pareille conduite fit naître, dans l'esprit du prince indien, de fâcheux présages sur les opérations futures d'un tel chef.

Pendant que d'Orves ramenait nos vaisseaux, M. de Souil-

(1) Non seulement le Nabab lui avait fait écrire par MM. de Lallée et Puymorin, mais encore son waquil Quichenarad avait été envoyé près de lui comme ambassadeur.

« Par cette obstination étonnante de M. d'Orves, et dont je rendis » compte au ministre dans le temps, nous perdîmes l'occasion, qui ne » devait plus se retrouver, d'être maîtres absolus de la côte de Coroman- » del. Cette armée, forte de quatorze mille hommes, dont trois à quatre » mille blancs, composait toutes les forces des Anglais dans cette partie. » Madras, défendue par cinq cents invalides seulement, n'aurait pu tenir, » et la réunion de nos troupes avec celles d'Hayder-Aly, qui eut lieu l'année » suivante, nous eût mis dans le cas de conquérir, dans son cours, le » Tanjaour et Mazulipatnam avec toutes ses dépendances. »
(Mémoire du vicomte de Souillac, Arch. de la mar.)

M. d'Orves prétend avoir offert trois cents hommes, mais que le Nabab les refusa en lui disant « qu'il était trop ami du Roi pour engager un de ses chefs à faire quelque chose qui pût lui déplaire. » (Arch. de la mar.)

lac expédiait la frégate la *Pourvoyeuse*, capitaine Bidé de
Maurville, au Cap de Bonne-Espérance, avec les flûtes l'*Eléphant* et le *Lawriston*, pour y prendre des vivres. Le 10 avril,
M. de Tronjoly, arrivé sur l'*Osterley*, continua sa route pour
la France.

M. d'Orves, atteint de cette maladie de langueur qui devait le conduire au tombeau, remit le commandement de la
division à M. de Tromelin, et celui du vaisseau l'*Orient* à
son premier officier, M. Bolle. Le 7 mai, sur les instances
de M. de Souillac, on expédia de l'Ile-de-France à Saint-Au-
gustin, en l'île de Madagascar, le *Flamand*, la *Consolante* et
l'*Athanna*. Ces navires revinrent deux mois après, sans avoir
rien rencontré.

L'armée anglaise, malgré le talent de ses généraux, ne
fut bientôt plus en état de résister à Hayder-Aly, qui tra-
versa sans obstacle la partie méridionale du Carnate, dévasta tout le pays par le fer et par le feu, et fit passer la plus
grande partie des habitants dans ses Etats du Malabar.

Au mois d'avril 1781, Hayder investit la forteresse de *Tia-
gar*, qui, bien que dans une position imprenable, fut obligée
de se rendre par défaut de provisions. Ensuite il entra dans
le pays de Tanjore, et non seulement il détruisit tous les
villages qu'il trouva sur son chemin, mais même il pilla les
temples des *Gentous* qui, jusqu'alors, avaient été respectés
par les autres sectes et religions (1).

(1) En 1808, étant prisonnier de guerre à Pondichéry, un Indien lettré,
que je voyais fréquemment, me raconta que sous le règne d'Hayder-Aly,
un grand nombre de Faquirs se trouvaient accidentellement, par suite
de leur pélerinage, réunis à Seringapatnam, capitale du Nabab. Ce prince,
se doutant qu'ils étaient munis de fortes sommes d'argent, affecta de
prendre un vif intérêt à ces pauvres religieux voyageurs; en conséquence,
il ordonna de les rassembler sur une des places publiques, et là, ses officiers contraignirent les Faquirs à se dépouiller des haillons qui les cou-

Dans cette crise alarmante des affaires de la Compagnie anglaise, le conseil suprême de Madras, privé d'une grande partie des revenus des provinces, sur la côte de Coromandel, implora l'assistance de celui du Bengale. Cette démarche ne fut pas sans effet : il en obtint un renfort de troupes ; mais leur réunion à l'armée anglaise ne put s'opérer sans combat. Hayder, informé qu'elle se préparait à partir de Porto-Novo pour aller se réunir auprès de Madras, fit une marche forcée, et vint camper sur son passage, auprès de Gondelour, avec la ferme résolution de l'arrêter, ou au moins de la harceler sans cesse. L'armée anglaise ne put continuer sa marche qu'après l'avoir forcé d'abandonner sa position. Il la défendit avec opiniâtreté durant huit heures, et ne céda le champ de bataille que lorsqu'il eut perdu M'eer-Saëb, son beau-frère et le meilleur de ses généraux, et environ cinq à six cents hommes. Il fit sa retraite en si bon ordre, que les Anglais, auxquels ce combat coûta dix-sept à dix-huit cents hommes, ne songèrent pas même à le troubler.

La réunion (1) de toutes les forces britanniques en un seul corps d'armée ne lui en imposa pas davantage. Loin d'éviter leur rencontre, le 27 août, il les attendit en bataille rangée dans un poste avantageux, auprès de Congivaron, et se défendit vivement, depuis 9 heures du matin jusqu'à 6 heures du soir. Les Anglais le forcèrent de leur abandonner le champ de bataille. Mais ce seul avantage qu'ils obtinrent, ils le payèrent par la perte de deux mille de leurs meilleurs Cipayes, de quatre cent cinquante Européens et de vingt-deux officiers. Occupé sans cesse à les harceler dans leurs marches, Hayder

vraient et à recevoir en échange des vêtements neufs, que le monarque, compatissant, leur faisait remettre. Une fois que les Indiens eurent vidé la place, on mit le feu à leurs saintes défroques, et on trouva parmi la cendre une somme considérable en espèces.

(1) Le 3 août.

avait grand soin d'éviter les actions trop générales qui auraient pu compromettre ses forces. Par cette manière de combattre, il familiarisait ses troupes avec les dangers de la
guerre. En les faisant souvent se mesurer avec celles des
Anglais, il les accoutumait insensiblement à ne plus tant les
redouter. Nous ne devons pas laisser ignorer qu'il était vaillamment secondé par Tippou-Saëb, son fils.

Dans le mois de décembre, Hayder-Aly entreprend le siège
de Tellichéry; mais les Anglais ayant eu les renforts que
leur amenait le général Meadows, avec le convoi de Johnston, le Nabab, après avoir perdu beaucoup de monde, fut
obligé d'y renoncer.

C'est vers cette époque qu'Hayder-Aly, en réponse à ses
propositions d'alliance, reçut de M. de Souillac, gouverneur
de l'Ile-de-France, les conditions suivantes :

Le 15 novembre 1781, M. de Souillac avait rédigé un projet
de traité pour Hayder-Aly (1) : « M. Duchemin et le comte
d'Orves ne devaient point débarquer leurs troupes avant d'a-
voir obtenu, par l'entremise de M. Piveron (ancien procureur-général du Conseil supérieur de Pondichéry, choisi par
MM. de Souillac et Chevreau, pour aller près d'Hayder-Aly,
en 1781), l'acquiescement signé d'Hayder à ses propositions,
ou du moins aux principaux articles, qui étaient :

« 1° De bien déterminer le territoire qu'Hayder nous devait céder, et qui, selon lui, rapporterait environ 20 millions.
Il fallait s'assurer si ces territoires étaient alors à lui ;

» 2° De convenir de la somme précise qu'il devait payer
pour l'entretien des troupes.

» On devait l'aider à s'établir dans la nababie d'Arcot, à
condition que les Anglais en seraient à jamais exclus.

» Outre les villes et territoires que nous possédions, il de-

_____

(1) Extrait de l'histoire de l'Ile-de-France, par M. Saint-Elme Leduc.

vait nous céder les villes et possessions anglaises, notamment Madras; nous devions aussi être mis en possession de Masulipatnam et de tout le pays sur la côte d'Orissa. (Les-Cicars).

» Si le soubab du Deccan (Nizam-Aly) réclamait, nos anciens droits, joints à celui de conquête, devaient, selon les termes du traité, lui *fermer la bouche.*

» Sur la côte de Malabar, Hayder-Aly devait s'engager à nous remettre Mahé.

» On devait lui demander douze mille hommes d'infanterie et quatre mille cavaliers, pour être réunis aux troupes françaises. Ces troupes devaient lui être rendues à mesure qu'on aurait formé des Cipayes.

» Stipuler que nous nous réservions le droit de lever des troupes en proportion des armes que nous aurions et de celles que nous recevrions.

» Lui signifier positivement que nos troupes ne pourraient être réunies à son armée et en faire partie. Ne pas débarquer les troupes avant que leur indépendance eût été reconnue par écrit. Pendant le temps de l'expédition, il devait fournir vingt-cinq laks par an pour nos troupes, non à titre de don, mais à valoir sur les revenus territoriaux qu'il devait nous céder. (Six laks de roupies par mille hommes, moitié comptant, et de trois mois en trois mois les deux autres quarts.)

» Le négociateur devait lui donner à entendre adroitement que l'on faisait grand cas de lui, mais qu'on aurait pu se lier avec les Marattes, auxquels on s'était borné d'envoyer M. de Montigny.

» Le but, sur la côte de Coromandel, était de se rendre maître de la mer et de prendre Madras.

» Dans le cas où Hayder aurait fait là paix avec les Anglais, nous aurions, de concert avec les Marattes qui nous appelaient à eux, marché sur Surate et sur Bombay. Etc. etc. »

Il faut convenir, ajoute l'auteur que nous avons cité, qu'il y avait peu de générosité à faire de pareilles propositions : on y laissait voir des prétentions par trop exagérées. Une telle ambition était plutôt propre à refroidir Hayder-Aly, et même à lui inspirer de la méfiance, qu'à nous en faire un ami dévoué.

En attendant l'arrivée des secours que devait lui amener M. Duchemin, il n'en continuait pas moins la guerre contre les Anglais.

M. d'Orves, après une promenade sans aucun résultat, aux côtes de l'Inde, où il n'avait rien tenté pour nos établissements, quoiqu'il n'eût pas rencontré de flotte ennemie, était revenu au Port-Louis avec sa division et quelques prises de peu de valeur. L'accueil froid qu'il reçut lui causa d'amers regrets ; il se reprochait le peu d'énergie qu'il avait déployée durant la campagne. Ce général pressentit dès lors tout le mécontentement du ministre, lorsque le rapport sur l'inutilité de son expédition lui parviendrait ; il savait que la cour de France avait eu pour but, en lui confiant des forces navales au moins égales à celles de la Grande-Bretagne, d'affaiblir et même de balancer sa prépondérance en Asie ; tandis que par sa retraite, M. d'Orves laissait nos possessions de l'Inde à la merci de la Compagnie anglaise, qui s'en était emparée au commencement de la guerre.

Le 10 juillet, la frégate la *Fine*, capitaine de Saint-Félix, après avoir donné un pied d'ancre au Cap, arriva au Port-Louis et apprit à M. d'Orves le départ de Brest de M. de Suffren avec cinq vaisseaux. Par la *Sylphide*, on savait la guerre entre l'Angleterre et la Hollande ; par la *Fine*, on apprenait que la France avait pris sous sa protection les colonies de son alliée. M. de Souillac expédia au commandeur la frégate la *Consolante* avec ses paquets : partie le 15 juillet pour le Cap de Bonne-Espérance, elle y mouilla le 16 août.

Le 31 juillet, nous perdîmes à Madagascar la flûte le *Sé-*

rapis, capitaine Roche, par l'imprudence d'un officier du bord. Cette flûte, envoyée pour traiter du riz, donnait en échange de l'eau-de-vie ou de l'arak, qu'elle avait embarquée en grande quantité. Lorsque l'officier qui présidait au décantement des pièces dans la cale fit sortir les lumières des fanaux, malgré l'ordre du capitaine, les esprits s'enflammèrent et le *Sérapis* fut totalement brûlé (1).

Le départ de l'escadre de M. d'Orves, pour retourner à l'Ile-de-France, fut bien funeste aux intérêts de la France et à ceux de la Hollande. A peine nos vaisseaux se furent-ils éloignés, que lord Macartenay, gouverneur de Madras, apprit la rupture de l'Angleterre avec la République batave, et forma le dessein d'enlever les établissements hollandais de la côte de Coromandel : tandis que sir Eyre-Coot résistait à Hayder-Aly dans le N., sir Edward Hughes, devenu maître de la mer, se concerta avec le général Hector Munro, désigné au commandement des forces de terre. Le plan arrêté, les deux armées se mirent en marche.

Le 21 octobre, les Anglais se présentèrent devant Naour, et le lendemain Négapatnam, principal établissement de nos alliés, fut investi. A l'aide des grandes chelingues qui font le service de la rivière de Maour, l'escadre débarqua seize pièces de dix-huit, huit pièces de douze et deux mortiers, ainsi que leur approvisionnement en poudre, bombes et boulets. En outre, Hughes prêta tous ses détachements de marins.

Le 29, les Anglais donnèrent l'assaut et emportèrent les lignes autour de la place, que défendaient cinq cents Européens et quatre mille Indiens et Malais.

Le 3 novembre, la tranchée fut ouverte contre la forteresse où s'étaient réfugiées les troupes hollandaises. Le 6, l'amiral Hughes descendit à terre pour s'entendre avec sir Hector

(1) Voyez, à la fin du volume, la pièce officielle n° 10.

Munro. Le 7, douze pièces de dix-huit ayant été montées pour battre en brèche, les généraux ennemis envoyèrent une sommation au gouverneur Regnier Van-Ulissengen; mais elle fut rejetée. La batterie joua immédiatement, et dans la nuit on l'augmenta de quelques pièces que procurèrent les vaisseaux.

Afin d'arrêter le feu de la terrible batterie, les assiégés firent deux sorties; mais les Anglais les repoussèrent vigoureusement. Le 12, le gouverneur, n'ayant aucun espoir d'être secouru, accepta les articles de la capitulation qu'on lui avait proposée. Dans la nuit, les troupes fournies par Hayder et les Malais désertèrent en grand nombre; mais les soldats européens et leurs officiers furent envoyés à Madras, sur les transports le *Rochefort*, la *Panthère* et l'*Active*.

L'amiral Hughes, libre de ses mouvements par la retraite de d'Orves, emprunte quelques troupes à l'armée de Munro, appareille avec ses six vaisseaux de la rade de Négapatnam et se présente, le 4 janvier 1782, devant le port de Trinquemalay, sur la côte N.-E. de Ceylan, où il est rejoint par le capitaine Montagu, qui lui amène des renforts. Trinquemalay avait pour gouverneur Alberthus Homœd et une faible garnison pour le protéger. La nation batave, éminemment commerçante, prise au dépourvu après une longue paix, ne s'était pas préparée à la guerre; aussi ses comptoirs, démunis de tout, ne purent offrir qu'une résistance éphémère.

Les soldats anglais débarquent, soutenus des équipages, et commencent le siége. Le major Geils, ingénieur, dirige les travaux avec une grande habileté. Le 11 janvier, cette importante possession tomba au pouvoir des Anglais, ainsi que deux vaisseaux de la compagnie hollandaise, le *Groenendal* et le *Canaan*, dont les cargaisons valaient plus de cinq tonnes d'or; les biens et effets de la Compagnie montaient à deux tonnes. La prise des établissements de *Surate*, de *Su-*

matra, de *Coromandel*, du *Bengale* et de *Trinquemalay* produisit une perte de cent quatre tonnes et demie d'or (10,450,000 florins), indépendamment des pertes qu'elle occasiona à des particuliers ; et avec un homme dévoué à la chose publique, autre que d'Orves, Négapatnam et Trinquemalay étaient sauvés (1).

Six vaisseaux de guerre, trois frégates et quelques corvettes, ancrés sur la rade de l'Ile-de-France, composaient les seules forces maritimes de la France dans les Indes, lorsque le commandeur de Suffren mouilla, le 25 octobre, sur la rade du Port-Louis, avec sa division et le convoi qu'elle escortait. La nouvelle du combat de Saint-Iago et celle du salut du Cap de Bonne-Espérance, avaient précédé dans la colonie l'arrivée du nouveau chef d'escadre. La présence de cet homme valeureux réveilla les esprits assoupis dans l'oisiveté et les plaisirs (2). L'honneur parla, et le départ pour l'Inde fut résolu : alors le zèle et l'activité se montrèrent partout; son impulsion fut irrésistible. Comme il fallait des réparations aux cinq vaisseaux de M. de Suffren, ils entrèrent dans le port ; mais, par la vigueur que ce chef sut imprimer aux travaux, l'escadre se trouva en état de mettre sous voiles dès les premiers jours de décembre.

Le commandement de ces forces réunies était encore confié au chef d'escadre Thomas d'Orves, marin dépourvu, ainsi que nous l'avons dit, de cette force d'âme et de cette énergie nécessaires dans un général : d'une santé faible et altérée, il n'entreprenait cette campagne que pour effacer les fâcheuses impressions qu'avait laissées sa précédente expédition à la

_____

(1) L'argent trouvé à Trinquemalay et à Négapatnam montait à la somme de 90,000 liv. st. Hughes le chargea à bord de ses vaisseaux, et le conduisit à Madras.   *(Gazette anglaise.)*

(2) Suffren avait donné à l'Ile-de-France le nom de *Cythère des Indes.*

côte de Coromandel, et qui provenaient de son trop de facilité à écouter et à suivre les avis des lâches qui l'approchaient.

Tandis que notre escadre se disposait à reprendre la mer, la cour de Versailles s'apercevait que ce n'était pas assez d'avoir préservé le Cap de Bonne-Espérance d'être pris ; mais qu'en présence de l'inertie hollandaise, la politique de la France voulait qu'elle étendît sa protection sur les autres possessions orientales de cette République.

Le Gouvernement comprit enfin, pour l'intérêt des Provinces-Unies, ce qu'il eût dû faire depuis long-temps pour le sien ; il comprit, disons-nous, que l'unique moyen d'atteindre l'Angleterre, en préservant les établissements bataves d'une invasion, était de porter la guerre sur le territoire indou-britannique. Seule, la France avait soutenu la cause des États-Unis d'Amérique ; seule encore, elle devait défendre les comptoirs hollandais des Indes, sans le secours d'aucunes de leurs forces de terre ou de mer.

La côte de Coromandel fut désignée pour être le théâtre de la guerre. En opérant de la sorte, on forçait la Compagnie anglaise à employer pour sa propre défense les immenses revenus qu'elle recevait de cette riche contrée, et qu'elle envoyait à la métropole, pour l'aider dans la continuation de la lutte qu'elle soutenait depuis trois ans et demi.

L'Ile-de-France fut assignée pour le point de réunion des forces qui devaient agir dans cette partie du monde, et le commandement en fut confié à M. de Bussy (1), qui s'y était distingué dans les guerres précédentes. Mais, pour porter un

---

(1) Bussy-Castelnau (Charles-Joseph-Patissier, marquis de), né à Bussy, près Soissons, en 1718, passa de bonne heure dans les Indes-Orientales. Nommé lieutenant-colonel en 1752, huit ans après il fut élevé au rang de brigadier ; enfin, en 1765, il fut fait maréchal-de-camp.

En 1781, il partit en qualité de lieutenant-général, et fut créé commandeur de l'ordre de Saint-Louis l'année suivante.

coup décisif, il fallait agir avec ensemble et certitude, en réunissant en un seul faisceau les forces qu'on envoyait au loin. Au lieu de cela, on les dissémina ; et tandis que les divisions anglaises parcouraient les mers d'Europe et se montraient sur nos côtes, on lançait nos convois avec leurs faibles escortes à travers les flottes de la Grande-Bretagne. Cependant la perte du *Protée* et d'une partie de son convoi ; celle du vaisseau le *Guipuscoa*, et de vingt-et-une voiles espagnoles, auxquelles il servait d'escorte, auraient dû servir de leçons et montrer le danger de ces opérations partielles, abandonnées à elles seules ; mais l'imprévoyance fut toujours la même. Il résulta de ce manque d'entente ou de savoir, que sur les quatre nouvelles expéditions qui quittèrent nos ports pour les Indes-Orientales, à la fin de 1781 et au commencement de 1782, deux de nos convois furent pris ou détruits en presque totalité.

Non seulement ces pertes immenses entravèrent nos projets sur terre, mais notre escadre se ressentit de l'absence de deux vaisseaux de guerre, qui devaient la renforcer dans une circonstance urgente. L'un se rendit aux Anglais ; l'autre, forcé de relâcher, reçut plus tard une nouvelle destination. Nous reviendrons en temps et lieu sur ces désastres que nous signalons, et qui n'arrivèrent que par notre faute.

L'Inde devait être le théâtre de la guerre. Le ministre, dans ses dépêches reçues jusqu'en novembre, n'avait encore fait mention que de forces navales à y envoyer. Sa nouvelle détermination était ignorée dans la colonie. L'idée de transporter des troupes prit donc naissance à l'Ile-de-France. Elle fut, selon les apparences, suggérée à M. le vicomte de Souillac, gouverneur, par deux intrigants, qui s'imaginaient jouer un grand rôle dans les événements qui se préparaient. Quant à M. le vicomte de Souillac, il céda au désir de nuire à l'ennemi et d'être un des principaux agents de la lutte glorieuse qui devait s'engager.

En effet, il était flatteur pour l'amour-propre d'un jeune capitaine de vaisseau, comme lui, d'avoir à disposer contre les Anglais de forces aussi imposantes. Ces motifs puissants, dans un chef dévoué, se réunirent pour déterminer le départ de deux mille huit cent soixante-huit hommes, tirés de différents corps. Ces troupes, embarquées sur des transports, avec une nombreuse artillerie, furent mises sous les ordres de M. Duchemin, brigadier, colonel des volontaires étrangers.

Le 7 décembre 1781, l'escadre française, sous les ordres du chevalier d'Orves, appareilla pour la côte E. de Ceylan, avec le convoi. La flotte entière se composait de vingt-sept voiles, au nombre desquelles on comptait onze vaisseaux, trois frégates, trois corvettes et un brûlot; le reste comprenait neuf bâtiments-transports.

M. d'Orves, qui avait son pavillon à bord de l'*Orient*, s'était dirigé, sur les instances de Suffren, par la nouvelle route du N. (1), et non, comme autrefois, par celle des vents variables au-delà du tropique, qui causait des maladies par le froid humide de ces régions ; et l'escadre vint chercher les vents d'O. qui règnent dans cette saison au S. de l'équateur. S'avançant facilement à l'E., elle coupa la ligne, le 15 janvier, après un trajet prompt et heureux pour la saison (2). L'amiral, changeant d'avis, fit gouverner au N. de Madras,

---

(1) Peu d'années auparavant, cette route, qu'on n'osait suivre, avait été proposée et exécutée avec succès par le chevalier Grenier, à bord de la *Belle-Poule*.

(2) Quoique M. d'Orves ne prît que le titre de brigadier, et que M. de Suffren ne fût encore que capitaine de vaisseau, ces officiers supérieurs étaient autorisés à arborer les insignes de chefs d'escadre. Voici la copie de leur promotion à ce grade : « Le 12 janvier 1782, le roi a avancé au grade de chef d'escadre MM. le comte d'Orves et le commandeur de Suffren, capitaines de vaisseau employés dans l'Inde.

» Pour extrait de la décision de Sa Majesté.   BLOUIN. »
   *(Arch. de la mar.)*

7

au lieu d'atteindre le port de Trinquemalay, ainsi qu'il avait été décidé avant le départ de l'Ile-de-France, dans un conseil tenu en présence du gouverneur.

Le 19 janvier, l'armée étant par 5° de latitude N. et 86° de longitude E., le vaisseau le *Sévère*, qui se trouvait de l'arrière, signala une voile étrangère au S.-S.-O. Le général, vu l'éloignement, détacha le *Héros* et l'*Artésien*, doublés en cuivre, pour aller la reconnaître. Ces deux vaisseaux l'approchèrent facilement, parce qu'elle semblait, de son côté, vouloir s'assurer de leur nationalité. Le commandeur lui fit des signaux, à l'aide des tableaux de signaux trouvés à bord du vaisseau de la Compagnie l'*Hinchinbrook*, dont les Français s'étaient emparés au combat de *San-Iago*. L'Anglais répondit et laissa encore arriver, pour mieux distinguer les navires qui le chassaient. Le capitaine Christy, de son bord, fit des signaux auxquels Suffren ne put répondre ; alors, assuré qu'il était en présence d'ennemis, le capitaine anglais couvrit son vaisseau de voiles et prit chasse au plus près. La nuit vint, et le *Héros*, quoique ayant approché de beaucoup ce bâtiment, fut contraint de virer de bord pour rallier l'escadre, qu'il avait perdue de vue à une heure de l'après-midi : il craignait de s'en séparer.

Le lendemain, les deux vaisseaux chasseurs rejoignirent l'armée, restée en panne toute la nuit à les attendre, et M. de Suffren s'empressa d'aller rendre compte au général de l'insuccès de la chasse qu'il avait appuyée. Le jour cessa, et l'on tint la bordée du S.-E. avec des vents variables du N. au N.-E., et qui annonçaient de l'orage. A minuit, la brise devint favorable ; mais, comme le général, déjà très-malade, dormait, on ne voulut point interrompre son sommeil, et l'on attendit qu'il se réveillât pour virer de bord. Cependant, cette bordée, toute défavorable qu'elle était à la route à suivre, porta nos vaisseaux vers un bâtiment étranger, de belle apparence. Le 21, au point du jour, le *Héros* le signala et se couvrit de toile pour l'approcher. Bientôt Suffren le reconnut pour celui qui lui avait déjà échappé. L'*Artésien* et le *Vengeur* furent également détachés après l'Anglais, qui se trouvait un peu sous le vent de l'armée; plusieurs autres vaisseaux, moins bons voiliers, eurent ordre de s'échelonner sur la route parcourue par les chasseurs, afin de répéter les signaux et de ne pas les perdre de vue, précaution qui avait été négligée la première fois.

La journée se passa sans donner aucun avantage ni d'un côté ni de l'autre, parce que la brise, très-inégale, favorisait le vaisseau chassé et quelquefois les vaisseaux chasseurs. Avec la fin du jour, le calme se fit et dura toute la nuit; il n'y eut que de folles brises qui favorisèrent le *Héros*, au point qu'à l'aube matinale du 22 il avait beaucoup approché l'ennemi. Plusieurs grains survinrent pendant la matinée, et M. de Suffren en profita encore pour gagner du terrain. A midi, il atteignit l'Anglais et ouvrit son feu sur lui avec une telle vigueur, qu'après une courte résistance le capitaine Christy amena son pavillon, et nous livra de la sorte l'*Annibal*, de cinquante canons. Le commandeur, avec sa prise, fit voile vers l'escadre, qui, pour l'attendre, passa la nuit en panne, et le lendemain les vaisseaux se trouvèrent tous réunis. On répartit l'équipage anglais sur différents vaisseaux, et les malades qu'on avait trouvés furent envoyés à bord du bâtiment *hôpital* qui suivait l'armée.

L'*Annibal* était le même vaisseau que la *Bellone* et les deux transports le *Neker* et le *Sévère* rencontrèrent sous le Cap de Bonne-Espérance, au mois d'octobre. Christy avait laissé Sainte-Hélène, où il avait conduit les transports capturés, sans que la frégate française cherchât à les lui disputer; mais aussi, cette frégate était alors commandée par M. de Cillart (1).

(1) Plus tard, ces mêmes parages virent deux frégates françaises combattre deux vaisseaux anglais et les forcer à leur abandonner le champ de

Outre la confirmation des nouvelles que nous avons rapportées au premier chapitre, concernant le commodore Johnston et sa flotte, on apprit qu'indépendamment du départ qui avait eu lieu pour l'Inde des vaisseaux le *Héros*, de soixante-quatorze, le *Montmouth*, de soixante-quatre, et l'*Isis*, de cinquante-quatre, avec le transport armé la *Manilla*, tous quatre sous le commandement du capitaine Alms; deux autres vaisseaux, le *Sultan*, de soixante-quatorze, et le *Magnanime*, de soixante-quatre, devaient partir après les premiers, escortant sept bâtiments de la Compagnie, chargés de munitions pour l'escadre, et de huit cents hommes de troupes européennes.

Néanmoins, malgré la gravité de ces nouvelles, la prise de l'*Annibal* resta un heureux début pour la campagne, et répandit la joie dans toute l'armée. L'ardeur s'accrut par cette augmentation de forces et cette diminution pour les ennemis. Les équipages et les troupes ne respiraient qu'après le moment de se mesurer avec l'escadre anglaise, certains d'obtenir de plus importants succès.

Cependant, on fut quelque temps incertain si on devait armer en guerre l'*Annibal*, qui avait été donné provisoirement à M. de Ruyter, lieutenant sur le *Héros*; mais l'avis de M. de Suffren prévalut, et chaque bâtiment de l'armée envoya un détachement pour lui former un équipage de guerre, qu'on compléta au moyen d'une compagnie des hussards de Lauzun, retirée du *Lawriston*.

La santé de l'amiral d'Orves, chancelante dès son départ de l'Ile-de-France, ne lui permettait plus de diriger les mouvements de l'escadre, qui allaient devenir importants. Le 3 février, il chargea M. de Suffren de donner tous les ordres qu'il

bataille. L'une était la *Preneuse*, capitaine L'hermite; l'autre la *Canonnière*, capitaine Bourayne; les vaisseaux battus étaient le *Jupiter*, de soixante-quatre, et le *Tremendous*, de soixante-quatorze.

jugerait nécessaires ; en conséquence , tous les capitaines furent mandés à bord du *Héros*, où le Commandeur leur notifia les volontés de M. d'Orves.

On avait fixé la rade de Madras pour le nouveau point d'atterrage , afin d'y surprendre l'escadre anglaise avant qu'elle pût se retirer et s'embosser sous la protection des formidables batteries du fort Saint-Georges et de celles de la Ville-Noire : ce projet, bien conçu, avait été développé d'une manière sage et précise par une lettre circulaire adressée aux capitaines. Le général laissait chacun maître de sa manœuvre, qui, toutefois, devait rester subordonnée au nombre et à la position des vaisseaux ennemis ; le parti de l'attaque pris, il se reposait entièrement sur la valeur et l'habileté de chaque officier commandant, pour les moyens secondaires. Mais le hasard, et plus encore le bonheur des Anglais, vinrent défaire la plus belle et la plus heureuse des combinaisons.

Comme, à l'époque de l'année où l'on se trouvait, la mousson du N.-E., quoique sur sa fin , souffle sur toute la côte de Coromandel, il était prudent, en venant du large , de se tenir au vent du point que l'on voulait atteindre ; mais en février, on commence à éprouver, par intervalle, de petites révolutions du S. dont profitent les bâtiments destinés pour le N. Ces brises momentanées, qui ne se font pas sentir au-delà de 25 à 30 lieues de terre , changent dans l'étendue de leur zône la direction des courants.

Le 5 février, l'escadre du roi courait son aire à l'O., et elle approchait de la côte, en se maintenant à quelques lieues au N. de Madras. Ses bâtiments légers prirent un grand nombre de navires côtiers chargés de riz, qui annoncèrent les conquêtes par les Anglais de Négapatnam et de Trinquemalay. Durant la nuit, la brise, fraîche du N.-E. à l'E.-N.-E. tout le jour, mollit et cula ; on serra aussitôt le vent, bâbord-amures ; mais il était trop tard, la mousson se trouvait arrêtée dans son cours, par une de ces révolutions passagères dont nous avons parlé, et les courants, poussés par une brise du S., drossaient nos vaisseaux dans le N.—Les six vaisseaux de Hughes, au contraire, étant dans le S., purent remonter la côte vent sous vergues, et échapper sans s'en douter au péril qui les menaçait.

Dans la matinée du 6, on vit la terre de Coromandel, et l'on jeta l'ancre le long d'une côte uniforme, de peu d'élévation, couronnée de palmiers et de cocotiers. A l'O., on voyait dans les terres le mont d'*Armégon*, et au S.-S.-O. les montagnes de *Paliacatte* : nos vaisseaux étaient pour lors à 20 lieues de Madras.

Le 7, tout en louvoyant pour approcher de la Présidence, on continua d'arrêter les *parias* (1), d'où l'on extrayait les cargaisons de riz pour l'approvisionnement de l'armée.

Le lendemain 8, l'escadre anglaise, revenant de Ceylan, atteignit tranquillement la rade de Madras, favorisée par les vents de S. qui arrêtaient la flotte de France.

Le succès des opérations dépend le plus souvent du hasard : ici, le bonheur de l'Angleterre voulut que le premier projet qui avait été arrêté à l'Ile-de-France, de se rendre directement à Trinquemalay, fût remplacé, après le départ du Port-Louis, par celui de tomber à l'improviste sur Madras. La traversée sur Ceylan eût été bien moins longue ; l'escadre, en bon état, y surprenait l'amiral Hughes avec ses six vaisseaux, et reprenait bien facilement sur les Anglais cette conquête nouvelle et mal assurée qu'ils n'avaient pu ravitailler encore. On mettait ainsi fin à la guerre, en renversant la puissance de l'Angleterre dans ces contrées : la fortune, quoique favorisant nos ennemis, voulait rendre le nom de Suffren immortel, en lais-

(1) Bâtiments cabotiers des Indes, montés le plus ordinairement par des hommes de la caste des *Parias*.

sant à ce héros la gloire de surmonter les dangers et les obstacles qu'elle allait lui créer.

Lord Macartenay (1), gouverneur de Madras, qui avait eu avis de la présence de l'armée française, en prévint sir E. Hughes, et celui-ci s'embossa sous les batteries du fort Saint-Georges et sous celles de la Ville-Noire. De son côté, le Commandeur, ne voyant pas de terme aux contrariétés qui le clouaient à son point d'atterrage, fit débarquer deux Indiens pour aller donner avis de son arrivée au nabab Hayder-Aly, la coopération de ce prince allié devant influer sur les mouvements des troupes françaises qu'on apportait.

Le 9, l'amiral Hughes fut rejoint par le capitaine Alms, qui lui amenait le *Montmouth*, le *Héros*, l'*Isis* et le transport armé la *Manilla*.

Ce même jour, l'amiral d'Orves succomba, à 4 heures du soir, de la maladie de langueur dont il était attaqué; mais la confiance qu'on avait dans la valeur et l'habileté du Commandeur diminua les regrets que cette perte eût dû faire éprouver. Différents changements eurent lieu dans l'escadre; les capitaines choisirent et prirent, selon la date de leur ancienneté, le commandement des plus gros vaisseaux. M. de la Pallière passa à bord de l'*Orient*, et M. de Cillart sur le *Sévère*; M. le chevalier de Galles quitta la *Pourvoyeuse*, pour commander l'*Annibal* — anglais, et fut malheureusement remplacé par M. de Ruyter, qui ne soutint pas l'illustration de son nom, dans la conduite du convoi qui lui fut dévolue; M. de Beaulieu monta la *Bellone*; de Tromelin cadet

(1) Le même qui s'était rendu prisonnier à discrétion au comte d'Estaing à la prise de l'île de Grenade, le 4 juillet 1779. Nous avons dit que c'était lui qui avait décidé la double expédition contre Négapatnam et Trinquemalay; son avis prévalut, malgré l'opposition de plusieurs membres du Conseil. Cet administrateur joignait à une grande énergie une grande aptitude pour le travail du cabinet.

la *Subtile*, et M. de Galifet la *Sylphide*. M. Duchemin, général des troupes de débarquement, quitta l'*Orient* et prit passage à bord du *Héros*.

Les 10 et 11, on bordailla encore, mais sans succès ; le
chemin obtenu dans les bordées du large et de terre était
presque nul. Le général expédia alors la petite corvette la
Diligente, d'une marche supérieure, pour porter à Pondichéry M. de Canaple, lieutenant-colonel et aide-maréchal-
des-logis. La mission de cet officier, qui avait demeuré long-
temps à la cour d'un prince du pays et qui en connaissait les
mœurs et les usages, avait pour but de se mettre en rapport
avec M. Piveron de Morlat, ancien procureur-général au conseil de Pondichéry et envoyé du gouvernement français, qui
résidait en cette qualité auprès d'Hayder-Aly.

Le 14, les vents de la mousson du N.-E. reprirent leur
cours, après une suspension de huit jours, et la flotte en profita pour s'élever au S. Vers le soir, la *Fine*, qui chassait
en avant, eut connaissance de la rade de Madras, et signala
onze vaisseaux, qui, avant le coucher du soleil, furent reconnus pour appartenir à l'escadre du vice-amiral E. Hughes.
La nôtre mouilla entre Trifou et Madras, à deux lieues de
distance dans le N.-N.-E. de l'armée ennemie, pour y passer
la nuit.

Le 15, au point du jour, on leva l'ancre ; le *Héros* portait
à la tête de son grand mât le pavillon damier bleu et blanc,
supérieur au pavillon bleu à croix blanche, exprimant le signal de former la ligne dans l'ordre naturel. La *Fine* signala
neuf vaisseaux de guerre, rectifiant leur front d'embossage
sous les batteries du fort et celles de la Ville-Noire, qui les
protégeaient. La brise étant faible de l'E.-N.-E., notre colonne
fut long-temps à se former : pendant ce temps-là, la *Fine*
tirailla sur une frégate anglaise, expédiée pour reconnaître
l'escadre du roi. A 11 heures, le *Bizarre*, vaisseau de tête,

n'était plus qu'à deux portées de canon des Anglais, lorsque le général ordonna de tenir le vent et de mouiller en ordre sur une petite ancre; ensuite il hissa le pavillon blanc à croix bleue, supérieur à celui mi-partie blanche et bleue, signal qui appelait les capitaines à son bord, parce que l'ennemi lui paraissait inexpugnable dans la position qu'il avait prise.

Le conseil assemblé, Suffren exposa, 1° la force de la position de l'ennemi, ses ressources en cas d'avaries; 2° l'avantage qu'ont des vaisseaux embossés sur ceux à la voile, les premiers n'ayant qu'à s'occuper de leurs canons; 3° la supériorité que donnait à l'armée ennemie, sur la nôtre, la protection de l'artillerie du fort et de la ville; 4° enfin, que l'objet principal du moment était le débarquement des troupes, et que l'on devait commencer par s'en occuper.

Cet exposé du Commandeur, en présence du général des troupes, qui y acquiesçait, manifestait clairement que son intention était de continuer la route sans attaquer; il recueillit les voix et son avis fut regardé comme unanimement admis: Suffren allait donc lever la séance et envoyer chaque capitaine à son bord, lorsqu'une seule voix, celle de M. Perrier de Salvert, commandant la *Fine*, se fit entendre pour s'opposer à l'avis du Commandeur; les raisons alléguées par cet officier furent: 1° l'impression défavorable que pourrait faire sur les esprits des Indiens un début timide, qui avait l'air d'une fuite; 2° l'intérêt que nous avions à les étonner par un coup audacieux, qui pût effacer de leurs souvenirs l'impression défavorable que notre apparition, l'année précédente, à la côte, avait dû laisser parmi eux; enfin, il assurait que, d'après la reconnaissance qu'il avait faite, on pouvait attaquer l'ennemi en passant à terre de lui.

Suffren, dont la prudence pouvait à peine tempérer l'audace, qui formait la base de son caractère militaire, parut étonné que ce jeune officier, qui n'était pas destiné pour l'at-

taque, ouvrit un avis plus hardi que le sien. Cependant le
Commandeur daigna répondre à M. de Salvert ; il lui opposa
avec succès qu'on voyait toute l'étendue de la côte, depuis le
gros bastion N. de la Ville-Noire jusqu'au bastion S.-S.-E. du
fort Saint-Georges, hérissée de canons; et que, fût-il possible,
ce qui était douteux, de passer entre terre et la ligne anglaise,
nos vaisseaux se trouveraient entre deux feux.

Ce raisonnement prévalut, et il fut décidé de continuer à
s'avancer au S. sans combattre. Cependant, une brise ronde
de N.-E., qui s'éleva durant la séance du conseil, semblait
vouloir favoriser tout essai d'attaque, puisqu'elle facilitait les
moyens de s'élever au vent de la ligne ennemie, et de ne s'engager qu'autant qu'on le jugerait à propos.

M. de Salvert, quoique seul de son parti, avait soutenu
avec une grande vigueur son opinion ; mais l'énergie dont un
pareil avis portait le cachet devait, plus tard, faire juger bien
sévèrement cet officier. Sa conduite, dans une circonstance
où il deviendra lui-même acteur, paraîtra démentir la fermeté
d'âme que supposait son projet, où les risques, presque nuls
pour lui, ne devaient être supportés que par ceux qu'il contra-
riait. Alors, il regrettera, sans doute, d'avoir mortifié ceux qui
seront en droit de scruter sa conduite, avec d'autant moins
d'indulgence, qu'on était fondé à exiger davantage de lui.

A une heure de l'après-midi, l'escadre mit sous voiles et
défila babord amures, hors de portée de l'armée anglaise, en
suivant le gisement de la terre, et M. de Suffren laissait la
Bellone en croisière, au nord de Madras, afin d'intercepter les
navires du commerce qui devaient y arriver. A 4 heures 1/2,
on ne fut pas peu surpris de voir les ennemis appareiller;
mais, dans la persuasion où l'on était de la crainte que nous
inspirions à l'armée de sir E. Hughes, par notre supériorité
numérique, l'opinion fut que les vaisseaux anglais, qui tenaient le vent, n'avaient mis à la voile que pour s'élever au

large et reprendre leur mouillage ordinaire. A 5 heures, on les relevait au N.-N.-O.

La brise soufflait du N.-E., mais mollement; la mousson, qui avait fait place aux vents de S. durant huit jours, pour sauver les six vaisseaux de Hughes, avait repris son cours sur toute la côte de Coromandel; les courants seuls continuaient à porter N. Le Commandeur gouverna au S.-S.-E, et fit signal au convoi de tenir le vent et d'augmenter de toile; mais, à 6 heures, croyant s'apercevoir que l'escadre ennemie s'attachait à suivre la flotte, il donna ordre au convoi de passer sous le vent de l'armée, c'est-à-dire à terre d'elle.

Le Commandeur arrêta les mesures qu'il voulait prendre pour la nuit. La *Fine* eut ordre d'éclairer l'ennemi jusqu'au jour; mais M. de Salvert s'acquitta fort mal de sa mission, ce qui contribua à la déroute du convoi, déroute dont les conséquences furent très-graves.

Le général, pour mieux rassembler son escadre, lui avait ordonné de se former sur deux colonnes; espérant arrêter les vaisseaux de Hughes en leur coupant chemin, il éteignit ses feux et vint, pendant la nuit, sous petites voiles auprès du vent, le cap à l'E.-S.-E. Sa sécurité fut si complète à l'égard de la surveillance qu'exerçait la *Fine*, qu'il s'abstint de faire aucun signal, pour ne pas donner connaissance de sa position à l'ennemi. Sans guide, durant la nuit, le convoi poursuivit sa route au S., et perdit de vue nos vaisseaux. La *Pourvoyeuse*, qui était chargée de sa conduite, par une suite d'erreurs et de négligences incroyables, s'en écarta elle-même. M. de Ruyter tira deux fusées auxquelles on ne répondit point. Le général se borna à lui expédier le brûlot le *Pulvériseur*, pour savoir ce que signifiaient ces signaux. Mais le brûlot ne put rejoindre la frégate, parce que M. Ruyter, ne voyant pas de réponse, et ne réfléchissant point assez qu'il n'était guère possible que, depuis environ deux heures écoulées qu'il avait vu l'escadre tenant le vent sous les huniers, elle pût être assez éloignée pour s'en croire séparé, prit le parti de laisser arriver sur Pondichéry, lieu que le général avait désigné en cas de séparation.

Tandis que la *Pourvoyeuse* délaissait son convoi; que la *Fine* perdait de vue les vaisseaux de sir E. Hughes, et que Suffren, croyant les ennemis dans le N. à lui, puisque M. de Salvert ne faisait aucun signal, courait en toute sécurité un bord au large avec des vents faibles d'E.-N.-E. au N.-E., l'escadre anglaise, qu'on supposait retournée en rade de Madras et au mouillage, laissait arriver au S., en se glissant, pour ainsi dire, entre la côte et l'escadre française. Hughes, qui, s'étant proposé d'aller couvrir Trinquemalay, avait conjecturé à la voilure des Français qu'ils ne changeraient pas de route, se trouva de la sorte avoir pris position entre notre armée et notre convoi.

Lorsque le jour se fit, l'escadre, qui n'avait pas fait de chemin au S., mais seulement au large, ne vit plus de bâtiments au vent. Rassuré, par la présomption où l'on était toujours que l'appareillage de l'escadre ennemie la veille n'était qu'une feinte, une manœuvre de circonstance, Suffren n'apporta aucune attention sérieuse au signal de la *Fine*, qui annonçait treize voiles dans l'O.-S.-O., et continua à courir sous une petite voilure, avec un temps mou. Croyant fermement que c'était le convoi, le Commandeur se contenta de faire hisser le signal de ralliement (le yacht anglais inférieur au pavillon damier rouge et blanc), et continua sa route sous la même voilure jusqu'à 10 heures. A ce moment, voyant que, loin de répondre à un nouvel ordre impératif qu'il lui avait donné, les signaux de la *Fine* (le pavillon mi-partie rouge et blanc, supérieur au blanc percé de bleu, appuyés de coups de canon), assuraient que les bâtiments découverts étaient étrangers et de guerre, il se détermina à forcer de voiles et à ordonner à l'escadre de prendre chasse. Depuis le point du jour, sir E. Hughes avait détaché cinq de ses meilleurs

marcheurs, le *Monmouth*, le *Héros*, l'*Isis*, l'*Aigle* et le
Burford, pour enlever le convoi, afin de profiter d'une position que le hasard ou plutôt le bonheur qui le favorisait encore lui avait procurée à son insu. A l'approche du danger
qui menaçait le convoi, chacun des capitaines des navires
qui le composaient prit sous ses inspirations un parti pour
son salut : le *Lawriston* seul, malgré des indices certains
qu'il était poursuivi par des vaisseaux ennemis, s'attacha à
amariner un brick *Paria*.

Le général, ne doutant plus que l'escadre anglaise ne fût
devant, et craignant qu'elle ne lui enlevât ses transports,
couvrit de voiles le *Héros*, et, avec ses meilleurs marcheurs,
vola à leur secours. Tous les vaisseaux de l'escadre avaient
l'ordre *de forcer de toile*. Il était temps encore; quelques
heures plus tard, les Anglais nous enlevaient notre convoi.
A 1 heure 1/2, l'amiral Hughes, voyant qu'il était poursuivi par Suffren, se hâta, par des coups de canons répétés,
de rappeler ses vaisseaux chasseurs, et forma sa ligne N.-O.
et S.-E., babord amures.

M. de Suffren, à la nuit tombante, fit signal à son escadre
de former la sienne sans égard à l'ordre de bataille ; signal qui
ne fut aperçu que de peu de vaisseaux, parce que, notre ligne
étant fort étendue, ceux de l'arrière se trouvaient très-éloi-
gnés.

Durant la nuit, le général ordonna les manœuvres que
nécessitaient les mouvements des ennemis, qui lui étaient indiqués par la *Fine*, remplissant cette fois avec exactitude sa
mission d'éclaireur. Le 17 février, au jour, on vit les vaisseaux
anglais à une lieue et demie sous le vent (1), formés en co-

(1) «Au jour, je les ai vus sous le vent et de l'avant environ à 1 lieue 1/2.
La variété du vent, le calme, la pesanteur de la marche de plusieurs vaisseaux ne m'ont permis de les attaquer qu'à 3 heures 1/2.»

(*Arch. de la mar.* Lettre de Suffren.)

lonne, ayant le *Lawriston* (1) à la remorque ; les nôtres, au contraire, étaient dispersés, parce que le général avait recommandé aux vaisseaux chasseurs de tenir trois feux allumés pour diriger la route. Cette précaution avait fait tomber dans l'erreur plusieurs de nos capitaines, qui confondirent ces feux avec le signal de la tactique qu'ils représentaient : c'était *de venir au vent tous en même temps.* La brise, qui heureusement avait été molle durant la nuit, ne paraissait devoir être ni fraîche ni fixe. Le Commandeur, en voyant ce pêle-mêle, hissa l'ordre de former la ligne dans l'ordre de bataille naturel ; mais cette manœuvre ne fut jamais bien exécutée, quoique le général eût conservé long-temps, à la tête de son grand mât, le pavillon damier bleu et blanc, supérieur au pavillon bleu à sautoir blanc (2), qui en étaient le signal, ainsi que celui de forcer de voiles à l'arrière-garde. Le *Flamand,* lourd dans sa marche, reçut l'ordre de se mettre en serre-file.

A 8 heures, le général rendit sa manœuvre indépendante, pour attendre la *Pourvoyeuse,* qui ralliait, ainsi que le transport les *Bons-Amis;* la corvette la *Diligente* ayant trouvé les abords de Pondichéry gardés, revenait avec M. de Canaple, qui n'avait pu descendre à terre. M. de Suffren donna ensuite l'ordre à la frégate de lui passer en poupe, afin de lui rendre compte de la dispersion du convoi. Un temps couvert et à grains, un vent faible et inégal de l'E.-N.-E., de la pluie et de longs intervalles de calme secondaient mal l'ardeur du Commandeur, en retardant la marche de l'escadre dans la poursuite de l'ennemi, qui courait vent largue, bâbord amures. Quoiqu'il eût répété ses signaux, la ligne n'était pas encore formée à une heure de l'après-midi. Suffren, voyant que le combat n'aurait pas lieu s'il persistait à combattre dans

(1) Ce bâtiment, précieux pour l'armée, fut pris par le vaisseau l'*Isis.*
(2) Nous possédons le tableau des signaux arrêté par l'amiral d'Orves, au départ de l'escadre, et qui fut en usage sous Suffren.

l'ordre naturel, puisque les vaisseaux ne pouvaient pas prendre leurs postes respectifs sans arrêter la marche de l'armée,
fit former la ligne par rang de vitesse, sans avoir égard aux
postes précédemment assignés ; le général laissait à chacun
des capitaines la faculté d'approcher l'ennemi suivant l'esprit
de dévoûment dont il était animé.

A 3 heures, conformément au signal qui en fut fait à
bord du *Héros*, un grain de l'E.-N.-E. permit d'arriver de
front sous toutes voiles sur l'armée anglaise, qui se composait :

AVANT-GARDE.	CORPS DE BATAILLE.	ARRIÈRE-GARDE.
Eagle 64, Reddal.	*Burford* 64, Reiner.	*Isis* 54, Lamley.
Montmouth 64, Alms.	*Superb* 74, { E. Hughes. Stevens, cap.	*Monarca* 74, Gell.
Worcester 64, Wood.	*Héros* 74, Hawker.	*Exeter* 64, King.

Sa ligne, fort étendue, était ainsi formée, en commençant
par le vaisseau de serre-file : l'*Exeter*, *Monarca*, *Isis*, *Héros*,
Superb, *Burford*, *Worcester*, *Montmouth*, et *Eagle*. Mais,
comme elle allait toujours de l'avant, nos vaisseaux de tête,
arrivés à demi-portée de canon, ne portaient plus que sur
ceux de l'arrière-garde.

L'escadre française accostait l'ennemi dans l'ordre suivant :

Le *Bizarre*	64	capitaine	de la Landelle.
L'*Orient*	74	»	de la Pallière.
Le *Sphinx*	64	»	du Chilleau.
Le *Vengeur*	64	»	de Forbin.
Le *Héros*	74	amiral	de Suffren ; de Moissac, major.
Le *Petit Annibal*	50	capitaine	de Galles.
L'*Annibal*	74	commandant	de Tromelin.
Le *Sévère*	64	capitaine	de Cillart.
L'*Artésien*	64	»	de Maurville.
L'*Ajax*	64	»	Bouvet.
Le *Brillant*	64	»	de Saint-Félix.
Le *Flamand*	54	»	de Cuverville.

A 3 heures 17', Suffren, qui avait pris la place du chef de

file, gouverne à accoster l'*Exeter*, vaisseau de queue de l'ennemi, battant le guidon rouge du commodore King. A 3 heures 30', après avoir essayé, par un seul coup, la portée de ses
canons, il engage le combat contre ce vaisseau, en prolon-
geant la ligne anglaise jusqu'au *Superb*, par le travers duquel
il s'arrête, parce qu'au mât de misaine flotte le pavillon de
commandement de sir Ed. Hughes, vice-amiral de l'escadre
bleue de la Grande-Bretagne (1). Le *Héros* avait été suivi
par l'*Orient*, le *Sphinx*, le *Vengeur* et le *Petit-Annibal*, qui
le secondent avec dévoûment. Suffren trouve dans Hughes un
ennemi digne de lui, de même que chacun de nos vaisseaux
engagés rencontre dans le vaisseau anglais qui lui est opposé
un adversaire valeureux. Mais, tandis que Suffren combattait
corps à corps l'amiral Hughes ; que l'*Orient* et le *Petit-Annibal*, entre autres, faisaient merveilles, le désordre régnait
encore à la queue de l'escadre française, où le *Bizarre*, de
la tête de la ligne, était venu aborder le *Sévère*. Au centre de
l'armée, on voyait le vaisseau l'*Annibal*, de soixante-quatorze, portant le guidon du chevalier Tromelin, ayant derrière lui le *Sévère*, le *Bizarre*, l'*Artésien*, l'*Ajax*, le *Brillant*
et le *Flamand*, rester dans la hanche de bâbord du *Petit-Annibal*. De là, ce vaisseau faisait, il est vrai, un beau feu,
mais sans aucun résultat, par son grand éloignement. Il se
refusait, ainsi que les vaisseaux de l'arrière-garde, à approcher davantage l'ennemi, malgré le signal, maintenu en tête
des mâts du *Héros*, qui en exprimait l'ordre impératif (2).
Cet appel, flétrissant pour les capitaines auxquels il s'adressait, demeura sans effet. Spectateurs du combat, ils s'étour-

(1) Nommé vice-amiral à la promotion du mois d'octobre 1780.

(2) Le *Héros* tenait hissé à la tête de son grand mât le guidon bleu, marque distinctive de la seconde division, avec ce signal : « Approchez l'ennemi à portée de pistolet. » C'est ce que disait le pavillon mi-partie rouge
et blanc, supérieur au pavillon blanc écartelé de bleu.

dissaient eux-mêmes, d'une immobilité volontaire et honteuse, par le bruit de leurs canons, dont les coups ne parvenaient qu'à la moitié de la distance qui les séparait des vaisseaux de Hughes. Et cependant, s'ils fussent arrivés dans les eaux du *Héros*, ainsi que l'ordre leur en fut donné, le triomphe le plus glorieux était assuré; ils n'avaient plus qu'à combattre un ennemi à moitié vaincu. Lorsque Suffren, indigné, leur demandera compte d'une aussi déloyale conduite, à laquelle l'armée anglaise dut son salut, ils se retrancheront sur leur fidélité à se tenir dans les eaux les uns des autres, en inculpant seul le chef de la seconde division : pauvres excuses qui décelaient une profonde ignorance des premières lois de la tactique navale, que là où est le danger, là est l'honneur !

L'*Ajax* et le *Flamand*, par un signal spécial, eurent ordre de combattre l'ennemi par dessous le vent. Ce dernier se couvre de voiles pour accélérer sa marche lourde et pesante. L'*Ajax*, en serre-file, laisse porter aussi; mais, au signal que lui fit l'*Annibal* de reprendre son poste, Bouvet obéit, et, par là, il ne répond pas à l'ordre qui lui avait été donné par Suffren (1), et ne l'exécute point. Le *Brillant*, que monte de Saint-

---

(1) Des personnes dignes de foi m'ont raconté, à Pondichéry, et cela vingt-cinq ans seulement après l'événement, que M. Bouvet (a), chagrin de sa conduite, se tenait, le lendemain, à l'écart, dans la chambre de conseil du *Héros*, où les capitaines avaient été appelés, n'osant approcher le général. « M. Bouvet, lui dit Suffren en s'avançant vers lui, *votre zèle et vos talents m'étaient signalés, mais l'exemple de subordination que vous avez donné hier a achevé de vous faire connaître. Qu'il a dû vous en coûter, en vous retirant au moment où vous alliez prendre part au combat! Je ferai en sorte que vous n'essuyiez plus ce désagrément.* »

M. Bouvet remercia son chef avec les expressions d'un cœur ému; mais son grand âge et ses infirmités l'empêchèrent de tenir l'engagement qu'il contractait tacitement.

(a) Il ne faut pas le confondre avec son parent Pierre Bouvet, capitaine de brûlot, second capitaine du *Sphinx*.

8

Félix, fait la demande de remplacer ce vaisseau ; il l'obtient et concerte aussitôt avec de Cuverville leurs dispositions de combat. Elles restent sans succès, parce que l'arrière-garde de l'ennemi, pour les prévenir, ne discontinuait pas d'arriver. Le *Brillant* et le *Flamand*, par ce mouvement des vaisseaux anglais, qu'ils n'avaient pas prévu, se gênent l'un l'autre. Toutefois, à 4 heures 50', de Saint-Félix prend position et combat avec vigueur l'*Exeter*. Quoique ayant beaucoup souffert, King soutient vaillamment le feu vif et bien servi du *Brillant*. L'action, qui continue entre ces deux vaisseaux, allait cependant se décider en faveur du Français, lorsque celui-ci éprouve un dégréement de la part de l'*Artésien*, tiraillant, comme plusieurs autres, qui, de l'arrière de notre ligne, s'obstinaient à se tenir à toute portée des Anglais. Le *Brillant*, par suite de ses avaries, présente malgré lui le bout à l'ennemi, et reçoit en enfilade une bordée des plus meurtrières. Forcé de se replier, il fait place au *Flamand*, dont le feu, gêné jusqu'à présent, n'avait causé que peu ou point de dommages au vaisseau anglais. De Cuverville se présente enfin par le travers de l'*Exeter*, et il ne trouve plus en lui qu'un ennemi sans défense, abandonné par son escadre. Ce vaisseau ne tirait alors que quelque scoups mal assurés, pour prolonger la lutte jusqu'à l'approche de la nuit, dont il espérait profiter (1).

Cependant, le commodore King, qui avait vu tomber à ses côtés le capitaine Reynolds et deux officiers, multipliait inutilement ses signaux de détresse ; réduit à l'état d'un vaisseau

(1) Dans l'ouvrage intitulé : *Affaire de l'Inde depuis 1756 jusqu'à la paix de 1783*, on rapporte ceci : Le commodore King venait d'être presque aveuglé par la cervelle de son capitaine, qu'un boulet de canon avait fait voler sur lui, quand son *master* l'aborda en lui disant : « Que pouvons-nous faire avec un vaisseau dans le plus affreux délabrement ? » — « Ce qu'il y a à faire ? répondit froidement King, combattre jusqu'à ce qu'il coule à fond ! »

naufragé; il éteint son feu à six heures du soir, précisément au moment où l'amiral français, contrarié dans ses projets par l'inaction d'une partie de son escadre, par la brume, la pluie et un temps orageux, fait le signal de cesser le combat. L'état du *Superb*, qui avait cinq pieds d'eau dans sa cale, son capitaine de pavillon Stévens tué, ainsi que deux de ses lieutenants, était déplorable; mais Suffren lui-même s'était retiré du feu, et le *Héros* tenait le vent.

Le *Flamand* seul combattait toujours; il continuait à tirer contre l'*Exeter*, parce que l'obscurité qui était survenue, l'empêchait d'apercevoir que son pavillon était amené. Le capitaine Gell, du *Monarca*, devinant la position du commodore, au silence qu'il gardait, et n'ayant plus par son travers de vaisseaux à le combattre, vint au secours de l'*Exeter*, en faisant feu sur le *Flamand*. En même temps, deux vaisseaux anglais, en tête de leur colonne et qui n'avaient pas combattu, parcouraient leur ligne sans obstacle et se repliaient sur ceux de l'arrière-garde pour les secourir. Voyant cela, M. de Cuverville, qui était fort éloigné de son escadre, laissa arriver et la rejoignit en changeant d'amures (1).

A 7 heures, Suffren, ayant fini de rallier son armée, fait le signal de virer vent devant et de prendre les amures à tribord. A 11 heures, il ordonne de mettre en panne. Indépendamment des motifs que le Commandeur puisait dans la nature des circonstances pour cesser le combat, il est certain que, puisque l'armée française n'avait eu que trente hommes tués et cent mis sur les cadres (2), il craignait de se compro-

(1) « Le combat du 17 février pouvait réparer nos pertes avec avantage, s'il eût été possible de joindre l'ennemi de meilleure heure; mais il n'y eut que les vaisseaux cuivrés qui donnèrent. La ligne entière n'ayant pu être formée qu'à l'entrée de la nuit, ces motifs engagèrent M. de Suffren à ne pas poursuivre l'ennemi. » *(Arch. de la mar., lettre de M. de Souillac.)*

(2) Ces pertes portèrent seulement sur les vaisseaux le *Héros*, l'*Orient*, le *Vengeur*, le *Sphinx*, le *Brillant*, le *Flamand* et le *Petit-Annibal*. Les au-

mettre avant d'avoir, par quelques coups de vigueur, remédié aux maux qu'il redoutait.

Quoi qu'il en soit, malgré le désordre qui régna dans la seconde division, osons le dire, malgré la défection des vaisseaux l'*Annibal*, le *Bizarre*, l'*Artésien*, l'*Ajax* et le *Sévère*, c'en était fait de l'escadre anglaise, elle eût été détruite, ou au moins elle n'eût jamais osé reparaître en ligne devant la nôtre, si M. de Suffren, qui était resté maître du champ de bataille, et dont les vaisseaux n'avaient éprouvé d'autres avaries que la perte de deux mâts de hune (1), se fût attaché à sa poursuite (2).

tres, s'étant tenus éloignés de l'action, n'eurent pas un seul homme mis hors de combat.

(1) *Extrait d'une lettre de M. de Suffren à M. de Souillac, 12 mars 1782.*

« Je compte faire l'impossible pour rester dans ces mers. En consé-
» quence, je vous prie de m'envoyer le plus que vous pourrez, depuis les
» haubans de soixante-quatorze jusqu'au quarantainier.

» Nous n'avons perdu que *deux mâts de hune* dans le combat du 17; mais
» d'ici que nous ayons de vos nouvelles, vraisemblablement nous aurons
» une affaire. Il faut nous envoyer des mâts et des jumelles. Dans la *Fille-*
» *Unique*, il n'y a que des madriers de neuf à douze pieds. Il s'est trouvé
» quelques toiles sur le *Necker*; mais cela ne doit pas vous empêcher de
» nous en envoyer.

» Envoyez aussi des chaudières en fer pour le riz et des moulins à bras,
» car on pourrait faire du pain autant que le four de chaque vaisseau pour-
» rait cuire. Il nous faut aussi des médicaments. C'est d'autant plus ur-
» gent, que le navire-hôpital a été pris.

» Il manque six cents hommes maintenant à l'escadre, l'armement de
» l'*Annibal* compris. Envoyez-moi donc des hommes : 1° des marins;
» 2° des soldats; 3° des volontaires; 4° des noirs. On a été très-content
» de ces derniers dans le combat. » *(Arch. de la mar.)*

(2) Nous avons emprunté ce dernier paragraphe à M. Trublet, second capitaine du *Flamand*.

CHAPITRE IV.

L'armée se présente devant Pondichéry. — Lettre de M. de Piveron de Morlat. — L'armée se
rend à Porto-Novo. — Conditions stipulées entre le nabab Hayder-Aly et les généraux
français. — Débarquement des troupes. — L'amiral Hughes reçoit des renforts. — Renvoi
de M. Ruyter. — Suffren va à la recherche des Anglais. — Le *Sévère* signale plusieurs voiles.
— La *Fine* prend un navire anglais. — Les papiers sauvés. — Découverte de l'ambassadeur
britannique près la cour de Candie; il est prisonnier. — Suffren chasse l'armée anglaise. —
Les deux armées mouillent sur la côte de Ceylan. — Dangers que courent nos vaisseaux. —
Suffren s'empresse de les remettre en état. — Il appareille et offre le combat. — Hughes le
refuse et se tient embossé derrière un écueil. — L'armée s'avance vers le S. pour aller
mouiller à Batacalo.

Le 18 février 1782, le temps, d'une pureté remarquable
au lever du soleil, annonçait un de ces beaux jours si fréquents à la fin de l'hivernage de la côte de Coromandel. La
brise modérée de la veille continuait à souffler de l'E.-N.-E.
au N.-E., indiquant le retour momentané de la mousson, qui
avait régné depuis octobre, après avoir permis à l'armée de
conserver la panne tribord amures durant la nuit, elle la favorisait encore pour continuer sa route sur une mer faiblement ondulée. Suffren, manquant d'eau, obligé de rejoindre
son convoi et de traiter avec le Nabab Hayder-Aly, ne pouvait guère avec ses vaisseaux, en grande partie mailletés (1)
et lourds de marche, courir après l'escadre anglaise, hors de
vue, fuyant toujours au S., et qui ne comptait que des bâtiments doublés en cuivre ou fraîchement radoubés. Dans cette
conjoncture, il se décide à rallier la terre, en gouvernant vers
Pondichéry; et, afin de ne pas être retardé dans sa marche,
il fit remorquer le *Petit-Annibal* par l'*Artésien*, pendant que

_____

(1) Mailleter, c'est couvrir le doublage en bois, sur la carène d'un bâtiment, avec des clous à maugère, dont les têtes ont neuf lignes de large,
et qui sont cloués à se toucher. La longueur des clous est de quinze lignes
(anciennes mesures).

ce vaisseau, qui avait si vaillamment combattu la veille sous le chevalier de Galles, changeait ses mâts de hune et jumelait son mât d'artimon. La flotte paraît le 19 devant Pondichéry, et mouille sur la rade ; mais cette ville n'ose, dans sa détresse et son abandon, arborer les couleurs nationales. Alors, et suivant l'avis que le Commandeur reçoit de M. de Piveron, envoyé français à la cour du Nabab, par une lettre que lui apporte un *cattimaron*, il appareille de suite et se rend à Porto-Novo, rade désignée par Hayder-Aly lui-même. Le 21 février, tous nos vaisseaux y étaient ancrés.

Mais Suffren était vivement affligé de l'opposition qu'il avait éprouvée dans ses projets, de la part de M. Duchemin. En quittant Pondichéry, le Bailli avait proposé à cet officier-général, passé à bord du *Héros* à la mort de M. d'Orves, et qui commandait les troupes de débarquement, de se porter spontanément devant Négapatnam et d'enlever aux Anglais cette place, qu'ils avaient récemment prise sur les Hollandais : conquête facile pour l'armée et qui complétait la victoire remportée le 17 sur l'amiral Hughes. La possession de ce comptoir offrait d'immenses avantages, en retirant aux ennemis la clef du Tanjaour, province riche et abondante en vivres, où la flotte et les troupes devaient trouver des ressources de toute nature. Ces avantages réunis ne furent point appréciés par ce chef, fort borné, que dominait une seule idée, traiter avec le Nabab et débarquer ensuite. Aussi refusa-t-il brusquement sa coopération au plan de l'amiral. Là dessus Suffren, contrarié de l'obstination de son passager, ne chercha plus qu'à remplir ses ordres, et le débarquer avec ses soldats.

Notre escadre ne pouvait arriver sur la côte de Coromandel dans des circonstances plus favorables, vu les derniers succès obtenus par notre allié. Tippoo-Saëb, fils aîné d'Hayder-Aly, venait, peu de jours avant, le 18 février, de surprendre, sur les bords du Cobram, un corps de quatre mille hommes, sorti de Trichenapally pour se rendre à Madras ; la majeure partie avait été taillée en pièces, l'autre faite prisonnière de guerre, avec le colonel Braithwaite (1), son commandant. En outre, treize pièces de canon étaient tombées en son pouvoir. Le Nabab, qui joignait à un génie belliqueux une politique adroite, sentit tous les avantages que lui offraient, pour l'exécution de ses desseins, la présence de l'escadre du Roi et le concours des trois mille hommes de troupes qu'elle portait, commandés par M. Duchemin. De son camp, dans les environs d'Arcate, Hayder-Aly expédia de suite M. Piveron de Morlat, qui résidait près de lui. Cet envoyé arriva le 26, se faisant suivre par deux des principaux officiers de l'armée indienne, que le Nabab députait à l'amiral français. Ils étaient, en outre, chargés de faire délivrer aux armées de terre et de mer les vivres dont elles pouvaient avoir besoin (2).

Les deux généraux français, Suffren et Duchemin, écrivirent le 27, par M. de Piveron, au Nabab, malheureusement fort éloigné de Porto-Novo, et lui expédièrent chacun un officier, pour aller le complimenter et conférer avec lui sur le traité qu'ils proposaient. Cette mission importante fut confiée à MM. de Moissac et de Canaple.

Les conventions arrêtées et acceptées, Hayder-Aly détacha de son armée un corps de six mille Cipayes et quelques régiments de cavalerie, pour se réunir aux troupes françaises. Alors, nos plénipotentiaires prirent congé de ce prince. A

(1) Le général Eyre Coote, commandant en chef l'armée anglaise de Madras, voulut échanger des Indiens de l'armée d'Hayder-Aly, pris au siège de Négapatnam, contre le colonel. Le Nabab répondit au général qu'il pouvait pendre toute cette canaille qui s'était rendue à Négapatnam ; que les lâches ne méritaient pas d'être échangés.

(2) Les intentions d'Hayder-Aly ne furent pas exactement remplies.

(*Correspondance de Suffren.* — Porto-Novo, 12 mars 1782.)

leur retour à l'escadre, le 10 mars, le débarquement des troupes, de l'artillerie et des munitions de guerre s'effectua sans délai. Suffren, qui avait mis ses vaisseaux en état, avait hâte de reprendre la mer. Il se désolait, lui si actif, du temps perdu au mouillage, durant les longs pourparlers qui avaient eu lieu, et qui étaient cependant nécessaires pour se concilier l'amitié du monarque indien (1). Les regrets du Commandeur furent encore plus vifs quand il apprit que, pendant la station forcée de l'escadre à Porto-Novo, l'amiral E. Hughes était allé réparer ses vaisseaux à Trinquemalay, où le vent de la mousson les avait portés, après le combat du 17 février 1782, dans lequel le *Superb* eut sa grande vergue coupée et cinq pieds d'eau dans sa cale, l'*Exeter* fut réduit à l'état d'un vaisseau naufragé, et plusieurs autres furent fortement endommagés; que de Trinquemalay, Hughes était revenu à Madras, et faisait sa jonction avec le convoi qu'il attendait, escorté par le *Magnanime*, de soixante-quatre, et le *Sultan*, de soixante-quatorze. Le Commandeur fut encore informé que huit cents soldats, arrivés par le convoi et destinés à renforcer les garnisons de Trinquemalay et de Négapatnam, avaient été embarqués, ainsi qu'un grand approvisionnement, et répartis sur les onze vaisseaux de guerre dont se composait l'escadre britannique.

Notre armée navale avait été rejointe par les cinq bâtiments-transports réfugiés à Trinquebar, port neutre, appartenant aux Danois; les autres s'étaient rendus à la pointe de Galles. Parmi les premiers se trouvait les *Bons-Amis*, capitaine Granières, qui se défendit, à portée de pistolet, contre la frégate le *Sea-Horse*. Ce transport, avec une compagnie de volontaires de Bourbon, braves et adroits tireurs, força la

---

(1) « Lorsque nous sommes arrivés à la côte, Hayder-Aly était prêt à conclure la paix. M. de Piveron m'a empêché de croiser au devant du *Sultan*, disant que, si je quittais la côte, tout serait perdu. »

(*Arch. de la mar. — Lettre de Suffren; 1er mai 1782.*)

frégate anglaise de l'abandonner. M. de Ruyter, qui avait été témoin de cette belle action sans y prendre part, perdit le commandement de la *Pourvoyeuse*. Cette frégate passa sous les ordres de M. de Lanuguy-Tromelin. Quant au *Lawriston*, bâtiment d'un grand tonnage, portant la majeure partie de l'artillerie de terre et deux compagnies de la légion de Lauzun, on savait qu'il avait été pris par la faute de son capitaine, qui s'était occupé à dévaliser des bricks *parias*, plutôt que de fuir ; et qu'en outre, le vaisseau hôpital le *Toscan*, avec les malades et les médicaments, poursuivi par une corvette, était allé se placer, par suite de l'ineptie de celui qui le conduisait, sous le canon de Négapatnam, où il amena son pavillon. Le 1er mars, le Commandeur avait vu avec satisfaction le retour de la *Bellone*, commandée par M. de Beaulieu. Cette frégate, restée en croisière à la hauteur de Paliacate, prit ou brûla quatorze navires marchands ; elle était suivie de la jolie corvette le *Chasseur*, de dix-huit canons, dont elle s'était emparée après un court engagement. On arma cette corvette, et on la confia à M. de Boisgeslin, enseigne de vaisseau.

Celles des prises qu'on avait conservées furent envoyées à Trinquebar, sous l'escorte de la *Pourvoyeuse*, afin d'y être vendues.

Suffren, moins favorisé que l'amiral Hughes, dont le gouvernement, tout puissant dans ces contrées, possédait d'immenses ressources, n'avait touché de M. d'Orves que 20,000 f. en numéraire, pour pourvoir aux besoins et à la solde d'un corps d'armée et d'une escadre (1). Celle-ci, composée de

---

(1) On ne se procurera les autres vivres (a) qu'avec de l'argent, et M. Monneron (b) m'écrit que ses moyens étaient courts. J'ai payé l'eau-de-vie avec l'argent des prises, et j'emploierai des mêmes fonds pour les be-

(a) Autres que le riz, les bœufs et la mantigue fournis par le Nabab.
(b) Agent français à Colombo.

bâtiments démunis d'objets les plus essentiels, n'avait même pas un seul port de relâche. Cet officier-général savait nos soldats commandés par un chef inhabile, qui ne devait jamais obtenir leur confiance, ni la considération de notre allié. Il n'ignorait pas que nos vaisseaux étaient, pour la plupart, commandés par des capitaines indisciplinés, plus accoutumés à jouir des prérogatives attachées à leurs grades, qu'à braver les périls auxquels ils étaient exposés, et que, contrariés dans leurs habitudes, ces officiers supérieurs faisaient retentir les bâtiments de la flotte de leurs murmures; esprits inquiets, craignant toujours qu'en secondant les desseins de leur amiral, ils ne travaillassent à sa gloire. Dans l'aveugle et basse jalousie qui les tourmentait, et qui avait anéanti toute idée de subordination, ils aimaient mieux sacrifier les intérêts du pays que d'embrasser sa cause avec zèle.

Le Bailli était, en outre, informé de la froideur du gouvernement colonial hollandais, que sa présence cependant sauvait d'une perte évidente. Les faibles secours en nature qu'il en reçut, accusaient sa mauvaise volonté ou son peu de moyens.

Suffren a confiance dans son génie : il saura, par son activité, imprimer une impulsion inouïe à ses opérations, obvier et suppléer à tout. Notre pavillon, qui, depuis le Malouin La Bourdonnais, n'avait éprouvé que des revers en ces lointaines contrées, y flottera désormais avec dignité. Suffren

---

soins de l'escadre. J'ai 15,000 pagodes (120,000 livres) à Trinquebar, 37,000 roupies (90,000 livres) à Pondichéry. Je m'entendrai avec M. Motais pour payer les subsistances, appointements et arrérages, etc. L'argent ne manquera pas, si nos affaires vont bien; mais aussi, comme elles peuvent mal aller, je crois que vous ne devez pas oublier que l'escadre est partie avec 6,000 piastres seulement. Il faudrait aussi envoyer du vin, farine, lard et légumes pour les capitaines, qui commencent à demander de l'argent et à se plaindre de ne rien avoir, étant partis avec six mois de vivres. (*Lettre de Suffren, 12 mars 1782. — Arch. de la mar.*)

saura encore, même en dépit du ministre et de ses ordres, qui décelaient une ignorance complète des lieux (1), sauver nos possessions asiatiques et celles de nos alliés, les Hollandais, sans le secours d'aucunes de leurs forces de terre ou de mer.

Ayant opéré le débarquement des troupes et des munitions le 22 mars, le Commandeur appareilla le 23, pour se porter vers le S. Son but était tout à la fois d'escorter au large quelques bâtiments qu'il envoyait à Batavia et à l'Ile-de-France, d'aller à la recherche de l'amiral Hughes et de rallier les bâtiments du convoi, réfugiés à la pointe de Galles. Il réussit dans ces trois projets. Cependant, en quittant Porto-Novo, sa marche fut retardée par les courants, précurseurs de la mousson du S.-O., qui ne devait pas tarder à souffler (2). L'escadre, contrainte à des mouillages fréquents, ne pouvait avancer qu'à l'aide des brises de terre ou de la variété des vents du large, qui favorisaient plus ou moins ses bordées.

Le 25, pavillon déployé, Suffren prenait son ancrage devant Trinquebar. Autorisé par le gouverneur, M. Abesté, il y acheta trente Caffres (3) et engagea quelques Lascars maures

(1) Le primata des dépêches du ministre, du 21 juillet 1781, était sur la corvette l'*Expédition*, capitaine de Langle. La corvette fit côte, et les dépêches qui enjoignaient à l'amiral de revenir à l'Ile-de-France furent perdues. (*Lettre de M. de Souillac. — Arch. de la mar.*)

(2) C'est à tort que M. Hennequin, dans son *Essai historique sur le bailli de Suffren*, dit que la mousson du S. était dans toute sa force. En cela, il a copié M. Trublet de la Villejegu, qui se trompait. La mousson du S.-O. ne s'établit qu'en mai et s'annonce par de violents vents de terre. En mars, à 20 ou 30 lieues au large de la côte de Coromandel, on éprouve des vents d'E. variables, qui permettent aux navires de s'élever au S.

(3) M. de Suffren écrit à M. de Souillac qu'on a été fort content, dans le combat, des noirs pris à l'Ile-de-France. Ceux de Trinquebar lui coûtaient 70 pagodes chacun. L'armement du *Petit-Annibal* compris, il manquait déjà à l'escadre six cents hommes : « Envoyez-moi donc des marins, » des soldats, des volontaires et des noirs. »
(*Lettre du 12 mars 1782.*)

de Naour, pauvre recrutement, auquel la nécessité le faisait recourir.

Le 26, l'escadre mouillait E. et O. de Négapatnam. Sous le canon du fort étaient deux senauts, que l'amiral dédaigna de faire détruire, ne voulant pas compromettre ses bâtiments légers, en les employant à l'attaque de ces navires et des batteries qui les protégeaient : il jugeait leur destruction une trop faible compensation aux avaries que ses frégates ou corvettes pouvaient éprouver par le feu des ennemis. Le lendemain et les jours suivants, nos vaisseaux s'efforcèrent d'atteindre la latitude de la pointe basse de Calymère, couronnée de ses deux jolies pagodes.

A peu de distance au N., mais hors de vue de notre arrièregarde, la flotte anglaise remontait la côte et rencontrait la corvette l'*Expédition*, capitaine de Langle. Poursuivi par les vaisseaux de Hughes, le bâtiment français, pour leur échapper, se jeta au plain entre Trinquebar et Karikal (1). L'équipage se sauva, mais les paquets du ministre et ceux de M. de Bussy à l'amiral furent perdus.

Arrêtons-nous un instant pour voir l'effet que produisait en Angleterre, à l'époque où nous sommes arrivés, la détermination prise par la France de porter la guerre en Asie : « Nous ne sommes pas tranquilles sur ce qui se passe dans » l'Inde; on ne nous a annoncé ici que des victoires de sir

(1) La corvette l'*Expédition*, peu après sa sortie du Port-Louis, en janvier, rencontra, aux abords de l'Ile-de-France, le transport la *Bethsy*, capitaine Roche, porteur des paquets du Commandeur. M. de Langle, au lieu de se faire connaître, chassa la *Bethsy* sous pavillon anglais. Le capitaine Roche, se voyant rejoint, jeta ses paquets à l'eau. Cette mauvaise farce priva le gouvernement des papiers officiels de l'amiral. L'*Expédition* jeta l'ancre à Trinquebar; mais, plutôt que de continuer sa route sur l'escadre, le capitaine s'amusa à poursuivre des navires *parias*, ce qui le conduisit vers l'armée anglaise, et, pour lui échapper, il fit côte près Karikal.

» Eyre Coote, mais on ne nous a rien dit de l'échec qui en a
» été la suite, et qui n'a pas laissé d'être considérable (1). La
» meilleure manière de faire face à tout, ce serait de parvenir
» à une paix générale. » Tels étaient les cris de détresse des
journaux anglais. Le langage des orateurs du Parlement n'é-
tait guère plus rassurant. Voici comment s'exprimait un de
ses membres dans la séance du 8 avril 1782 : « Les revenus
» de Madras sont insuffisants ; dans le cours de huit ans de
» paix, son trésor a eu bien de la peine à épargner 41,000 li-
» vres sterling. Le Bengale, la plus riche et la plus fertile
» de nos possessions, est épuisé par la guerre des Marattes ;
» il ne nous fait plus de remise ; il ne peut même acquitter
» ses dettes.

» On ne peut assigner les causes de cette guerre ruineuse ;
» on ne peut que les conjecturer : elles sont dans des intri-
» gues maladroites. Le préside de Bombay, qui l'a commen-
» cée (2), ne s'y est embarqué que pour y embarquer aussi le
» Bengale et Madras, qui ne pouvaient se dispenser de le
» soutenir. Il y a eu folie de s'écarter du système de Clive; il
» serait sage d'y revenir. Hastings a rendu quelquefois de
» grands services à la Compagnie ; mais il était commis par
» elle, il devait suivre ses instructions et ne pas se figurer
» qu'il était un Alexandre. Aussi, tout annonce-t-il que nous
» sommes détestés dans l'Inde. » La presse britannique ne

(1) Ceci se rapporte à un combat entre Hayder-Aly et les Anglais. Le
Nabab, loin d'éviter l'armée britannique, l'attendait en bataille rangée, le
27 août 1781, dans un poste avantageux, et se défendit vivement depuis
neuf heures du matin jusqu'à six heures du soir. Les Anglais le forcèrent
de leur abandonner le champ de bataille. Mais, ce seul avantage qu'ils obtinrent, ils le payèrent par la perte de cinq cents Européens, quatre mille
Cipayes, le major-général Monk, trois colonels et le commandant de l'artillerie.

(2) Ce fut le général Goddard qui, en 1778, déclara nul le traité qui
existait avec les Marattes et la Compagnie anglaise. Cet officier-général
causa à sa nation un grand embarras, dont nous ne sûmes pas profiter.

cessait de gémir sur les maux dont le peuple anglais était menacé.

Ces aveux étaient certainement bien de nature à éclairer la cour de Versailles sur la partie vulnérable de la Grande-Bretagne, et, par conséquent, sur la nécessité de porter des forces imposantes dans l'Inde. Mais, le croira-t-on? notre cabinet n'y donna aucune attention sérieuse, et laissa s'évanouir, par son incurie, l'occasion qui nous était offerte d'humilier notre dangereuse rivale. Cela posé, revenons à notre armée navale, forçant de voiles pour gagner Ceylan.

A la pointe de Calymère, l'escadre, rencontrant la saison moins avancée, put prendre le large, où les brises plus variées lui permirent de s'élever au S. Le 8 avril, le général fut informé par le capitaine du navire le *Brissac*, qui suivait l'armée, que ses vigies découvraient quatorze voiles dans le N.-N.-E. Aussitôt le signal fut fait de gouverner au N.-1/4-N.-E. Les vents étaient E.-S.-E., mais très-faibles. Le lendemain, au point du jour, le *Sévère* signala dix voiles; peu de temps après, le *Sphinx* en annonça quatorze. C'était l'escadre anglaise, qu'on relevait dans le N.; alors il faisait calme plat.

A 7 heures, une jolie brise de N.-E. s'éleva; les Anglais coururent babord amures, et les Français tribord amures jusqu'à 11 heures, que le général fit le signal de former l'ordre de bataille, en virant de bord sur les ennemis.

Dans l'après-midi, l'escadre anglaise mit en panne, et envoya une corvette reconnaître les vaisseaux français; un de nos fins voiliers s'étant détaché pour lui appuyer chasse, on la vit tout de suite se replier sur sa flotte. Le 10, au jour, on relevait les voiles britanniques dans le même aire de vent où elles étaient la veille, seulement un peu plus au vent et à 5 lieues de distance.

La *Fine* demanda à chasser un bâtiment étranger qu'elle découvrait sur l'avant de l'armée; l'autorisation ne s'étant pas fait attendre, M. de Salvert força de voiles, et rejoignit aisément le navire, qui, s'étant trompé sur la nationalité de la frégate, avait mis en travers pour l'attendre et se faire capturer. Chemin faisant avec sa prise pour rallier l'amiral, la *Fine* eut le bonheur de sauver les paquets que le capitaine anglais, au désespoir, jetait à la mer. Par eux, on apprit que parmi les prisonniers se trouvait un monsieur Boydt (1), secrétaire de lord Macartenay, gouverneur de Madras, député par le conseil supérieur de la présidence, près du roi de Candie, afin de l'engager à former une alliance avec la Compagnie anglaise, dans le but de chasser les Hollandais de Ceylan. Cette découverte était de la plus haute importance pour nos alliés, auxquels le Bailli fit parvenir la correspondance interceptée. Le navire capturé, étant de peu de valeur, fut brûlé par ordre du général ; l'épaisse fumée qu'il répandit pouvait se voir des vaisseaux anglais fuyant toujours devant les nôtres.

A 5 heures, nos vaisseaux doublés en cuivre s'étaient approchés de l'amiral Hughes, qui réglait son sillage sur ses moins bons marcheurs ; le gros de l'escadre, avec ses vaisseaux mailletés, restait en arrière et fort éloigné de l'avantgarde.

Le 11, l'escadre du Roi chassait toujours les ennemis qui paraissaient vouloir éviter un engagement. Suffren, devinant l'intention de Hughes d'entrer dans la baie de Trinquemalay, fit porter largue toute la nuit, sur la route du S.-S.-E.; malgré les grains, la pluie et la variété du vent, l'escadre conserva constamment son ordre de marche.

Le 12 avril, aux premières teintes de l'aube matinale, on aperçut la flotte anglaise au S.-S.-E., à trois lieues de dis-

(1) J'ai vu ce M. Boydt, en 1808, à Pondichéry. Je devais le conduire à Maurice en 1817; mais il s'embarqua à bord du brick la *Nancy* : redoutant le climat d'Europe, où il voulait allait jouir de sa fortune, il revint mourir à Madras.

tance, fuyant vent arrière, le cap au S.-O. Hughes, trompé sur la route des Français durant la nuit, s'était laissé gagner le vent. Le Commandeur, désireux de joindre le plus tôt possible les vaisseaux ennemis, fit le signal de chasser sans observer de poste ; lui-même força de voiles en prenant la tête de la ligne.

L'amiral Hughes, gêné par la terre qui restait sur son avant, voyant son arrière-garde approchée, prit enfin le parti de combattre. A 9 heures du matin, il vint au vent et forma sa ligne de bataille tribord amures. Au grand mât du *Héros* apparut le pavillon damier bleu et blanc, supérieur au pavillon blanc percé de bleu ; par ce signal qui ordonnait de former la ligne de combat dans l'ordre naturel tribord amures, Suffren établit la sienne au même bord que l'ennemi et puis laissa culer pour reprendre son poste. A 10 heures, le *Vengeur*, vaisseau de tête, eut ordre de serrer le vent, pour faciliter aux vaisseaux de queue le moyen de prendre leur poste dans la ligne qui ne fut bien formée qu'à 11 heures ; encore le *Vengeur* et l'*Artésien* étaient-ils trop de l'avant. Le général, mécontent, fit signal à ces vaisseaux de diminuer de voiles, et lorsqu'il les vit en place il leur ordonna de faire servir. La brise était faible du N.-E. et le temps annonçait de l'orage pour la fin de la journée ; aussi le Commandeur craignait-il, vu la proximité de Trinquemalay, dont on était à moins de dix lieues, que l'ennemi ne lui échappât sans combattre. Hughes, avec son escadre, serrait la terre, dont nos vaisseaux, plus au large, ne s'estimaient qu'à six ou sept milles de distance. Les deux armées couraient parallèlement dans l'ordre suivant :

Le *Vengeur*,	64 de Forbin.	*Exeter*,	64 King.
L'*Artésien*,	64 de Maurville.	*Sultan*,	74 Watt.
Petit-Annibal, (1)	50 de Galles.	L'*Aigle*,	64 Reddal.

(1) Prise anglaise et fort mal armée ; elle venait balancer la supériorité matérielle que les Anglais avaient évidemment sur les Français.

Le *Sphinx*,	64	du Chilleau.	*Burford*,	64	Reiner.
Le *Héros*,	74	Suffren.	*Montmouth*,	64	Alms.
L'*Orient*,	74	la Pallière.	*Superb*,	74	E. Hughes.
Le *Brillant*,	64	Saint-Félix.	*Monarch*,	74	Gell.
Le *Sévère*,	64	de Cillart.	*Magnanime*,	64	Wolsely.
L'*Ajax*,	64	Bouvet.	*Isis*,	56	Lumley.
L'*Annibal*,	74	de Tromelin.	*Héros*,	74	Hawker.
Le *Flamand*,	56	de Cuverville.	*Worcester*,	64	Vood.
Le *Bizarre*,	64	la Landelle.			

Nos bâtiments légers, qui avaient pris position au vent de la ligne, s'emparèrent du *London*, grand navire de commerce, sortant du Bengale.

A midi, impatient d'en venir aux mains, Suffren, pour joindre promptement l'ennemi, donna l'ordre d'arriver grand largue, sur une ligne de front oblique (1). Dans cette évolution, quoique le *Héros* en conservât long-temps le signal en tête de mât, le *Vengeur* et l'*Artésien* ne laissèrent point porter assez; leur route divergea avec celle des autres vaisseaux; il résulta donc de leur fausse manœuvre, que, lorsque l'armée se réforma en ligne de bataille, au plus près tribord amures, elle ne se trouva pas assez serrée à l'avant-garde; celle des Anglais, au contraire, était lâche à l'arrière.

A 1 heure 1/2 après midi, l'*Exeter*, chef de file de la ligne ennemie, commença le feu sur le *Vengeur*. M. de Forbin, au lieu de serrer son adversaire, vint sur tribord, pour lui présenter le côté, et l'engagement commença de la sorte entre ces deux vaisseaux, fort éloignés l'un de l'autre : ils perdirent beaucoup de poudre et de boulets. L'*Artésien* n'approcha pas non plus le *Sultan*, et la lutte établie entre eux ne produisit non plus aussi aucun résultat. Il n'en fut pas de même du *Petit-Annibal*, faible vaisseau de cinquante canons, mal armé, qui venait en troisième rang : le brave chevalier de Galles, qui le montait, arriva fièrement sur l'*Aigle*, de soixante-quatre, capitaine Reddel, et n'ouvrit son feu qu'à portée de

(1) Voy. le plan de ce combat.

pistolet, ainsi que le signal en avait été fait à bord de l'amiral.
Le *Héros* conservait à la tête de son grand mât le pavillon mi-
partie rouge et blanc, supérieur au pavillon blanc écartelé bleu,
qui en exprimaient ensemble l'ordre formel. Durant l'action,
un éclat blesse le chevalier de Galles, mais il maintient toujours son vaisseau dans le poste périlleux qu'il lui avait donné,
et sa résistance devient un modèle de dévoûment. Le *Sphinx*
imite sa manœuvre : du Chilleau, qui le commande, vient hardiment par le travers du *Burford*, et trouve un digne adversaire dans le capitaine Reiner. Les deux vaisseaux se combattent avec opiniâtreté, et des pertes réciproques ont lieu sur
leurs bords. Du côté des Français, le lieutenant Anerchiesna,
suédois de nation, est emporté par un boulet ; le vicomte
de Bourdeille, du même grade, atteint mortellement, expire
en criant : Vive le Roi ! Vingt autres marins ont le même sort !
L'enseigne d'Aigremont et soixante-quinze matelots sont mis
hors de combat ; mais les postes se regarnissent et le feu n'en
devient que plus vif. Le *Héros*, l'*Orient* et le *Brillant*, conduits par Suffren, de la Pallière et de Saint-Félix, abordent
franchement le centre de l'armée anglaise, composé du *Montmouth*, de soixante-quatre, du *Superb* de soixante-quatorze,
du *Monarch*, également de soixante-quatorze, et du *Magnanime*, de soixante-quatre, que dirigent Alms, Hughes, Gell et
Wolsely. Là, sur tous les bords, la défense se ste digne de
l'attaque.

Malgré la chaleur de l'action, le Commandeur a l'œil partout ; les numéros du *Vengeur* et de l'*Artésien* montent en tête
des mâts du *Héros*, avec l'injonction de serrer la ligne anglaise ; mais ces deux vaisseaux exécutent encore mal l'ordre
qui leur est donné. Suffren multiplie ses signaux pour son
arrière-garde, à laquelle il enjoint de laisser arriver, afin d'approcher davantage l'ennemi ; car là aussi on voyait le *Sévère*
et l'*Ajax*, ayant tenu le vent trop tôt, hors de ligne avec l'*Annibal*, portant le guidon du chef de division de Tromelin ; le

Flamand et le *Bizarre*, dont les capitaines étaient de Cuverville et la Landelle ; ces vaisseaux avaient pour adversaires
l'*Isis*, le *Héros* et le *Worcester*, aux ordres de Lumley,
Hawker et Wood.

Suffren, qui avait arrêté le *Héros* par le travers du *Superb*,
que montait l'amiral Hughes, combattait victorieusement celui-ci, lorsque tout à coup il aperçut avec étonnement nos
deux vaisseaux de tête, le *Vengeur* et l'*Artésien*, dépassant
ceux de l'armée ennemie ; et, quoique au large des Anglais,
forçent de voiles, en signalant quatorze brasses de fond : de
Forbin et de Maurville voulaient justifier sans doute leur
abandon du champ de bataille. Ils paieront un jour, par une
rigoureuse détention (1), eur coupable faiblesse ; mais elle
n'indemnisera pas la patrie des succès dont ces officiers l'auront privée. Le Commandeur, étonné, jette alors rapidement
un regard sur les vaisseaux de queue, et remarque que plusieurs d'entre eux n'avaient pas d'ennemis par leur travers ;
aussitôt il force de marche, abandonne à regret le *Superb*,
et se met bord à bord du *Montmouth*, qui, resté jusqu'à ce
moment sans antagoniste, lançait ses boulets par des coups
divergents contre le *Héros* et le *Sphinx*. Alms, qui monte ce
vaisseau, tout brave qu'il est, demeure interdit ; la vivacité
des bordées qu'il reçoit, la justesse du tir des canonniers rap-
pellent à ce capitaine l'affaire de la Praya, et lui font pressentir
l'issue malheureuse de la lutte commencée avec un si vigou-
reux athlète. L'*Orient*, qui a remplacé le vaisseau amiral, combat avec ardeur, mais à forces égales, le *Superb*, tandis que
le *Brillant*, de soixante-quatre, vient intrépidement prendre
position par le travers du *Monarch*, portant soixante-quatorze
bouches à feu : le bouillant de Saint-Félix mérite bien de la

(1) M. de Forbin, l'un des capitaines de l'escadre de M. de Suffren,
arrivé à Lorient, en a été transféré au château du *Pont-Saint-Esprit*,
où il a été enfermé. M. de Maurville a été transporté de même à l'île de
Rhé.   *(Extrait d'une lettre de Paris, 12 mai 1783.)*

patrie. L'arrière-garde approche enfin l'ennemi, et l'action engagée au centre, avec une indicible ardeur, se soutient sur toute la ligne ; l'avantage paraît même se décider pour l'escadre française, malgré l'absence du *Vengeur* et de l'*Artésien*, l'hésitation de l'*Ajax* et le peu de vigueur du *Flamand* : le brave de Cuverville était pour l'instant inférieur à lui-même.

Le *Montmouth* perd successivement ses mâts de *perroquet* de *fougue* et d'*artimon* ; à 5 heures, son grand mât tombe et encombre le pont de ses débris et de son gréement. Hughes, qui voit la détresse du capitaine Alms, après avoir éteint le feu qui avait pris à bord de son vaisseau amiral, lance le *Superb* au vent, augmente son sillage et vient couvrir son matelot, en gouvernant sur le *Héros* que monte Suffren, et dont le gréement, dans un état déplorable, témoigne assez de l'acharnement de l'action, entre lui et le *Montmouth*. Hughes, par cette brusque attaque, espère réduire son rival ; mais le Commandeur, quoique vivement pressé, se défend avec vigueur, et donne le temps à l'*Orient* et au *Brillant* de venir le dégager. Ces deux vaisseaux, habilement commandés, vont se placer entre le *Héros* et le *Superb*. Celui-ci, écrasé par leur double choc, est contraint de laisser porter et de passer sous le vent du *Montmouth*, afin de pouvoir rejoindre son avant-garde. Par cette brillante manœuvre des capitaines la Pallière et de Saint-Félix, le vaisseau démâté, ne pouvant plus manœuvrer, se trouve placé entre les deux lignes et reçoit les volées des vaisseaux de l'arrière-garde, dont le feu redouble de vivacité. L'échec éprouvé par l'ennemi donne l'espoir d'enlever ce vaisseau, qu'il paraît nous abandonner, et ranime l'enthousiasme du courage parmi nos équipages. Le *Montmouth*, presque réduit à l'état de ponton, et n'offrant à l'œil qu'un grand débris, reste long-temps dans cette fâcheuse situation, quoique le *Héros*, capitaine Hawker, qui précède le serre-file de sa colonne, manœuvre pour le joindre et le couvrir de ses soixante-quatorze canons.

Sir E. Hughes ne pouvait pas abandonner ainsi un vaisseau dont le nom figurait avec gloire dans les fastes de la marine anglaise (1), et qui s'était si bien battu, sans attirer sur sa conduite l'incrimination générale. En conséquence, à 3 heures 45', il fit virer lof pour lof, et, en même temps, tous les vaisseaux de son escadre, afin de porter un secours efficace au *Montmouth* en revenant vers lui. Au premier mouvement des bâtiments anglais, Suffren, devinant l'intention de l'amiral Hughes, hisse et déploie à son grand mât le pavillon blanc écartelé de bleu, supérieur au pavillon blanc à sautoir bleu : par ce signal, il ordonne de changer d'amures, en exécutant la même manœuvre que les ennemis ; il espère ainsi couper de son escadre le vaisseau démâté et s'en emparer. Mais le *Vengeur* (2) et l'*Artésien*, quoique en bon état, puisqu'ils avaient peu donné pendant l'action, n'exécutaient cependant qu'avec lenteur et hésitation le signal fait à toute l'armée du Roi, et l'*Ajax*, dont le capitaine était grabataire, au lieu de virer vent arrière, conformément à l'ordre donné, s'obstinait à virer vent devant, et s'éloignait dans le N.-N.-O. du champ de bataille. Pour surcroît de retard, l'*Orient*, qui s'était admirablement bien conduit, et qui comptait cent hommes hors de combat, avait le perroquet de fougue abattu et le grand mât endommagé ; il achevait son changement d'amures, lorsque le feu prit dans sa grande voile : au signal de détresse qu'il fit, le *Brillant* vint le couvrir, et lui donna le temps de remédier à cet accident.

La rapidité et la précision que Hughes, secondé par des capitaines disciplinés, imprima à sa manœuvre, et le peu

(1) Dans la dernière guerre, le *Montmouth,* de soixante-quatre, avait osé attaquer le *Foudroyant,* de quatre-vingts, sous le commandement du marquis de Duquesne, et s'en était rendu maître ; il n'y avait pas eu d'exemple qu'une citadelle flottante de quatre-vingts canons eût subi une pareille loi. Le *Foudroyant* avait été conduit en triomphe à Gibraltar.

(2) Ce vaisseau donna si peu, qu'il n'eut que deux hommes blessés.

d'ensemble observé dans la nôtre, firent évanouir l'espoir de prendre le *Montmouth*. Le capitaine Hawker put donner une remorque à ce vaisseau isolé de sa ligne, ce qui l'empêcha de se trouver au vent de la nôtre, isolé de la sienne, et par là de tomber au pouvoir des Français.

A 4 heures 30', les deux escadres combattaient dans l'ordre renversé. Suffren, jugeant encore la possibilité de s'emparer du *Montmouth*, qu'on remorquait pour le conduire sous le vent de l'armée anglaise, héla l'*Artésien* et intima l'ordre à son capitaine d'aller amariner le vaisseau anglais ; mais M. de Maurville s'y refusa sous divers prétextes.

A 5 heures 1/4, le *Héros* perdit son petit mât de hune (1), et se trouva tellement désemparé, qu'il ne pouvait plus manœuvrer ; et cependant, malgré la chaleur du combat, on n'avait à regretter à bord que l'enseigne comte de Bielke, onze hommes tués, et plus trente-huit blessés ; tous les coups avaient porté dans la mâture. Suffren, laissant à M. de Moissac le soin de réparer son vaisseau, hisse son pavillon de commandement à bord de l'*Ajax*, qui avait enfin rallié, atteint les ennemis, et le combat s'enflamme encore. Sous le feu de l'*Artésien* en tête, du *Bizarre*, de l'*Annibal*, du *Flamand*, du *Brillant* et de l'*Ajax*, les Anglais continuaient la bordée du S.-E., qui élongeait la terre, sur laquelle, néanmoins, la dérive les jetait toujours. L'*Artésien* perdit alors M. Levasseur, officier bleu du plus grand mérite, et l'*Annibal* les enseignes de Rochemore et de Coutlès, jeunes marins distingués. Le *Héros*, avec le reste de l'armée, s'efforçait de gagner les eaux du combat.

L'escadre anglaise, toujours en ligne, courait le même bord, quoique le fond diminuât beaucoup ; ployant sous les

(1) J'ai regardé comme un bonheur la chûte du petit mât de hune, qui a sauvé mon mât de misaine, qui tient par le moyen de quatre jumelles.

(*Suffren au vicomte de Souillac. Arch. de la Mar.*)

bordées de nos vaisseaux, elle cherchait de nouvelles chances dans les écueils d'une côte inconnue à nos marins, où les éléments vinrent lui servir d'auxiliaires.

A 5 heures 45', le ciel se couvrit rapidement ; de gros nuages noirs, que perçaient de fréquents éclairs, amenaient avec eux, en rasant la mer, la foudre qui grondait de plus en plus fort. Suffren alors fait le signal aux vaisseaux de l'avant de diminuer de voiles. A la vue des nouveaux dangers qui menaçaient l'armée, l'amiral ordonne de cesser le feu, et laisse à chaque capitaine le soin de veiller au salut de son bâtiment, au milieu de l'obscurité qui survenait.

A 6 heures, l'orage, qui éclate avec furie sous une averse, jette le désordre dans les deux escadres portées vers le rivage ; sur tous les bords à la fois on eût pu entendre le commandement *bas le feu! bas le feu!* En effet, chaque vaisseau ne songeait qu'à prévenir, au moyen d'habiles et promptes manœuvres, les accidents d'une marche nocturne maîtrisée par l'orage. C'est ainsi que finit ce second combat, qui avait duré 5 heures 12', avec un acharnement incroyable de la part des Français.

Nos vaisseaux d'avant-garde, silencieux, couraient la bordée du S.-E., tenant l'ennemi entre eux et la terre. Cependant, lorsque le fort de l'orage fut passé, ils revirèrent de bord, pour rallier le gros de l'escadre, resté loin en arrière ; mais ils n'avaient pas traversé toutes les épreuves qu'ils devaient subir. A 7 heures 30', l'*Ajax*, à bord duquel était le général, tomba tout-à-coup par huit brasses de fond ; aussitôt il vira de bord et en fit le signal à l'escadre ; il talonna même par trois fois dans ses évolutions, accident qu'éprouvèrent plusieurs de nos vaisseaux. Le *Héros*, l'*Orient* et le *Brillant*, très-désemparés, parce que l'ennemi, sous le vent, avait tiré très-haut, restaient de l'arrière. Alors Suffren, à cause de la variété du vent, des ténèbres d'une nuit affreuse, des fatigues des équipages, du dégrément des vaisseaux et de l'inégalité du fond, se décida, à 8 heures 15', à faire le signal de mouiller, afin d'éviter des désastres que ces dangers réunis pouvaient occasionner : la sonde donnait sept brasses et demie d'eau.

La *Fine* ayant reçu l'ordre de donner la remorque au *Héros*, manœuvre pour y parvenir ; mais au moment de terminer son opération, un grain violent force cette frégate de la suspendre ; en courant un bord pour reprendre le *Héros* par dessous le vent, elle se trouve tout à coup nez à nez avec un vaisseau que l'obscurité l'avait empêchée d'apercevoir. C'était l'*Isis*, de 56 canons, capitaine Lumley, à la recherche de son escadre. A peine a-t-elle commencé son mouvement d'arrivée, pour éviter l'abordage, qu'elle se trouve prolongée de long en long au vent par bâbord ; le vaisseau engage et casse son bout-dehors de beaupré, dans les haubans d'artimon de la frégate, tandis que ses ancres en mouillage pénètrent dans les sabords de l'arrière.

Les équipages des deux bords éprouvèrent une telle stupeur, que, loin de combattre, ils se bornèrent à s'observer. Les seuls hommes qui montrèrent de l'énergie furent les gabiers de la *Fine* ; on les vit couper et hacher toutes les manœuvres qui paraissaient retenir l'*Isis* à la frégate. La confusion était si grande, que quelques Français en profitèrent pour pénétrer par les sabords de l'Anglais, sans éprouver d'obstacles ; ils en revinrent de la même manière avec le butin qu'ils y avaient fait. Sur la *Fine*, les prisonniers, en grand nombre, se soulevèrent et beaucoup se sauvèrent à bord du vaisseau, entre autres un officier anglais.

M. de Salvert stupéfait (1), ne voyant aucune issue pour se

_____

(1) M. Sébire de Beauchêne fut invité par M. de Salvert à descendre dans son canot et à le suivre dans sa retraite. Cet officier, de Saint-Malo, qui s'était distingué au combat de la *Belle-Poule*, s'y refusa. Sa belle contenance encouragea les plus timides et contribua au salut de la *Fine*.

soustraire à cet abordage, et craignant une invasion de la part des Anglais, fit affaler son canot pour se sauver. Lumley lui-même, tout interdit, se contente de crier de son bord, dans la confusion qui y règne, cette menace ridicule : « *Ne faites pas* » *un coup de feu, car, d'honneur, je vous coule* DE MES DEUX » *batteries.* » Les efforts pour s'éloigner étaient pourtant inutiles ; il fallait, en quelque sorte, un coup du ciel pour sauver la frégate et dégager les deux bâtiments. En effet, un grain violent trouva leurs voiles orientées en sens contraire, et son impulsion les fit abattre à bords opposés. A peine la *Fine* fut-elle sortie de ce mauvais pas qu'elle toucha sur un haut-fond ; au moment où elle faisait le signal de ce nouvel événement, le feu prit à bord, mais il fut promptement éteint et la frégate se raflona.

L'*Orient* et le *Héros*, trompés par la profonde obscurité qui régnait, jettent l'ancre par six brasses, au centre d'un groupe de vaisseaux anglais, non loin du *Superb* que montait sir E. Hughes, et ils y restent jusqu'à 11 heures 30'. Les capitaines de la Pallière et de Moissac, qui avaient reconnu, à la faveur d'une éclaircie, leur périlleux mouillage, profitent d'une fraîche brise qui s'élève de terre, apportant avec elle les suaves émanations des plantes qui couvrent la contrée ; ils appareillent, gagnent le large et se rapprochent de l'armée, sans éprouver la moindre opposition de la part des ennemis.

Le jour du 13 se fit ; le soleil, en approchant de l'horizon, colora l'orient et montra les vaisseaux anglais mouillés sans ordre ; on les relevait au S.-O., à petite distance, dans un état de délabrement complet : ils avaient eu, suivant leur rapport, cent trente-sept morts et quatre cent trente blessés. Hughes couvrait avec le *Superb*, l'*Exeter* et trois autres vaisseaux, le *Montmouth* amarré à terre d'eux. En outre de leurs œuvres hautes toutes criblées, on voyait à bord des ennemis les voiles tenues à moitié déferlées, déchirées et en lambeaux, les vergues rompues ou restées en pentenne et les manœuvres pendantes : tout venait témoigner d'une manière irrécusable des ravages causés par nos boulets dans le combat de la veille (1), et combien, dans leur triste état, les vaisseaux ennemis avaient encore dû souffrir de l'orage qui les avait dérobés à nos coups.

L'*Ajax*, que montait l'amiral, n'avait eu que quatre hommes tués et onze blessés, en majeure partie dans la dernière phase du combat sous le pavillon du Commandeur ; il était à portée de canon de l'*Isis* et tous deux placés entre les armées ennemies qu'ils semblaient lier l'une à l'autre. Suffren témoigna le désir de canonner l'Anglais ; mais, sur l'observation que cet engagement ne pouvait amener aucun résultat important ou décisif (2), il se contint et fit le signal à son escadre de mouiller plus en ordre; peu de temps après il reprit le commandement du *Héros*. L'ennemi, sur le qui vive, imita la manœuvre de nos vaisseaux ; les siens se touèrent plus au

(1) Un officier, M. de Goy, aide-major de l'escadre, était allé, pendant la nuit, à bord d'un vaisseau qui faisait des signaux qu'on ne pouvait comprendre ; en revenant de sa mission, il aborda, par suite de l'obscurité profonde qui régnait, le *Superb*, qu'il prit pour le *Héros*. L'amiral anglais le retint prisonnier avec l'équipage du bateau. Cet accident donna occasion à M. de Suffren d'envoyer un canot parlementaire pour réclamer l'officier et les marins français. Dès que les Anglais aperçurent l'embarcation, ils en expédièrent une autre, pour la faire mouiller au large. Cette précaution, ajoutée au refus de Hughes de renvoyer M. de Goy et ses gens, en échange d'un officier anglais de même rang et de pareil nombre de matelots, vint confirmer l'opinion du piteux état des vaisseaux ennemis: l'amiral anglais redoutait le récit que les Français auraient pu en faire.

(2) M. Hennequin se trompe encore ici, en disant que Suffren consentit à ne pas tirer sur l'*Isis*, parce qu'on lui fit observer « *que cette attaque pourrait engager une affaire générale* » ; c'est tout le contraire : le Bailli eût désiré recommencer de suite le combat de la veille. Parmi une foule de témoignages qui démontrent que cette assertion est inexacte de la part de M. Hennequin, nous ne citerons que celui de M. Trublet de la Ville-Jégu : *On lui fit observer*, écrit cet auteur, *que cette canonnade ne pourrait engager une affaire générale ; cette considération le retint, etc.* »

large et se mirent en ligne, prêts à s'embosser, en plaçant à leur centre le *Montmouth* démâté.

Les Français s'occupèrent à réparer les dommages essuyés par leurs vaisseaux. On dépassa des mâts de hune, on jumela le mât de misaine du *Héros* ; les bas-mâts du *Sphinx*, de l'*Orient*, du *Vengeur* et du *Brillant*, qui avaient souffert, furent restaurés. Dans leur ardeur, nos marins, fiers des succès qu'ils avaient obtenus, certains de leur supériorité, ne s'inquiétaient pas de la présence de l'ennemi ; ils travaillaient aux réparations exigées, avec autant de sécurité qu'au fond d'un hâvre défendu par d'imposantes batteries. Sir Edward Hughes, devenu circonspect par l'issue de cette seconde rencontre, attendit, au contraire, que nous lui eussions donné l'exemple, pour oser changer ses mâts de hune et ses vergues, dans la crainte de voir ses vaisseaux surpris pendant le dégréement, si Suffren eût tenté de venir les combattre.

Le lendemain 14, à 8 heures, Suffren annonça par un signal qu'il allait expédier pour l'Ile-de-France, et permit d'écrire. En effet, trois jours après (1), les *Bons-Amis* et la prise le *London* appareillèrent en présence de l'ennemi, qui

---

(1) « Il est impossible d'établir aucun plan. Si faute de munitions et de mâts, après un troisième combat, je suis obligé de quitter la côte, je ne vois de ressources qu'à Malac, mais je n'irai qu'à la dernière nécessité. Dans ce cas, les Anglais feront de grands efforts sur Ceylan ; ainsi vous pourriez prescrire aux renforts que vous enverrez d'aller à Galles, en attendant de mes nouvelles, et de concourir avec M. Falk (a) à la défense de l'île.

» J'ai perdu peu de monde, tous les coups ont porté dans le gréement ; enfin, ce n'est que d'aujourd'hui 16 que je suis réparé et en état. Les Anglais n'ont de mal à réparer que celui du *Montmouth*, qui a perdu grand mât et mât d'artimon ; Hughes a changé deux mâts de hune ; l'*Isis* en a changé un. Nous sommes si près que nous reconnaissons tous les vaisseaux à leurs poulaines. »

(*Correspondance de Suffren, 17 avril 1782. — Arch. de la mar.*)

(a) Gouverneur-général de l'île de Ceylan.

ne chercha même pas à s'y opposer. Ces bâtiments portaient aux Iles plusieurs prisonniers, entre autres M. Boydt, député du conseil supérieur de Madras près du roi de Candie. Par les paquets que la *Fine* avait sauvés, on connaissait la réponse du monarque Chingalais ; les motifs de son refus de s'allier avec les Anglais étaient basés sur leur mauvaise foi envers lui. Il leur rappelait que, dans la guerre qu'ils avaient eue avec les Hollandais, en 1726, ils avaient sollicité le roi régnant de venir à leur secours, et que, dans le traité de paix avec la Hollande, lui, leur allié, dont ils n'avaient plus besoin, ne fut pas compris. Ils l'avaient laissé soutenir le fardeau de la guerre, qu'il avait provoquée pour leurs intérêts, sans lui fournir la moindre indemnité.

Le 19 avril, l'escadre du Roi, qui avait eu cent trente hommes tués et trois cent soixante-quatre blessés, ayant achevé ses réparations, mit sous voiles. Afin d'attester la victoire remportée sur les forces navales aux ordres de sir Ed. Hughes, victoire plus mémorable par la valeur des assaillants et son effet moral que par ses résultats matériels, l'amiral français gouverna au large, pour se former en colonne, et puis revint se présenter sous différents ordres de bataille à l'amiral anglais, dont il prolongeait chaque fois, à bout de bordée, la ligne d'embossage ; mais Hughes n'accepta pas le duel que Suffren lui proposait. Sa confiance était plutôt établie dans la position que le hasard lui avait procurée, que dans ses propres forces. En effet, au large du petit îlot de *Provédien* existait un banc indiqué par la mâture du *Montmouth*, qu'on y voyait échouée, et près duquel l'armée anglaise était en quelque façon retranchée. Ce banc, dont les Français ignoraient le gisement (1), devenait un obstacle

(1) Le 13 au soir, pendant que les canots des deux escadres parlementaient, M. de Suffren voulut faire reconnaître le banc par la *Subtile*, mais l'amiral anglais tira sur cette corvette, qui fut obligée de se replier sur nos vaisseaux.

dangereux pour eux, puisque leurs vaisseaux ne pouvaient
pas approcher le front de la ligne ennemie, embossée, sans
courir le risque d'échouer sur cet écueil, providentiel pour la
sûreté de sir Ed. Hughes.

Le Commandeur, voyant l'amiral anglais résolu à ne point
se rendre aux invitations qu'il lui faisait de se mesurer en
rase campagne, prit le parti de faire route pour le S. Le lendemain, on avait perdu de vue l'escadre anglaise, qui resta
à son mouillage jusqu'au 22, d'où elle reprit sa course pour
Trinquemalay, ayant soin de faire éclairer la marche de l'armée du Roi par ses bâtiments légers.

Rien n'était plus beau et plus imposant que le spectacle
offert, le 19 avril 1782, par cette escadre aux couleurs de
France, avançant en bel ordre, conduite par un chef intrépide, inspirant à ceux qui la montaient le patriotisme et la
confiance. Par ses évolutions, faites alors avec précision,
elle défiait au combat la flotte d'Angleterre, qu'elle bloquait
sur le formidable ancrage que le sort lui avait procuré.

Le pavillon blanc, déployé à la poupe de nos vaisseaux, y
flottait avec majesté, rappelant les beaux jours de nos fastes
maritimes; il consolait la patrie en deuil et la vengeait des
revers héroïques du comte de Grasse (1). Enfin, le combat de
Providien prouvait une fois de plus que nos marins, conduits
par des officiers capables et persévérants, ne devaient avoir
rien à redouter de leurs rivaux, quoique ceux-ci osassent
souvent, dans leurs rapports mensongers, durant cette illustre époque, se dire vainqueurs, lorsque la victoire, dans un
engagement, était restée incertaine.

(1) Le 12 avril 1782, nos flottes se battaient au même instant en Asie
et en Amérique.

CHAPITRE V.

Suffren mouille à Batacalo. — Il dresse des tentes à terre. — Les malades et les blessés soignés. — Il expédie des corvettes à l'Ile-de-France. — Il reçoit l'ordre du ministre de revenir à l'Ile-de-France. — Il reste dans l'Inde. — Murmures des capitaines. — Il est rallié par quelques-uns des bâtiments du convoi. — Caractère de M. Duchemin. — Sa conduite. — Suffren se décide à retourner à Goudelour. — Rencontre d'un vaisseau-transport. — Conduite de M. de Maurville. — Le vaisseau s'échappe. — Indignation de l'armée. — Suffren mouille à Goudelour. — L'escadre prend le *Railket* et la *Résolution*. — La *Fine* s'empare du vaisseau de la compagnie l'*Yarmouth*. — Succès d'Hayder-Aly. — Marche et coopération des troupes françaises. — M. de Suffren projette la conquête de Négapatnam. — Il dispose son escadre. — La *Fine* revient avec une nouvelle prise. — L'escadre s'élève au S. — La *Fine* signale l'armée de Hughes, mouillée devant Négapatnam. — Suffren fait le signal du combat. — L'*Ajax* démâte de son grand mât de hune et de son perroquet de fougue dans un grain. — Le vent change. — Suffren fait jeter l'ancre jusqu'au jour. — Les escadres mettent sous voiles, pour se former en bataille. — L'*Ajax*, encore sans son grand mât de hune, reste à l'ancre ; mécontentement de Suffren ; indignation de l'armée. — Combat glorieux. — L'escadre anglaise nous abandonne le champ de bataille. — Hughes réclame le vaisseau le *Sévère*, comme ayant amené son pavillon. — Suffren retourne à Goudelour. — Il destitue quatre capitaines. — Départ des convois de France. — Mauvaises mesures prises à leur égard. — Deux des convois sont pris ou dispersés. — Arrivée de M. de Bussy à l'Ile-de-France. — Le Nabab veut voir M. de Suffren ; il vient camper avec son armée près de Goudelour. — M. de Suffren se rend au camp d'Hayder-Aly. — Sa réception. — Le Nabab et le général s'entendent parfaitement. — Suffren rétablit des relations amicales entre les deux nations et obtient tout ce qu'il demande pour les soldats de M. Duchemin. — Maladie de M. Duchemin. — Nouvelles de l'armée de Hughes. — Ses vaisseaux en mauvais état. — Il se rend à Madras. — Il craint de rencontrer Suffren et prend le large. — Lamentations du peuple anglais. — Indifférence du ministre pour nos affaires dans l'Inde. — Suffren quitte le Nabab. — Le Bailli et ses capitaines reçoivent des présents proportionnés à leurs rangs. — Usages des monarques indiens. — Suffren revient à bord du *Héros*. — Il se propose à aller au devant d'un convoi que lui expédie M. de Bussy. — L'escadre met sous voiles.

Le Commandeur, voyant que l'amiral anglais ne répondait point à son appel, se décida à faire voile pour Batacalo, ayant soin que la *Fine* chassât en avant de l'escadre, pour éclairer la route. Le 24 avril, chemin faisant, Suffren expédia à l'Ile-de-France la corvette le *Chasseur*, pour informer le gouverneur de la situation difficile où se trouvait l'armée. La lettre que le Commandeur adressait à M. de Souillac dépeint, en termes bien explicites, cette situation :

« A bord du *Héros*, le 24 avril 1782. (1)

» La santé de M. Bolle ne lui permettant pas de conti-
» nuer, je vous l'envoie ; il vous dira l'état où nous sommes.

» Voici l'état de demande de nos besoins :

» Douze cents hommes, argent, vivres, tels que biscuit,
» viande salée et boissons. Jumelles de bois dur, avirons,
» douze mâts de hune, ancres, cables, cordages de toute
» espèce, remèdes, officiers de santé. Munitions de guerre ;
» car nous n'avons plus que le tiers de nos munitions pour un
» seul combat.

» Envoyez le tout à la pointe de Galles, avec ordre qu'on
» y attende de nos nouvelles, et qu'on coopère à la défense
» de Ceylan. Si j'étais obligé de quitter la côte, cette île me
» paraît fort en danger.

» Je ne puis concevoir la fuite des Anglais pendant trois
» jours, étant vraiment aussi forts que nous.

» Si vous avez quelques bâtiments propres à envoyer au
» Pégou, pour chercher des mâts de hune, de teke, ainsi que
» des vergues, et leur donner rendez-vous à Galles.

» Enfin, envoyez-nous tout ce que vous aurez ; des fré-
» gates et corvettes doublées en cuivre ; la *Fortune*. Je crois
» que la *Betzi*, doublée, si vous avez de quoi pour le faire,
» serait bien bonne.

» Je ne puis faire encore aucun plan. Ce qui me chagrine
» le plus, c'est la diminution journalière du monde, et n'a-
» voir aucun moyen de remplacement. J'en ai demandé à
» Colombo. J'eus pris des Lascars, acheté des Caffres ; tout
» cela sont de pauvres ressources. »

Malgré le court trajet qu'il y avait à faire, on n'arriva au mouillage que le 30 avril, par les obstacles qu'offraient les

(1) Archives de la marine.

vents et les courants contraires. L'escadre manquait de vivres ; il fallait s'en procurer, et c'étaient les établissements de Galles et Colombo qui pouvaient seuls en fournir. La *Fine*, qui avait devancé les vaisseaux, leur indiqua l'ancrage qu'ils devaient occuper (1). En choisissant Batacalo pour lieu de relâche, Suffren se mettait au vent de l'armée navale ennemie, et rien ne pouvait intercepter, ni même gêner ses communications avec les deux ports S. de Ceylan, où s'étaient d'ailleurs réfugiés, après la chasse du 16 février, la corvette la *Sylphide*, le brûlot le *Pulvériseur*, et les flûtes les *Bons-Amis* et le *Maurepas*, sur lesquels étaient les vivres de campagne et la majeure partie de l'artillerie de l'armée de terre.

Le brûlot, ayant rencontré la *Fine*, rejoignit l'escadre, et M. de Villaret-Joyeuse, qui le commandait, remit au général le double des dépêches ministérielles du 21 juillet 1781, que portait la corvette l'*Expédition*, et qui avaient été perdues lorsque cette corvette, sous le commandement de M. de Langle, fit côte près de Karikal, chassée par les vaisseaux de Hughes. Ces derniers paquets étaient arrivés à Colombo le 11 avril, par un navire hollandais, parti de l'Ile-de-France en février. Le gouverneur les ayant remis à M. de Beaulieu, celui-ci les expédia de suite à M. de Suffren. Par le *Pulvériseur* on apprit des nouvelles certaines de nos bâtiments qui étaient mouillés à Galles, et l'on sut que la frégate la *Bellone*, après avoir quitté la *Betzi*, s'était emparée du vaisseau de la Compagnie le *Cartier*, venant de Chine

---

(1) On mouille par 7, 8 et 9 brasses. Sur le fond, qui est de sable, on trouve quelques pâtés de corail clair-semés, qu'il faut avoir soin d'éviter avec la sonde ; les ancres s'y engagent de telle sorte, qu'il est impossible de les en arracher, et les câbles, quoique bien garnis, peuvent être coupés en peu d'heures. Le 20 juillet 1816, après une courte relâche sur cette rade, nous fûmes forcés d'abandonner une ancre, que nous avions jetée par mégarde sur un de ces pâtés de corail.

avec une riche cargaison, et qu'elle l'avait conduit dans ce port hollandais.

Les dépêches du ministre ordonnaient au Commandeur de retourner à l'Ile-de-France, et de n'en repartir qu'avec les renforts qui devaient accompagner ou suivre M. de Bussy. Si la France n'eût eu qu'un homme ordinaire à la tête de son armée navale, c'en était fait des possessions de nos alliés dans cette partie du monde, et jamais la France n'eût pu y recouvrer un pouce de terrain. Un autre chef eût gémi sur la faute qu'on lui faisait commettre, mais il eût obéi, pour ne pas assumer sur lui la responsabilité des événements. N'écoutant que son grand cœur et ne voulant que la gloire de sa patrie, Suffren resta cependant; les Anglais, quoique bien puissants, n'étaient pas les ennemis qu'il redoutait le plus. Ce qui préoccupait véritablement ce grand homme, c'était l'état de la coque de plusieurs de ses vaisseaux qui auraient eu besoin du port; c'était la pénurie qui régnait dans tout ce qui composait le matériel de leur armement, mâts, voiles, cordages et vivres; la diminution des équipages, les plaintes de ses capitaines et le mauvais vouloir qui s'était manifesté chez plusieurs, dans les deux combats précédents.

Son parti étant pris de rester dans l'Inde, malgré les ordres du ministre, Suffren s'empressa de donner connaissance de sa détermination à M. de Souillac, par la corvette la *Subtile*, que commandait M. de Kermadec. Voici ce que le chef d'escadre écrivait au gouverneur de l'Ile-de-France :

« Batacalo, 1er mai 1782.

» Vous devez être instruit par mes lettres du 12 mars par » la *Betzi*, le 17 avril par les *Bons-Amis*, et le 24 par le *Chas-* » *seur*, de tout ce qui s'est passé depuis mon arrivée à la côte. » A Batacalo, où j'étais venu rallier mon convoi, j'y ai » trouvé le *Pulvériseur*, qui m'a remis les duplicata des dé- » pêches envoyées par la corvette l'*Expédition*. Passons sur » les regrets sur le passé, et examinons la situation présente.

» L'intention du Roi était que l'escadre fût de retour en mars,
» pour partir à la fin d'avril, en forces réunies et bien répa-
» rées ; cela n'est plus possible.

« 45 jours pour l'opération de porter les troupes à Ceylan.
» 40 jours pour la traversée.
» 45 jours pour le radoub.
» 30 jours pour le retour.
_____
» 166 jours.

» Voilà six mois perdus, et Dieu sait ce que les ennemis
» purent entreprendre pendant ce temps. Ce serait bien mal
» interpréter les intentions du Roi et les vôtres, d'entrepren-
» dre, à la fin d'avril, ce que vous aviez pensé à la fin de
» février, et si, sur les assurances réitérées de ne point quit-
» ter la côte, et sur la certitude que vous avez eue par les
» *Bons-Amis*, par le *Chasseur*, que la corvette n'était pas
» arrivée, vous ayez jugé qu'il était trop tard, et que sur mes
» demandes réitérées, vous auriez fait partir le convoi, que
» deviendrais-je à l'Ile-de-France ?

» Je prends le parti de rester à regret, quoique le seul bon,
» parce que, comme il ne serait du goût de personne, je se-
» rais désapprouvé de tout le monde. Plusieurs vaisseaux au-
» raient besoin du port, car cette escadre est partie en mau-
» vais état. De plus, si je quittais la côte peu après un com-
» bat, M. Hughes, que j'ai battu le 17 février et le 12 avril,
» ne manquerait pas de dire que j'ai été battu moi-même. Ce
» qui m'affecte le plus, c'est la quantité de malades et le
» manque de monde ; mais deux traversées de 1,200 lieues ne
» remettraient point des équipages.

» La *Bellone*, que j'avais envoyée à Colombo, a pris un
» bâtiment anglais, allant de Chine à Bombay; on dit qu'on
» en tirera 100,000 piastres, sans compter le bâtiment qui
» est doublé en cuivre.

» Je ne vous réitérerai pas la demande de nos besoins. Le
» rendez-vous doit être à Galles. Vous pourrez adresser les

» avisos à Trinquebar; les Anglais ne violeront pas les immu-
» nités territoriales pour rien.

» Lorsque nous sommes arrivés à la côte, Hayder était
» prêt à conclure la paix. M. de Piveron m'a empêché de
» croiser au devant du *Sultan*, disant que, si je quittais la
» côte, tout serait perdu. Je ne sais à présent comment on
» pourra lui faire agréer la diminution des blancs, dont il
» trouve la quantité très-médiocre. »

Quelques jours auparavant, le 17 avril, le Commandeur
avait prévenu M. de Souillac qu'il ne lui était pas possible
d'établir un plan, puisque, faute de munitions, après un troisième combat, il serait obligé de quitter la côte.

De son côté, M. de Souillac s'empressa d'écrire au ministre, pour justifier la noble résolution du Commandeur : « Ju-
» gez, Monseigneur, de la tournure qu'auraient pris nos af-
» faires dans l'Inde! Pendant ce long intervalle, Hayder-Aly-
» kan aurait sûrement fait sa paix avec les Anglais; tous les
» autres princes indiens, qui attendent l'issue des choses pour
» se décider, se seraient montrés plus soumis que jamais pour
» une nation qu'ils n'aiment pas, mais qu'ils craignent; nos
» troupes du continent auraient eu bien des hasards à courir,
» trop heureuses si elles auraient pu passer à Ceylan, colonie
» contre laquelle tout l'effort des Anglais se serait porté. On
» peut donc dire que le parti courageux qu'a pris M. de Suf-
» fren sauve l'Inde, et prépare les succès de M. le marquis
» de Bussy, etc. (1). »

Batacalo offrait un endroit propre à tous égards pour une
relâche. Ce petit comptoir, où les Hollandais ont bâti un fort,
sur une langue de terre que la rivière entoure presque en entier, est à très-petite distance du rivage. Le site en est riant et
agréable ; mais, si l'on en excepte les brèdes, il est dépourvu
de végétaux dont on puisse faire usage pour la nourriture.

(1) Cette lettre de M. de Souillac au ministre est du 18 juin 1782.

(Arch. de la mar.)

Le gouverneur hollandais ne put fournir que quelques bœufs, dont la chair n'était pas très-bonne. La pêche et le gibier suppléèrent à la rareté des autres provisions. On dressa des tentes le long de la rivière, et on y débarqua les blessés et les malades. Le scorbut avait fait des ravages affreux dans l'escadre : on envoya à terre quinze cents hommes attaqués de cette maladie. Les coffres de médicaments étaient épuisés; la prise du *Toscan*, vaisseau hôpital, privait l'armée de ceux qui s'y trouvaient embarqués.

Les vaisseaux se réparèrent et firent de l'eau; mais le défaut de cordages, la disette des vivres de campagne, qu'on prévoyait prochaine, la fatigue des équipages, considérablement diminués, et la perspective de nouveaux combats contre des ennemis ayant des ports pour se réparer, des arsenaux fournis de munitions navales et des Européens pour remplacer les hommes que la maladie et les combats leur enlevaient, étaient des faits réels bien propres à jeter du découragement parmi des équipages moins dévoués.

Les officiers murmuraient des privations qu'ils avaient à subir, et fatiguaient le Commandeur de leurs représentations sur la nécessité de retourner à l'Ile-de-France; mais celui-ci restait inébranlable dans sa résolution. La retraite de l'escadre eût eu l'air d'une fuite, et la supériorité que les Anglais s'efforçaient de persuader avoir acquise dans nos combats aurait pris de la consistance aux yeux des princes indiens : Hayder-Aly, notre allié, eût fait sa paix avec la Compagnie anglaise, qui aurait entamé avec lui quelques négociations à ce sujet; et nos soldats, dont le chef avait eu la maladresse de mécontenter le Nabab, abandonnés par ce prince, seraient tombés au pouvoir des ennemis. Mais, si parfois son indéfinissable impassibilité cédait devant les murmures d'insubordination de ses capitaines, on l'entendait s'écrier alors : « *Plutôt faire abîmer l'escadre sous les murs* » *de Madras, que de me retirer devant l'amiral Hughes! Que*

» ceux qui conçoivent une telle lâcheté viennent donc m'en
» faire part, et ils sauront ma résolution! » Ces hommes,
Suffren les connaissait : c'étaient les mêmes qui, dans les
précédents combats, avaient, sinon fui, au moins abandonné
le poste du danger et de l'honneur ; et, malheureusement
pour la gloire de nos armes, il retarda l'instant d'en faire
justice. Toutefois, on comprend l'irrésistible impulsion que
de semblables paroles, en arrêtant le mal, devaient communiquer à bord de nos vaisseaux.

Pendant que M. de Suffren luttait contre des difficultés et
des embarras de toute nature, pour assujétir les événements
à la puissance de son vaste génie, M. Duchemin était enfin
sorti de son irrésolution, et le 1er mai, après la signature du
traité définitif, notre petite armée de terre quittait Porto-Novo,
renforcée d'un corps de Cipayes fourni par le Nabab, pour
marcher sur Goudelour, où elle arriva le 3. M. Duchemin employa deux jours entiers pour faire six lieues, en suivant la
côte, formée de dunes de sable qui s'étendent sur le bord du
rivage. En venant du large, cet endroit de la côte ressemble
à plusieurs îles, et cette ressemblance vient de ces dunes de
sable, qui paraissent plus élevées que le terrain intérieur, qui
est très-bas.

Malheureusement, M. Duchemin, ancien officier de troupes
légères, ne convenait pas au poste qu'il occupait. N'enten-
dant rien à la guerre nouvelle qu'il lui fallait conduire dans
un pays étranger, où les intrigues influent plus sur le succès
que les coups d'audace, dans ce métier nouveau pour lui, il
se laissa gouverner par des intrigants, qui avaient plus compté
sur leur bonne fortune que sur leurs lumières, pour diriger les
opérations. Le chef français manqua de dignité dans ses relations avec le Nabab : au lieu de concerter un plan de campagne avec lui et de le déterminer à le suivre, il fut forcé de
convenir qu'il n'avait aucune vue fixe. On était venu, suivant
les apparences, pour opérer, et les lumières manquaient au

moment d'agir ! Aussi, le prince devina-t-il l'incapacité de celui qui venait le seconder, et il le prouva par le peu d'égards et de considération qu'il témoigna à ce général.

Le comte d'Hoffelize, colonel d'*Austrasie*, homme d'esprit et de bon sens, doué de qualités militaires, mais d'un caractère froid, poussé jusqu'à l'indifférence, au lieu de remédier au mal par son influence dans les conseils, se tenait à l'écart et laissait le général le jouet de ceux qui le dirigeaient.

Libre de toute crainte d'être incommodé par les forces méridionales-anglaises, vu la destruction des troupes du général Braithwaite, le 18 février, sur les rives du Colleron, par Tippoo-Saëb et le corps auxiliaire de M. de Lallé (1); couvert, d'ailleurs, au N. par la grande armée d'Hayder-Aly, M. Duchemin, au lieu de profiter de cet état de choses pour se porter sur Négapatnam, conquête facile et des plus importantes, préféra le parti qu'il avait pris. Cependant, cette place, que M. de Suffren ne cessait de convoiter, mal armée alors, abandonnée de toute assistance, se fût rendue : redoutant nos régiments à leur approche, elle n'eût fait aucune résistance. Quoi qu'il en soit, le 6 mai, après deux jours d'attaques et de dispositions préparatoires pour enlever Goudelour, le drapeau français flotta sur cet établissement. Son gouverneur, James Hughes, effrayé, avait demandé à capituler. Après cette conquête, M. Duchemin, laissant Pondichéry à droite, alla camper à Mangicoupan et opéra sa jonction avec Hayder-Aly. De là, les alliés allèrent, le 10, mettre le siège devant *Permacoul*, et la garnison anglaise capitula le 17 mai. Les deux armées prirent ensuite poste à *Valdaour* ; mais M. Duchemin se trouvant attaqué d'une maladie grave, les Français ne purent malheureusement suivre le Nabab, et, par conséquent, le seconder dans les divers engagements et

---

(1) Voyez, à la fin du volume, la note n° 16.

combats qu'il eut à soutenir contre le chevalier Coot, qui s'était dévoué pour couvrir Vandiwash. Afin de détourner les projets d'Hayder-Aly, qui avait pris une forte position sur les *Montagnes-Rouges*, le général anglais se porta rapidement vers *Arnée*, qui était le magasin-général de l'armée indienne, espérant s'emparer de cette place et contraindre ainsi Hayder d'abandonner le *Carnate*. Mais, après plusieurs combats indécis, la grande-garde anglaise tomba dans une embuscade, le 8 juin, près de *Trivatoure*, et resta au pouvoir du vainqueur. Cette perte, jointe à celles qu'elle avait éprouvées, obligea l'armée anglaise à se replier vers Arcate.

Le général Coot, en rendant-compte de sa campagne au secrétaire d'Etat à Londres, annonçait, pour atténuer l'effet défavorable qu'elle devait produire, le traité de paix, d'amitié et d'alliance avec les Marattes, signé le 17 mai par Madeo-Scindia et M. David Anderson (1).

Le Conseil souverain de Madras, devant les succès d'Hayder-Aly, craignant que, secondé par les Français, il ne vînt mettre le siége devant cette présidence, renouvela ses intrigues, afin de décider ce souverain à faire sa paix avec les Anglais, et à abandonner les Français. A cet effet, deux députés se présentèrent à son camp, chargés de lui renouveler les propositions avantageuses qui lui avaient été faites à diverses reprises au nom de la Compagnie anglaise.

Hayder-Aly, malgré les sujets de mécontentement que lui avait donnés M. Duchemin, par la méfiance qu'il lui avait témoignée dans plusieurs occasions, par les lenteurs et les difficultés sans nombre qu'il avait apportées à la conclusion du traité; Hayder-Aly, il faut le dire à sa louange, ne voulut jamais consentir à recevoir les envoyés anglais, malgré les instances de ses généraux. Il se contenta de leur dire « qu'il s'était lié avec les Français, et qu'il tiendrait à ses serments. »

_____

(1) Voyez, à la fin du volume, pièce justificative n° 13.

Le Nabab prenait cette détermination généreuse au moment où l'armée française, par la mauvaise santé de son chef, cessait de participer efficacement aux opérations de la sienne, en paralysait les mouvements et interrompait le cours de ses succès. Ainsi, lorsque après mille tergiversations funestes aux intérêts de la France, le général Duchemin se décidait à agir, la maladie qui le minait, faisant de rapides progrès, vint tout-à-coup se présenter comme un nouvel obstacle, qui arrêta notre marche victorieuse et servit la cause des ennemis. Ce chef cacochyme, au lieu de se démettre de son commandement, persista à le conserver. Notre armée resta l'arme au bras près de son général moribond, donna le temps aux Anglais de réparer l'échec qu'ils avaient éprouvé, et de revenir plus puissants sur les champs de bataille.

Ce fut dans ces conjonctures que parvint à Hayder-Aly la nouvelle de la victoire remportée le 12 par M. de Suffren. Dès le soir même, il appela au dorbar (1) l'envoyé français, et là, en présence de sa cour assemblée, il se fit lire la lettre par laquelle le Commandeur lui faisait part de son combat du 12 avril. « Enfin, dit-il à ses généraux, les Anglais » ont donc trouvé un maître! Voilà l'homme qui m'aidera à » les exterminer. Je veux qu'avant deux ans, il n'en reste plus » un seul dans l'Inde, et qu'ils n'y possèdent pas un pouce » de terrain. » Et, s'adressant à M. Piveron de Morlat : « Ecrivez, lui dit-il, à cet homme extraordinaire, que j'ai le » plus grand désir de le voir, de l'embrasser et de lui témoi- » gner toute mon admiration pour son héroïque valeur. »

Ce prince, après s'être étendu en éloges sur M. de Suffren, quitta le conseil en donnant des ordres pour que l'armée se disposât à marcher sur Goudelour, où il fixa son entrevue avec le Commandeur.

Ayant expédié par terre l'ordre à M. de Beaulieu de venir le joindre avec son convoi, M. de Suffren pressait les répa-

(1) Conseil.

rations de son escadre. Sa sollicitude se montrait surtout envers ses malades. Chaque jour, il les visitait, s'informait de leur état et veillait à ce qu'on pourvût à leurs besoins. Son apparition au milieu d'eux y causait une joie universelle : malades et blessés, tous oubliaient leurs maux par les consolantes paroles qu'il daignait leur adresser.

Le témoignage de cette bienveillance de tous les moments avait augmenté l'attachement et le dévouement que lui portaient les marins et les soldats : son humanité et ses vertus guerrières avaient un tel empire sur les hommes de l'escadre, qu'ils enviaient l'honneur de remplacer sur son vaisseau, quoique toujours le plus exposé, ceux que le sort des combats avait enlevés.

Le 9 mai, la frégate la *Fine* appareilla pour aller croiser dans le S. Le 13, l'horizon, éclairé par le crépuscule du matin, montra, dans le S.-E., cinq vaisseaux qui paraissaient faire route sur l'escadre. Le général crut d'abord que c'étaient les bâtiments qu'il attendait; pourtant, il fit signal aux vaisseaux doublés en cuivre de se disposer à appareiller ; mais quelque diligence qu'on y mît, ces préparatifs furent très-longs, parce qu'il fallut rappeler les bateaux et les gens qui étaient à terre, et l'on perdit un temps précieux. Les vaisseaux ne purent être prêts à mettre sous voile qu'à 1 heure 1/2 de l'après-midi ; il avait fallu remplacer par des hommes, pris sur les vaisseaux qui restaient au mouillage, ceux qu'on avait laissés aux hôpitaux. Les cinq vaisseaux cuivrés chassèrent les bâtiments signalés jusqu'à la nuit, avec un avantage remarquable; néanmoins, par la crainte que ces vaisseaux ne tombassent sous le vent de Trinquemalay, où était l'escadre de Hughes, le général fit hisser le pavillon damier rouge et blanc, supérieur au yacht anglais, exprimant le signal de ralliement : malgré les espions qu'il y avait envoyés, Suffren ignorait jusqu'à quel point de détresse étaient réduits les vaisseaux anglais, par le combat du 12 avril. La suite prouva, en causant de vifs regrets, qu'on eût pu continuer, sans aucun risque, la chasse des cinq bâtiments dont on se serait emparé; ils venaient de Bombay, chargés de munitions pour l'escadre anglaise : le *San-Carlos*, vaisseau de quarante-quatre canons, était du nombre des voiles chassées. La fortune de l'Angleterre vint encore, dans cette circonstance, lui éviter une perte irréparable ; sa flotte, privée des ressources que ces cinq vaisseaux allaient lui procurer, eût été contrainte de nous abandonner, durant le reste de la mousson du S.-O., la côte de Coromandel.

Le 16 mai, la *Bellone* et son convoi, précédés de la *Fine*, qui les avait reconnus, vinrent au mouillage. Un seul vaisseau avait dégradé, c'était un hollandais; le lendemain au matin la *Bellone* appareilla pour lui donner la remorque et le ramener sur la rade, où il jeta l'ancre. Ce même jour, on apprit, par les espions du gouverneur de Batacalo, que l'escadre anglaise n'avait mouillé à Trinquemalay que le 22 avril, quoiqu'elle eût vent sous vergues pour faire le court trajet de *Providien* à son port de relâche. On sut alors qu'elle y avait mis à terre onze cent cinquante malades ou blessés (1).

Les réparations de l'escadre avançaient rapidement, et, quelques jours après l'arrivée des bâtiments-transports, on fit une répartition des vivres, des munitions et des effets nautiques que le convoi avait apportés, et dont une partie était fournie par les Hollandais. Les compagnies d'artillerie et les autres troupes arrivées avec le convoi furent également distribuées sur les vaisseaux dont les équipages avaient le plus souffert. Le 1er juin, quoique l'on comptât encore quelques malades, l'amiral donna l'ordre de lever les tentes et de faire rentrer les hôpitaux. Cette mesure fut prise d'après une lettre que Suffren reçut du gouverneur de Jafnapatam, établissement hollandais, à l'extrémité N. de Ceylan: celui-ci

(1) Hughes n'en avait accusé que huit cent trente.

l'informait qu'il avait intercepté la dépêche du commandant anglais de Négapatnam, adressée à sir Edouard Hughes, qui donnait avis de l'arrivée à Trinquebar de trois flûtes hollandaises, expédiées par la régence de Batavia, et chargées de vivres pour l'escadre française. Le 3, toute l'escadre mit sous voiles, sur deux colonnes ; celle du général, au vent, faisant route au N. A 10 heures du soir, l'armée était par le travers de Trinquemalay. La *Fine*, qui était plus à terre, eut connaissance de l'escadre anglaise dans l'O.-S.-O. ; elle distingua plusieurs feux, en outre un de hune ; elle en rendit compte au général, sans pouvoir assurer si l'ennemi était mouillé ou à la voile.

Il lui fut enjoint de parcourir les lignes, de faire rapprocher la colonne de dessous le vent et d'ordonner le branle-bas dans tous les vaisseaux. La brise était fraîche ; au jour, Trinquemalay était loin de l'arrière, et aucune voile ne se trouvait en vue. Le 5 au matin, on découvrit la terre basse et noyée de Calymère. A une heure après midi, l'escadre de France, ayant accosté la côte pour la prolonger, se trouvait par le travers de la mosquée de *Naour*, dont les quatre pyramides blanches se voient de fort loin en mer.

A cette heure-là, la *Fine* signala deux bâtiments dans le N.-E. (1), et aussitôt elle reçut, ainsi que la *Bellone*, ordre de chasser. Mais, sur un nouveau signal qu'elle fit de forces supérieures, en virant le pavillon mi-partie blanc et bleu, surmonté du pavillon mi-partie rouge et blanc, l'amiral détacha l'*Artésien* et le *Sphinx*, pour se joindre aux frégates. On vit alors les bâtiments signalés prendre chasse, et l'on reconnut que l'un d'eux avait deux batteries. L'escadre, pendant ce temps, faisait route sous petites voiles pour Trinquebar, où elle jeta l'ancre dans la soirée, par neuf brasses, sur un fond de sable vaseux.

(1) Le *San-Carlos* et le brigantin le *Rodney*, portant des apparaux et des munitions de guerre.

Suffren et le gouverneur danois, M. Abeste, se traitèrent réciproquement avec les honneurs usités. La partialité de ce haut fonctionnaire pour les Anglais se décelait en toutes choses ; elle fut souvent le sujet de plaintes portées par le général et les officiers chargés de traiter avec lui. Toutefois, Suffren, sentant pour son escadre l'importance de cette rade danoise, qui, par l'immunité de son pavillon, offrait un point de relâche et un asile à ses bâtiments de transport, empêcha Hayder-Aly de lui donner des marques efficaces de son ressentiment.

Le Commandeur trouva, comme il en avait reçu l'avis, les trois navires hollandais venant de Batavia, chargés de riz, blé, arak, salaisons et cordages pour l'escadre. — L'un d'eux, expédié par la Régence, portait de plus en argent monnoyé une valeur de 50,000 écus ; les deux autres étaient expédiés par des armateurs qui avaient autorisé leurs capitaines à traiter avec l'amiral. Ces trois bâtiments, partis depuis long-temps de Batavia, ayant manqué Batacalo, où ils voulaient prendre langue, se rendirent à Trinquemalay, ignorant la prise de cet établissement. Prenant les vaisseaux de l'amiral Hughes pour ceux de Suffren, ils mouillèrent au large et firent des signaux auxquels on ne répondit pas. Soupçonnant alors la nationalité de la flotte ancrée dans l'arrière-baie du port, ils appareillèrent et se rendirent à Trinquebar, sans être poursuivis par les Anglais, qui, heureusement, imaginèrent que c'était une ruse de l'amiral pour les attirer au large.

Cette immobilité des ennemis, en montrant leur détresse à la suite du combat, fit renaître les regrets qu'on avait eus, le 13 mai, de n'avoir pas osé continuer la chasse des cinq navires qui avaient paru devant Batacalo. Suffren jeta l'ancre le soir, après le coucher du soleil, et on ne put lui rendre le salut d'usage que le lendemain.

Au moment de l'arrivée des Français, il se trouva sur la

rade un bâtiment anglais qu'on laissa paisible à son ancrage : un autre, le *Raikes*, doublé en cuivre, ayant dix-huit obusiers, ne se croyant pas en sûreté, appareilla à leur approche et fit voile pour Madras.

L'escadre, qui avait été témoin de l'avantage de nos vaisseaux chasseurs sur ceux de l'ennemi, s'attendait à voir les derniers paraître sous l'escorte des nôtres ; mais il n'en fut rien; M. de Maurville avait levé la chasse sans ordre ! L'indignation de l'armée fut à son comble lorsque la manœuvre de l'*Artésien* vint à sa connaissance : le général était consterné d'une lâcheté commise sous les yeux d'une nation étrangère.

Aux raisons que le capitaine de Maurville alléguait pour couvrir sa défection, Suffren objecta que s'il pensait avoir besoin d'un signal pour être autorisé à ne pas abandonner un vaisseau ennemi qu'il avait approché à portée de canon, il devait le demander au capitaine du *Sphinx*, commandant la division sous voiles, et aux ordres duquel il était assujéti: «M'explique-» rez-vous pourquoi vous vous êtes permis de lever la chasse » sans l'ordre de votre chef, lorsqu'il ne cessait de répéter » de la continuer, lorsqu'il prescrivait aux frégates avec les-» quelles vous étiez de l'éclairer? »

A un argument aussi pressant, M. de Maurville, pour réponse, se répandit en propos indécents, en reproches audacieux qui, dès ce moment, auraient dû déterminer le général à lui ôter son commandement et à le renvoyer en France, pour rendre compte de sa conduite. Mais la faiblesse de cet officier devait malheureusement encore, pour amoindrir la défaite de l'ennemi, se montrer une fois de plus sur un champ de bataille; elle décidera enfin cette mesure rigoureuse et nécessaire de la part de M. de Suffren. Voici ce qui se passa durant cette chasse, qui fournit un épisode honteux pour notre nation, dans la guerre de l'Inde. Ah ! sans cette succession de fautes émanant d'une lâche défection ou d'une coupable indiscipline, que soufflait le génie du mal, et qui protégeait l'Angleterre, le vieux Hayder-Aly eût vu avant sa mort sa prédiction s'accomplir! Le *Sphinx* commandait la division; mais sa marche était de beaucoup inférieure à celle des frégates et du vaisseau. Au coucher du soleil, du Chilleau donna ordre à la *Bellone* de diriger la route, en faisant des signaux, et de la sorte manifesta le projet de suivre l'ennemi. Ce signal de continuer la chasse était d'autant plus intéressant qu'on ne doutait plus que le vaisseau ne fût le *San-Carlos*, qui avait échappé le mois précédent à nos vaisseaux cuivrés, grâce à la proximité de Trinquemalay, où était l'escadre anglaise: ce vaisseau, ayant passé outre pour se rendre à Madras, revenait rejoindre l'amiral Hughes et lui apporter les approvisionnements dont il était chargé. A la nuit tombante, l'*Artésien*, la *Bellone* et la *Fine* n'étaient plus qu'à deux portées de canon, et bientôt les frégates furent obligées de diminuer de toile, pour ne pas dépasser le vaisseau chassé qu'elles suivaient, dans toutes les fausses routes qu'il tentait pour s'échapper. Le *Sphinx*, qui restait de l'arrière, continuait à faire le signal aux frégates de diriger la route en allumant des feux : les deux frégates obéirent aux signaux du commandant. Mais quel fut leur étonnement lorsqu'elles aperçurent l'*Artésien*, qui était tout aussi près qu'elles, culer tout-à-coup ! Quoiqu'elles ne doutassent plus qu'il eût levé la chasse, elles la continuèrent, en indiquant par des coups de canon les différentes manœuvres de l'ennemi. Le *Sphinx* répéta à 8 heures l'ordre aux chasseurs d'allumer des feux ; enfin, à 10 heures 3/4, il fit le signal de lever la chasse.

Les capitaines demandèrent à la continuer; mais ignorant que le *San-Carlos* ne pouvait se servir de sa batterie basse, étant surchargé de munitions, les frégates se voyant seules, craignirent de se faire dégréer sans succès, et affaler sous le vent de l'escadre : elles prirent alors le parti d'abandonner le vaisseau et de retourner à Trinquebar.

La division, en ralliant le 7, s'empara, chemin faisant, du

Raikes, bâtiment doublé en cuivre, portant dix-huit obusiers, qui allait rejoindre l'escadre anglaise ; le même qui s'était mis à fuir de Trinquebar, à l'approche de l'armée. Un brick, chargé de vin et d'eau-de-vie, tomba aussi en son pouvoir ; mais ces deux prises ne purent consoler l'escadre de la fuite du *San-Carlos*, qui resta sur la rade de Madras, où il n'arriva que cinq jours après la chasse qu'il avait essuyée.

Le Commandeur, présumant que le conseil de Madras connaissait les besoins urgents de sir Ed. Hughes, s'empresserait de lui expédier le *San-Carlos*, envoya, le 10, la *Fine* explorer les eaux de Madras, et le *Sphinx*, l'*Annibal* anglais et la *Bellone*, croiser sur Négapatnam ; cette division rallia le 19, ayant à sa suite la *Résolution*, bâtiment de transport, doublé en cuivre, qui allait rejoindre l'amiral anglais : le fameux capitaine Cook avait monté ce navire.

Suffren ayant atteint le but qu'il s'était proposé en relâchant à Trinquebar, se décida à se rendre à Gondelour, pour ravitailler cette place, que le Nabab avait négligée, par la mauvaise intelligence qui régnait entre ce prince et M. Duchemin, ce qui pouvait avoir pour les Français les suites les plus funestes. Durant sa relâche sur la rade danoise, l'amiral avait reçu des lettres très-flatteuses de la part du Nabab, en réponse à celles qu'il lui avait envoyées par un officier que le prince accueillit parfaitement. Le Commandeur, en se rapprochant de l'armée de Hayder, voulait mettre à profit l'amitié et la confiance que ce monarque lui témoignait.

Le 20 juin, le Commandeur ayant vendu les cargaisons des prises, dont les produits étaient utiles aux besoins de l'escadre, mit sous voiles pour Goudelour, suivi des flûtes hollandaises, qui y déposèrent le reste de leur chargement. Le même jour, il laissa tomber l'ancre devant cette place, confiée à M. Dubostel, qui en avait été nommé gouverneur ; d'accord avec cet officier, on établit des hôpitaux où les malades de la flotte furent déposés. La *Fine* mouilla avec le *Yarmouth*, qu'elle avait pris après un court engagement ; ce grand bâtiment, armé de vingt-quatre canons de 21 liv. de balles, portait du riz, de l'artillerie de campagne et neuf officiers européens à l'armée anglaise du Tanjaour, qui n'osait sortir de Trichenapalli. La frégate, qui marchait très-bien, repartit de suite, dans le but de ruiner le commerce anglais, car Suffren ne négligeait aucune occasion de nuire à nos implacables ennemis.

A son arrivée à Goudelour, le Commandeur apprit, avec les plus grands détails, les succès qu'Hayder-Aly avait obtenus sur les Anglais, dans la province d'Arcate ; mais aussi quels furent son étonnement et son chagrin d'apprendre que, par suite des conseils pernicieux donnés au général français valétudinaire, notre petite armée n'avait, en aucune façon, participé aux récents triomphes du Nabab, et qu'elle était, depuis près d'un mois, campée à Valdaour ! Ces nouvelles déterminèrent Suffren à envoyer M. de Moissac auprès d'Hayder-Aly. Cet officier était chargé de lui proposer de reprendre Négapatnam sur les Anglais, et de lui demander, à cet effet, un bataillon de Cipayes et quatre cents Européens. Ne doutant pas que le Nabab n'acceptât sa proposition, il s'occupa, dès ce moment, à préparer tout ce qui était nécessaire pour cette opération.

Suffren s'était toujours préoccupé de la conquête de Négapatnam, cette clef du Tanjaour, le jardin de l'Inde, à laquelle M. Duchemin avait malheureusement refusé de concourir, lorsque cette place ne pouvait offrir une résistance sérieuse : il voulait l'entreprendre seul, quoiqu'elle eût été ravitaillée. Négapatnam, principal établissement hollandais, sur la côte de Coromandel, le seul que la République batave regrettât, pour son importance commerciale et militaire (1),

(1) Pendant les débats des articles du traité de paix, et tandis que l'Angleterre se refusait à rendre Négapatnam, malgré les propositions d'échange et d'indemnité des négociateurs hollandais, et l'intervention

offrait à l'armée, en cas de revers, un lieu de refuge, un point d'appui bien supérieur à Goudelour. Suffren jugeait la chose de haut et les événements de loin ; mais quel que fût le génie de ce grand capitaine, il était seul à agir. Lui, si supérieur à tout ce qui l'approchait, et fait pour commander aux hommes, n'était, par son grade, que l'égal de Duchemin ; en restreignant ses moyens d'agir, on avait limité son action.

Ce fut dans sa relâche à Goudelour que l'amiral se vit obligé de mettre à exécution la menace qu'il avait faite à Édouard Hughes, de livrer les prisonniers anglais à Hayder-Aly, puisqu'il refusait obstinément le cartel d'échange qui lui avait été proposé ; par leur nombre qui s'accroissait chaque jour, ils encombraient nos vaisseaux. « C'est bien plus pour aug- » menter sa confiance en moi, écrivait Suffren à M. de » Souillac, que pour répondre aux procédés de Macartenay, » Hughes et Coot, que je lui confie (au Nabab), les prison- » niers anglais. » Toutefois, Suffren obtint d'Hayder l'assu- rance qu'il ne ferait pas éprouver aux prisonniers qu'il lui remettait un traitement aussi dur qu'aux siens, et un commis- saire français fut nommé pour veiller sur eux. La mission con- fiée à M. de Moissac auprès d'Hayder eut un plein succès ; ce prince, rempli d'admiration pour le Commandeur, avait acquiescé avec empressement à ses propositions. « Le Na- » bab me comble d'amitiés, de compliments, ajoutait Suffren » au gouverneur de l'Ile-de-France, dans la lettre que nous » avons précédemment citée (1), peut-être pour pallier ses » torts vis-à-vis de notre armée. Son Waquil a eu ordre de

officieuse de la France et de la Russie, le gouvernement de Madras don- nait l'ordre de faire sauter les fortifications de la place, pensant qu'elle serait restituée à ses anciens possesseurs. Le génie du mal est celui de la Grande-Bretagne ; mais il l'élève, sur les ruines des nations, à un degré de puissance égale à son ambition.

(1) Lettre de Suffren à M. de Souillac, 2 juillet 1782. (Arch. de la mar.)

» venir ici et de rester tout le temps que j'y serai, pour pour-
» voir à mes besoins. M. Duchemin est hors de danger, mais
» sa tête est très-affaiblie. » Hayder, paraissant oublier ses
sujets de plainte contre ce général, chargea M. de Moissac
de se concerter avec lui, relativement à la part qu'il devait
prendre au siége de Négapatnam. Suffren, ayant été informé
de ces nouvelles par son major, chargea immédiatement sur
les flûtes tout ce qui était nécessaire à ce siége. On embarqua à bord des vaisseaux deux cents hommes du régiment d'Austrasie ; celui de l'Ile-de-France, la légion de
Lauzun et les volontaires de Bourbon en fournirent entre eux
le double ; à ce nombre on ajouta deux compagnies d'artillerie et huit cents Cipayes : M. de Boissieux, major d'Austrasie, devait se rendre par terre avec un bataillon de Cipayes,
et M. Despinay, officier d'un vrai mérite, commandant l'artillerie, devait diriger les travaux du siége.

Le 29 juin, la *Fine* rallia l'escadre avec une nouvelle prise,
la *Fortitude*, vaisseau de la Compagnie, dont elle s'empara
après une légère résistance ; ce vaisseau venait du Bengale,
avec des provisions de bouche, qui firent renaître l'abon-
dance chez nos soldats, dépourvus de vivres depuis plusieurs
jours, tant par l'éloignement momentané de l'armée du Nabab, que parce que la guerre avait ravagé et ruiné la province où ils étaient campés.

L'escadre reçut l'ordre de se préparer à mettre sous voiles
au premier signal ; les circonstances paraissaient on ne peut
plus favorables. Les Anglais étaient occupés au ravitaillement de Velour, place dans le Carnate, et n'osaient pas non
plus s'éloigner de Madras, dans la crainte que cette présidence ne tombât dans les mains du Nabab; mais le retour
inopiné de l'amiral anglais, à la côte de Coromandel, vint
déranger le plan que Suffren avait conçu pour s'emparer de
Négapatnam.

Grâce à l'activité de M. de Beaulieu, qui croisait dans le S.

avec la *Bellone*, on avait chaque jour des nouvelles de cette partie de la côte de Coromandel. Le 25, au soir, le Commandeur apprend que les Anglais ont quitté Trinquemalay pour Négapatnam; dès lors, il presse ses dernières dispositions, pour aller à la rencontre de M. Hughes. Elles étaient terminées, lorsque le 2, la *Bellone* vint elle-même annoncer que les Anglais étaient, depuis le matin, mouillés à Trinquebar. Voici ce que M. de Suffren écrivait le soir de ce même jour à M. de Souillac :

« J'ai embarqué sept cents Européens et huit cents Cipayes ; » en voilà bien assez pour attaquer les Anglais, prendre » Négapatnam, si nous les battons, et secourir Ceylan, au » besoin. Je n'ai pas voulu embarquer un seul homme, sans » l'avis du Nabab.

» Je laisse à terre huit cents malades ; envoyez-nous du » monde et de l'argent : avec cela tout ira bien, mais sans » cela rien ne peut aller. La misère est telle dans ce pays, » que, même avec des marchandises, on trouve difficilement » de l'argent. Mettez tout en usage pour en avoir : ne comp- » tez pas sur Ceylan, vous ne pouvez en avoir que de Bata- » via ; ils m'ont envoyé 200,000 florins ; j'en ai donné 50,000 » aux Hollandais, 100,000 à l'armée ; voyez dans quel état » je suis.

» Les capitaines me désolent pour leurs tables ; il n'y a » de demandes pour cela que 250,000 livres. Il faut payer » Chelingues, Lascars et Macouais, etc. C'est une espèce de » miracle qu'avec si peu d'argent, l'escadre ait pu subsister ; » personne ne donne ici de lettre de change : écrivez forte- » ment à M. le marquis de Castries.

» J'embarque donc quatre cents hommes et huit cents Ci- » payes, pour renforcer l'équipage de l'escadre ; trois cents » hommes de plus, pour le siége de Négapatnam, soit pour » aider les Hollandais, en cas que la sortie des Anglais eût » pour objet l'attaque de Ceylan. »

Suffren donne ensuite l'état des bâtiments qu'il envoie dans différentes parties de l'Inde, pour se procurer des mâts, des munitions navales et des provisions de bouche. Ainsi, il envoyait la *Pourvoyeuse* à Mallac, la *Résolution* à Manille, la *Fortitude* et le *Yarmouth* à l'Ile-de-France, où la *Sylphide* et le *Petit-Diligent* devaient se rendre plus tard, avec les lettres qu'il devait leur donner, après le résultat de la rencontre.

Suffren gardait à la suite de son armée le *Raiker*, un senau chargé d'arak, et trois embarcations légères, que la *Bellone* avait prises avec ses canots, à portée de canon du fort de Négapatnam.

« Je pars demain, disait-il encore, pour aller attaquer les » Anglais. Si je suis heureux, je ferai ensuite le siège de Né- » gapatnam; mais, quoi qu'il arrive, je gagnerai le vent de » Ceylan. »

Le 3 juillet au matin, profitant d'une brise fraîche de terre, l'escadre vida la rade de Goudelour, en s'élevant au S. Elle forçait de voiles pour aller présenter un nouveau combat à l'amiral anglais. A midi, lorsque le calme survint, elle mouilla dans le N. de Porto-Novo. Au crépuscule du lendemain, le général fit appareiller, en rendant la manœuvre de chacun indépendante, et se porta lui-même en avant. Dans l'après-midi, à la fin de la brise, l'escadre, se trouvant à l'embouchure du Colram, y laissa tomber l'ancre. Le 5 juillet, au jour, elle remit de nouveau sous voiles, avec des chances plus favorables d'avancer. La *Fine* s'était portée à Trinquebar; mais elle en appareilla, d'après le signal qui lui en fut donné. Nos vaisseaux, en continuant leur aire tribord amures, aperçurent l'escadre anglaise ancrée devant Négapatnam. Aussitôt, le général donna l'ordre de faire branle-bas, de se disposer au combat, et fit former la ligne dans l'ordre naturel, aux mêmes amures sous lesquelles voguaient nos bâtiments.

Lorsque Suffren se vit par le travers de Trinquebar, il fit

renvoyer à terre les chelingues que les vaisseaux traînaient après eux, afin de pouvoir communiquer sur toute la côte, malgré la barre, et y opérer un débarquement au besoin. L'amiral Hughes restant à l'ancre, le Commandeur donna ordre de se préparer à mouiller avec une embossure. Animé d'une profonde ardeur, que surexcitait toujours la vue du pavillon anglais, il était résolu à combattre, quelle que fût la position que prendrait son adversaire.

Il se mit alors à la tête de l'armée, ayant eu soin de la prévenir par un signal de ce mouvement. La brise de terre se soutenant plus tard que les jours précédents, notre escadre s'avançait en bon ordre, lorsqu'à trois heures de l'après-midi, un grain blanc, espèce de tourbillon qui venait de la côte, se fit sentir à quelques-uns de nos vaisseaux, mais frappa plus particulièrement à bord de l'*Ajax*, qui marchait en serre-file. Ce vaisseau fut démâté de son mât de grand-hunier et de celui de perroquet de fougue ; il engagea par sa batterie basse ouverte, dont on ne put assez promptement laisser tomber les sabords, et accota. Toutefois, soulagé dans ses hauts par la perte des deux mâts, il se releva. D'ailleurs, cette raffale ne fit que passer, et le vent modéré qui avait régné reprit immédiatement son cours. Le *Vengeur* eut l'ordre de prendre le poste de l'*Ajax*, et la *Bellone* de secourir ce vaisseau, que son accident avait forcé de quitter la ligne.

L'escadre continua de porter sur l'ennemi, avec un joli frais favorable de l'O.-S.-O., dont Suffren voulait profiter, parce qu'il le mettait au vent de l'ennemi. S'il eût tenu de cette partie encore quelques instants, les Français attaquaient sur-le-champ ; mais il passa au S., et les Anglais se trouvèrent eux-mêmes au vent de nos vaisseaux, et maîtres d'attaquer ou de différer l'instant du combat.

Peu de temps après le démâtage de l'*Ajax*, l'amiral Hughes appareilla, salué par la place de Négapatnam de vingt-et-un coups de canon. Suffren s'attendait à en venir aux mains ;

mais l'Anglais prit les mêmes amures que nos vaisseaux et parut vouloir éluder l'action, malgré la supériorité que lui donnait sur nous l'éloignement de l'*Ajax*.

Le Commandeur, étonné de la manœuvre de Hughes, prit le parti de passer le reste de la journée en observation, et finit par donner l'ordre de mouiller, pour ne pas perdre de vue l'*Ajax*, qui culait toujours.

La *Fine*, en avant, éclairait l'ennemi, qui, ayant rapporté sa bordée à terre, retourna au mouillage : le combat était remis par lui au lendemain.

Le 6 juillet, à la pointe du jour, les deux escadres étaient sous voiles ; mais quelle fut la surprise et le mécontentement de l'armée lorsque le soleil, en approchant de l'horison, éclaira le ciel et montra l'*Ajax* sans son grand mât de hune guindé! Ce vaisseau, mouillé dans une belle mer, secouru par une frégate dont le capitaine lui prêta, pour aider son équipage, l'élite de ses marins, ne put, durant quinze heures, réparer son avarie : il manqua, par un défaut d'activité impardonnable, de se mesurer avec l'ennemi et de seconder les autres vaisseaux, pour la plupart inférieurs en dimensions et en artillerie à ceux de Hughes. Son capitaine, M. Bouvet, fort âgé, attaqué d'une maladie de langueur, avait perdu l'énergie et les talents militaires qu'il avait déployés si glorieusement dans la guerre précédente. C'est ainsi que la cour de Versailles, dirigée par les politiques de l'OEil-de-Bœuf, après s'être trompée sur le lieu où elle devait principalement porter le théâtre de la guerre, se trompa de nouveau, soit dans le choix des vaisseaux qu'elle envoyait aux Indes, soit encore dans celui des officiers qui les commandaient. Le dévouement et le talent prodigieux de Suffren ne servirent qu'à relever l'honneur du pavillon, tandis que sans le mauvais vouloir de ceux qui étaient appelés à le seconder et qui arrêtait sans cesse l'action de son génie, cet homme extraordinaire eût anéanti la puissance anglaise dans l'Inde. Dans cette guerre, tout lui faisait faute, hommes et choses : s'il devint grand par les difficultés qu'il sut vaincre, on l'empêcha, néanmoins, de procurer à sa patrie tous les avantages auxquels elle eût pu prétendre par le courage et les talents qu'il déployait.

Quoi qu'il en soit, la coupable négligence qui se remarquait à bord de l'*Ajax* était moins imputable au capitaine qu'à ceux qui commandaient après lui, lorsque, pour augmenter la mesure du mécontentement que causait son inconcevable conduite, ce même vaisseau en présence de l'ennemi osa demander à relâcher. Toute l'armée put voir à la tête de son mât de misaine le pavillon blanc à sautoir bleu, supérieur au pavillon rouge exprimant cette demande. Lorsqu'on traduisit à Suffren le signal de l'*Ajax*, ce général bondit d'indignation. Était-ce bien, en effet, des officiers français qui osaient faire une demande aussi lâche, au moment où le combat allait s'engager ? Joindre à la faute de n'avoir pas redoublé d'efforts la faiblesse de s'éloigner du champ de bataille, pour se mettre à l'abri des Anglais ! Mais où donc ce vaisseau si craintif pouvait-il se croire plus en sûreté que sous le vent d'une escadre commandée par Suffren ? Le signal de mécontentement et cecelui d'un refus absolu furent la réponse qu'il obtint.

A 6 heures, les vents soufflaient du S.-O., et les deux escadres, qui s'étaient formées au large, couraient babord amures, se relevant N.-N.-E. et S.-S.-O. à 7 milles de distance ; par ce relèvement, la flotte anglaise était plus à terre que la nôtre. L'amiral Hughes fit le signal à ses vaisseaux de former la ligne de bataille de front, à deux encâblures de distance les uns des autres. A 7 heures 10 minutes, il donna l'ordre de porter sur notre armée, en enjoignant à chacun de ses capitaines de conduire son vaisseau par le travers de celui qui lui était opposé dans notre ligne.

Suffren, qui avait continué à courir O., fait à 7 heures 1/2 le signal de virer de bord vent devant par la contre-marche, manœuvre hardie qui eût pu devenir désavantageuse si l'ennémi eût osé en profiter ; mais le Commandeur, qui reconnaissait en son rival un brave amiral, l'avait jugé peu entreprenant : d'ailleurs, cette manœuvre était la seule qui pût promptement rétablir l'ordre dans la ligne française. On s'attendait à voir l'affaire s'engager, lorsque l'ennemi revint au vent bâbord amures, et se contenta de prolonger notre ligne à contre-bord, pour la reconnaître.

Comme l'escadre était venue virer au vent de l'*Ajax*, et qu'elle s'éloignait au S.-E., ce vaisseau, pris d'une terreur panique, ne se donnant pas le temps de lever son ancre, coupa son câble et se retira totalement de l'action, en se tenant au loin sous le vent. Par la lâche défection de ce vaisseau, l'escadre de France combattait celle de la Grande-Bretagne à nombre égal, il est vrai, mais elle avait l'infériorité de la force relative de la plupart de ses vaisseaux à ceux qui leur étaient opposés.

A 9 heures 1/4, les deux lignes se relevant dans la perpendiculaire l'une de l'autre, l'armée ennemie revira lof pour lof, afin de se mettre au même bord que la nôtre. Le Commandeur, craignant que l'ennemi ne portât sur son arrière-garde, fit prendre la queue de la ligne à l'*Orient*, son matelot de l'arrière, ce qui ne dérangeajt point son ordre de bataille, dont le *Héros* formait le centre. Dans ce moment, le *Bizarre*, vaisseau de tête, auquel le général avait fait un signal particulier, soit qu'il ne l'eût pas bien compris, soit qu'il eût été mal rendu à bord du *Héros*, abandonna son poste, pour venir en demander l'explication : autre bévue qui, malheureusement, ne devait pas être la dernière de la journée.

Suffren, irrité de voir son ordre de bataille dérangé par ce vaisseau, à l'approche de l'ennemi, lui ordonna de prendre son poste à la queue, entre le *Vengeur* et l'*Orient*. Cette circonstance était très-fâcheuse pour le capitaine du *Bizarre*, qui, dans le combat, ne put trouver l'occasion de faire revenir l'armée sur la mauvaise opinion qu'on avait eue de lui dans les engagements précédents.

L'amiral Hughes, au vent, faisait porter *en dépendant* sur notre ligne ; à 10 heures 1/2, les deux escadres n'étant plus qu'à portée de mitraille, Suffren fit arborer au grand mât du *Héros* le pavillon blanc à croix rouge, surmonté du pavillon mi-partie rouge et blanc ; c'était le signal de commencer le feu. Au même instant, les batteries de nos vaisseaux s'enflammèrent et les vaisseaux anglais ripostèrent aux nôtres, en reprenant leurs amures.

Les escadres combattaient dans l'ordre de bataille suivant :

L'ARMÉE DU ROI. (1)

Macé.	Le *Diligent*.	Le *Flamand*	50 de Cuverville.
		L'*Annibal*	74 de Tromelin.
de Salvert.	La *Fine*.	Le *Sévère*.	64 de Cillart.
		Le *Brillant*	64 de Saint-Félix.
		Le *Héros*	74 de Suffren et de Moissac major.
de Kermadec.	La *Subtile*.	Le *Sphinx*	64 du Chilleau.
		L'*Annibal*, anglais	50 de Galles.
		L'*Artésien*	64 de Maurville.
Joyeuse.	Le *Brûlot*.	Le *Vengeur*	64 de Forbin.
		Le *Bizarre*.	64 de la Landelle.
		L'*Orient*	74 de la Pallière.

L'ESCADRE ANGLAISE.

	Le *Héros*	74 Hawker.
	L'*Exeter*	64 King.
	L'*Isis*	56 Lumley.
	Le *Burford*	74 Reiner.
	Le *Sultan*.	74 Walt.
Le *Sea-Horse*, frégate.	Le *Superb*	74 Edward Hughes ; Maclellan.
	Le *Monarca*	74 Gell.
	Le *Worcester*	64 Wood.
	Le *Montmouth* . . .	64 Alms.
	L'*Eagle*	64 Reddal.
	Le *Magnanime*. . .	64 Wolsely.

(1) Voyez le plan du combat à la fin de ce volume.

Ce fut le *Flamand*, vaisseau de tête par la retraite du *Bizarre*, qui eut l'honneur d'ouvrir le feu. M. de Cuverville avait profité du désordre qui régnait sur les ponts du *Héros* et de l'*Exeter*, par suite d'un abordage, pour combattre ces deux vaisseaux à la fois, quoique chacun d'eux fût plus fort que le sien ; ce capitaine, animé d'une valeur impétueuse, se portait contre ses deux formidables adversaires, sans remarquer qu'il n'était pas soutenu par l'*Annibal*, qui restait par le travers de l'*Isis*, de cinquante-quatre, au lieu de continuer son aire, pour prêter le côté à l'*Exeter* et partager le péril et la gloire de son matelot de l'avant.

En restant par le travers de son faible antagoniste, Tromelin néglige de fermer l'intervalle qu'il y avait entre lui et Cuverville ; cette négligence eût pu compromettre ce dernier, avec des adversaires plus entreprenants que King et Hawker.

Toutefois, l'*Isis*, soutenant vaillamment la lutte, lui tue vingt-huit hommes et lui en blesse quatre-vingts ; parmi les derniers, on compte M. de Rigny, lieutenant de frégate.

Le *Sévère* était aux prises avec le *Burford* ; la belle résistance qu'il opposait à ce vaisseau, supérieur en dimension et en artillerie, était loin de faire présager la lâcheté qu'il montra dans la dernière péripétie de l'action. Il est vrai que le chevalier de la Salle, son second, et M. de Gênes, son brave officier de manœuvre, n'étaient pas encore blessés, et que leur présence en imposait au capitaine. Le *Brillant*, de soixante-quatre, luttait contre le *Sultan*, de soixante-quatorze. La vivacité de son feu fit long-temps disparaître sa faiblesse comparative avec celle de l'Anglais.

Suffren avait placé son *Héros* bord à bord du *Superb*, et les deux amiraux, rivalisant d'ardeur, vidaient le duel qui s'était établi entre eux. Ces deux beaux vaisseaux, qui annonçaient par leurs insignes ceux qui les montaient, avaient à soutenir la gloire de leur nation : le courage des chefs, celui des équipages, paraissaient égaux des deux côtés, comme l'était le feu que lançaient leurs formidables batteries.

Du Chilleau, qui commande le *Sphinx*, ayant pris la place de l'*Orient*, se voit forcé de prêter le côté au *Monarca*, de soixante-quatorze ; mais Gell, qui le commande, se tient au vent dans la hanche de tribord du *Superb*. Par cette position, son feu est moins meurtrier qu'il ne l'eût été si ce vaisseau se fût mis en ligne.

Le *Worcester*, le *Montmouth*, l'*Eagle* et le *Magnanime*, étant venus sur tribord, en même temps que les vaisseaux qui les précédaient, formaient un angle de 45° avec notre ligne de bataille, dont le sommet partait du *Monarca*. Cette manœuvre timide de la part des capitaines anglais, lorsque notre feu commença, établissait avec nos vaisseaux une canonnade qui ne pouvait avoir aucun résultat définitif, mais seulement occasioner la perte de plusieurs hommes et celle de quelques manœuvres. Il résulta de cela que le petit *Annibal*, l'*Artésien* et le *Vengeur* ne prirent qu'une faible part à la bataille, tandis que le *Bizarre* et l'*Orient* en restèrent les spectateurs. Suffren, voyant l'inutilité de ce dernier vaisseau dans le poste qu'il lui avait malheureusement fait occuper, lui donna l'ordre de s'élever au vent, afin de prendre l'ennemi en queue ; — mais toutes ses tentatives, malgré le zèle du brave Pallière, demeurèrent sans succès, et il revint prendre sa place de serre-file.

Le *Flamand* seul, contre le *Héros* de soixante-quatorze et l'*Exeter* de soixante-quatre, finit par être écrasé ; ses voiles étaient en lambeaux, et ses manœuvres hachées ; treize hommes avaient été tués et cinquante-six blessés : ne pouvant plus manœuvrer, il fut contraint de se retirer du feu. Cuverville, vaillamment secondé par son premier lieutenant Trublet de la Villejégu, s'attendait à être suivi et peut-être enveloppé par ses adversaires, puisque Tromelin s'obstinait à combattre Lumley ; mais ils avaient été eux-mêmes si maltraités, qu'ils coururent de l'avant, pour éviter une nouvelle attaque de la part de nos vaisseaux. Le *Héros* anglais se retira tout-à-fait du combat, essayant de rallier la rade de Négapanam et faisant des signaux de détresse. A bord du *Flamand*, M. Déséreux, capitaine de volontaires de Bourbon, fut blessé : parmi l'état-major du vaisseau, on eut à regretter M. Le Vasseur, lieutenant de frégate, qui fut tué.

L'*Artésien*, dans sa canonnade à grande portée avec le *Montmouth*, eut à regretter douze hommes tués et trente-huit blessés ; M. de Reine, lieutenant de frégate, avait été coupé en deux par un boulet.

A peu près dans le même temps, le *Brillant*, par la chute de son grand mât, se trouvait frappé d'inertie dans sa manœuvre, et restait sous le feu du *Sultan*. Encombré de ses débris, son personnel affaibli par la perte de quarante-sept tués et cent trente-sept blessés, sa position était des plus critiques. Le Commandeur, dans le but de le secourir, force de toile, le double au vent et parvient par le travers du *Sultan*. Du Chilleau, qui commande le *Sphinx*, évente son grand hunier et pousse en avant, afin de prêter côté au *Superb*, qui venait de perdre son capitaine de pavillon Maclellan, et abandonne le *Monarca* au petit *Annibal*. Avec le nouvel adversaire qu'il a choisi, le *Sphinx* compte bientôt dix-neuf hommes tués et quatre-vingt-cinq blessés : au nombre des derniers se trouvent le commandant lui-même et les officiers Beaulieu, de la Fond et de la Martellière.

Heureusement pour le chevalier de Galles ce vaisseau de soixante-quatorze, que lui laissait du Chilleau, se maintenait hors ligne, et le feu de ses redoutables batteries n'était pas, par cette cause, aussi meurtrier qu'il aurait dû l'être, plus rapproché sur une mer droite. L'amiral anglais, en réunissant au centre de sa ligne de bataille ses plus forts vaisseaux, avait eu pour but d'écraser notre corps d'armée, où nous n'avions qu'un seul vaisseau de soixante-quatorze, le *Héros*, puisque l'*Orient*, le matelot de l'arrière du général, avait eu par malheur l'ordre de prendre poste en serre-file, où il ne fit qu'observer l'ennemi.

Contre l'attente de sir Ed. Hughes, le feu ne fut terrible que depuis l'avant-garde jusqu'au centre de bataille; du centre à l'arrière-garde, on ne fit que tirailler, par l'obstination des capitaines anglais à rester au vent de leur ligne, avec laquelle ils formaient, ainsi que nous l'avons dit, un angle de 45°, dont le *Monarca* faisait le sommet.

Tel était l'ensemble de la bataille, lorsqu'à 1 heure après-midi, un vent très-frais du large, de la partie du S.-S.-E., remplaçant subitement la brise molle du S.-O., sous laquelle nos vaisseaux combattaient, vint jeter le désordre dans les deux lignes. A l'instant, le Commandeur hissa le signal de virer de bord vent arrière, et successivement celui de se former en ligne de bataille, sans avoir égard aux postes indiqués.

Au milieu du pêle-mêle qui s'en suivit, le *Sévère*, au lieu d'arriver, masqua, et en abattant sur tribord, se trouva très-près et par le travers du *Sultan*, qui avait laissé arriver.

A 1 heure 10', par cette position rapprochée des deux vaisseaux, il s'établit entre eux un feu très-vif. Vers le même temps, le *Brillant*, qui gouvernait à peine, fut pareillement coiffé et pivota sur tribord; ce vaisseau, suivant la direction du vent qui le poussait, naviguait isolément. Le *Worcester*, ayant laissé porter au changement de brise, courait tribord amures, lorsqu'il remarqua l'état d'abandon où paraissait être le *Brillant*. Croyant pouvoir attaquer dans cette situation, avec succès, ce vaisseau démâté, il continua son aire sur lui. Reddal, qui commande l'*Eagle*, devine l'intention de Wood, et laisse porter aussi sur le *Brillant*, afin de seconder le *Worcester*. Mais Suffren, resté de l'arrière, aperçoit de suite, de son regard d'aigle, le danger qui menace le brave de Saint-Félix: augmentant de voiles, il vient interposer le *Héros* entre le *Brillant* et les deux anglais.

Le *Worcester* est le premier à recevoir son feu ; il fut si terrible que ce vaisseau, chauffé encore quelques instants par l'*Annibal*, auquel Suffren l'abandonne pour courir après l'*Eagle*, quitta la partie, pour ne plus s'occuper que de sa propre conservation. En effet, il était réduit à un état si déplorable, qu'il fut toute la nuit forcé de battre les flots, afin de s'élever pour gagner le mouillage, qu'il ne put atteindre que le lendemain matin.

Suffren, débarrassé du *Worcester*, approche l'*Eagle*, qui combattait le *Vengeur*. Il a un instant l'espoir de couper ce vaisseau, qui s'était aventuré parmi les nôtres. Mais le capitaine Reddal, au signal hissé par son amiral, à 1 heure 1/2, de former la ligne de bataille de front babord amures, force de toile pour rejoindre son armée, ce qu'il peut effectuer sans obstacle, par l'éloignement du *Bizarre* et de l'*Artésien*, qui faisaient alors la tête de la colonne, où il n'y avait pas un coup de canon à tirer. Le *Héros* avait eu, par suite de ses diverses rencontres, vingt-cinq hommes tués et soixante-douze blessés ; parmi les premiers figurait M. Duvivier, officier d'Austrasie. Le *Vengeur* comptait quatre tués et quarante-quatre blessés ; dans ce dernier chiffre était compris l'enseigne provisoire M. Pommac de Bonnevie.

Durant ce dernier épisode du combat, le *Sévère*, que nous avons laissé aux prises avec le *Sultan*, perdit son officier de manœuvre, M. de Gênes. Cet officier, d'un grand mérite, ayant eu une jambe emportée, fut descendu au poste du chirurgien, où, dans le même moment, on transportait le chevalier de la Salle, capitaine de brûlot, premier officier du vaisseau. M. de Cillart, resté seul sur le pont, malgré la proximité de l'*Annibal*, du *Sphinx* et du *Héros*, perdit la tête : tandis que les batteries de son vaisseau tonnaient contre le *Sultan*, le capitaine se décida à se rendre aux Anglais. Il s'adressa à deux volontaires, qui refusèrent d'aller amener le pavillon, et comme il renouvelait impérativement cet or-

dre, ces deux braves jeunes gens prirent le parti de se soustraire à sa présence, afin de ne pas participer à une reddition
aussi déshonorante. Mais, durant le débat entre le chef et
les subordonnés, le *Sévère* combattait le *Sultan*, et le moment
de la honteuse soumission de son commandant se trouvait
retardé d'autant. Malheureusement, de Cillart finit par trouver
un homme assez soumis, ou plutôt assez lâche, pour lui
obéir. On assura même que, dans l'intervalle du noble refus
des volontaires à l'acte de pusillanimité du matelot, ce capitaine demandait quartier, par des signes non équivoques, au
vaisseau le *Sultan*, qui le combattait.

A la nouvelle que le pavillon était amené et à l'ordre de
cesser le feu, deux officiers *bleus* (1), qui commandaient les
batteries, MM. Dieu et Rosbo, accoururent trouver leur capitaine et l'obligèrent, par leurs énergiques reproches, à
relever les couleurs nationales. Comme il hésitait à en donner
l'ordre : « Gardez donc votre pavillon baissé, qui n'est plus
» qu'une *guenille* entre vos mains, lui dit l'intrépide Dieu ;
» quant à nous, nous n'accepterons jamais la honte dont vous
» voulez nous couvrir. Secondés par l'équipage, qui partage
» notre résolution, nous allons continuer le feu. »

M. de Cillart, convaincu qu'il n'était plus, par sa honteuse
conduite, maître à son bord, et que la bravoure de ses officiers allait l'exposer aux mêmes dangers que ceux auxquels il
voulait se soustraire en sacrifiant son honneur, consent à faire
rehisser son pavillon. A peine en a-t-il fait le signal appro-
batif, qu'un des volontaires que nous avons cités, et dont le
nom méritait de passer à la postérité, court vers la gaule de
pavillon, et l'étendard fleurdelisé, qui n'eût dû jamais cesser
d'y briller, apparaît de nouveau sur la poupe du *Sévère*, salué par les acclamations de *Vive le Roi !* Ainsi, l'armée re-

(1) Officiers auxiliaires, munis de brevets pour la campagne ; on les désignait sous le noms d'*officiers bleus*, à cause de la couleur de leurs culottes :
celles de Messieurs du grand-corps.étaient rouges.

couvrait un vaisseau de soixante-quatre canons, et la France conservait l'honneur de son pavillon, par le généreux dévoûment à sa cause de deux officiers-*auxiliaires*. Le *Sultan*, en panne, mettait un canot à la mer, pour amariner le *Sévère*; mais il fut contraint d'éventer, pour tenir le plus près et répondre aux bordées réitérées que lui envoyait le vaisseau français.

L'amiral anglais, étant parvenu à former sa ligne de bataille de front avec neuf de ses vaisseaux, tenait le vent, tant pour s'éloigner de notre armée, à laquelle il abandonnait le champ de bataille, qu'afin de pouvoir regagner son mouillage et y rallier le *Héros*, capitaine Hawker, qui s'était élevé au S. Le *Worcester* courait seul la bordée du large. A 4 heures 1/2, sir Ed. Hughes amena le signal de son ordre de bataille, qu'il conservait en tête de mât, et le remplaça par celui de se disposer à jeter l'ancre. A 5 heures 1/2, le *Superb* mouilla par six brasses d'eau, entre Négapatnam et Naour; les autres vaisseaux prirent successivement leur ancrage à bout de bord.

Suffren, en panne sur le champ de bataille, d'où il voit fuir l'ennemi, s'occupe de rallier ses vaisseaux en portant sur la terre. A 6 heures, l'escadre de France laissa tomber l'ancre devant Karikal, à 2 lieues sous le vent des vaisseaux de la Grande-Bretagne.

Le 7, au jour, le Commandeur, aux aguets, se dispose à recevoir les ennemis et à recommencer le combat de la veille; mais, à 9 heures, voyant que Hughes reste toujours dans l'inaction et qu'aucune disposition de sa part n'annonce l'intention d'en venir aux mains, quoique le *Worcester* l'ait rallié depuis quelque temps, il fait le signal d'appareiller et donne l'ordre à la *Bellone* de prendre à la remorque le *Brillant*. Le besoin que nos vaisseaux avaient de se réparer, et la nécessité de mettre à terre un grand nombre de blessés, décident Suffren à conduire son escadre à Goudelour, où il mouille le soir.

Si notre armée navale avait souffert, celle des Anglais n'était pas en meilleur état, de l'aveu même de sir Ed. Hughes, aveu qui coûte toujours beaucoup à la morgue britannique.

« Le 7 au matin, contient le rapport de cet amiral, les » dommages essuyés par les différents vaisseaux de l'escadre » me parurent si considérables, que j'abandonnai toute idée » de poursuivre l'ennemi. A 9 heures, l'escadre française mit » sous voiles et retourna à la rade de *Guddalore*; ses vais- » seaux désemparés faisaient la tête, et ceux qui l'étaient le » moins couvraient la retraite, à l'arrière-garde. »

Notre armée venait de dépasser *Trinquebar*, lorsqu'on aperçut un petit bâtiment, détaché de l'escadre anglaise, qui portait à force de voiles sur nos vaisseaux, en arborant pavillon parlementaire. Le général rendit aussitôt sa manœuvre indépendante, mit en travers et lui envoya une embarcation, portant M. de Moissac, afin de connaître l'objet de son message. Voici comme l'explique l'amiral anglais :

» A 10 heures du matin, j'envoyai le capitaine James » Walt, du vaisseau du Roi le *Sultan*, à bord du brigantin » désarmé le *Rodney*, avec un pavillon parlementaire et une » lettre à M. de Suffren, contenant une demande de l'extradi- » tion du vaisseau de S. M. très-chrétienne — *l'Ajax*. Le ca- » pitaine Walt joignit l'escadre française le même soir, et ma » lettre fut rendue à M. de Suffren. »

En effet, le Commandeur reçut cette lettre, par laquelle sir Ed. Hughes réclamait le vaisseau *l'Ajax*, qui, dans le combat de la veille, après avoir amené son pavillon et même demandé quartier, avait recommencé à tirer, en rehissant son pavillon. Il avait profité de l'instant où le *Sultan* mettait en panne, afin d'envoyer un canot l'amariner, pour lui envoyer en poupe trois bordées qui avaient fait un ravage affreux. *Cette manière de combattre serait inusitée chez les Turcs*, disait l'amiral, qui finissait par réclamer ce vaisseau, comme s'étant rendu à l'un de ceux qui composaient son escadre.

L'amiral anglais sentait lui-même combien sa demande était illusoire ; mais, afin de donner le change en Angleterre sur son abandon du champ de bataille, il fit retentir bien haut l'action du *Sévère ;* il savait que c'était un moyen de plaire à sa nation que de causer à M. de Suffren et à notre pays une mortification ; il atteignit complètement son double but : c'est-à-dire que les Anglais furent trompés à Londres, et que M. de Suffren éprouva un grand chagrin lorsqu'il put être éclairé sur la conduite pusillanime du capitaine Cillart, durant son engagement contre le *Sultan*, que nous avons raconté avec le plus grand détail.

Toutefois, le général, pour qui cette réclamation était une énigme inexplicable, répondit que l'*Ajax*, n'ayant point combattu, ne pouvait avoir amené ; qu'il ignorait entièrement qu'aucun des vaisseaux de son escadre se fût rendu ; mais que, dans cette supposition, il eût été assez fort pour aller l'enlever au milieu de l'escadre anglaise. Telle fut la réponse avec laquelle M. de Suffren éconduisit le bâtiment parlementaire.

L'amiral anglais traduisit à son Gouvernement le refus du Commandeur en ces termes : « *Il fit* (Suffren) *une réponse* » *évasive, disant que c'était le vaisseau français le Sévère qui* » *avait eu les drisses de son enseigne coupées par un coup de* » *canon, comme il arrive fréquemment dans une action, au* » *moyen de quoi l'enseigne était tombée ; mais qu'on n'avait* » *jamais eu dessein de l'amener.* »

L'amiral Hughes ne s'en tint pas là ; il osa, malgré sa fuite avérée devant notre armée et l'aveu de l'état de détresse de ses vaisseaux, ajouter ceci à son rapport : « Je me félicite » beaucoup de pouvoir informer les lords commissaires que, » dans cet engagement, l'escadre du Roi à mes ordres gagna » une supériorité décidée sur celle de l'ennemi ; et si le vent » n'eût pas changé et jeté l'escadre du Roi hors d'action, au » moment même que quelques-uns des vaisseaux ennemis » avaient rompu leur ligne et prenaient la fuite, et que d'au-

» tres étaient très-désemparés, j'ai tout lieu de croire que le
» combat se serait terminé par la capture de quelques-uns de
» leurs vaisseaux de ligne. »

Si l'issue de ce dernier combat, dans lequel les Français
eurent cent soixante-quatorze hommes tués et six cent deux
blessés, les obligea de renoncer à l'attaque de Négapatnam,
ils en retirèrent du moins cet avantage, d'avoir mis l'escadre
anglaise dans la nécessité de s'éloigner de cette place et de
retourner à Madras, lieu de dépôt, pour s'y réparer et y prendre
des vivres et de nouveaux approvisionnements d'esparres, de
jumelles et de cordages, ainsi que des boulets, de la poudre
et autres munitions de guerre.

Par la retraite définitive des ennemis vers le N., qui eut
lieu le 18 juillet, Suffren se trouva à plus de 30 lieues au vent
de l'armée anglaise ; de la sorte, il restait maître de protéger,
sans crainte d'être inquiété, l'arrivée des renforts en vaisseaux et en hommes qu'il attendait de l'Ile-de-France ; aussi
mit-il à profit cette position, que lui abandonna forcément
son adversaire. Hughes, malgré ses rodomontades, eut soin
de passer au large de Goudelour et hors de vue de l'armée
française.

Nous avons laissé l'escadre sous voiles, se rendant à Goudelour, où elle prit son ancrage, le 7 juillet au soir ; là, seulement, M. de Suffren connut les particularités du combat du
Sévère contre le *Sultan*, et la conduite tenue par M. de
Cillart : il en resta atterré. Le général fit appeler à bord du
Héros le capitaine du *Sévère*, pour le questionner ; cet officier, ne pouvant justifier par aucune raison plausible sa lâcheté, fut immédiatement suspendu de ses fonctions, et renvoyé à l'Ile-de-France. De cette colonie, il devait passer en
France, pour y être jugé par un conseil de guerre ; mais,
craignant de payer de sa tête l'opprobre dont il avait couvert
le corps de la marine, il parvint à s'échapper à bord d'un bâtiment neutre, et alla cacher sa honte en des pays étrangers.

Le dernier combat avait mis le comble aux sujets de mécontentement que le général avait également contre plusieurs capitaines de son escadre. Le capitaine de l'*Artésien* perdit son commandement, qui fut donné à M. de Saint-Félix ; le *Vengeur* fut donné à M. de Cuverville, qui céda le *Flamand* à M. de Salvert, lieutenant de vaisseau ; le *Sévère* à M. de Maurville de Langle, lieutenant de vaisseau ; M. de Beaulieu quitta la *Bellone*, qu'il remit au chevalier de Pierre-Vert, pour passer à bord du *Brillant* ; enfin, M. Bouvet céda l'*Ajax* à M. de Beaumont le Maître, qui n'était encore que lieutenant. La considération que M. de Suffren conservait pour M. Bouvet l'avait empêché de lui ôter plus tôt son commandement. Il croyait, qu'éclairé sur son état, il se fût rendu justice, et qu'il eût abandonné de lui-même une carrière, dans laquelle il ne pouvait plus être utile à cause de son âge et de ses infirmités (1).

M. de Suffren écrivait, à cette occasion, la lettre suivante à M. le vicomte de Souillac : « Il y a trois capitaines démon- » tés à faire passer en France : 1° M. de Cillart, pour avoir » indécemment amené son pavillon ; 2° M. de Maurville, qui, » le 6 juillet, loin d'effacer, n'a fait qu'aggraver les torts qu'il » a eus le 17 février, le 12 avril et le 5 juin ; 3° M. le comte » de Forbin qui, loin de réparer sa mauvaise conduite du » 12 avril, s'est aussi fort mal conduit.

« Je dois vous prévenir aussi que le sieur La Combe, qui » a demandé à passer en France, comme malade, s'était » conduit, le 12 avril, avec la plus grande lâcheté. Il y a aussi » MM. Foucault et de Barheme qui passent dans l'intention de » quitter le service à leur arrivée : ce ne sera pas une grande » perte (2). »

(1) M. Bouvet passa de Goudelour à Trinquemalay, après la conquête de cette place, afin d'y trouver un bâtiment qui le portât à l'Ile-de-France. Il y mourut des suites du scorbut.

(2) Lettre de Suffren, 31 juillet 1782. (*Arch. de la mar.*)

Jusqu'alors on avait admiré le Commandeur pour ses qualités militaires ; mais, on l'admira davantage encore pour la fermeté qu'il déploya en cette occasion, où il sut braver l'inimitié et les reproches de son corps, sans égard pour les liaisons individuelles, et où, le premier, il osa démonter et renvoyer les officiers qui s'étaient mal comportés dans une affaire. Pourtant, on trouva un peu de sévérité dans le renvoi de M. de Forbin ; mais son vaisseau n'avait jamais bien fait, et les plaintes auxquelles il avait donné lieu dataient de San-Yago ; on publiait même dans l'armée que le ministre, d'après le compte qui lui en fut rendu, avait ordonné son retour, ainsi que celui d'un autre capitaine : M. de Suffren avait pris sur lui de les conserver. L'un avait, par la suite, su réparer ses torts (1) ; mais, sans qu'on pût reprocher à M. de Forbin une défection marquée, sa conduite avait été des plus faibles, et l'alliance qui se trouvait entre lui et le général rendit peut-être ce dernier plus sévère.

Suffren poussait avec son activité ordinaire les réparations à faire à ses vaisseaux. La *Pourvoyeuse* fournit toute la mâture de son grand mât au *Brillant*. La *Fortitude*, prise anglaise, remplaça à la *Pourvoyeuse* la mâture qu'elle avait donnée. La *Sylphide* et le *Brûlot* furent démâtés, pour procurer des mâts de hunes aux vaisseaux, avec leurs bas-mâts. Le *Yarmouth* et un autre bâtiment capturé pourvurent à leurs dépens ces navires. Malgré son obésité prodigieuse, Suffren déployait l'ardeur fougueuse de la jeunesse ; il était partout où l'on travaillait. Sous sa puissante énergie, les ouvrages les plus difficiles s'exécutaient avec une rapidité incroyable. Néanmoins, ses officiers lui représentaient le mauvais état de la flotte et le besoin d'un port pour les vaisseaux. « Jusqu'à ce que nous ayons conquis Trinquemalay, leur répondit-il avec cette confiance qui n'appartient qu'aux hommes grands

(1) Le capitaine du Chilleau.

et forts, les rades foraines de la côte de Coromandel nous suf-
fisent (1). » Tour à tour maçon et charpentier, il démolissait
des maisons ou des édifices publics pour y prendre des pou-
tres qui remplaçaient les pièces de bois utiles aux réparations
de ses vaisseaux, et qui lui faisaient faute. Nonobstant tous
ces immenses travaux, Suffren aurait été prêt à partir le
18 août; mais le Nabab, qui voulait le voir, s'opposait à l'appareillage de nos vaisseaux.

Pendant que Suffren attendait l'arrivée du Nabab près de
Goudelour, M. Hughes s'occupait de ravitailler son escadre.
Le 21 juillet, il avait été rejoint par le vaisseau le *Sceptre*, de
soixante-quatre (2), capitaine Samuel Graves, appartenant à
l'escadre de sir Richard Bikerton (3), et par le vaisseau-transport armé le *San-Carlos*, de quarante-quatre canons. Ces
deux bâtiments, partis le 17 de la rade de Madras, avaient
essayé de remonter jusqu'à Négapatnam, supposant y trouver
leur amiral. Au bout de quatre jours, ils renoncèrent à leur
entreprise et revinrent au mouillage de la Présidence, où
M. Hughes regrettait vivement leur absence.

Notre tâche d'écrivain ne serait qu'imparfaitement rem-
plie, si nous ne nous attachions pas à énumérer les causes
qui firent que cette guerre maritime, dans l'Inde, n'eut pas
les résultats qu'elle devait avoir avec un homme tel que Suffren. En effet, malgré cinq batailles navales gagnées par cet

(1) Suffren écrivait en même temps à M. de Souillac : *L'Orient* et le
Vengeur font de l'eau. Il faut cependant que nous restions ici toute la
guerre ; mais plusieurs vaisseaux ne le pourront pas, à moins que nous
ne prenions Trinquemalay. *(Arch. de la mar.)*

(2) Ce bâtiment, passant devant Goudelour, échappa à une chasse que
lui donnèrent l'*Artésien*, la *Bellone* et la *Fine*. Ces derniers s'élevèrent trop
à l'E., et lorsqu'ils revirèrent de bord, l'Anglais avait passé. A la veille de
partir, craignant de se séparer de ses vaisseaux, Suffren les fit rallier.

(3) Ce bâtiment s'était séparé de l'escadre et du convoi dans les mers
d'Europe.

amiral, elle se borna à venger notre marine de la défaite du comte de Grasse aux Antilles, et au rachat des honteux traités de 1763 ; mais elle ne servit en rien à accroître la puissance réelle de la France en ces contrées lointaines.

Au mauvais état des vaisseaux qu'on avait envoyés, et dont nous avons rendu compte, il faut ajouter le peu de discernement qu'on apporta dans le choix d'une partie des capitaines : défaut de discipline chez les uns ; manqué de bravoure ou d'énergie chez les autres. Sur onze capitaines de vaisseau qui servaient sous Suffren, à la mort de M. d'Orves, quatre furent démontés et renvoyés (1) ; quatre autres demandèrent à quitter l'escadre, lorsqu'on se préparait à combattre de nouveau (2). Dans les combats qui eurent lieu en Europe et en Amérique, où figurèrent à peu près tous les capitaines de vaisseau du corps de la marine, trois seulement furent mis en jugement, accusés de mauvaises manœuvres ou de faiblesse en présence de l'ennemi (3). Nous citerons encore les lenteurs du ministère, ses mauvaises combinaisons et ses fausses mesures pour l'expédition du convoi : de là suivit ce concours de circonstances désastreuses qui vinrent faire échouer les projets de conquête de la France sur l'Inde.

Loin de faire suivre de près les cinq vaisseaux de Suffren par d'autres, puisque déjà on reconnaissait le tort qu'on avait eu de ne pas tenter plus tôt cette importante diversion en Asie,

(1) MM. de Gillart, de Maurville, de Forbin et Bouvet *(a)*, auxquels il faut encore ajouter M. de Ruyter, capitaine de la frégate la *Pourvoyeuse*.

(2) MM. de Tromelin, de Saint-Félix, de la Landelle et de Galles, auxquels il faut ajouter M. de la Nuguy, qui avait demandé à quitter sa frégate à Achem. (Voir les pièces officielles à la fin du volume.)

(3) MM. de Framont, de Vigny et M. le baron d'Arros. Ce dernier, impliqué dans l'affaire du 12 avril, fit paraître un mémoire justificatif.

(a) Vieillard qui avait jadis bien servi, et que des infirmités rendaient impropre à commander.

le ministère, par défaut de prévoyance, reste huit mois entiers sans expédier un seul bâtiment de guerre au-delà du Cap de Bonne-Espérance. Plus tard, lorsque la cour de Versailles, mieux éclairé sur les intérêts de la France, arrête sérieusement la ruine des possessions britanniques de l'Asie, c'est à un vieillard goutteux que l'on confie le commandement de nos forces de terre et la direction de celles de mer. Ainsi, ce n'est pas assez d'avoir laissé Suffren l'égal de Duchemin, on le met sous les ordres de Bussy. Ce fait seul démontre la profonde inintelligence du ministère, pour ce qui concernait nos affaires de l'Inde. Il fallait que le génie malfaisant du vieux Maurepas, qui dominait toujours, nous fît commettre faute sur faute pour sauver l'Angleterre. Toutefois, on réunit des troupes et des vaisseaux ; mais, au lieu de tenir compacte notre expédition, pour la rendre plus forte et plus imposante, on la divise en plusieurs autres de moindre force. Quatre convois, portant nos soldats et nos munitions, prendront la pleine mer avec de faibles escortes ; et plutôt que d'assurer leur passage jusqu'à Madère, par l'une des escadres qui allaient et venaient de l'Amérique ou de Cadix, on préférera les exposer partiellement à des rencontres disproportionnées. Cependant les flottes et les divisions navales de la Grande-Bretagne, avec leurs nombreux vaisseaux cuivrés, sillonnaient les mers d'Europe dans tous les sens.

Le marquis de Bussy était allé à Cadix, rejoindre les vaisseaux le *Saint-Michel*, de soixante-quatre, et l'*Illustre*, de soixante-quatorze, escortant trois bâtiments-transports ; de Cadix, il fit voile pour Ténériffe, où devait le rejoindre M. de Guichen fils, avec le second convoi en armement à Brest. Cet officier appareilla le 11 décembre 1781, et, le 12, il fut rencontré par l'amiral Kempanfelt (1). Une partie des transports

(1) Le 29 août 1782, cet amiral commandait le vaisseau le *Royal-Georges*, de cent canons, mouillé à Spithead. Le charpentier, ayant eu l'im-

sur lesquels étaient embarqués des renforts d'hommes et de munitions de guerre tomba au pouvoir de l'ennemi ; l'autre partie fut dispersée par une violente tempête. Les navires le *Marquis de Castries* et le *Neptune-Royal*, portant la grosse artillerie, une compagnie entière et les officiers de cette arme, furent les seuls du convoi qui atteignirent Sainte-Croix. Voilà les premiers résultats du peu de prévoyance des hommes qui dirigeaient nos affaires. Cette perte fut cruelle pour le général de Bussy, puisqu'elle fit naître des inquiétudes sérieuses sur les suites de ce fâcheux événement, et le jeta dans la plus grande perplexité pour les opérations ultérieures. De Bussy arriva à *Table-Bay* dans les premiers jours d'avril, suivi de cinq transports, et il y trouva à l'attendre deux navires américains. Là, il apprit le départ du Port-Louis de l'escadre de M. d'Orves et du convoi portant les troupes sous les ordres de M. Duchemin. Ces deux officiers n'avaient pas reçu l'ordre d'attendre la réunion de toutes les forces que l'on avait eu l'intention d'y envoyer ; en sorte qu'ils ne jugèrent pas à propos de différer une expédition qu'on reconnaissait nécessaire.

Pour surcroît de contrariétés, le gouverneur du Cap de Bonne-Espérance communiqua à M. de Bussy l'avis qu'il avait reçu de Londres et de Hollande, touchant le prochain départ d'une escadre anglaise portant cinq à six mille hommes de troupes, avec ordre à l'amiral de tenter une entreprise sur l'établissement hollandais.

Le cabinet de Saint-James, devinant, par la prise de notre

---

prudence de laisser ouverts les sabords de la batterie basse, pendant qu'on lui donnait une demi-bande, un grain très-fort fit couler ce vaisseau avec treize cents personnes. On en put sauver trois cents ; mais l'amiral et le charpentier furent au nombre des victimes, ainsi que beaucoup de femmes de marins. Le navire munitionnaire le *Lark*, qui était bord à bord du *Royal-Georges*, fut englouti par le tourbillon provenant de la submersion du vaisseau.

convoi, les vues que la France avait sur l'Inde, ne s'amusa pas, comme celui de Versailles, à risquer partiellement quelques renforts. Six vaisseaux de ligne et deux belles frégates, en parfait état de conservation et de solidité, armés à Plymouth, furent confiés à sir Richard Bickerton, avec mission d'escorter un convoi composé de seize vaisseaux de la Compagnie, d'un bâtiment munitionnaire et de deux transports. Bussy crut, ainsi que M. Joachim de Plettenberg, que le Cap serait attaqué par ce formidable armement. En conséquence, il se détermina à laisser au Cap cinq cents soldats des transports et cent cinquante hommes de la garnison des vaisseaux, pour préserver, autant qu'il était en son pouvoir, cette place si importante du coup-de-main dont on la croyait menacée par les Anglais, ou faire acheter à ceux-ci le succès assez cher pour les mettre hors d'état de conserver l'égalité dans l'Inde.

Privé de l'espérance de voir arriver en temps convenu les secours qu'il attendait d'Europe, le marquis se sépara du peu de troupes qu'il avait avec lui. Ce général était loin de prévoir que le second convoi, à bord duquel se trouvaient les renforts qui complétaient son expédition, éprouvait le même sort que celui de M. de Guichen, et que sa perte ferait avorter l'opération arrêtée par le gouvernement du Roi. Le 2 mai 1782, M. de Bussy appareilla pour l'Ile-de-France, avec les vaisseaux et le faible convoi chargé de vivres, agrès et munitions. Lorsqu'il le vit hors de danger, il prit les devants avec le *Saint-Michel*, et mouilla au Port-Louis le 31 mai.

M. de Bussy trouva le vicomte de Souillac occupé à faire préparer les secours en hommes, munitions et provisions demandés d'une manière si pressante par le Commandeur. Étranger à ce qui avait eu lieu, et ne pouvant calculer les avantages qui résultaient, soit du rappel de l'escadre, soit de son séjour dans l'Inde, il se détermina heureusement à l'y laisser, et même à l'augmenter des vaisseaux l'*Illustre* et le

Saint-Michel, de la frégate la *Consolante*, de quarante canons, et de neuf flûtes portant huit cents hommes, tirés de la garnison des deux îles. Le marquis ignorait, heureusement encore, à ce moment, la prise d'une partie du convoi de M. de Soulanges et la dispersion de l'autre, désastre qui avait eu lieu le 23 avril. Composé des vaisseaux de ligne le *Protecteur* et le *Pégase*, de la frégate l'*Andromaque*, de trente-deux, du vaisseau l'*Actionnaire*, armé en flûte, et de dix-huit transports, ce convoi, qui aurait pu être protégé par M. de Guichen, si on l'avait voulu, fut aperçu à 25 lieues N.-E. 1/4 E. d'Ouessant, par une frégate de l'escadre de l'amiral Barrington. Chassé par l'ennemi, le *Pégase* fut rejoint à minuit par le *Foudroyant*, capitaine Jervis (1), qui engagea l'action, et permit à quelques autres vaisseaux d'y prendre part ensuite.

Le *Pégase*, que commandait M. de Sillans, tomba au pouvoir de l'ennemi, ainsi que dix autres navires, au nombre desquels était l'*Actionnaire*. Ce dernier avait subi une chasse de vingt-cinq heures du vaisseau de quatre-vingt-dix la *Queen*, capitaine Maitland. Le *Protecteur*, l'*Andromaque* et neuf des transports rentrèrent à Brest (2). Les fautes du passé ne servaient pas de leçons au présent : toujours on ressentait les effets des mains malhabiles qui conduisaient nos opérations. Ainsi donc, par suite des mauvaises dispositions adoptées par la cour de Versailles pour notre expédition de l'Inde, le général en chef eût pu voir, de l'Ile-de-France, les soldats sous ses ordres et les vaisseaux destinés à les protéger pris ou dispersés sur des points différents, à des distances immenses. En effet, une partie des vaisseaux de MM. de Guichen et de

(1) Il devint amiral et lord Saint-Vincent. Nelson fut un de ses capitaines.

(2) Indépendamment des navires, nous perdîmes six cent soixante-dix-sept matelots, quatre cent trente-cinq soldats et cent trente canons.

Soulanges avait été conduite en Angleterre, l'autre contrainte de rentrer au port d'armement, pour n'en plus sortir.

M. de Peynier était parvenu le 17 mai au Cap de Bonne-Espérance, mais avait été forcé d'y séjourner, par le mauvais état du matériel et du personnel de sa flotte; Bussy se trouvait à l'Ile-de-France avec la division d'Aymar, et Suffren dans l'Inde, où son escadre, manquant des choses essentielles, protégeait cette poignée de soldats que nous y avions débarqués.

Tandis que nous disséminions nos vaisseaux, pour en perdre la moitié, le gouvernement britannique, plus capable que le nôtre de diriger des expéditions maritimes, stimulé par les clameurs des négociants de la Cité de Londres (1), avait réuni les siens et les envoyait, sous le commandement de sir Richard Bickerton, au secours de l'amiral Hughes. Ce puissant renfort était arrivé le 13 avril à Rio-Janeiro : en mai, l'escadre et le convoi anglais y étaient encore en relâche. Les bâtiments de cette formidable flotte, les équipages et les troupes passagères se trouvaient en parfait état.

Telle était la situation qu'on avait faite dans l'Inde à nos armées de terre et de mer, en présence d'un ennemi puissant, actif et entendu, lorsqu'on apprit, le 25 juillet, que le Nabab, qui avait levé son camp des environs d'Harny, à 30 lieues de distance, d'où il observait les Anglais, venait l'asseoir à Bâhour, à 1 lieue 1/2 de Goudelour. Aussitôt que M. de Suffren connut l'arrivée du prince, il le fit saluer par le canon de la place et par toute l'artillerie de l'escadre; la brise de mer qui soufflait alors portait jusqu'à la tente du monarque indien, les détonnations de la salve faite en son honneur par nos bouches à feu : en même temps, M. de Moissac,

(1) Les gazettes anglaises du 17 avril 1782 annonçaient que 4,764 maisons de commerce avaient fait banqueroute depuis le commencement de la guerre.

major de l'escadre, quittait le *Héros*, pour aller le complimenter et prendre son jour et son heure, pour la visite de cérémonie.

L'entrevue ayant été fixée au lendemain 26, le général descendit à terre, avec MM. de la Pallière, de Saint-Félix, de Cuverville, de Salvert et de Beaulieu, commandants des vaisseaux de guerre ; le chevalier de Pierre-Vert, son neveu, capitaine de la *Bellone*, MM. de Moissac, major, et Ravenel, intendant de l'escadre, qui avaient été désignés pour l'accompagner.

Le Commandeur et son cortége partirent de Goudelour, escortés par un bataillon de Cipayes ; ils passèrent par *Mangi-Coupan*, et s'arrêtèrent chez M. Duchemin, toujours souffrant de sa grave maladie : là se trouva l'escadron de cavalerie française, servant près d'Hayder-Aly. Cet escadron d'élite était commandé par M. Bouthenot, désigné par le Nabab lui-même, pour accompagner le général. Goulam-Alikan, un des premiers chefs de cavalerie, suivi d'un autre officier de la maison du prince, vint au devant du Commandeur, pour le complimenter de la part du monarque, et le conduire au camp.

Suffren les reçut avec distinction, et leur donna des *serpeaux* (1), afin de les honorer suivant l'usage du pays. Après 1/4 d'heure d'entretien, le général et son escorte se mirent en marche, la cavalerie en avant, pour éclairer la route ; après elle, venait une compagnie des grenadiers du régiment d'Austrasie. Le Commandeur était en palanquin (3), ainsi

(1) Vêtement ordinaire des Maures, assez semblable à l'aube de nos prêtres, excepté qu'il est fendu par devant, mais on le retient croisé, à l'aide d'une ceinture. Les personnes de distinction envoient des serpeaux aux individus qu'elles veulent honorer.

(2) Voiture portative, semblable à nos lits de repos. Étendu sur des matelas d'étoffes plus ou moins précieuses, la tête appuyée sur de larges coussins, on est porté par quatre ou six noirs, toujours courant.

que les officiers de marine de sa suite ; mais à ses côtés se tenaient à cheval Goulam-Alikan et l'autre envoyé du prince ; le bataillon de Cipayes formait la haie ; en dehors et sur les ailes du cortége allaient au pas des escadrons de cavalerie maure ; enfin, une compagnie de grenadiers de l'Ile-de-France fermait la marche.

A l'entrée du général dans le camp, toutes les troupes du Nabab se trouvèrent sous les armes et en bataille ; les tambours battirent au champ. La tente du Nabab est distinguée de toutes les autres, par la couleur verte qui lui est affectée : une troupe particulière préposée à sa garde, l'entoure jour et nuit, afin d'en éloigner tous ceux qui ne font pas partie de la maison du prince.

Le général et sa suite furent introduits sans le moindre délai. Dès que les *Chapdars* ou Hérauts, qui se tenaient à l'entrée, eurent annoncé à haute voix M. de Suffren, le Nabab se leva et vint le recevoir au bas de l'estrade que formait le plancher de sa vaste tente. Le prince donna l'accolade au général, salua avec toute la distinction et l'affabilité possibles les officiers qui l'accompagnaient ; ensuite, conduisant M. de Suffren au fond de sa tente, il le fit asseoir à sa droite, tout près du large oreiller cylindrique qui lui servait d'appui.

Les Français se placèrent à droite et les dignitaires de la cour d'Hayder à gauche ; mais le monarque indien, voyant que la position qu'avaient prise les européens était gênante pour eux, surtout pour M. de Suffren, à cause de son embonpoint excessif, fit apporter des carreaux et engagea le général à s'y étendre (1).

Le Nabab adressa au Commandeur les éloges les plus flatteurs ; mais celui-ci les lui rendit d'une manière qui parut infiniment agréable à ce prince ; aussi répétait-il à son *Dor-*

---

(1) Suivant un proverbe indien, il vaut mieux être assis que debout; on est mieux couché qu'assis.

bar (1) une grande partie des compliments que lui faisait M. de Suffren.

Le général ayant proposé au Nabab de s'approcher du bord de la mer, pour jouir du spectacle de son escadre qui devait en son honneur être pavoisée, et paraître à ses yeux dans toute sa pompe maritime, le monarque le remercia par une réponse fort spirituelle, mais qui témoignait combien il l'appréciait ; il lui dit « qu'il ne s'était déplacé que pour jouir du plaisir de voir un aussi grand homme, et que lorsqu'on l'avait vu on n'avait plus rien à désirer. »

Cette première audience dura 3 heures et l'on n'y traita d'aucune affaire. Le Nabab offrit un déjeûner pour le lendemain, 27 juillet, à M. de Suffren et aux Français de sa suite, se proposant d'avoir ensuite une entrevue particulière avec le général. Après le repas, qui fut servi dans une tente proche de celle d'Hayder, et auquel assistaient également M. le commandant d'artillerie d'Espinassy et les officiers des différents corps qui avaient accompagné M. de Suffren, la plupart des capitaines retournèrent à leur bord, emportant avec eux les marques de la munificence du monarque qui les avait si bien accueillis la veille. Chacun d'eux avait reçu un *serpeau* de gaze d'or, un châle, une plaque enrichie de diamants, suspendue à une chaîne d'or, et une bourse, contenant trois cents pagodes (2), comme équivalent de la valeur du cheval que l'usage prescrit d'ajouter à ces présents.

M. de Salvert, qui avait été précédemment député de Ceylan vers ce prince, reçut de plus que ses collègues une bague d'un très-haut prix : quant à l'éléphant qui était destiné à M. de Suffren, sa valeur fut représentée par dix bourses qu'on remit à son domestique.

Le Commandeur, qui avait couché au camp du Nabab,

(1) Conseil du prince : quelquefois le lieu où il s'assemble.

(2) La pagode d'or, dite à l'étoile, vaut neuf francs.

ainsi que les autres Français de sa suite, se rendit chez ce prince avec M. Piveron de Morlat, chargé jusqu'ici, par M. de Souillac, des affaires de la France à la cour d'Hayder. Après les premiers compliments d'usage, le général offrit au Nabab une pendule d'une grande valeur, deux lustres en cristal et un vase étrusque, pareillement de cristal, sur un socle d'or moulu, destiné à contenir des fleurs ou des parfums. Ces objets précieux avaient été trouvés à bord du vaisseau capturé qui allait en Chine ; ils étaient destinés à l'Empereur, et les Anglais faisaient sans le vouloir les frais de ce superbe présent.

Le Nabab se retira avec le général dans une tente particulière ; pendant cet entretien le traitement de nos troupes fut arrêté jusqu'à l'arrivée de M. de Bussy ; et déjà disposé par l'estime et l'admiration qu'il avait conçues pour M. de Suffren, Hayder lui voua une vive amitié.

Une nouvelle conférence eut lieu le 28. En même temps, la *Fine* ralliait l'escadre avec un brick anglais, chargé de riz pour Négapatnam, qui avait à bord le colonel Horn, nommé au commandement de l'armée de Tanjaour, et une chelingue débarquait M. de Launay, commissaire général de l'armée du marquis de Bussy : le côtre le *Lézard* l'avait amené à Galles, d'où il avait pris passage sur un navire danois jusqu'à Trinquebar ; c'était donc de cette dernière place qu'il arrivait sur l'embarcation indienne.

M. de Launay, qui apportait une lettre de M. de Bussy, datée de l'Ile-de-France, et le portrait de Louis XVI, que ce roi envoyait au Nabab, fut présenté à ce prince par M. de Suffren. L'arrivée à la pointe de Galles des deux vaisseaux, le *Saint-Michel* et l'*Illustre*, de la frégate la *Consolante* et de six transports chargés de troupes, ainsi que les puissants secours annoncés par M. de Bussy, étaient une nouvelle, sinon agréable au Nabab, selon sa politique, du moins propre à l'attacher encore à nos intérêts : il la reçut avec des marques de satisfaction. Il fit orner le chapeau de l'amiral d'une aigrette de diamants, lui présenta un serpeau fort riche et deux bagues en brillants.

Le général, ayant eu son audience de congé, quitta le camp d'Hayder le 29 et se rendit à son bord, qu'il avait tant hâte d'atteindre ; il y reçut la visite de plusieurs chefs du Nabab curieux de voir nos vaisseaux.

La *Pourvoyeuse*, commandée par M. de Lanuguy-Tromelin, avait été dirigée sur Mallac, pour y prendre des mâtures que les Hollandais s'y étaient procurées pour notre escadre ; la *Résolution*, capitaine Macé, partit pour Manille ; les *Trois-Amis* et deux Hollandais firent voile pour Batavia. Les corvettes la *Sylphide* et le *Diligent* avaient été désignées pour porter les capitaines démontés et les paquets à l'Ile-de-France ; mais le *Diligent* fut condamné et remplacé par le *Maurepas*, sur lequel on embarqua le fils du duc de Fleury, exilé à l'Ile-de-France et qui avait voulu aller dans l'Inde ; M. de Chenneville nommé au commandement du deuxième bataillon de l'Ile-de-France (1) et le colonel Horn : telles étaient les dispositions qui précédèrent le départ de notre armée navale de Goudelour.

Le lendemain de son retour du camp du Nabab, M. de Suffren écrit à M. de Souillac : « Je vous assure que ce n'est » point une petite affaire de tenir la mer sur une côte, sans » argent, sans magasins, avec une escadre en partie très-mal » munie et après avoir essuyé trois combats ; c'est, je crois, » fort heureux, mais je suis au bout de mes ressources ; ce- » pendant il faut nous battre pour gagner Ceylan ; les enne- » mis sont au vent (2) et nous marchons si mal qu'il y a peu » d'espérance que nous leur gagnions le vent.

---

(1) MM. de Fleury et de Chenneville moururent dans la traversée.

(2) L'amiral Hughes étant passé au large, Suffren n'avait pas eu connaissance de lui et il le croyait encore à Négapatnam.

» L'escadre a 2,000 hommes à l'hôpital, au nombre des-
» quels sont 600 blessés. Je ne sais quel parti prendra l'es-
» cadre anglaise une fois radoubée ; on la dit en mauvais
» état et je n'ai pas de peine à le croire. » Le 31 juillet, la
veille de son départ, le Commandeur mandait au même :
« Les nouvelles données par un Portugais mentionnent que
» M. Hughes s'est déterminé à quitter Négapatnam. Je serais
» déjà parti sans cette entrevue, qu'on dit être nécessaire
» pour empêcher la paix avec les Anglais. Le Nabab est arri-
» vé, je l'ai vu, il m'a reçu au mieux et aurait fait plus s'il
» n'eût craint de donner de la jalousie. Je vous assure qu'on
» aurait fait du Nabab ce qu'on aurait voulu, si on eût su s'y
» prendre. M. Duchemin est très-mal. Je pars demain ; Dieu
» veuille que je joigne l'escadre anglaise après la réunion de
» M. d'Aymard. Le cutter a abordé le 10 à Ceylan. M. de
» Launay, croyant bien faire, y a laissé mes lettres ; je vais
» les y chercher.

» Le Nabab dit que la paix des Marattes est faite ; mais elle
» est gardée secrète. Ne serait-ce pas pour donner le change
» aux Hollandais, et les tranquilliser sur le monde qu'ils ont
» aux environs de Calicut, où se trouvent deux mille Euro-
» péens et cinq mille Cipayes?

» L'*Orient* et le *Vengeur* font de l'eau. Il faut que l'escadre
» reste ici toute la guerre ; mais plusieurs vaisseaux ne le
» pourront pas, à moins que nous prenions Trinquema-
» lay. »

Après avoir expédié la *Fortitude*, capitaine M. Geslin, au
Pégou, chercher du bois et de la mâture, et réparé son escadre, le 1er août, M. de Suffren fit signal au point du jour de
désaffourcher, à neuf heures celui d'appareiller. Une fois les
vaisseaux sous voiles, un nouveau signal hissé au grand mât
du *Héros* appelait tous les capitaines à l'ordre. Suffren voulut remettre lui-même à chacun d'eux un paquet cacheté, en
prescrivant les cas où il devait être ouvert. L'escadre, res-

tée en panne durant la réunion des capitaines, fit servir à
11 heures avec des vents de S.-O., afin de s'élever au S.

Pendant que, par son activité, Suffren suppléait aux lenteurs de notre gouvernement à lui envoyer quelques renforts;
pendant que nos hommes d'Etat négligeaient, par leur impéritie, de faire recouvrer à la France, en Asie, le rang qu'elle
y avait eu sous les Dupleix et les Labourdonnais, John Bull,
connaissant mieux que nos politiques du cabinet de Versailles
l'importance de l'Inde, source inépuisable de richesses com-
merciales pour l'Angleterre ; John Bull, disons-nous, inquiet
sur les suites de la lutte que soutenaient les Français dans
cette partie du monde, convoitée par lui depuis les succès de
Clive, n'épargnait ni ses avertissements ni ses plaintes. « Notre
» position est très-critique, publiaient les feuilles de Londres,
» et si l'amiral E. Hughes éprouve un échec avant l'arrivée
» de Bukerton, un miracle peut seul sauver Madras : tous les
» souverains du pays sont intéressés à la chute de la Compa-
» gnie. »

Et quels reproches n'est-on pas en droit d'adresser aux
ministres de cette époque, quand on songe que cet échec
si redouté, et d'une portée incalculable, Hughes l'aurait
éprouvé, si Suffren eût été mieux soutenu, ou même mieux
secondé !

Pour apaiser les lamentations du peuple anglais, Georges III, dans son discours du 20 juillet, avait prononcé ces paroles : « Mon désir impatient de la paix m'a engagé à prendre
» des mesures qui m'ont promis un accomplissement pro-
» chain de mes vœux..... Si je me trouvais déchu dans l'es-
» poir de voir bientôt cesser les calamités de la guerre, je me
» reposerais entièrement sur l'énergie, la fidélité et l'ensemble
» de mon Parlement et de mon peuple. Rien n'afflige autant
» mon cœur que la durée de cette guerre compliquée. »

On devait penser que les ministres, éclairés par les Anglais eux-mêmes, redoubleraient d'efforts pour frapper l'ar-

rogante Angleterre, là où elle était vraiment accessible. Eh bien, non ! nos convois, pris et dispersés, ne furent même pas remplacés !

Dominé par le besoin d'expliquer les causes qui rendirent stériles les victoires de Suffren, nous avons cru devoir nous y arrêter pour les faire ressortir. On doit voir clairement par quelle suite de fautes la domination de l'Inde a été enlevée à la puissante main de ce grand homme, toujours prête à la saisir au milieu de tous les obstacles.

CHAPITRE VI.

L'escadre mouille en vue de Trinquebar. — La *Pallas*, vaisseau de la régence de Batavia. — Le *Brillant* talonne sur un banc. — La *Bellone* est expédiée pour Batacalo. — Suffren arrive devant Trinquemalay. — Le *Héros* abordé par la *Fine*. — L'armée passe outre par suite de cet abordage. — Le *Sceptre* et le *Montmouth* lui échappent. — L'escadre mouille à Vanloos. — Elle y est ralliée par la *Consolante*. — Le côtre le *Lézard* ancré à Galles avec les paquets de M. de Bussy. — L'escadre jette l'ancre à Batacalo. — Combat de la *Bellone* et du *Cowentry*. — Mort de M. Pierrevert. — Le *Cowentry* se sauve. — Douleur de l'amiral. — Le *Lézard* rallie l'armée. — Lettre du ministre. — Approbation du combat de la Praya. — Confirmation des grâces demandées pour les officiers de son escadre. — Malte lui envoie les insignes de bailli. — Allégresse des équipages. — Sensation causée à Londres par nos succès en Asie. — La cour de Versailles oublie nos armées de terre et de mer. — Elle s'occupe de Gibraltar et des Antilles. — Le *Saint-Michel* et l'*Illustre*, escortant huit bâtiments, mouillent au milieu de l'escadre. — La corvette la *Fortune*. — Ordre de M. de Bussy de prendre Trinquemalay. — Le *Lézard* va explorer la baie. — Départ de l'armée. — Elle mouille devant Trinquemalay. — Les Français débarquent. — Attaque de la place. — Activité du Bailli. — La place capitule. — Arrivée de l'amiral Hughes. — Sa consternation à la vue du pavillon arboré sur les forts. — Suffren appareille. Combat naval. — L'amiral Hughes nous abandonne le champ de bataille. — Conduite de plusieurs capitaines français. — L'*Orient* se perd près de Trinquemalay. — Regrets de l'armée. — Quatre capitaines abandonnent leurs vaisseaux pour aller à l'Ile-de-France. — Murmures des équipages. — Suffren expédie le *Raikes*. — Les capitaines démissionnaires partent à bord du *Pulvériseur*. — Le côtre le *Lézard* appareille avec les paquets du Bailli. — Il mouille à Trinquebar. — L'armée réparée. — Elle met sous voiles pour Goudelour.

Le lendemain du départ de Goudelour, le 2 août 1782, l'escadre mouilla en vue de Trinquebar, mais au N. Sur la rade de cet établissement se trouvaient la *Fine* et le trois-mâts la *Pallas*, vaisseau de la régence de Batavia; la frégate y était allée prendre deux ancres de bossoir, achetées à l'avance. Le 3, la brise de terre soufflait de l'O.; l'armée en profita, et passa successivement devant la ville danoise, Karikal, Naour et Négapatnam. Le *Brillant*, qui s'était approché de terre, talona sur l'extrémité N. d'un banc de sable qui se trouve au S.-E. 1/4 S. du mât de pavillon de cette dernière place; heureusement qu'il para sans éprouver aucun dommage. La *Bellone*, expédiée pour Batacalo, où l'escadre devait se rendre, et de là pour Galles, afin de prévenir M. d'Aymar, était hors de vue. Son nouveau capitaine, le chevalier de Pierrevert, tenait de son oncle, pour l'activité qu'il montrait dans toutes les occasions ; il avait couvert de toile sa frégate, afin de remplir avec célérité la mission importante qui lui était confiée.

La brise d'O. continuant à régner, l'escadre en profitait pour s'élever au S. Elle souffla si fraîche dans la nuit du 7 au 8, que Suffren passa malheureusement devant Trinquemalay sans s'arrêter pour en explorer la rade. Ce qui contribua beaucoup à l'en détourner, ce fut le mécontentement qu'il avait éprouvé quelques heures auparavant, par un abordage de la *Fine* (1), qui lui avait rompu son beaupré. De quel intérêt, pourtant, n'eût point été pour l'armée de reconnaître cette rade de près ? On y eût pris ou détruit deux des meilleurs voiliers de sir Ed. Hughes, arrivés la veille pour le ravitaillement de la place. En faisant naître un événement accidentel, mais grave, à bord du général français, le bonheur de l'Angleterre se montrait encore ici pour favoriser les opérations de cette nation, là où elles devaient échouer.

L'amiral Hughes, inquiet des dispositions ultérieures de Suffren, avait expédié, le 31 juillet, le *Sceptre* et le *Montmouth* à Trinquemalay, avec un renfort de troupes et une quantité de munitions de guerre et de provisions de bouche. Le 10 août, le capitaine Alms, qui commandait les deux vaisseaux, favorisé dans son expédition, avait pu regagner la rade de Madras sans rencontrer notre escadre. Deux jours après, le 12, Ed. Hughes écrivait aux lords commissaires : « Comme les vaisseaux de l'escadre *sont, à présent, presque » remis en état*, j'espère pouvoir mettre en mer dans peu de

---

(1) D'après les dernières mutations opérées dans le commandement de l'escadre, la *Fine* était passée sous les ordres de M. de la Corne.

» jours, pour couvrir l'arrivée des renforts attendus, sous les » ordres de sir Richard Bickerton, et m'opposer à l'escadre » ennemie. » (Correspondance de l'amiral, insérée dans la gazette de Londres, 15 avril 1783.)

Le 8 août, Suffren fit mouiller ses vaisseaux au N.-N.-E. de la baie de *Vanloos*; il y fut rallié par la *Consolante*, qui, ayant déradé de Galles, où elle avait perdu deux ancres, louvoyait depuis trois jours. Elle avait communiqué avec la *Bellone*, faisant route pour l'établissement hollandais, que la *Consolante* venait d'abandonner forcément. Elle fit connaître que le côtre le *Lézard* était resté à Galles, avec les paquets pour le Général. Le jour suivant, l'escadre remit sous voiles, et le soir elle jetait l'ancre à Batacalo. Là, les vaisseaux s'occupèrent, en attendant la jonction du renfort, à faire de l'eau et du bois. L'*Orient* reçut une forte demi-bande pour reprendre des écarts, qui, étant sans étoupe, donnaient beaucoup d'eau à la pompe.

Le 12, à la pointe du jour, on signala une voile au S.-E. Aussitôt, le *Vengeur* et l'*Artésien* eurent ordre d'apparciller; la voile s'éloigna, et les vaisseaux la perdirent de vue. A 11 heures, la *Bellone* fut reconnue dans l'E.-N.-E. par les deux vaisseaux : elle faisait route sur le mouillage, et à 5 heures du soir elle rallia l'escadre. Sa voilure criblée, son gréement haché annonçaient qu'elle avait eu un engagement. En effet, les détails malheureux qu'on en apprit vinrent affliger le Général et contrister l'escadre.

La *Bellone*, en cherchant à doubler les *Basses-de-Ceylan* (1), avait eu à lutter contre ces brises carabinées qui soufflent régulièrement durant le jour et se calment la nuit.

---

(1) Ce sont deux bancs de roches. La *Grande-Basse* a environ une portée de canon de longueur et autant de largeur. Au rapport des naturels du pays, il y a eu autrefois sur cet écueil une chapelle de cuivre. C'est pourquoi ils le nomment *Crowncotte* dans leur langue. La *Grande-Basse* est à 3 lieues de la côte.

Son grand mât ayant été endommagé dans une raffale, elle revenait sur la rade de *Batacalo* pour se réparer, lorsqu'elle rencontra, par le travers de *Friar's-Hood*, le *Cowentry*, capitaine Mitchell, portant des troupes à Madras. C'était précisément cette petite frégate qui avait été aperçue le matin par notre escadre. D'après la route que suivait la *Bellone*, le *Cowentry*, malgré son infériorité, puisqu'il n'avait que du huit en batterie, ne pouvait éviter le combat; mais, malheureusement, lorsque le capitaine français vit son adversaire à demi-portée de canon, il prit la panne et l'attendit bravement. L'Anglais profita de cette faute, et vint à portée de pistolet dans sa hanche du vent, joignant au feu de ses pièces, chargées à mitraille, celui de sa nombreuse mousqueterie. En peu d'instants il mit beaucoup de monde hors de combat. Toutefois, l'action continuait avec un succès égal, lorsque le capitaine Pierrevert tomba mortellement blessé. Cette perte ne put se réparer. Le second capitaine, Italien de naissance, voulut prendre la direction de la frégate; mais, malheureusement, l'officier qui suivait, M. Boucher, réclama l'exécution de l'ordonnance par laquelle les étrangers étaient exclus de tout commandement. Pendant la discussion, M. Boucher fut tué et l'Italien blessé grièvement. L'officier qui venait après, jeune et sans expérience, n'inspirait aucune confiance à l'équipage, découragé par cette succession de malheurs ; mal secondé, il ne fit point ce qu'il eût dû faire, et le *Cowentry* en profita pour s'éloigner du champ de bataille. L'engagement avait duré 2 heures, et le capitaine Mitchell avoua la perte de vingt-six hommes tués et vingt-neuf blessés. La *Bellone* avait eu soixante hommes hors de combat, et il n'est pas douteux que le *Cowentry* ne l'eût prise, si le capitaine Mitchell, qui le commandait, eût profité de la défection de l'équipage français. Toutefois, l'Anglais avait tant souffert lui-même dans sa mâture et son gréement, que l'amiral Hughes écrivait le 16 de Madras, où le *Cowentry* s'était réfugié :

« J'espère être à même de réparer ses dommages, au point de
« l'emmener en mer avec moi dans deux ou trois jours (1). »

Ainsi, non seulement nous laissâmes échapper l'occasion
de nous emparer d'une petite frégate anglaise; mais, ce qu'il
y avait de plus regrettable, c'est que nous donnâmes lieu
à un événement qui portait préjudice à la gloire de nos armes,
par la mauvaise composition de l'état-major du bâtiment du
Roi qui avait combattu.

Lorsque l'officier se rendit à bord du *Héros*, pour faire son
rapport sur le combat, afin de détourner l'attention du général sur la honte qu'il lui causait, ce jeune homme lui parlait de la perte déplorable de M. de Pierrevert. Suffren, maîtrisant la profonde douleur que lui causait la mort de son
neveu : « Ce n'est pas cela que je vous demande, lui dit-il
brusquement; répondez-moi! La frégate anglaise est-elle
prise? — Non, Général. — Alors, vous n'avez pas fait votre
devoir. Retirez-vous! » Le Commandeur, irrité, voulait faire
justice de la conduite tenue par l'équipage; mais il se calma
en remettant la *Bellone* sous le commandement de M. de
Beaulieu, qui l'avait quittée pour passer à celui du *Brillant*.

« On s'étonnera peut-être, dit M. Trublet, de voir un offi-
» cier quitter le commandement d'un vaisseau de guerre pour
» prendre celui d'une simple frégate; mais on observera que,
» communément, la destination d'un vaisseau, pendant le
» combat, se borne à se tenir immobile dans sa ligne, exac-
» tement au poste qui lui est fixé, et à suivre avec attention
» les manœuvres générales; rarement lui en prescrit-on de
» particulières. La bravoure et la bonne volonté sont les prin-
» cipales qualités qui doivent être communes à tous les deux;
» celui qui commande une frégate doit réunir bien d'autres
» talents. En escadre, il est, en quelque sorte, l'œil du gé-

(1) Il ne put être prêt que le 22. Il donna ainsi à M. de Suffren le temps
de s'emparer de Trinquemalay.

» néral ; c'est lui qui l'éclaire, souvent qui le guide ; c'est à
» lui qu'est confiée la garde et la conduite d'un convoi. Déta-
» ché, il doit joindre à l'activité et à l'intelligence dans ses
» missions, la vigilance dans la croisière, la connaissance la
» plus parfaite de la manœuvre, l'habileté dans l'exécution,
» la bravoure, le sang-froid dans l'attaque, l'adresse à éviter
» le combat contre un ennemi supérieur. Toutes ces qualités
» étaient bien reconnues dans M. de Beaulieu, etc. »

M. de Kersauson, auquel manquaient tous les talents qui
constituent un marin, à l'exception d'une bravoure à toute
épreuve, remplaça M. de Beaulieu au commandement du
vaisseau le *Brillant*.

Le 19 août, le côtre le *Lézard* jeta l'ancre au milieu de
l'escadre, et son capitaine, M. de Saint-Georges, enseigne
de vaisseau, remit au Général les paquets qu'il attendait si
impatiemment. Suffren recevait du ministre une entière approbation de sa conduite à la baie de *Praya* et la confirmation des grâces qu'il avait demandées pour les officiers de son
escadre. Malte, fière des succès du Commandeur, lui envoyait, avec une lettre du Grand-Maître de l'ordre, les insignes de sa dignité nouvelle de *Bailli*. A toutes ces grâces se
joignait la certitude de la venue prochaine de M. de Peynier,
avec une division et un convoi. Ces nouvelles portèrent la
joie à bord de tous les bâtiments, et il eût été difficile de
dire à qui elles furent le plus agréables, des officiers ou des
équipages ; car M. de Suffren était aimé et honoré comme un
père par tous ceux qui servaient sous ses ordres. La jalousie,
qui n'existait qu'au cœur de quelques chefs, cacha ses impressions hideuses sous des démonstrations d'allégresse.

Tandis que l'espoir de ne pas être entièrement abandonnés
à eux-mêmes, en ces contrées lointaines, consolait nos marins
des privations auxquelles ils étaient assujétis depuis huit
mois, la nouvelle des victoires de Suffren, des 17 février et
12 avril, en parvenant à Londres, causa une si pénible sen-

sation, qu'elle calma l'effervescence populaire, qui régnait dans cette ville depuis la publication des dépêches de l'amiral Rodney, sur l'heureuse issue de son combat avec le comte de Grasse.

Avant l'arrivée de la malle de l'Inde, les Anglais, enorgueillis de leurs succès aux Antilles, paraissaient disposés à faire revivre leurs anciennes prétentions, qui étaient de dominer exclusivement sur toutes les mers. Dans la première ivresse de leur triomphe, ils avaient osé recommencer quelques-uns de ces actes de suprématie maritime, en s'emparant de plusieurs bâtiments neutres. Cette conduite avait valu au cabinet de Saint-James des remontrances de la Confédération du Nord. Mais, à ces chants de victoire devaient succéder bientôt de nouvelles lamentations du commerce de la Cité. Le courrier de l'Inde, si ardemment attendu, arriva enfin, apportant la nouvelle du débarquement de l'armée française à Porte-Nove; la prise de Goudelour, qui s'en était suivie; le traité d'alliance avec Hayder-Aly; la retraite des Anglais sur Madras, pour couvrir cette place, et puis les deux défaites de Hughes.

La Grande-Bretagne était atteinte dans l'endroit sensible. *John-Bull* s'en effraya, et la presse anglaise, changeant de ton et de langage, engageait le gouvernement à faire la paix.

« On parle beaucoup de vaincre, de ruiner, d'humilier la » maison de Bourbon, les républiques de Hollande et d'Amé- » rique, de détruire aux Indes le despotisme d'Hayder-Aly, » disait la *Gazette de Londres* du 20 août. On se suppose sans » doute encore aux beaux jours de la marine anglaise.....

» Nous avons partagé l'hémisphère du monde et choisi » même les propriétés territoriales qui ont paru être à notre » meilleure bienséance. Que de succès accumulés, couronnés » par cinquante ans de victoires! Les ordres du cabinet de » Saint-James étaient des lois qui s'étendaient d'une extré- » mité du globe à l'autre. Alors nous jouissions d'une paix

» glorieuse que la *honte des Français et des Espagnols* avait
» scellée. Orgueilleux de tant de gloire, quelle a été notre
» conduite? Nous avons voulu nous approprier le droit d'im-
» portation et d'exportation de l'Europe aux Indes et en Amé-
» rique. Tous les gouvernements conspirent notre ruine. Iso-
» lés au milieu de tant d'attaques, nous avons été vaincus et
» quelquefois vainqueurs; mais nos finances sont épuisées;
» l'arbre de notre commerce a perdu toutes ses branches;
» tous les ressorts du gouvernement sont altérés ou dérangés;
» nos capitaux égalent à peine le dividende des sommes dont
» on a besoin pour la guerre, si on la continue encore pen-
» dant trois ans; que nous restera-t-il? La honte, l'indigence
» et la privation du commerce! Que produit aujourd'hui notre
» Compagnie établie à Bombay et à Madras? Quelles res-
» sources nous envoie-t-elle pour soutenir les frais de cette
» guerre, etc.? »

Cette inquiétude du peuple anglais, ses plaintes à l'occasion de nos efforts et de nos succès dans l'Inde, étaient faites
pour attirer toute l'attention du gouvernement du Roi sur cette
partie du globe, et l'engager à y porter de nouvelles forces,
afin d'assurer et de mettre à profit les avantages que nous
avions obtenus; mais il n'en fut malheureusement rien. Le
ministère, absorbé par la défaite du comte de Grasse, abandonna Suffren à lui-même devant la colossale organisation
de la Compagnie anglaise, pour se livrer tout entier aux projets de son infructueuse tentative sur Gibraltar, et l'Inde resta
aux Anglais.

M. de Bussy, qui n'attendait, à l'Ile-de-France, que l'arrivée des derniers renforts pour venir prendre dans l'Inde le
commandement en chef de toutes nos forces, désirait que les
troupes qu'il envoyait fussent employées à la reprise de Trinquemalay avant de les débarquer à la côte de Coromandel. Ce
général, persuadé que nos vaisseaux n'auraient qu'une station
dangereuse sur cette côte, durant la guerre, regrettait que les

Français, à leur arrivée dans les mers de l'Inde, n'eussent pas commencé par tenter de s'assurer de ce port, ainsi qu'on l'avait arrêté au Port-Louis ; projet que M. d'Orves fit changer peu de temps avant sa mort. Quoi qu'il en soit, l'intention de M. de Bussy ne resta pas long-temps sans exécution, puisque le Bailli (1) prit sur-le-champ la résolution de l'effectuer. En conséquence, le 20, le *Lézard* appareilla, afin d'aller explorer le port de Trinquemalay.

Le 21, arrivèrent en rade de Batacalo les deux vaisseaux le *Saint-Michel* et l'*Illustre*, escortant cinq navires français et trois hollandais ; la corvette la *Fortune*, capitaine de Lusignan, les précédait : tous ces bâtiments saluèrent le général au coucher du soleil. Dans la matinée du 22, le Bailli fit assurer d'un coup de canon le signal de se tenir prêt à appareiller et se rendit immédiatement à bord des deux nouveaux vaisseaux de guerre, afin d'en passer l'inspection. On prit diverses munitions de guerre apportées par le convoi, et on répartit les troupes sur les vaisseaux dont les lieutenants en pied (2) furent appelés à l'ordre par le général ; les ordres de marches et de combat furent donnés à chaque vaisseau. L'escadre appareilla le 23, après midi. La *Consolante* seule resta au mouillage, sur un signal spécial. L'armée sous voiles, suivie du convoi, fit route vers Trinquemalay ; le lendemain, elle fut ralliée par le *Lézard*, qui informa le général qu'il n'y avait dans les rades de cet établissement aucun des vaisseaux de l'amiral anglais. Comme la nuit s'avançait, Suffren fit mouiller les bâtiments par le travers de la *Pointe-Sale*, qui forme l'entrée sud de la vaste baie dont les havres de Trinquemalay ne sont eux-mêmes que des annexes.

(1) Nous continuerons à désigner M. de Suffren par cette nouvelle dignité dans l'ordre de Malte.

(2) Ou seconds capitaines de vaisseaux, chargés du détail : on les a long-temps désignés sous le nom de *majors*. Cette dernière qualité a été abandonnée au chirurgien en chef du vaisseau.

Le 25, dès 4 heures du matin, le général fit le signal de se disposer à appareiller, auquel succédèrent ceux de mettre sous voiles, de former la ligne dans l'ordre naturel, et de se préparer au combat ; il marchait en tête, et faisait route pour la baie du N. Les vents, qui soufflaient de S.-O., ne permirent pas de gagner le mouillage désigné de la bordée, de sorte que le général rendit la manœuvre de chacun indépendante.

Le *Saint-Michel* reçut les premiers coups en rasant la pointe du mât de pavillon, sur laquelle les Anglais avaient établi une batterie de quatre pièces de dix-huit et d'un obusier ; il répondit à l'ennemi ; mais le général, voyant l'inutilité de perdre des boulets contre un rocher, fit cesser le feu : un grand nombre de nos vaisseaux furent salués de la sorte, entre autres le *Flamand*, qui, ayant été encalminé à son approche, reçut onze boulets entre les mâts. A 6 heures, toute la flotte était ancrée dans l'arrière-baie, le convoi au N. et derrière les vaisseaux.

Trinquemalay, par 8° 32′ N. de latitude, était considéré comme un des plus beaux ports de toutes les Indes ; et, comme il est entièrement entouré de terre, il offrait un abri contre tous les vents. Le fond est net et de bonne tenue, et le port est assez spacieux pour contenir mille vaisseaux : on trouve plusieurs endroits où l'on peut caréner. Ces immenses avantages étaient bien connus du Bailli ; aussi avait-il hâte de les approprier à l'usage de son armée. Les Hollandais connaissant, par l'étendue du commerce qu'ils faisaient à Ceylan, l'importance de cette place, l'avaient enlevée aux Portugais. Suffren, au lieu d'entrer dans le port, avait conduit son armée dans l'arrière-baie, ou baie du N., à l'O. des forts de la ville, parce que, dans la mousson du S.-O., son ancrage est sûr. Ce fut sur sa plage, hors de la portée du fort qui la protége, que les Anglais avaient fait leur descente et formé leur attaque. Le Bailli employa, pour chasser ces nouveaux possesseurs, les mêmes moyens que ceux dont ils avaient usé contre les Hollandais.

Ce fut dans cette occasion que M. de Suffren, reconnu pour un marin consommé dans la tactique navale, déploya les talents d'un guerrier dans les siéges et l'attaque des places. Tous les militaires les plus versés dans leur art n'ont pas fait difficulté d'avouer que c'était au génie du Bailli qu'ils devaient la prise d'une place qui, attaquée par un autre général, eût pu former une résistance assez longue pour attendre les secours qui pouvaient la sauver, mais qui n'arrivèrent qu'après sa reddition, grâce à la bravoure et à l'activité dont M. de Suffren offrit l'exemple.

A minuit, d'après l'ordre qui en avait été donné, toutes les chaloupes et les canots des vaisseaux, sous le commandement des seconds capitaines, portant tous les soldats, se réunirent autour du *Héros*, afin de partir et d'arriver ensemble à terre. Chaque soldat avait pris des vivres pour trois jours. Les troupes de débarquement consistaient en un bataillon du régiment de l'Ile-de-France, commandé par le chevalier de Rivet; un détachement du régiment d'Austrasie, conduit par M. d'Amonville; la légion de Lauzun, aux ordres du baron d'Agoult : suivaient quatre compagnies de troupes de marine ayant à leur tête M. Dupas de la Mancellière; une compagnie d'artillerie, dirigée par M. Fontaine. A ces troupes européennes, il faut encore ajouter six cents Cipayes et les compagnies de Malais, fournies par les Hollandais. Ces différents corps offraient un effectif de deux mille quatre cent dix hommes.

A 1 heure, les embarcations, protégées par le côtre le *Lézard*, quittèrent le flanc du *Héros*; à 2 heures, le débarquement se fit dans le N.-O., à deux tiers de portée de canon du fort, au milieu des cris de joie des matelots et des soldats qui se jetaient à l'eau, parce que la forte houle qui brisait au rivage empêchait les bateaux d'approcher. Les Anglais ne tentèrent point de s'opposer à notre débarquement, ce qu'ils auraient pu faire bien facilement; car, outre les difficultés de la mer à surmonter, les armes, les munitions et les vivres étaient trempés.

Le 26, à la pointe du jour, le Bailli descendit à terre, afin de diriger par lui-même les opérations du siége. M. le baron d'Agoult, auquel revenait le commandement des troupes, était un jeune homme que l'armée ne supposait pas avoir les connaissances nécessaires. Par sa présence, Suffren faisait taire parmi les chefs ces petites rivalités qui nuisent toujours au succès d'une entreprise, et communiquait à tous son énergie et son activité.

Le chevalier des Roys, major du génie, avait des talents; mais il était d'une lenteur excessive dans ses travaux; tandis que la réussite de l'attaque, qu'il fallait considérer comme un coup de main, dépendait de la promptitude avec laquelle on la pousserait. A la faveur des arbres et des maisons, on avança, sans ouvrir de tranchée, jusqu'à une portée de fusil dans l'O. du fort; là, on s'occupa à établir une batterie de quatre canons de dix-huit contre le bastion du N.-O. Nos chaloupes débarquèrent ces bouches à feu et les munitions pour les servir. En même temps, on envoya du bord des vaisseaux quelques gabions faits à l'avance à Batacalo, ainsi que des sacs qu'on remplit de terre; d'autres gabions furent confectionnés sur les lieux, et l'on installa des plates-formes avec des madriers trouvés dans la ville.

Le 27, avant le jour, Suffren ordonna aux détachements de la garnison des vaisseaux, ainsi qu'à la compagnie de bombardiers, de venir renforcer les troupes à terre. Les assiégés avaient ouvert leur feu dès 5 heures du matin, et l'infatigable Bailli se portait sur tous les points. Malgré les projectiles anglais, on s'occupa d'établir une seconde batterie de trois mortiers, destinés à battre le bastion du S.-O., en même temps qu'on assurait la communication de nos ouvrages.

A 11 heures, les ennemis firent une sortie pour déloger nos troupes des maisons et y mettre le feu. La garde avancée, trop faible, et qui n'était pas soutenue, plia; mais les Anglais, voyant nos troupes se réunir et arriver à grands pas, n'eurent que le temps de brûler deux maisons, et se retirèrent sans avoir détruit les ouvrages de la nouvelle batterie, dont les travailleurs avaient pris la fuite. La rue à la gauche de laquelle s'élevait cette batterie, et qu'il fallait traverser, était enfilée par la mousqueterie du chemin couvert du fort. Afin d'assurer cette voie de communication, on éleva un épaulement en terre, qui abrita les allants et venants.

Le fort de Trinquemalay, contre lequel nous disposions l'attaque, est un carré long qui occupe l'isthme entre la baie du S. et la baie du N., ou arrière-baie. Les deux bastions du côté de la ville sont ceux qui présentent un plus grand front d'artillerie. Un cavalier armé de trois pièces d'artillerie, situé dans l'E. de ce fort, en remontant vers le mât de pavillon, aurait pu gêner nos travailleurs; heureusement que les canonniers qui les pointaient n'étaient pas très-adroits. Il n'en était pas ainsi de ceux qui servaient les mortiers : leurs bombes étaient parfaitement dirigées, et nous causaient quelques désastres.

Le 29, à 6 heures du matin, grâces à l'activité déployée partout et malgré le feu des Anglais, nos batteries commencèrent à jouer. L'une d'elles, celle de quatre canons, se trouvait sans merlons et nos canonniers étaient à découvert. Dès qu'elle fut démasquée, les ennemis lui répondirent par un feu nourri de mousqueterie et de petites pièces chargées à mitraille, qui mirent en un court espace seize hommes hors de combat.

Les canonniers montrèrent une activité digne des plus grands éloges : les biscaïens et les balles sifflaient à leurs oreilles, sans ralentir leur activité. Toutefois, on éleva le parapet, par des sacs remplis de terre et de sable. M. Desrois fit travailler à une troisième batterie, près de celle des mortiers, pour hâter l'effet destructeur de celle-ci. La *Bellone* amena

14

deux boths chargés de Malais qu'on avait envoyés de Columbo ; on les mit aussitôt à terre, afin de les utiliser. Ces hommes sont redoutables, surtout lorsqu'ils sont excités par l'opium, dont ils font un fréquent usage.

Le feu, dans la nuit, s'était ralenti, pour donner le temps de disposer notre nouvelle batterie et réparer les plates-formes des deux autres, qui s'étaient affaissées. Le 30, au jour, il recommença avec une nouvelle vivacité. A 9 heures, le général jugea le moment opportun pour y envoyer un officier de la légion de Lauzun, qui parlait anglais, sommer le fort de se rendre. L'officier, porteur du message de Suffren, revint avec un officier de génie et un lieutenant anglais. Ils portaient les conditions du gouverneur, qu'on trouva trop exigeantes. Le Bailli y fit des modifications qu'un des délégués ennemis reporta au chef, tandis que l'autre resta à dîner avec lui.

Le refus du gouverneur de stipuler pour la reddition du fort d'*Ostembourg*, sur laquelle insistait le général, fut sur le point de faire manquer la capitulation. Mais le ton ferme et décidé avec lequel Suffren dit à ceux qui l'entouraient : *Eh bien ! Messieurs, à vos postes, et qu'on se prépare à recommencer, dès que ces messieurs seront rentrés*, ce langage, dis-je, en imposa sans doute aux deux Anglais ; car, à peine ces députés furent-ils rentrés dans le fort, qu'on entendit les tambours rappeler de nouveau, et qu'on vit l'un d'eux sortir avec le commandant lui-même, qui était un jeune homme de vingt-six ans, nommé Macdowal (1).

La capitulation fut rédigée un peu à la hâte, parce qu'il

(1) Cet officier croyait que M. de Suffren venait l'attaquer après avoir obtenu un nouvel avantage sur l'amiral Hughes. Il se jugea abandonné, et trouva convenable de profiter du bon moment pour emmener la garnison à Madras. Il passa à un conseil de guerre dans cette présidence, le 29 janvier 1783, et fut acquitté. Nous l'avons vu à Pondichéry, commandant en chef l'armée de Coromandel, en 1808, époque à laquelle il s'embarqua pour l'Angleterre. Il périt dans une tempête, sur le banc des Aiguilles.

était tard ; on convint de la mettre au net le jour suivant 51.
Le général n'avait pas cru devoir se rendre difficile sur les
conditions de la capitulation ; c'étaient moins des prisonniers
qu'il désirait, que l'occupation du poste important de Trinquemalay, dont il avait cherché à s'emparer, et l'apparition seule
de l'escadre anglaise pouvait faire échouer son attaque. Nos
troupes, suivant la capitulation, s'emparèrent, à 6 heures du
soir, d'une des portes, parce que l'on avait accordé aux Anglais toute la nuit pour arranger leurs affaires. Au jour, la
garnison sortit tambour battant, avec ses armes, qu'elle
disposa en faisceaux ; elle traînait deux canons et un obusier.
Les officiers conservèrent leurs logements dans le fort, d'où
ils devaient emporter leurs papiers et leurs effets sans être
visités ; les soldats, au nombre de trois cents Anglais et quatre cent cinquante Indiens, s'embarquèrent, pour être trans-
portés à Madras. Le capitaine Macdowal avait stipulé aux
mêmes conditions pour le fort d'Ostembourg; mais, au cas où
le capitaine Quelso, qui y commandait, ne voudrait pas accéder à la capitulation, son refus ne devait en rien préjudi-
cier aux conditions obtenues pour lui et pour sa troupe.

Dès le soir du 50, le Bailli avait ordonné de reconnaître
tous les chemins et de se tenir prêt à marcher, à 2 heures du
matin, avec du canon, sur le fort d'Ostembourg. Un officier,
qui s'était trop avancé, perdit sept à huit hommes en opérant
sa retraite dans un terrain tout-à-fait découvert.

Le 51, au matin, on porta la capitulation au capitaine
Quelso, qui, manquant d'eau, ne fit aucune difficulté d'y accéder. Une des avenues fut livrée, à la nuit tombante, à nos
troupes (1). La journée du 1er septembre se passa à conduire

(1) On trouva dans la place 50,000 piastres en argent, vingt mille
livres de poudre, seize cent cinquante boulets, six mois de vivres pour la
garnison, douze cents fusils, quatre pièces de campagne, dix obusiers et
trente canons. Le fort de Trinquemalay, qui forme une espèce de citadelle, était mieux fortifié. On y trouva quarante pièces de canon, dont

à bord des bâtiments-transports, qui devaient les débarquer à Madras, le reste des soldats anglais et Cipayes des deux garnisons, au nombre de quatre cents Européens et six cent cinquante Indiens.

Partout on déployait une activité excessive : les chaloupes portaient à nos vaisseaux les provisions de bouche et les munitions embarquées sur le convoi; les troupes employées pour le siège rentrèrent à leurs bords respectifs; le troisième bataillon de l'Ile-de-France, quatre cents Cipayes et cinq cents Malais furent destinés à former la nouvelle garnison des forts de Trinquemalay et d'Ostembourg, dont le commandement supérieur fut confié à M. Desrois.

Le 2 septembre, à 2 heures 1/2, au moment où le général, qui avait donné à dîner à tous les officiers anglais, avant de les embarquer pour les renvoyer à la destination stipulée, faisait apporter la capitulation (1) mise au net et faite double, on annonça au général que plusieurs voiles paraissaient dans l'E.-N.-E. C'était l'escadre anglaise : on ne tarda pas à la reconnaître, au nombre de dix-sept voiles. Ce fut alors que l'armée sentit tout le prix de la valeur et de l'activité de M. de Suffren ; ce fut à ces deux qualités, qu'il déploya ici avec le plus grand éclat, que la France dut la possession de cette place importante. Le pressentiment du Bailli, de l'arrivée prochaine de l'escadre anglaise, ne lui fit négliger aucun moyen pour accélérer la prise de cette place. Comme il se portait partout, il courait des dangers réels, tandis que l'intérêt de l'État, le succès de nos armes, exigéaient sa conserva-

vingt de bronze, et une grande quantité de munitions. Aussi, serait-on étonné de la facilité avec laquelle ce fort s'est rendu, si l'on ne savait pas qu'il manquait d'eau.

(*Relation de la campagne, publiée à l'Ile-de-France, 1783.*)

(1) Voyez cette capitulation, à la fin du volume, sous le n° 14 des pièces justificatives.

tion. Mais il repoussait les observations de ses officiers, qui lui représentaient qu'il s'exposait trop. Aussi adroit politique, qu'actif agresseur, il ne retarda pas la reddition de la place par des difficultés sur les conditions de la capitulation et les honneurs de la guerre qu'exigeait le commandant. Un jour plus tard, les Français étaient obligés de lever le siège de Trinquemalay, au lieu que l'amiral Hughes ne fut que le témoin de sa reddition.

Suffren, ayant pris ses mesures pour mettre sa conquête à l'abri d'une nouvelle reprise, retourna à son bord et ordonna de se tenir prêt à appareiller et à combattre. Durant la nuit, l'escadre anglaise qui n'avait pas aperçu nos vaisseaux *mangés* (1) par la terre, courut différents bords pour s'approcher de la baie. Le 3, au jour, l'armée ennemie fut relevée dans le S.-E., à quatre ou cinq milles seulement ; elle courait tribord amures avec des vents bon frais variables du S.-O. à l'O.-S.-O. A 6 heures, Suffren, impatient de se mesurer avec les Anglais, fit hisser l'étendard de la France sur les forts et ses vaisseaux, en même temps qu'il donnait l'ordre d'appareiller. (2).

Les ennemis, voyant le pavillon blanc arboré partout, reconnurent que Trinquemalay avait de nouveau changé de maître. Leur surprise et leur consternation se dévoilèrent par un mouvement spontané d'arrivée que firent les dix-huit voiles qui composaient les forces britanniques. Hughes con-

_____

(1) Terme de marine. On dit que la terre mange un bâtiment, lorsque, près d'une côte plus haute que sa mâture, il est comme dans l'obscurité, pour un autre bâtiment qui est au large : celui qui est mangé par la terre voit sans être vu.

(2) On reproche à Suffren comme une faute grave, puisqu'il voulait combattre les Anglais, de ne les avoir pas laissés approcher davantage, en déguisant, au moyen du pavillon britannique arboré sur les forts, la conquête de Trinquemalay : l'amiral Hughes était contraint, pour secourir cette place, d'employer la force des armes.

tinua à courir largue sur une ligne de front, à deux encâblures de distance entre chaque vaisseau. Pendant ce temps, l'armée française, laissant son convoi à l'ancre, vidait l'arrière-baie. Toutefois, en appareillant, le *Flamand* vint tomber sur l'*Orient*, qui ne l'évita qu'en filant son câble par le bout ; le *Héros* aborda le *Petit-Annibal*, et ces deux vaisseaux restèrent long-temps accrochés ; mais comme le vent portait au large, il n'y eut d'autre accident que la perte du bâton de foc du premier, et quelques haubans d'artimon rompus ou ragués à bord du second. Néanmoins, la réparation de ces avaries emporta près d'une heure, dont l'escadre ennemie profita pour s'éloigner toujours.

On signala la *Bellone* qui venait du S., où elle avait croisé : elle avait reconnu l'armée ennemie la veille au soir, et sut l'éviter. Au jour, elle ralliait hardiment nos vaisseaux sans que ceux de l'amiral Hughes fissent la moindre démonstration pour lui couper le chemin ; mais avant sa jonction, Suffren donna ordre à M. de Beaulieu de reconnaître la flotte de la Grande-Bretagne. Pendant que cet officier exécutait cet ordre avec un audacieux entraînement, le Bailli parut renoncer à son projet de poursuite, puisqu'à 7 heures 15' il fit le signal de se préparer à mouiller avec une grosse ancre. Ce signal fut accueilli par l'escadre et y causa une vive satisfaction ; plusieurs capitaines profitèrent de cette circonstance pour se rendre à bord du *Héros*, afin d'engager le général à persister dans sa nouvelle résolution et à s'abstenir de combattre.

En effet, l'ennemi fuyait pour éviter l'engagement qu'on lui proposait en vue de la place qu'il avait eu mission de conserver. Trinquemalay pris, nos vaisseaux avaient désormais un port pour l'hivernage, et nos convois un rendez-vous assuré. En outre, les transports chargés d'approvisionnement dont on n'avait presque rien retiré, exigeaient qu'on ne les abandonnât point dans la rade ouverte où ils étaient encore ancrés.

Ces considérations, qui prévalurent quelque temps dans la pensée du Bailli, le portèrent à lever la chasse et à rallier le fond. Mais à 7 heures 45', comme le *Héros* et l'*Annibal* finissaient de réparer leurs avaries, la *Bellone* fit le rapport que les vaisseaux ennemis n'étaient qu'au nombre de douze (nous en avions quatorze); alors Suffren dit à ceux qui l'entouraient sur son gaillard d'arrière ces paroles remarquables, qui dépeignent à elles-seules l'ardeur de ce grand homme fasciné par l'antipathie que lui inspiraient les Anglais : « Si l'ennemi » avait des forces supérieures, je me retirerais ; contre des » forces égales, j'aurais de la peine à ne pas combattre; contre » des forces inférieures, il n'y a pas à balancer : combattons » donc; arrivez, et qu'on en fasse le signal. » Les capitaines, à la tête desquels figurait M. de Tromelin, qui avait demandé la veille à quitter l'armée, furent fort contrariés de cette détermination; ils prirent congé du général, et toute l'escadre reçut l'ordre d'arriver sur les Anglais. Le *Héros* avait arboré à son grand mât le pavillon damier bleu et blanc, supérieur au pavillon mi-partie blanc et bleu, qui en était le signal. Les vaisseaux ennemis couraient E.-S.-E., dans le but, ainsi que le mentionnait Hughes dans son rapport aux lords de l'Amirauté, de nous attirer aussi loin que possible sous le vent du port de Trinquemalay, et par là de nous ôter la possibilité d'y revenir avec nos vaisseaux désemparés.

A 8 heures 30', Suffren, voyant la ligne anglaise bien formée courant sous les huniers, afin de permettre à ses mauvais marcheurs de se maintenir à leurs postes, fit le signal de former la ligne de bataille dans l'ordre naturel, ce qu'exprimait le pavillon blanc percé de bleu, inférieur au pavillon-damier bleu et blanc. A 8 heures 45', voyant son arrière-garde en désordre, il répéta le même signal. A 9 heures 10', l'armée était déjà à 7 lieues au large, et voguait sous une brise très-forte qui s'était fixée à l'O.-S.-O. L'*Orient*, le *Sévère* et le *Brillant*, qui formaient l'avant-garde, restaient beaucoup au vent et fort en arrière de leur poste, quoique chargés de toile. Tout-à-coup le général ordonna de tenir le vent tribord amures, pour donner le temps de rectifier la ligne. A la vue du pavillon blanc percé de bleu, supérieur au pavillon blanc à croix rouge, toute l'armée vint sur tribord. Mais par ce mouvement, en raison de la route oblique que suivait l'armée, l'arrière-garde se trouva à son tour très au vent : enfin, il n'y avait réellement que les cinq vaisseaux du centre qui fussent assez proches pour se former en ordre de combat. Néanmoins, Suffren, impatient de joindre l'ennemi, à 9 heures 30' signale à toute l'escadre d'arriver, et, peu après, de courir en échiquier, pavillon damier blanc et bleu, supérieur au pavillon blanc écartelé bleu.

Ces divers mouvements, prescrits par le Bailli, firent présumer à l'amiral Hughes qu'il y avait de l'hésitation de sa part; aussi cet amiral écrivait-il dans son rapport : « Tantôt » l'escadre s'écartait en dépendant, tantôt elle se mettait en » panne, comme si elle était incertaine quel parti prendre. » Le mauvais vouloir de plusieurs capitaines, auquel se joignait la mauvaise marche de nos vaisseaux non cuivrés, était cause des manœuvres que prescrivait le Bailli pour aborder avec ensemble la ligne de l'ennemi, disposé à nous bien recevoir.

A 11 heures, Suffren indiqua par le pavillon blanc à croix rouge, supérieur à lui-même, qu'il voulait porter les efforts sur l'arrière-garde anglaise, et, en conséquence, quelques minutes après, il fit le signal de gouverner dans l'E.-N.-E.; mais, voyant que l'escadre marchait toujours en désordre, à 11 heures 30', l'ordre de tenir le vent monta de nouveau aux mâts du *Héros*, afin d'essayer encore de rectifier la ligne : au bout de quelques instants, cet ordre fut suivi de celui de courir à l'E.-S.-E. Toutefois, nos vaisseaux, malgré ces divers temps d'arrêt, approchaient les vaisseaux d'Hughes, courant grand largue le Cap à l'E.-S.-E., et se suivant ainsi (1) :

(1) Rapport de l'amiral Hughes du 30 septembre 1782.

BATIMENTS LÉGERS (1).	L'*Exeter* . . . . . . 64 King , commodore.
	L'*Isis* . . . . 56 Lumley, capitaine.
	Le *Héros* . . . . . . 74 Hawker.
Le *San-Carlos* . . . 44	Le *Sceptre* . . . . 64 Graves.
L'*Active*. 40	Le *Burford*. . . . . 74 Reiner.
Médée 36	Le *Sultan*. . . . . 74 Walt.
Cowentry 28	Le *Superb* . . . . . 74 { Hughes, amiral. / Newcome, cap. de pavill.
Le *Cheval-Marin*. 24	Le *Monarca* . . . . 74 Gell.
La *Combustion* . . . 10	L'*Eagle*. . . . . . 64 Reddal.
	Le *Magnanime*. . . 64 Wolsely.
(1) Ils marchaient sous le vent et parallèlement à leur escadre.	Le *Montmouth* . . . 64 Alms.
	Le *Worcester*. . . . 64 Wood.

L'Anglais continuait son aire vers le large, afin d'attirer de plus en plus notre escadre loin du port de refuge qu'elle avait conquis. Notre armée, quoique imparfaitement formée, se trouvait dans l'ordre suivant :

AVANT-GARDE.

BATIMENTS LÉGERS.	L'*Artésien* . . . . . 64 de Saint-Félix, capitaine.
	Le *Sévère*. . . . . . 64 de Maureville de Langle, lieutenant.
La *Fortune*. . . . . 18 capit. de Lusignan.	Le *Saint-Michel*. . 64 d'Aymar, commandant.
	L'*Orient* . . . . . . 74 de la Pallière, capitaine.
	Le *Brillant* . . . . 64 de Kersauson, lieutenant.

CORPS DE BATAILLE.

	Le *Petit-Annibal* . 50 le chevalier de Galles, cap.
	Le *Sphinx* . . . . . 64 du Chilleau, capitaine.
La *Bellone* . . . . . 36 capit. de Beaulieu.	Le *Héros* . . . . . . 74 { le Bailli de Suffren, génér. / de Moissac, major.
	L'*Illustre* . . . . . . 74 de Bruyères, capitaine.
	Le *Flamand* . . . . 50 de Salvert, lieutenant.

ARRIÈRE-GARDE.

	L'*Ajax* . . . . 64 de Beaumont, lieutenant.
	La *Consolante* . . . 40 de Péan, lieutenant.
La *Fine*. . . . . . . 36 capit. le chevalier de la Corne.	L'*Annibal* . . . . . 74 de Tromelin, command.
	Le *Vengeur* . . . . 64 de Cuverville, capitaine.
	Le *Bizarre*. . . . . 64 de la Landelle, capitaine.

A 1 heure 55', l'armée, couverte de toile, atteignait l'ennemi à petite portée de canon, et, dans le dessein de la faire se former parallèlement à celle des Anglais, Suffren signala l'ordre de tenir le vent dans les eaux du vaisseau de tête, et de rectifier l'alignement.

Mais il était dit que rien ne devait réussir dans cette fâcheuse journée, où l'occasion de détruire la flotte britannique se présentait aussi belle qu'au combat de Sadras; le corps de bataille, qui avait toujours passablement été formé, subit des changements déplorables dans son ordre de marche; le *Flamand*, mauvais voilier, en venant au vent prolongea son aire, et se trouva dans la hanche de tribord de l'*Illustre*, son matelot de l'avant, tandis qu'il eût dû se maintenir dans ses eaux. Afin de se rétablir à son poste, Salvert mit en panne pour culer et se ménager une arrivée. Malheureusement, l'*Illustre* imita cette manœuvre, et le *Flamand* se vit contraint de rester vent dessus, vent dedans. Tandis que ces deux vaisseaux, frappés d'inertie, s'observaient l'un et l'autre, l'*Ajax*, qui avait conservé son aire, les doubla au vent, ainsi que le *Héros*, car Suffren, pour ne pas s'éloigner de son arrière-garde, avait mis toutes ses voiles à culer. L'*Illustre* et le *Flamand* en firent autant; mais ce dernier, dérivant davantage sans obtenir un effet aussi prompt de la disposition de ses voiles, fut obligé d'orienter au plus près pour ne pas aborder l'*Illustre*, et sortit tout-à-fait de la ligne de bataille pour n'y plus rentrer.

Quoiqu'on n'eût que faiblement remédié à cet état de choses, à 2 heures 15', le signal d'arriver fut fait à l'escadre; l'*Artésien* et le *Saint-Michel*, qui étaient doublés en cuivre, l'exécutèrent avec tant de célérité qu'en peu de temps ils s'approchèrent à demi-portée de canon du vaisseau de tête ennemi, mais de l'avant à lui. Alors, pour ne pas se trouver sous le vent de la ligne anglaise, ils revinrent précipitamment au plus près, les amures à tribord; manœuvre qui fut malencontreusement imitée par les vaisseaux de l'avant-garde qui suivaient.

A 2 heures 50', Suffren, impatient d'en venir aux mains et mécontent de voir que le peu d'ensemble qui régnait dans les évolutions reculait l'instant d'engager l'action, donne de nouveau à l'armée l'ordre de laisser arriver, et afin que sa volonté fût clairement expliquée, il fit hisser en même temps le pavillon mi-partie rouge et blanc, supérieur au pavillon blanc écartelé bleu, qui exprimait le signal d'approcher les vaisseaux anglais à portée de pistolet. Remarquant de la lenteur dans l'exécution de la manœuvre prescrite, et afin de l'accélérer, il fait appuyer d'un coup de canon de gaillard le signal qui flottait à la tête du grand mât du *Héros*. Quoiqu'on fût encore à demi-portée de canon, on traduisit malheureureusement l'explosion de la pièce par le signal de commencer le feu; le *Héros* lui-même, par l'erreur des canonniers de ses batteries basses, tira toute sa bordée. Ce fut de la sorte que le combat commença bien avant l'instant fixé par le Bailli, puisque sa ligne de bataille était mal formée. Le *Sphinx* et le *Petit-Annibal*, les matelots de l'avant du général, loin de conserver leur poste, étaient allés jusque par le travers du *Brillant* et de l'*Orient*, et augmentèrent le groupe que formaient nos cinq vaisseaux d'avant-garde. Hughes répondit à notre agression par le signal de bataille. Son escadre ripostait à la nôtre, et à 2 heures 55', l'engagement devint général sur toute l'étendue des deux lignes.

Le *Vengeur* et la *Consolante*, commandés par des officiers dévoués, ayant reçu l'ordre de doubler par dessous le vent les vaisseaux de queue ennemis, afin de les prendre entre deux feux, laissèrent arriver vent arrière; mais leur manœuvre, qui décelait trop clairement leurs intentions, fut habilement prévenue par les capitaines Alms et Wood. Forcés de combattre les ennemis au vent, de Cuverville et Péan tombent avec fureur sur le *Worcester* et le *Montmouth* (1), et par leur position rapprochée les uns des autres, l'action s'établit entre eux avec une égale ardeur.

Au centre, l'escadre britannique avait un feu d'autant plus terrible qu'il était supérieur au nôtre, puisque notre corps de bataille, par l'abandon du *Sphinx* et du *Petit-Annibal*, se composait seulement du *Héros*, de l'*Illustre* et de l'*Ajax*, que ne vinrent point soutenir, ainsi qu'ils devaient le faire, le *Bizarre*, l'*Annibal* et le *Flamand*. Le premier de ces trois vaisseaux était resté de l'arrière, sans se placer par le travers d'aucun vaisseau ennemi, et les deux autres avaient tenu le vent trop tôt et tiraillaient à grande distance de l'ennemi; ainsi, au lieu de laisser porter pour seconder notre centre, ils se tenaient à l'abri dans la hanche de tribord des trois vaisseaux engagés.

Nos cinq vaisseaux d'avant-garde, renforcés des deux du centre qui les avaient rejoints, formaient un groupe compacte. L'esprit de vertige ou de mauvais vouloir qui semblait s'être emparé de nos capitaines présidait à tout ce qui avait lieu; aucun d'eux ne songeait à manœuvrer pour se tirer de ce pêle-mêle où plus de la moitié gênée par l'autre ne pouvait tirer. Malgré le désordre qui régnait dans cette forte portion de notre armée, l'*Exeter*, écrasé, fut contraint de laisser porter et de sortir de la ligne de bataille; l'*Isis* le remplaça et prit la tête de la colonne anglaise, où il reçut plusieurs bordées destinées à l'*Exeter*; l'une d'elles enleva à la marine anglaise le capitaine Lumley, qui le commandait; c'était, suivant l'amiral Hughes, un jeune officier d'une grande espérance.

Tel était l'aspect de la bataille pendant sa première période, qui dura 1 heure. L'amiral français, contrarié à l'excès d'un engagement entamé, au moment où son escadre était si

_____

(1) Rapport de l'amiral Hughes, du 30 septembre 1782.

mal disposée pour le combat, ne cessait de faire des signaux à chaque division, à chaque vaisseau; mais d'Aymar (1), pas plus que Tromelin, ne répondit à l'appel de son général, combattant à outrance un ennemi supérieur qui pouvait l'abîmer.

A 3 heures 20', l'avant-garde, très-éloignée, reçut l'ordre de virer par la contre-marche. Cet ordre impératif et pressant, puisque nos trois vaisseaux étaient écrasés par un ennemi en force, ne fut pas exécuté sur-le-champ; l'*Illustre* venait de perdre son mât d'artimon et l'*Ajax* son petit mât de hune. Cependant la marque distinctive de la division d'Aymar, avec le pavillon blanc percé de bleu, supérieur au pavillon blanc écartelé bleu, flottait à la tête du grand mât du *Héros*. Le *Brillant* rallia cependant son général; mais au lieu de passer entre lui et les Anglais, auxquels il eût envoyé ses bordées avec d'autant plus de vivacité et de succès qu'il n'avait aucun poste dégarni, le chevalier de Kersauson, récemment nommé à ce commandement, se contenta de prendre position derrière l'*Illustre*, en passant à tribord de nos trois vaisseaux qui luttaient avec héroïsme contre le corps de bataille de l'armée de la Grande-Bretagne. Quoi qu'il en soit, on doit des éloges au capitaine du *Brillant*, qui seul accourut au fort de l'action, montrant que ce qu'il avait fait pouvait être entrepris par les six autres vaisseaux de l'avant-garde.

A l'arrière de notre ligne, le brave capitaine Péan, que les canons anglais épargnaient, fut tué par une grenade qui tomba de la hune d'artimon de la *Consolante*, en même temps que le capitaine Wood, du *Worcester*, mortellement blessé, abandonnait son banc de quart. A bord du *Vengeur*, Cuverville ayant épuisé ses munitions, se voit obligé d'aller se

(1) Au début de l'action, cet officier, commandant le *Saint-Michel*, fit ouvrir sa batterie basse sans faire attention à la forte inclinaison de son vaisseau; il embarqua tant d'eau, qu'il en avait trois pieds dans la cale: cet accident le força à se replier.

mettre à couvert de nos vaisseaux du centre, lorsqu'ils avaient le plus pressant besoin de son appui, par l'incurie de son second, le courageux capitaine reste spectateur du combat. Cette retraite précipitée étonne l'escadre, qui ne reconnaissait plus en elle l'action d'un de ses braves officiers ; mais il en fut justifié quand on connut le puissant motif qui l'avait forcé d'abandonner son poste. Pour augmenter la série des contrariétés, le feu prit à bord du *Vengeur* ; les flammes qui sortaient par les fenêtres et les sabords de la grande chambre effrayèrent les trois vaisseaux de l'arrière-garde. Ces vaisseaux, dans la crainte de se trouver compromis, si on ne pouvait réussir à étouffer l'incendie, forcèrent de voiles pour s'écarter, quoique déjà en dehors de la ligne où ils n'osaient ou ne voulaient pas se placer. Ce mouvement contribua à augmenter le désordre qui régnait à l'arrière-garde. Enfin, le *Vengeur*, tranquille sur les suites de cet accident, n'ayant plus de poudre à bord, éteignit le feu après avoir sacrifié son mât d'artimon que la flamme avait gagné.

Notre escadre continuait à combattre sans ordre et peu de vaisseaux pouvaient tirer, puisque beaucoup se tenaient trop au vent ; entre autres, le *Grand-Annibal*, masqué par la *Consolante*, qui était venue se placer dans sa hanche de babord, tirait entre les mâts de l'*Ajax*, moins éloigné que lui. L'*Annibal* (1), pour se retirer de cette position critique, force de voiles, afin de prendre position en avant du *Héros*, et laisse un grand vide où viennent se placer l'*Illustre* d'abord, puis l'*Ajax*. En vain le général tenait-il son signal d'arriver à portée de pistolet de l'ennemi : les capitaines y répondaient par le pavillon d'attention, mais n'exécutaient pas l'ordre qu'il renfermait. A 4 heures, Suffren commande aux six vaisseaux de l'avant-garde de virer vent devant. Cette

---

(1) Ce vaisseau donna si peu, qu'il n'eut pas un homme blessé ; il en fut de même du *Sévère*, de l'*Orient*, du *Sphinx* et du *Petit-Annibal*.

fois, déterminés à sortir de leur repos, ils essaient de s'y conformer; mais la faiblesse de la brise, qui mollissait toujours, paralyse leur évolution. Cependant, avec l'aide de leurs embarcations, ils parvinrent à virer. Alors, pour combler la mesure des contre-temps, nos six vaisseaux se trouvèrent encalminés et ne purent se traîner là où l'honneur et le devoir les appelaient depuis long-temps. L'escadre britannique, plus favorisée, gouvernait avec les faibles brises qui se succédaient sur la ligne qu'elle occupait. Durant cette nouvelle période du combat, le *Héros* et l'*Illustre* restèrent seuls exposés au feu de l'ennemi, parce que l'*Ajax* avait pu se retirer; mais il était à craindre que l'avant-garde anglaise ne revirât, et que, par ce mouvement, nos deux vaisseaux ne se trouvassent enveloppés et en danger d'être enlevés. A 4 heures 20', les frégates reçurent l'ordre de venir les remorquer, mais inutilement; car la lutte qui régnait entre les deux brises de terre et du large occasionait un calme presque plat. L'*Artésien*, d'une grande marche, put seul se porter contre les vaisseaux de tête ennemis; il les combattit avec tant de vivacité, qu'il força l'*Isis* et le *Héros* anglais d'arriver sous le vent de leur ligne. Le fougueux de Saint-Félix avait recouvré toute l'énergie de son caractère.

Malgré la part tardive que prennent au combat le *Brillant* et l'*Artésien*, Suffren au désespoir, se croyant abandonné de son escadre, voulait s'ensevelir sous les débris de son vaisseau, dont l'équipage, animé des mêmes sentiments que le chef, faisait un feu terrible contre les Anglais. Dans cette lutte acharnée et inégale, qu'il soutenait avec une héroïque valeur, son grand mât, celui du perroquet de fougue et son petit hunier tombèrent tous à la fois. Aux cris de *hurra!* *hurra!* qu'il entendit à bord du *Superb*, il aperçut son pavillon et sa marque de distinction abattus. «Des pavillons, cria-t-il aussitôt; qu'on apporte tous les pavillons blancs qui sont à bord, et qu'on en mette tout autour du *Héros!* » Dans l'enthousiasme que les paroles du Bailli inspirent à ses marins dévoués, les flancs du vaisseau vomissent, dans un redoublement d'efforts, les boulets et la mitraille ; ses coups atteignent le *Sultan*, et Walt, fier encore du succès qu'il a obtenu jadis sur le *Sévère*, périt au poste qu'il a toujours dignement occupé. Le *Burford*, qui avait été déjà très-maltraité par l'*Ajax*, reçoit à la flottaison de nouveaux boulets, qui l'obligent à pomper constamment et à ralentir son feu, quoiqu'il s'obstine à combattre toujours. Le *Superb* lui-même, aussi maltraité dans ses œuvres mortes que le *Burford*, ne peut profiter de l'avantage que lui donne sa position par l'éloignement de la division d'Aymar. Les Français se trouvaient au vent ; par l'inclinaison de leurs vaisseaux, ils avaient tiré en plein bois et tué beaucoup de monde. Chez les Anglais, le contraire avait eu lieu à bord de leurs vaisseaux : ceux-ci, sous le vent, se trouvèrent avoir le côté qui combattait très-élevé, leurs coups portaient haut. Nous perdions à la vérité peu de monde, vu la chaleur de l'action ; mais la mâture et les gréements de nos vaisseaux engagés étaient perdus.

Le *Sphinx*, qui appartenait au corps de bataille, avait été se mêler aux vaisseaux d'avant garde, attendant impatiemment l'occasion de réparer sa coupable inaction. Du Chilleau, qui n'avait consenti à cette défection qu'avec une grande répugnance, regrettait amèrement les résultats de cet esprit d'insubordination et d'intrigues (1). Aussi le *Sphinx*, en tête des six vaisseaux, disposait-il toutes ses voiles pour recevoir la brise du large et pour revenir le premier au combat.

A 5 heures 15', aux premières risées de la nouvelle brise qui venait de l'E.-S.-E. (2), Hughes fait signal à son escadre de virer vent arrière, afin de prendre la bordée du N., et, à 5 heures 35', le mouvement était opéré. Dans cet intervalle,

(1) Article communiqué par le contre-amiral Pierre Bouvet.

(2) Rapport de l'amiral Hughes.

la division d'Aymar, qui avait mis le cap sur le général, se trouva orientée ; et nos bâtiments dispersés, pouvant manœuvrer, se décidèrent enfin à couvrir nos trois vaisseaux écrasés et à attaquer l'escadre anglaise, ainsi qu'ils auraient dû le faire au début du combat (1). Le feu s'ouvrit tribord amures ; mais cette tardive reprise, quoique franchement exécutée, ne produisit aucun effet sensible, par sa trop courte durée, puisque la nuit arriva et fit cesser le combat, ne laissant que les regrets pour un résultat semblable ! Nous restions maîtres du champ de bataille ; l'ennemi fuyait ; mais les douze vaisseaux anglais, qui avaient craint d'être détruits, purent, quoique désemparés, se retirer paisiblement devant onze des nôtres en bon état, ayant peu ou point donné.

A 8 heures, Hughes, dont les vaisseaux coulaient bas (2), notamment l'*Aigle*, le *Montmouth*, le *Burford* et le *Superb*, craignant un nouvel engagement, fit le signal de nuit de former l'ordre de bataille de front. L'escadre anglaise courait N.-O., afin de rallier la terre et de se mettre, en cas de besoin, au vent de Négapatnam. A minuit, ne se voyant pas chassé, et remarquant que plusieurs de ses vaisseaux ne pouvaient tenir leurs postes par les avaries majeures qu'ils avaient éprouvées, l'amiral mit son armée en panne jusqu'au jour ; puis il se dirigea à petites voiles sur Madras, où il ne put arriver avec son escadre que le 9 septembre, tant étaient désemparés plusieurs des vaisseaux qui la composaient. Durant le trajet, le *Burfort* perdit son grand mât. A la fin du combat, et tandis que nos vaisseaux échangeaient les der-

---

(1) Suffren avait failli périr, exposé seul au feu de six vaisseaux ennemis. Trois capitaines français le délivrèrent. Un ennemi, un Anglais, s'est étonné qu'il n'eût pas été sauvé à la fois par tous les capitaines de son escadre. Ils n'étaient pas dignes, dit-il, dans son admiration passionnée, de servir sous un aussi grand homme. (*Histoire de la marine française*, par *M. Amédée Renée*).

(2) Rapport de l'amiral Hughes.

niers coups de canon avec l'ennemi, abandonnant le champ
de bataille, le *Héros*, n'ayant plus que son mât de mizaine,
cherchait à déblayer son pont des débris dont il était couvert.
L'*Illustre*, moins endommagé, tâchait d'assujétir son grand
mât à l'aide de pataras, pour remplacer les haubans coupés;
mais, avant d'avoir terminé cette opération, le mât ne put
résister au roulis d'une grosse mer du large que soulevait la
brise nouvelle; il tomba, et sa chûte fut accompagnée d'un
bruit épouvantable. Suffren, en présence de ces désastres,
était d'un mécontentement extrême, et plusieurs capitaines
éprouvèrent les effets de son ressentiment. Il demeura convaincu, malgré leurs excuses, que la plupart d'entre eux
avaient voulu l'abandonner et le sacrifier à leur jalousie. Voici
ce qu'il écrivit, le 23 septembre, à M. de Souillac sur ce
sujet : « Je commençai le combat quinze contre douze, car
» j'avais mis en ligne la *Consolante*. Ce que vous ne croirez
» pas, que vous concevrez avec moi, c'est qu'il n'y a eu que
» le *Héros*, l'*Illustre* et l'*Ajax* qui aient combattu de près.
» Cependant, tous, oui tous, ont eu la plus grande facilité de
» s'approcher, et vous, qui êtes marin, comment pourra-t-on
» vous persuader qu'ayant gagné la tête d'une ligne qui court
» largue, on n'a pas pu s'en approcher, et qu'il en a été de
» même pour les vaisseaux qui marchent bien? Enfin, ce qui
» fait leur condamnation, c'est que le *Héros* et l'*Illustre*,
» l'un marchant très-bien, l'autre marchant très-mal, ne se
» sont point quittés, ont été écrasés et ont perdu chacun leur
» grand mât (1). » En effet, on sait aujourd'hui que le Bailli,
moins ancien que quelques-uns de ses capitaines, inspirait
un sentiment de jalousie à ces marins, encroutés dans leurs
vieux préjugés, et follement fiers de leurs parchemins. Ils

(1) Arch. de la mar. Voyez à la fin du volume la relation de ce combat,
qui fut publiée à Port-Louis en 1783, avec l'autorisation du gouvernement.
Elle est sous le n° 18.

souffraient impatiemment l'autorité de leur jeune général, dont le blazon, prétendaient-ils, était moins illustre que le leur. Il est resté prouvé jusqu'à l'évidence qu'il y avait mauvaise volonté de la part de plusieurs des chefs, et qu'une cabale, à la tête de laquelle figurait M. de Tromelin, qui avait demandé un congé, était montée contre le Bailli, et que, par ce pacte d'insubordination, quoique nous nous fussions trouvés à avoir deux vaisseaux de plus que l'ennemi, nous n'eûmes que le stérile honneur de rester maîtres du champ de bataille, lorsque nous eussions dû prendre ou détruire les vaisseaux de Hughes. Tels furent les malheureux effets de la jalousie et des divisions qu'elle fit naître : passion honteuse, qui étouffe tout sentiment généreux, même le sentiment de l'honneur (1).

Cependant, Suffren n'était pas un de ces *intrus* (2) dont MM. du Grand-Corps prétendaient ne pouvoir dépendre. C'était un officier de leur corps, ayant passé par tous les grades, et leur camarade ; mais son mérite transcendant les offusquait. Ils ne lui pardonnaient pas, après l'avoir vu capitaine peu ancien dans l'escadre de M. le comte d'Estaing, en 1778, de le trouver à la tête de l'expédition de l'Inde, en 1781. Que devait-on attendre de subalternes qui ne pouvaient soutenir l'éclat des talents dans leurs semblables ?

(1) Voyez à la fin de ce volume, sous le n° 15, une lettre confidentielle de M. de Suffren, qui donne les plus grands détails sur l'affaire du 3 septembre 1782.

(2) On désignait ainsi les officiers qui ne sortaient pas de la Compagnie des gardes de la marine, et qui ne parvenaient ordinairement que par leur mérite. Le comte d'Estaing, M. de Bourgainville, etc., étaient des *intrus*. Les officiers de port, quoique roulant avec les autres pour l'avancement, n'étaient pas regardés d'un bon œil par ceux-ci, en ce qu'ils n'avaient pas besoin de faire des preuves de noblesse. Ce fut cet infernal esprit de corps qui avait porté, dans la précédente guerre, M. de Montalais, tout brave qu'il était, à laisser écraser son chef, M. de Beaussier, sur le *Héros*, par deux vaisseaux anglais, sans vouloir lui porter secours avec l'*Illustre*, qu'il commandait.

L'escadre resta en panne toute la nuit. Durant ce temps, l'*Ajax* disposait ses nouveaux mâts de hune et réparait son gréement. Les deux vaisseaux démâtés travaillaient à établir des mâtereaux. Au jour, l'armée fit voile vers Trinquemalay. Le *Sphinx* donna la remorque au *Héros*, le *Petit-Annibal* à l'*Illustre* et la *Fine* à l'*Ajax*. Le général était passé à bord de l'*Orient*, et son pavillon y fut arboré. De cet instant, on éprouva une série de contrariétés pour regagner le port que nous avions laissé la veille. L'amiral Hughes avait réussi en partie dans ses projets, qui étaient de nous entraîner assez au large, et sous le vent, pour rendre, vu la saison, notre retour impossible à Trinquemalay.

Le 6, le *Héros* s'était regréé éventuellement à l'aide de mâtereaux, et Suffren quitta malheureusement l'*Orient* pour retourner à bord de son vaisseau. Le 7 au soir, on aperçut Trinquemalay, qu'on regrettait tant d'avoir quitté. Toute la nuit, l'armée resta à louvoyer en attendant le lendemain avec anxiété, lorsque le 8, à 4 heures du matin, un coup de canon d'assistance fut entendu de tous les vaisseaux courant des bordées avec une forte brise de terre. Le jour se fit peu de temps après, montrant l'*Orient* échoué sur la *Pointe-Salé*, formant l'extrémité S. de l'entrée de la baie. L'orgueilleuse ignorance d'un jeune officier de quart était cause de ce naufrage (1). Contre l'avis du maître pilote, qui lui avait représenté la nécessité de virer, il persista à prolonger sa bordée; et lorsqu'il voulut changer d'amures, le vaisseau talonna et resta au plain. Aussitôt, les bâtiments de l'escadre eurent ordre d'aller mouiller près de lui pour lui donner secours. On était parvenu à le retirer de la souille qu'il s'était faite, au moyen de ses voiles et d'une amarre élongée au large; mais, dans l'abattée qu'il fit en se rafflouant, il donna contre des rochers cachés sous l'eau et peu éloignés. Sa perte fut alors

(1) Pièces justificatives n° 10.

sans ressource. La vétusté de ce vaisseau, qu'on ne tenait plus sur l'eau que par le jeu des pompes, notamment depuis le combat de *Providien*, ôta tout espoir de le sauver du naufrage.

L'armée fut désespérée de cette diminution de forces. A ce sentiment se joignit celui de l'indignation contre l'officier coupable, lorsque la cause de ce malheureux événement fut connue. Tous ces motifs navraient l'âme du capitaine, responsable de la confiance qu'il avait accordée trop aveuglément. La seule consolation qu'on éprouva dans la perte de l'*Orient* fut la destination des bas mâts de ce vaisseau de soixante-quatorze, qui devaient servir à l'*Illustre* et au *Héros*; vu la disette où l'on était de mâtures. Mais, par l'impéritie des maîtres de manœuvres, la ressource du grand mât vint à manquer. Ils négligèrent de l'appuyer, et, sous l'inclinaison du vaisseau, qui donnait une demi-bande, il se rompit dans la nuit au ras de l'étambrai. Il en fut ainsi de la majeure partie de ce qui constituait son armement.

De fortes brises de la partie du N.-O. au N.-N.-O. retinrent l'escadre au mouillage de la *Pointe-Sale* jusqu'au 17, qu'elle put appareiller et atteindre l'arrière-baie, ou baie du N. Là, elle s'occupa à se réparer avec la plus grande activité. Le *Héros* et l'*Illustre* avaient éprouvé à peu près les mêmes désastres; mais l'ardeur de ceux qui les montaient se communiquait aux deux équipages, qui rivalisaient de célérité pour les mettre en état de reprendre la mer. Le *Héros* se servit du mât de misaine de l'*Orient*; le *Bizarre*, de soixante-quatre, et de moindre force, donna son grand mât à l'*Illustre*, qui avait déjà pris le mât d'artimon du vaisseau naufragé; le *Bizarre* s'empara, à son tour, de la mâture de la *Consolante*; celle-ci s'accommoda des mâts d'une grosse flûte hollandaise. Quant à l'*Ajax*, ses mâts de hune de rechange avaient été mis en place dès le lendemain du combat, et, vers le soir, la *Fine* cessa de lui donner une remorque devenue inutile;

aussi, avant son arrivée au port, toutes ses avaries se trouvaient réparées.

Pendant que Suffren, mouillé avec son escadre autour des débris de l'*Orient*, inquiet sur le sort de Goudelour, expédiait la *Bellone*, pour connaître la situation de cette place, qu'il ne pouvait pas aller secourir, il écrivait à un de ses amis : « Le *Héros* a perdu son grand mât, son petit mât de hune, » le perroquet de fougue et cent deux hommes, dont cinquante morts sur place. L'*Illustre*, commandé par M. de » Bruyères de Chalabre, a partagé tous mes périls, ne m'a » point quitté et s'est fort distingué. On ne peut mieux se » conduire qu'il l'a fait ; si tous eussent fait de même, nous » étions maîtres de l'Inde à jamais. Je suis revenu ici : à » force de travail, je me réparerai. Dieu veuille nous faire » joindre bientôt M. de Bussy. Si la réunion des deux divi-» sions s'effectue avec mon escadre, nous pourrons entamer » de grandes choses ; mais d'ici là il y a de terribles moments » à passer. Si je pouvais tout dire, quoique je n'aie pas dé-» truit l'escadre anglaise, on m'estimerait comme militaire, » surtout si l'on savait quel courage il a fallu pour rester ici » malgré la disette de tout, et les sollicitations et les ruses » qu'on a employées pour me faire retourner à l'Ile-de-France. » Je ne sais ce qui en arrivera, mais je sais bien que, si j'eusse » quitté la côte, tout était perdu. Voici, cependant, le résul-» tat depuis que je suis dans l'Inde : J'ai été maître de la mer ; » j'ai rendu quatre combats et pris le port le plus important » de l'Inde ; j'ai pris cinq bâtiments appartenant au roi d'An-» gleterre, trois à la Compagnie et plus de soixante bâti-» ments particuliers ; j'ai soutenu notre armée ; je lui ai fourni » des vivres et de l'argent. Tout ce que je désire, c'est de » bien faire, de mériter l'estime du Roi, celle des ministres » et du public (1). »

(1) Cette lettre, du 14 septembre, a été publiée dans la *Gazette de France* du 31 mars 1783.

Le 23 septembre, la *Bellone* revint rejoindre l'escadre. Le retard qu'elle éprouva à effectuer son retour donnait déjà de vives inquiétudes pour elle et pour Goudelour; mais elles furent bientôt dissipées. Le *Pulvériseur*, sous le commandement de M. Le Fer, fut expédié pour aller à l'Ile-de-France porter des paquets à M. de Souillac, gouverneur. MM. de Tromelin, de Saint-Félix, de la Landelle et de Galles obtinrent, sous différents prétextes, la permission de s'embarquer à bord de ce paquebot pour se rendre dans la colonie. Cette démarche confirma l'opinion qu'on avait sur la cabale montée avant le combat du 3 septembre, dont nous avons rendu compte. M. de Tromelin, soit par faiblesse, soit par jalousie, avait toujours compromis les succès de nos armes, en restant spectateur bénévole des combats. Il jeta les yeux sur M. de Saint-Félix pour lui faire embrasser ses intérêts. Celui-ci jouissait d'une réputation de bravoure non contestée. Toutefois, on le connaissait vain et emporté : il provoqua une altercation dont il se repentit plus tard, mais qui eut lieu entre lui et le Bailli, et décida son éloignement. M. de la Landelle n'étonna personne, et son départ ne causa aucun regret. Il n'en fut pas ainsi lorsqu'on apprit que M. le chevalier de Galles demandait à repasser en Europe. Ce dernier, satisfait de la récompense que le Roi avait accordée à ses services et à ses talents, sans ambition, d'une santé faible et languissante, soupirait après l'instant de quitter la mer, élément pour lequel la nature ne l'avait point formé. Suffren, à qui il devait le grade de capitaine de vaisseau, lui accorda le congé qu'il sollicitait, motivé sur un besoin de repos (1). Quoi qu'il en soit, ces officiers témoignaient qu'ils n'avaient aucun souci de l'honneur du pays et de l'avenir de notre escadre, qu'ils délaissaient.

(1) Nous copions ici les journaux d'officiers embarqués sur l'escadre, et que nous possédons. (Voyez la relation du combat, imprimée à Port-Louis, 1783, n° 18.)

Le 13 septembre, ayant donné l'ordre au *Pulvériseur* de se préparer à appareiller, et au capitaine Le Fer de se rendre à bord du *Héros* prendre ses paquets, le Bailli termina ainsi sa correspondance avec M. le vicomte de Souillac : « J'ai été » quelques jours dans les peines les plus cruelles : je savais » M. Coote près de Goudelour, et je ne pouvais aller au se- » cours de cette place. L'arrivée de la *Bellone*, qui m'apprend » la retraite de ce général, me tranquillise. J'irai cependant » y faire un tour. Envoyez, je vous prie, à Trinquemalay, » tout ce qu'il faut pour monter un port en petit, et suppléez » à tout ce que j'ai pu oublier dans la lettre commune. Je » n'écris pas à M. de Bussy, parce que je le crois parti. Je » partirai d'ici le 28 ; j'irai à la côte ; j'y serai peu de temps, » et de là je prendrai un parti pour l'hivernage.

» L'escadre anglaise a souffert. Il y a eu deux capitaines » tués ; un troisième a perdu un bras. On assure aussi qu'un » vaisseau a perdu son grand mât. Le combat a empêché la » combinaison avec M. Coote et l'a fait rentrer à Madras. Je » ne puis savoir où j'hivernerai, mais envoyez toujours tout » ce que vous pourrez à Trinquemalay. (1) »

La retraite des quatre capitaines apporta encore des chan- gements dans le commandement des vaisseaux. M. d'Aymar passa sur l'*Annibal*, M. de Vigues sur l'*Artésien*, M. Dupas sur le *Saint-Michel*, M. de Beaulieu sur le *Petit-Annibal*, M. de Tréhouret sur le *Bizarre*, M. de Saint-Georges sur la *Fine*, M. de Joyeuse sur la *Bellone*, M. Malis sur la *Conso- lante*, et M. Dufreneau sur le *Lézard*. Le côtre, pourvu d'un capitaine, fut envoyé, le 25 septembre, à Trinquebar, avec une lettre de M. de Suffren, adressée à M. Piveron de Mor- lat, annonçant sa prochaine arrivée à Goudelour (2). Ces

(1) Archives de la marine.

(2) Voyez cette lettre, sous la date du 25 septembre 1782, parmi la correspondance du Bailli de Suffren, à la fin du volume.

perpétuelles mutations, rendues nécessaires par la conduite de quelques capitaines, étaient souvent des causes de découragement et de dégoût. Les capitaines, étrangers aux équipages et aux vaisseaux qu'ils étaient appelés à commander, avaient sous leurs ordres des officiers et des matelots dont ils ne pouvaient posséder la confiance. Ces changements dans le personnel avaient quelquefois de déplorables effets. On ne comprend pas comment nos marins de l'escadre de Suffren purent résister à l'influence démoralisante d'autant de chances contraires, si on ne voit à toute sa hauteur l'homme qui était appelé à les commander, évoquant sans cesse les ressources de son génie et de son dévoûment. Il faut se transporter à cette époque héroïque et le suivre dans les phases de cette guerre, où, avec une marine numériquement inférieure, il soutint avec gloire une lutte inégale.

Le 28, le Bailli expédia, aux termes de la capitulation, deux grands bâtiments de commerce, pour porter à Madras les troupes européennes trouvées dans Trinquemalay. Les Cipayes, qui avaient demandé à prendre parti avec les Français, restèrent avec eux pour défendre les forts.

Le 30 septembre, l'escadre était réparée, approvisionnée, et la place de Trinquemalay pourvue d'une nombreuse garnison, consistant en un bataillon de l'Ile-de-France, une compagnie d'artillerie, une compagnie d'artillerie de marine et mille Cipayes. Cette garnison était, en outre, renforcée par une compagnie de chasseurs européens et deux compagnies de Malais, que les Hollandais y laissaient.

Le lendemain, Suffren remit ses paquets, adressés à M. de Castries, à la corvette le *Raiks*, sous les ordres de M. de la Corne. Cette corvette, qui devait toucher à l'Ile-de-France, portait une lettre à M. de Souillac, dont nous extrayons le passage suivant : « J'irai au rendez-vous (1) ; je ne sais si je

_____
(1) Achem.

» pourrai le gagner. Ma position est des plus embarrassantes.
» Il serait long et superflu d'entrer dans les détails; mais je
» me vois dans une situation où il faut deviner, et où il est
» impossible de bien faire.

» Envoyez-nous à Trinquemalay des munitions, des vivres,
» des articles de marine et de port, le plus que vous pourrez.
» Je pars aujourd'hui (1). »

En effet, l'escadre mit sous voiles pour la côte de Coromandel, laissant dans le port la frégate la *Consolante*, et des
malades aux hôpitaux.

Afin de bien faire apprécier la part que chaque capitaine
prit au combat du 3 septembre, qui dura 3 heures 45', nous
donnons l'état des morts et des blessés à bord des vaisseaux:

Le Héros	Suffren, chef d'escadre	30 tués	72 blessés
L'Illustre	Bruyère, capitaine	24	82
L'Ajax	Beaumont, lieutenant	10	24
L'Artésien	Saint-Félix, capitaine	4	12
Le Vengeur	Cuverville, capitaine	1	20
Le Brillant	De Kersauson, lieutenant	5	8
Le Bizarre	De la Landelle, capitaine	2	16
La Consolante	De Péan, lieutenant	3	8
Le Flamand	De Salvert, lieutenant	1	13
Le Saint-Michel	D'Aymar, commandant	2	»
L'Annibal	Tromelin, commandant	»	»
Le Sphinx	Du Chilleau, capitaine	»	»
Le Sévère	De Langle, lieutenant	»	»
L'Orient	De la Pallière, capitaine	»	»
Petit-Annibal	De Galles, capitaine	»	»
	Totaux	82	255 (2)

L'amiral Hughes, dans son rapport du 30 septembre, n'accuse que cinquante-et-un tués et deux cent quatre-vingt-
cinq blessés.

(1) Cette lettre est du 1er octobre 1782. *(Arch. de la mar.)*

(2) Extrait des Archives de la marine.

Voici les noms des officiers tués et blessés et ceux des vaisseaux auxquels ils appartenaient :

Le *Héros*.

Le chevalier Dubusquet, lieutenant de frégate auxiliaire, une jambe emportée.

Amieth, lieutenant de frégate auxiliaire, blessé très-grièvement.

Dulac, lieutenant de frégate auxiliaire, perdu l'œil droit.

L'*Illustre*.

De Bruyères, capitaine de vaisseau, forte contusion à la poitrine.

De Vautrou, lieutenant de vaisseau, tué.

De Saint-Ligier, enseigne de vaisseau, tué.

Danharloo, lieutenant suédois, une cuisse emportée.

De Cardignan, enseigne de vaisseau, blessé légèrement.

De Beaupoil, enseigne de vaisseau, blessé légèrement.

De la Tourhodis, officier du régiment de l'Ile-de-France, blessé légèrement.

De Séguin, officier du régiment de l'Ile-de-France, blessé légèrement.

La *Consolante*.

De Péan, lieutenant de vaisseau, capitaine, tué.

Le *Bizarre*.

De la Grandière, enseigne de vaisseau, blessé grièvement à la jambe.

CHAPITRE VII.

Mort de M. Duchemin. — Le comte d'Offelize le remplace. — Sir Eyre Coote. — L'armée anglaise ravitaille Vellore. — Hayder-Aly abandonne nos soldats pour courir après le général Coote. — Le Nabab reste à Arcate. — Coote profite de son éloignement. — Il quitte de nouveau Madras et vient camper sur le côteau de Perimbé. — Retraite des Français. — Coote, en apprenant la défaite de Hughes, retourne à Madras. — Les cavaliers du Nabab le harcèlent dans sa marche et ruinent le pays. — Commencement d'une disette dans la présidence anglaise. — Suffren passe devant Négapatnam. — Il détruit un transport anglais. — Il apprend l'enlèvement du côtre sur la rade de Trinquebar, par le vaisseau le *Sultan*. — L'escadre mouille à Goudelour. — Perte du vaisseau le *Bizarre*. — Arrivée du commodore Bikerton à Bombay. — La valeur et l'activité du Bailli augmentent. — Suffren reste dans l'Inde. — Il va hiverner à Achem. — Tempête sur la rade de Madras. — Dommages qu'elle cause à l'escadre de Hughes. — Perte de plusieurs bâtiments. — Madras en proie à une épouvantable famine. — Bikerton se présente sur la rade de cette présidence avec six vaisseaux et son convoi. — Il appareille pour aller à la recherche de l'amiral Hughes. — Séjour des Français à Achem. — La *Pourvoyeuse* n'ose attaquer quatre navires anglais richement chargés. — Mécontentement du Bailli. — Le *Vengeur*, coulant bas, part pour Trinquemalay. — La *Pourvoyeuse* lui sert d'escorte. — Projets de Suffren. — Arrivée de la corvette le *Duc de Chartres*. — Mauvaises nouvelles. — Capture de nos convois. — Prise de plusieurs vaisseaux. — Epidémie à l'Ile-de-France. — Mauvais état des vaisseaux du commandant Peinier. — Radoub complet au *Hardi*. — On condamne l'*Alexandre*. — Suffren change ses projets. — L'escadre se porte sur Ganjam. — La *Bellone* et le *Petit-Annibal* croisent sur les brasses. — Insuccès de l'attaque, faute d'embarcations du pays. — Prise de la frégate le *Cowentry*. — Capture du *Bland-Fort*. — Mort d'Hayder-Aly. — Suffren se rend à Goudelour. — Paix conclue entre les Marattes et les Anglais. — Ses conséquences. — Tippou-Saïb succède à son père. — Rencontre des armées mysoréenne et anglaise. — Le corps français seconde merveilleusement notre allié Tippou. — Stuart rétrograde vers Madras. — La cavalerie de Tippou le harcèle. — Suffren écrit au nouveau Nabab. — Suffren, rassuré sur les dispositions de Tippou, appareille pour Trinquemalay. — Il suspend ses travaux. — Arrivée de M. de Bussy. — Le Bailli va le débarquer à Goudelour. — Nos affaires dans l'Inde avaient changé de face. — Tippou avait quitté le Carnate pour la côte Malabar. — Succès du général Mathews. — Bussy déconcerté. — Stuart campe son armée sur le Paléar. — Notre escadre retourne à Trinquemalay se radouber. — Suffren détache une division croiser devant Madras. — L'escadre rentre à Trinquemalay en présence des nombreux vaisseaux de Hughes. — Suffren expédie la *Nayade* en informer M. de Bussy. — Combat de cette corvette contre un vaisseau. — Suffren expédie en France la corvette la *Fortune*. — M. de Peinier échappe à l'escadre anglaise. — Nouveaux renforts que reçoit l'amiral Hughes. — M. de Peinier revient à Trinquemalay.

Après le départ de l'escadre de Goudelour, le 1er août, M. Duchemin, qui était miné par le chagrin, mourut le 12; le mauvais résultat qu'avaient obtenu ses nouvelles et fausses démarches vis-à-vis le Nabab contribua à augmenter sa maladie, dont les médecins parurent ignorer la cause. Le peu de succès de ses opérations, le malaise que chacun éprouvait, rendirent l'armée insensible à sa perte : on critiqua le général, tandis que l'on eût dû plaindre le négociateur inhabile ou mal conseillé. La mort de M. Duchemin fit passer le commandement à M. le comte d'Offelize, colonel d'Austrasie, homme vertueux, ayant de l'esprit et beaucoup de jugement, mais d'un caractère si froid, qu'il le poussait jusqu'à l'indifférence. Il s'était toujours tenu éloigné de M. Duchemin; aussi, lorsqu'il prit la direction des affaires, il s'y trouva presque aussi étranger que s'il fût arrivé la veille d'Europe : il savait nos affaires mauvaises; mais il lui fallut tâtonner avant de trouver le remède nécessaire pour les rétablir sur un bon pied. M. le comte d'Offelize prit conseil de M. de Boissieux, excellent officier qui avait sa confiance, doué des qualités militaires, brave et plein d'ambition : ces organisations, si différentes entre elles, se modifiaient réciproquement. Il résulta de ce changement de chefs un système nouveau d'opérations, et des plans furent proposés au Nabab. M. Duchemin, par une politique mal entendue, avait été lent et incertain dans les siens, tandis que ceux de M. d'Offelize, que secondait un homme ardent, avaient aux yeux du prince un tout autre aspect, et s'accordaient mieux avec ses projets d'extermination des Anglais.

Tel était l'état des choses dans l'armée française campée aux environs de Goudelour, lorsque, le 15 août, le Nabab apprit que l'armée anglaise se portait du *Grand-Mont*, près de Madras, où elle s'était retranchée, sur Vellore. Présumant de suite que son but était de ravitailler cette place, il s'élança à sa rencontre, mais inutilement. L'expédition entreprise par sir Eyre-Coote réussit complètement : l'armée britannique, dans l'intervalle du 7 au 21 août, fit 200 milles ; elle se retira immédiatement après avoir donné à la garnison des vivres et des munitions en quantité suffisante pour soutenir un blocus jusqu'au 1er mars suivant.

En abandonnant notre petite troupe dans les environs de Goudelour, Hayder-Aly l'avait fait soutenir par un corps de Cipayes, pris parmi les bataillons de Tippou-Saëb, son fils, qui opérait à la tête de quarante mille hommes dans le Tanjaour, au S. de la presqu'île de l'Inde. Mais lorsque le général Coote vit le Nabab établi dans Arcate, capitale de la Nababie de ce nom, employant ses meilleures troupes à faire le siége de Vellour, il quitta de nouveau Madras avec son armée, s'avança le long de la côte vers Pondichéry, et campa sur le coteau de Perimbé, d'où il menaça nos soldats, qui s'étaient retranchés à son approche dans les ouvrages avancés qu'ils avaient élevés autour de Goudelour. Le général anglais comptait sur le concours de l'escadre de l'amiral Hughes. Dans le conseil tenu au fort Saint-Georges, il avait été arrêté que sir Edouard devait venir appuyer les opérations de l'armée à son retour de Trinquemalay, où il se rendrait d'abord. L'intention de l'amiral était de mettre cette place en mesure de résister à toute attaque de la part des Français, au moyen d'une augmentation considérable d'hommes et d'un approvisionnement complet en vivres et munitions de guerre.

Le lieutenant-général Coote, qui faisait ses dispositions pour attaquer nos avant-postes, apprit bientôt le retour de l'escadre anglaise à Madras et son état de délabrement, qui était tel qu'elle ne pouvait de long-temps reprendre la mer. Les équipages des vaisseaux, qui devaient être de six cent cinquante hommes, étaient réduits à quatre cents ; dans ce nombre, se trouvaient compris les Lascars : aussitôt l'inquiétude le gagne, il décampe et retourne prendre ses cantonnements dans les environs de Madras, qu'il voulait mettre à l'abri des tentatives d'Hayder. Les cavaliers maraudeurs du Nabab, en affamant le pays, s'avançaient jusque sous les remparts élevés à la hâte autour de la Ville-Noire, où les privations de tous genres commençaient à se faire sentir ; le riz même manquait aux indigènes qui s'y étaient réfugiés.

Ces différentes phases que nos affaires avaient parcourues à la côte de Coromandel, durant l'absence de notre armée navale, étaient venues par voies indirectes et à plusieurs reprises à la connaissance de M. de Suffren, et lui avaient causé de vives inquiétudes jusqu'à l'arrivée de la *Bellone*. Rassuré sur le sort de nos troupes, le Bailli avait laissé Trinquemalay le 1er octobre et faisait voile pour Goudelour, suivant la promesse qu'il en avait donnée à M. le comte d'Offelize. Il voulait aussi débarquer l'artillerie que le marquis de Bussy lui avait envoyée pour cette destination.

En faisant route, l'escadre aperçut, le 3, sur la rade de Négapatnam, un bâtiment mouillé sous la forteresse, mais celui-ci voyant l'*Artésien*, le *Petit-Annibal* et la *Fine* s'approcher de lui, prit le parti de s'échouer dans la barre. Aussitôt M. de Suffren détacha plusieurs canots sous le commandement du chevalier Latour-du-Pin, officier du *Héros*, pour le rafflouer, ou le brûler, si on ne pouvait pas y parvenir. Malgré l'artillerie du fort, nos embarcations abordèrent l'anglais, mais l'officier qui les commandait ; plutôt que d'essayer de retirer le navire de la position qu'il avait prise, ne s'occupa que de le faire incendier ; il y mit tant de précipitation que quelques-uns des bateaux, qui n'étaient à peine qu'à portée de pistolet, faillirent être ensevelis par l'explosion qui eut lieu. Le général regretta beaucoup la perte de ce joli transport doublé en cuivre, surtout lorsqu'il sut qu'il était chargé de munitions de guerre de toute espèce. Voilà comme le Bailli était presque toujours secondé, même dans les moindres expéditions.

L'armée reprit son aire vers le N. En approchant de Trinquebar, un *Catimaron*, expédié par le gouverneur, aborda le *Héros* et informa M. de Suffren que, malgré la protection que son pavillon neutre avait toujours offerte aux bâtiments des nations belligérantes, et malgré ses protestations, le vaisseau le *Sultan*, capitaine Mitchell, s'était emparé, sur la rade même, et sous le canon de la forteresse, du côtre le *Lézard*, capitaine Dufreneau. L'ancien commandant du *Cowentry*, qui avait remplacé Watt, tué au combat du 3 septembre, avait eu de sir Edward Hughes la mission spéciale, par suite d'une décision du conseil de la Présidence, d'aller raffler tout ce qu'il trouverait à Trinquebar, sous pavillon français et hollandais, avant la sortie de l'escadre française de Trinquemalay. Les fréquents orages de l'O., la variété des vents, ainsi que la faiblesse des courants à cette époque de l'année, à laquelle la mousson du S.-O. s'éteint insensiblement sur la côte de Coromandel, permirent au *Sultan* de remplir très-facilement son expédition, qui outrageait l'indépendance de la nation danoise et l'immunité de son pavillon. Heureusement encore qu'elle se borna à la seule capture de la *Mouche* de l'escadre. Les vaisseaux continuèrent leur route, et le lendemain, 4 octobre, ils arrivèrent à Goudelour; mais un destin jaloux de nos succès, dus à la seule persévérance d'un chef dévoué, parut vouloir nous les faire expier et lasser la constance de M. de Suffren. Le *Bizarre* suivait le *Sphinx*, lorsque celui-ci mouilla précipitamment; M. Tréhouret de Pennelé, qui commandait le *Bizarre*, craignant d'être gêné par le mouvement de culée du *Sphinx*, laisse porter en s'approchant de terre. Mais, après son arrivée, au lieu de revenir promptement sur tribord, il prolonge démesurément son aire au N.-O., et va s'échouer avec le plus beau temps du monde. On ne put voir manœuvrer de la sorte, de plein gré, en présence d'une armée, sans accuser de trahison le capitaine qui s'en était rendu coupable; mais, heureusement pour lui, M. de Trehouret (1) était trop connu par sa bravoure et sa bonne volonté : sa faute fut seulement attribuée à un défaut de jugement.

(1) Voyez à la fin de ce volume la pièce officielle n° 10.

A peine les vaisseaux eurent-ils connaissance de cette catastrophe, que chacun d'eux envoya sa chaloupe porter des ancres au *Bizarre*. La chaloupe du *Flamand* voulait mouiller son ancre au large et puis dériver sur lui, en filant du câble, afin de lui en remettre le bout à bord, sur lequel il eût pu virer immédiatement. Malheureusement le capitaine du *Bizarre* avait plus de valeur que de connaissances acquises; il fit maladroitement accoster toutes les embarcations et les renvoya ensuite mouiller leurs ancres. Pendant que, surchargées par des poids considérables, elles luttaient contre le vent pour regagner le large, le vaisseau, ballotté sur la barre par le renflement des flots qui y déferlaient, se creva, et on ne s'occupa plus qu'à sauver sa mâture et ce qu'il contenait. La perte du *Bizarre* causa un bien vif regret à toute l'armée, qui voyait ses vaisseaux disséminés sur les rivages de Ceylan et de Coromandel; les désastres que le sort des combats n'avait pu amener, elle les devait à la présomption ignorante des uns, au manque de capacité des autres!

Ces pertes étaient d'autant plus affligeantes que le 6 octobre, le surlendemain même de l'échouage du dernier vaisseau, M. de Suffren reçut des paquets de la côte de Malabar qui lui annonçaient que sir Robert Bikerton était arrivé à Bombay avec cinq vaisseaux (1) de guerre et un convoi considérable, et qu'après une courte relâche dans ce port, il avait remis sous voiles, le 18 septembre, avec sa division, pour la côte Coromandel, afin de se réunir à sir Edward Hughes.

La réunion de ces deux escadres d'un côté, la perte de l'*Orient* et du *Bizarre* de l'autre, donnaient à l'ennemi une supériorité numérique telle que M. de Suffren était hors d'état de pouvoir se mesurer avec lui. Toutefois, cette disproportion

(1) Le sixième, le *Sceptre*, avait rejoint l'amiral Hughes, ainsi que la *Médée*, ces deux bâtiments s'étant séparés fortuitement de la flotte.

de force entre lui et l'amiral anglais n'émeut pas son cœur; le salut de la cause qu'il y est venu soutenir exige qu'il n'abandonne pas l'Inde, et il y restera : la puissante activité de ses adversaires, pas plus que les mauvaises et lentes dispositions du cabinet de Versailles, ne peuvent ébranler sa détermination.

Les Anglais, aux premières nouvelles de nos projets contre leurs possessions asiatiques, décident d'y envoyer un nouveau renfort devenu nécessaire ; de suite, six des meilleurs vaisseaux de la Grande-Bretagne partent ensemble, et assurent, en le protégeant de leurs forces réunies sous le guidon d'un chef habile, l'arrivée du convoi qu'ils escortaient. Nous, au contraire, ainsi que nous l'avons déjà dit ailleurs, à l'insouciance qui préside au choix de nos vaisseaux (2) et des capitaines pour ces lointaines contrées, nous joignons l'imprévoyance qui dirige leur départ ; en morcellant nos forces en faibles divisions, il en résulte que les unes sont prises ou détruites en sortant du port, et que les autres arrivent partiellement ; de là suivent de funestes retards, et l'impossibilité de porter un coup décisif comme le Bailli l'avait toujours espéré.

La valeur et l'activité de Suffren suppléèrent aux fautes de notre cabinet; mais, pour apprécier cet homme illustre, il faut le voir à la tête d'une escadre démunie d'objets essentiels en quittant le port de l'Ile-de-France, et qui, depuis un an, luttait contre la disette de toutes choses, contre l'ennemi, contre le mauvais vouloir et les fautes de ceux auxquels elle était confiée. Ne fallait-il pas qu'il fût doué d'une âme forte et dévouée, inflexible à l'épreuve des dangers, pour n'être pas découragé par les pertes qu'il venait d'éprouver de deux de ses vaisseaux, surtout lorsque l'ennemi accourait en force à sa rencontre, et cela après un combat sanglant et inutile, où la victoire la plus complète devait, sans l'inertie de ses

(2) Voyez à la fin du volume, sous le n° 16, l'état de nos vaisseaux.

capitaines, ajouter à sa gloire et anéantir la puissance anglaise ?

Suffren restera donc dans les mers d'Asie, malgré le mauvais état de sa flotte, malgré le dégoût et l'abattement des officiers ; mais il ne fallait pas moins qu'un homme d'une nature faite pour servir d'exemple, en un mot, un Suffren, pour oser affronter, afin de les surmonter, les événements qui s'annonçaient si défavorables.

La mousson du S.-O. cessait, et, à l'approche de la mousson nouvelle du N.-E., les mauvais temps qui se faisaient sentir chaque jour rendaient la présence de l'armée fort dangereuse sur la côte de Coromandel. Trinquemalay offrait bien à nos vaisseaux son superbe port, où ils pouvaient se réfugier; mais, dans cette saison d'hivernage, le climat en est peu salubre, et les équipages, épuisés par un si long séjour à la mer et par tant de fatigues, loin de recouvrer la santé, y eussent indubitablement trouvé en grande partie leur tombeau. De plus, la contrée offrait peu de ressources en vivres, surtout en végétaux, ni nécessaires aux marins, presque toujours atteints d'un principe scorbutique, en ces temps éloignés où l'hygiène navale était si fort négligée. Suffren, afin d'empêcher l'ennemi de soupçonner le lieu qu'il avait choisi pour hiverner, laissait croire aux troupes, qui en répandaient le bruit parmi les indigènes, qu'il allait retourner à Trinquemalay pendant les mois d'octobre, novembre et décembre, pour donner le temps à la nouvelle mousson du N.-E. de s'établir. Les Indiens colportaient ces nouvelles aux Anglais, qui les payaient, et afin de donner plus de croyance au public sur le lieu qu'il attribuait à sa destination, il parut prendre des effets pour Trinquemalay. Les marins qui l'approchaient, de même que les soldats, ignoraient ses futurs projets. Il permit d'embarquer à quelques officiers qui lui demandaient à rejoindre les corps auxquels ils appartenaient, et qui faisaient partie de la garnison. Un refus de sa part eût pu dévoiler son secret. Au lieu de cela, il préféra les emmener avec lui.

Le Bailli avait jeté les yeux sur la rade d'Achem. Nul autre endroit, en effet, ne se présentait plus convenable pour y radouber et caréner ses vaisseaux, dont quelques-uns en avaient un besoin pressant.

Le 15 octobre, après avoir sauvé la mâture du *Bizarre* et tout ce qu'il avait été possible d'en tirer, l'escadre appareilla à l'approche d'un coup de vent de N.-N.-E. qui se déclarait. Fuyant devant l'orage, elle se dirigea vers l'Equateur pour s'élever à l'E. jusqu'à Sumatra. A mesure que nos vaisseaux s'avançaient dans l'E., ils trouvaient la nouvelle mousson mieux établie. Enfin, après avoir bataillé contre les vents contraires, le 30 l'escadre eut connaissance de la *Pointe du Roi*, et le 1er novembre elle donna dans la passe de *Surate*, et prit un ancrage abrité dans la vaste baie d'Achem.

La tempête qui s'était déclarée le 15 octobre, au moment où nos vaisseaux mettaient sous voiles, se fit sentir d'une manière extrêmement violente sur la rade de Madras. Les plus vieux habitants ne se souvenaient pas d'en avoir éprouvé une semblable. Le vent ne commença à souffler avec force et par rafales qu'à midi, et avant la nuit c'était déjà un ouragan complet. L'amiral, qui avait tenu son escadre mouillée au large par quinze brasses, appareilla dans l'après-midi, emmenant avec lui les personnes qu'il avait invitées à une fête donnée ce jour-là à bord du *Superb*. Avant de quitter la côte, sir Edward avait voulu rendre les nombreuses invitations dont il avait été l'objet. Il était temps que le signal de prendre le large fût fait, puisque tous les vaisseaux furent contraints de couper leurs câbles et d'abandonner leurs ancres. Cette tempête survint à une époque si rapprochée de l'action du 3 septembre, que plusieurs vaisseaux anglais qui y avaient été dégréés souffrirent des dommages considérables. Le *Superb* et l'*Exeter* démâtèrent, mais le premier perdit tous ses mâts et resta plusieurs heures le jouet des flots. Aussitôt que les vaisseaux purent communiquer, l'amiral porta son pavillon à bord du *Sultan*, et expédia la frégate l'*Active* à Madras. Si l'armée navale éprouva des pertes énormes, la Compagnie anglaise et le commerce en supportèrent de bien plus fortes encore. Le vaisseau le *Hertford*, ayant cinq mille sacs de riz à bord, fit côte, de même que le *Free-Trader*, le *Shannon*, la *Nancy*, l'*Essex* et un bâtiment du pays. Le *Free-Mason* coula sur ses ancres, et une trentaine de senauts indiens furent entièrement perdus, sans compter un plus grand nombre d'embarcations de moindre importance. Il est impossible de décrire la scène d'horreur et de détresse qui eut lieu sur la rade et au bord du rivage. Au hurlement des vents, au rugissement des vagues monstrueuses qui déferlaient sur la plage, se joignaient les cris, les plaintes et les gémissements des malheureux qui se noyaient. Lorsque le jour se fit, on vit la côte, dans une étendue de plusieurs milles, couverte de cadavres et de débris. Tels sont les principaux traits de l'affligeant tableau qu'offrait le Préside de Madras.

Parmi une vingtaine de bâtiments grands et petits qui avaient résisté à la tempête, on apercevait le vaisseau de la Compagnie le *Neker*, démâté de son grand mât, et le *Truë-Breton*, ras comme un ponton (1). Deux jours après, la frégate l'*Active* jeta l'ancre ; elle ramenait à Madras les personnes notables de cette Présidence conviées à la fête qui avait eu lieu à bord du *Superb*.

Madras resta en proie à une épouvantable famine, qui décimait les malheureux Indiens. On calcula que les décès allaient jusqu'au nombre de deux cents par jour, et qu'au 28

_____

(1) Outre ces naufrages, l'honorable Compagnie eut à supporter la perte des vaisseaux le *Dartmouth* et le *Brillant*. Le premier se perdit sur Nicobar ; sa cargaison était de 150,000 livres sterling. Le second fit côte à Anjouan ; il venait d'Angleterre.

octobre le chiffre total s'élevait déjà à dix mille. Quant aux troupes de la garnison et des différents cantonnements, elles ne recevaient seulement qu'une faible ration de riz ; toutes les autres provisions étaient excessivement rares et chères. Mais le gouverneur-général Hastings et le Conseil suprême du Bengale, informés de cet état de choses, envoyèrent en décembre plusieurs bâtiments chargés de provisions, particulièrement de riz. Ces secours furent si abondants, que les suites funestes de la disette furent prévenues.

Quatre jours après le départ de l'amiral Hughes, le commodore Bikerton, qui avait remplacé Johnston, quand ce dernier revint en Angleterre de son expédition du Cap de Bonne-Espérance, arriva, avec sa division navale, sur la rade de Madras, où il laissa tomber l'ancre. Il était suivi des transports destinés pour cette Présidence. Parti de Portsmouth le 18 février, avec six vaisseaux en parfait état, il avait atteint Bombay le 3 septembre, avec l'immense convoi chargé de troupes et de munitions qu'il escortait.

Empressé de rejoindre son amiral, le commodore repartit le 17 pour Madras, c'est-à-dire quatorze jours seulement après son arrivée (1). Le coup de vent ayant contrarié la réunion des deux flottes, l'infatigable Bikerton appareilla de nouveau pour Bombay, où il mouilla le 28 novembre, sans avoir rencontré sir Edward. Les vaisseaux délabrés de l'escadre de celui-ci arrivèrent les uns après les autres, du 14 au 21 décembre.

Nous nous sommes arrêté à faire connaître les désastres du coup de vent du 15 octobre, non seulement pour les pertes éprouvées par la Compagnie anglaise, mais parce qu'ils occasionnèrent des retards considérables à la rentrée de l'amiral Hughes et entraînèrent ses vaisseaux dans de graves répara-

---

(1) Nos vaisseaux, vu leur mauvais état, prenaient à chaque relâche des mois entiers pour pouvoir être en état de mettre en mer.

tions, qui prirent beaucoup de temps, et furent cause enfin
que cette formidable flotte ne reparut qu'en avril sur la côte
de Coromandel : plus tôt, sa présence compromettait indubitablement l'escadre de Suffren, inférieure en force, ayant
plusieurs de ses vaisseaux non ralliés.

Les éléments étaient venus, heureusement cette fois,
comme auxiliaires, conjurer les funestes effets qui devaient
résulter des fautes commises par notre ministère, auxquelles
nous devions notre infériorité du nombre. Mais tandis que
cette faiblesse numérique devait indubitablement amener
notre ruine et celle de toutes les possessions de la République
batave, que faisaient nos alliés pour nous aider à résister aux
efforts d'un ennemi intelligent, fort et actif ? A quoi et comment employaient-ils leurs forces ? Quels dommages occa-
sionnaient-ils aux Anglais ? Paisibles spectateurs de la lutte
entre Suffren et Hughes, les Hollandais paraissaient ne pas
être intéressés à ses résultats. Le chef d'escadre Schryver,
ayant sous ses ordres les vaisseaux le *Hofoler-Lenden*, le
Cowpagnier, le *Welvaren*, le *Patriote*, le *Dolphin*, le *Slotter-*
Hooge, le *Diamant*, tous de soixante-quatre, et la flûte le
Herstelder, restait sur la rade de Batavia (1) dans une coupable inertie, sans rendre aucun service à la cause commune
des deux nations.

En Amérique, lorsque le Congrès des Etats-Unis donnait
l'exemple, en envoyant ses croiseurs, avec un succès inouï,
troubler le commerce de l'Angleterre en Europe, les États-
Généraux, dont les dissensions intérieures annihilaient les
forces en suspendant les résolutions de chaque province, ne
mettait pas en mer un seul bâtiment léger. Ce ne fut que le
7 juillet que l'amiral Hasting sortit du Texel avec quelques

_____

(1) Le corps de la milice de Batavia, à pied et à cheval, formé pour la
défense de la colonie, s'élevait à huit mille cinq cent soixante-dix hommes.
Le 24 septembre 1782, il fut passé en revue par le gouverneur-général.

vaisseaux de guerre, escortant dans la mer du Nord les vaisseaux armés de la Compagnie le *Gange*, le *Cheval-Marin*, la *Hollande*, le *Woorberg*, le *Zélandais*, la *Both*, le *Schoonderloo* et le *Java*, les quitta le 13, faisant bonne route, avec les frégates le *Jason* et le *Brunswick*, de trente-six canons. Mais ces renforts, qui auraient pu avoir une action si efficace sur les événements, arriveront au Cap de Bonne-Espérance le 2 décembre, et ne rendront aucun service.

Maintenant il est facile d'apprécier les malheureux résultats des fausses mesures suivies pour l'expédition de nos renforts. Ainsi, par exemple, lorsque M. de Bussy est forcé de rester à l'Ile-de-France pour y attendre le rétablissement des soldats du convoi arrivé avec M. de Peinier, parti d'Europe sept jours avant celui de Bikerton, ce commodore, primant M. de Peinier par le bon état de ses bâtiments, tous doublés en cuivre, avait depuis long-temps, malgré une relâche au Brésil, débarqué ses troupes à Bombay.

Nous verrons de quel avantage fut à nos ennemis ce puissant renfort. Mais, en suivant notre pensée et en exprimant nos regrets sur ce qui se fit alors, il a bien fallu anticiper sur les événements. Nous rentrons donc dans l'ordre de date où ils eurent lieu.

Le roi d'Achem fut aussi étonné qu'effrayé de voir une escadre si importante sur ses côtes, pouvant au besoin débarquer à la porté de sa capitale une armée capable de tout entreprendre contre elle. Il se refusa obstinément à laisser dresser des tentes près du rivage, pour les malades, et ne permit qu'aux seuls officiers et marins employés dans les bateaux désignés pour porter l'eau et les vivres frais à bord des vaisseaux de séjourner à terre. M. de Suffren eût pu passer outre, mais il préféra se rendre aux désirs du monarque malais, et éviter une collision entre ses gens et les Français. D'autres considérations prévalurent encore : la première, c'est que, dans une atmosphère imprégnée des vapeurs qui s'élèvent d'un terrain marécageux, nos équipages auraient pu s'en mal trouver, en gagnant des fièvres putrides, tandis que, par le mouillage des gros vaisseaux, qui les éloignaient de terre, les hommes étaient à l'abri des influences malfaisantes de l'air; la seconde reposait sur la connaissance qu'avait Suffren des mœurs et de la férocité du peuple malais. Il ne fut pas fâché du refus que lui opposait le Roi, de permettre la fusion des équipages avec les naturels.

Les Malais sont enclins à la vengeance, et la jalousie est leur vice dominant. Le Bailli fit même redoubler de vigilance, pour contenir les marins qui allaient en corvées et pour empêcher ces jeunes hommes, familiarisés avec le péril, de se dédommager des privations auxquelles ils étaient assujétis depuis si long-temps.

La discipline, exactement observée, prévint les malheurs, et le séjour de l'armée chez ce peuple farouche et ombrageux ne fut marqué par aucun événement tragique.

Toutefois, le Roi revint plus tard sur la crainte que lui avait inspirée la présence de l'escadre : il autorisa le général à élever des tentes sur une des petites îles qui ferment la baie dans le N.-O. et à l'habiter; mais Suffren, qui faisait alors ses dispositions de départ, ne profita de la concession que lui faisait le souverain que pour couper du bois. C'est un avant-faire droit qui pourrait servir à l'occasion, et aujourd'hui surtout que nous ne possédons pas un port de relâche dans toute l'Inde.

Pendant que M. de Suffren établissait ses relations avec le gouvernement d'Achem, il s'occupait activement de réparer ses vaisseaux et de les mettre en état de reprendre la mer, aussitôt la mousson du N.-E. bien établie, voulant par là primer, dans le golfe du Bengale et le long de la côte de Coromandel, le retour de sir Edward Hughes. A peine l'escadre se trouva-t-elle ancrée sur la rade d'Achem, que la *Bellone* fut expédiée à Malac, comptoir hollandais, chercher la

Pourvoyeuse ; la *Fine* alla à Guéda, charger du riz pour la subsistance journalière et remplacer les vivres consommés durant la relâche. Le 10 novembre, le *Saint-Michel* s'empara, à l'ouvert de la baie, d'un senaut anglais dont la vente servit à payer au roi d'Achem les frais de la relâche. Le 18, la *Pourvoyeuse* arriva de Malac, apportant deux bas mâts et des gaules de teke propres à faire des mâts de hune. Le général reçut très-mal M. de Lanuguy Tromelin, qui la commandait. Il était venu à sa connaissance que ce capitaine avait rencontré cinq bâtiments de commerce armés par la Compagnie, qui avaient à bord plusieurs millions ; qu'au lieu de les attaquer, il les avait laissés continuer leur route, après avoir échangé quelques coups de canon à grande portée. Quelle ressource pour l'escadre, toujours dans le besoin ! Quel coup eût reçu le commerce britannique ! Mais le Bailli de Suffren, toujours mal secondé, devait encore avoir à déplorer la faute commise par un de ses capitaines. M. de Lanuguy, dont la manœuvre était l'objet des plaisanteries des matelots, qui en ce genre n'ont pas la main légère, offrit son journal à M. de Suffren ; et, quoiqu'on doive présumer qu'il eût cherché à y atténuer sa faiblesse, le général, discourant peu, louant en peu de mots et blâmant de même, lui dit de sa voix nasillarde, en le lui remettant le lendemain : « *Eh bien ! M. de Lanuguy,* » *eh bien ! je persiste à dire que vous avez entaché le pa-* » *villon.* »

Le *Brillant*, le plus ancien des vaisseaux français dans l'Inde, et le *Vengeur*, ne tenaient plus sur l'eau que par le jeu continuel des pompes, et les équipages étaient sur les dents. En donnant une forte bande au premier de ces vaisseaux, on parvint à étancher ses voies d'eau ; le *Vengeur*, après avoir été lardé avec des voiles, fut envoyé à Trinquemalay pour y caréner. On le fit escorter par la *Pourvoyeuse*, dont le capitaine, M. de Lanuguy, conserva le commandement, quoiqu'il eût demandé à s'en démettre. La mousson était établie, et ces deux bâtiments, qui naviguaient vent sous vergues, n'avaient que peu de jours de traversée pour se rendre d'une rade à l'autre. M. de Suffren, dont le génie rivalisait avec celui de Mahé de la Bourdonnais, conçoit le projet de frapper l'ennemi au cœur avec les vaisseaux et les troupes que devait amener M. de Bussy. De concert avec Hayder, et tandis que l'escadre anglaise était à se réparer à Bombay, d'où il fallait du temps pour la ramener sur le théâtre de la guerre, il comptait attaquer Madras, la seconde des trois florissantes capitales des possessions anglaises. Maître de ce formidable boulevard, il vengeait la défaite de tant de princes indiens et la nôtre, dans les guerres précédentes, sur la côte de Coromandel, en rasant ses murailles; mais, pour exécuter ses projets, il lui fallait l'arrivée de M. de Bussy, attendu d'un instant à l'autre.

De nouvelles contrariétés devaient encore détruire ses espérances et faire avorter une fois de plus ses projets arrêtés à l'avance. Ainsi, lorsqu'il ne songeait qu'à l'instant de les réaliser, la corvette le *Duc-de-Chartres*, aux ordres de M. de Kersaint, ancien officier de la marine, qui en avait sollicité le commandement, arriva le 25 novembre. Cette corvette était partie de l'Ile-de-France à la fin de septembre, de compagnie avec la *Naïade*, capitaine de Costebelle, qui resta à Ceylan. M. de Kersaint, ayant fait ouvrir les paquets, sut que le Bailli était à Achem et s'y rendit. Sur sa route, il eut connaissance de l'escadre de l'amiral Hughes, se dirigeant à l'O., ce qui confirma Suffren qu'elle se rendait à Bombay. Le Bailli sut alors les malheurs arrivés à nos convois (1), l'état critique du marquis de Bussy, atteint lui-même de la maladie épidémique qui régnait parmi les équipages de la division de M. de Peinier, et qui avait gagné les troupes embarquées sur les bâtiments qu'elle convoyait; enfin, pour combler la mesure, les

(1) Ceux de MM. de Soulanges et de Guichen fils.

revers éprouvés par M. de Grasse dans le combat du *Canal-des-Saints*.

Le Bailli apprit en outre le mauvais état de navigabilité des quatre vaisseaux, dont l'un d'eux, le *Hardi* (1), exigeait un radoub complet, ainsi que plusieurs des transports. Les équipages épuisés, décimés par le fléau qui les avait atteints, empêchaient de pouvoir de long-temps reprendre la mer.

En effet, l'un d'eux, l'*Alexandre*, finit par perdre presque tout son monde : ce vaisseau, devenant le tombeau de ceux qu'on envoyait à bord, fut brûlé (2).

Ainsi que nous l'avons dit, lorsqu'après plusieurs années passées dans l'oubli de nos plus chers intérêts, ceux de l'Inde, par l'ineptie du vieux Maurepas, qui ignorait leur importance (3), le cabinet songea enfin à porter la guerre en Asie, à l'hésitation qu'il y mit, et qui fut une faute grave, il commit encore celle de jeter les yeux sur M. de Bussy, qui se laissa éblouir par le grade de lieutenant-général auquel on l'éleva, et par le bâton de maréchal qu'on lui laissa entrevoir comme récompense. Ce vieillard goutteux oublia que les vingt-deux années passées dans le repos, au milieu de ses immenses richesses (4), lui avaient ôté son énergie et affaibli ses talents;

(1) Voyez, à la fin du volume, l'état que nous avons donné sur le n° 16.

(2) Suffren fut désolé de cette mesure, tandis qu'on eût pu le laisser coulé au fond du port un temps illimité.

(3) « C'est à ce ministre que la France doit la perte de Pondichéry et de ses possessions dans l'Inde. Appelé au ministère aux deux époques de sa vie qui auraient dû l'en faire exclure, le sceptre que Louis XVI, en montant sur le trône, déposa en quelque sorte entre ses mains, ne fut pour le ministre qu'un hochet qui amusait sa vieillesse. »

(Trublet de la Villejégu.)

(4) Prisonnier en 1759, il était repassé en France, où il reçut le surnom de Bussy-Butin; on voulait le distinguer d'un autre Bussy dit *Ragotin*, à cause qu'il était contrefait, et encore du fameux courtisan Bussy-Rabutin.

il ne comprit pas non plus qu'il lui serait impossible de soutenir la célébrité qu'il avait acquise autrefois. On l'investit des pouvoirs les plus étendus, et non seulement il commandait aux forces réunies de terre et de mer, mais encore il avait la direction de l'armée navale.

Consulté, en sa qualité de généralissime, par le maréchal de Castries, sur le départ des convois, le ministre, qui n'était pas marin, suivit à la lettre les conseils du marquis, et divisa les forces au lieu de les réunir. Ces deux généraux de terre, qui pouvaient s'entendre à diriger des mouvements de troupes sur le continent, prirent les dispositions les plus désastreuses pour nos expéditions maritimes asiatiques.

Les fâcheuses nouvelles venues de l'Ile-de-France, qui forçaient le Bailli de renoncer à ses projets, lorsque les possessions anglaises de la côte de Coromandel restaient à découvert, n'ébranlèrent pas sa constance. Tout autre que M. de Suffren eût été découragé de tant de contrariétés et de malheurs; chez lui, au contraire, ces désastres augmentaient son zèle et son ardeur. Nos revers d'Amérique, loin de l'effrayer par leur conséquence, lui firent sentir la nécessité de soutenir en Asie l'honneur du pavillon : heureux souvenir qui reste à la France comme un témoignage du courage et de la gloire de ce grand homme ! Quoique l'ennemi, supérieur en force, ait des vaisseaux meilleurs que les siens, qui ne se tiennent plus sur l'eau qu'au moyen des bras et des pompes, rien ne l'arrête : il a confiance en son génie et en son dévoûment pour surmonter les obstacles et les périls qui viendront surgir autour de lui. Les frégates la *Bellone* et la *Fine* étant revenues de leurs expéditions, Suffren renvoie la corvette le *Duc-de-Chartres* à l'Ile-de-France, après l'avoir déchargée des divers objets qu'elle avait apportés, tels que brai, fer, plomb, toile et vin, et se dispose à quitter Achem.

Commencée sous un aspect brillant, l'année 1782, en tirant à sa fin, montrait que le sort des armes, soumis à tant de hasards, dérangeait souvent les meilleures combinaisons.

En Europe, Gibraltar, ravitaillé par la flotte qu'on avait vue fuir devant l'armée combinée de France et d'Espagne, était parvenu à repousser, avec ses boulets incendiaires, les machines dirigées contre lui. En Amérique, le bonheur de l'Angleterre avait déconcerté la grande expédition des Antilles : de Grasse, pour sauver le vaisseau le *Zélé*, fut imprudemment donner au milieu de la flotte ennemie et se faire prendre ; succès inouïs pour nos ennemis, quoique plus éclatants que solides. En Asie, là où nous devions dominer après quatre victoires sur l'escadre de l'amiral Hughes, nous étions obligés d'éviter sa rencontre, et cela à cause de la perte, par notre faute, de nos convois à l'ouvert de la Manche ; à cause de l'apathie des Hollandais, nos alliés, qui restaient l'arme au bras à attendre l'issue de la lutte, au lieu de nous seconder ; enfin, à cause du mauvais état des vaisseaux composant la division de Peinier.

- En décembre, Suffren est à Achem, réparant ses vaisseaux; Bussy et Peinier sont à l'Ile-de-France, attendant la fin de l'affreuse épidémie qui décime nos marins et nos soldats. L'amiral Schryver, ancré à Batavia avec sept vaisseaux de guerre, reste étranger aux événements qui avaient enlevé à sa nation les établissements de Négapatnam, de Sadras, de Poliacate, de Bimelipatnam sur la côte de Coromandel, de Chimsura au Bengale, de Surate au nord de Bombay, et tous ses comptoirs de la côte occidentale de Sumatra. Le baron de Plettenberg, gouverneur du Cap de Bonne-Espérance, garde un temps infini, sur la rade de cette colonie, les huit vaisseaux armés de la Compagnie portant des troupes pour l'Inde, partis du Texel depuis six mois. Cependant leur jonction devait, à défaut de celle de de l'escadre de Schryver, donner une grande supériorité aux forces réunies des deux puissances. Mais il était dit que le mauvais vouloir de nos

alliés s'unirait aux fausses mesures adoptées par notre ministère, afin de favoriser les opérations que les Anglais, plus
puissants que jamais en ces lointaines contrées, se disposaient
à entreprendre contre nous.

Suffren vit le danger de la position qu'on lui avait faite, mais
il eut foi en lui pour le conjurer; d'ailleurs, quelque imminent
qu'il fût, l'honneur et les intérêts de la France voulaient qu'il
restât à le braver : en conséquence, le 20 décembre, l'escadre mit sous voiles et fit route pour le nord de la côte. Le Bailli
sentit que, pour le moment, il devait, en se tenant en garde
contre les forces navales de l'Angleterre, porter le plus grand
préjudice possible à son commerce; et, pour y parvenir, le
Petit-Annibal et la *Bellone* furent détachés de l'armée. Tandis
que l'escadre se portait sur les côtes d'Orixa, ils allèrent croiser sur les brasses, afin d'intercepter les navires qui entraient
ou sortaient de Calcuta.

Le Bailli, voulant attérer sur *Ganjam*, se mit au vent et
vint attaquer la côte d'Orixa, près la montagne de *Carapar*,
qu'on distingue aisément des autres, à cause de sa figure,
qui représente un long tombeau un peu escarpé du côté du
rivage, sur lequel elle vient tomber. Ganjam, comptoir anglais, qui sert d'entrepôt aux marchandises que la Compagnie
fait fabriquer en cette partie, se trouvait sans défense : il était
donc facile de s'en emparer et d'en enlever les richesses que
renfermaient ses magasins. Au sud de la rivière, qui est très-
commerçante et dans laquelle les caboliers peuvent entrer,
se trouve le fort de *Montereole*, qui sert de limite au royaume
de Golconde.

Depuis long-temps on avait formé des compagnies de matelots et on les avait familiarisées aux exercices du soldat,
afin de les réunir aux troupes, car Suffren se proposait d'effectuer des descentes et de détruire tous les établissements
ennemis de ce genre; mais encore ici ses projets comme ses
dispositions furent sans effet. Privé de chelingues, les ba-

teaux ne purent surmonter l'obstacle que leur présentait la barre, ordinairement fort élevée dans le nord ; ils reculèrent toujours devant ses irruptions, et l'escadre fut condamnée à l'inaction, faute de pouvoir aborder la plage avec les embarcations.

Pendant que les jours s'écoulaient en tentatives infructueuses, nos vaisseaux prirent une *gourable* armée de vingt canons, d'une marche supérieure, cinq senauts sous pavillon anglais, allant au Bengale, un petit bâtiment de soixante-dix tonneaux, chargé d'artillerie et effets d'artillerie pour Ganjam, un autre de même tonnage, chargé de poivre, alun, noix d'arèque, et divers *parias* chargés de riz. Jusque là, la croisière n'avait pas été heureuse ; mais, le 12, la petite frégate le *Cowentry*, de trente canons, doublée en cuivre, commandée par le capitaine Wolseley, neveu de sir Edward Hughes, la même qui avait échappé à la *Bellone*, sous Ceylan, vint de nuit, avec une sécurité présomptueuse, mouiller au milieu de notre escadre, la prenant pour la sienne. Le commandement en fut donné à M. d'Herly, jeune officier plein de talents et d'activité. Il signala sa prise de possession en s'emparant, dès le jour même, du *Bland-Fort*, bâtiment de la Compagnie, qui, sortant de Madras, où il avait déposé une partie de sa cargaison, avait résisté, quelques jours auparavant, à la frégate la *Fine*. Le chevalier de Saint-Georges, qui commandait cette frégate, l'ayant attaqué de trop loin, avait vainement épuisé toutes ses munitions. Aussi, se trouvat-il, trois jours après, dans l'impossibilité de s'emparer de deux vaisseaux de la Compagnie, qui lui passèrent à portée. Le *Bland-Fort* avait encore à bord, malgré son escale à Madras, un riche chargement, dont faisaient partie cent huit balles de drap. M. de Suffren relâcha un seul bâtiment. Celui-là portait le pavillon du roi de Pégou, avec lequel nous n'étions pas en guerre, et que nous avions intérêt à épargner.

L'*Annibal-Anglais*, sous le commandement de M. de Beaulieu, et la *Bellone*, sous celui de M. de Joyeuse, firent, de leur côté, une croisière qui ne répondit pas à l'attente de l'armée, vu la capacité et le dévoûment des deux officiers qui montaient ces bâtiments ; mais, plus tard, on en apprit la cause : quelques *boths* côtiers, ayant eu connaissance de ces deux bâtiments, remontèrent le fleuve, et l'embargo fut mis sur tous les bâtiments le long de son cours. Ils ne rencontrèrent même pas la *Médée* et le *San-Carlos*, qui avaient été expédiés de Calcuta avec le *Cowentry*, pour croiser au large des brasses, afin de protéger les bâtiments à grains qui allaient du Bengale à Madras.

Les prisonniers du *Cowentry* annoncèrent la mort du Nabab, arrivée le 7 décembre. Cette nouvelle pouvait bien avoir été répandue à dessein, par les Anglais, au milieu des populations asiatiques. Cependant, malgré l'incertitude de la vérité, Suffren aima mieux pourvoir à la petite armée du comte d'Offelize, que de tenter quelques nouvelles entreprises contre d'autres établissements isolés de cette vaste côte, où il devait compter sur quelques succès. En conséquence, le 15 janvier, il se détermina à faire route immédiatement pour Goudelour, où il n'arriva, par les calmes, que le 6 février.

La nouvelle de la mort d'Hayder était de la plus grande conséquence pour nos intérêts, et d'autant plus inquiétante pour M. de Suffren, qu'elle l'exposait à de cruels embarras, si les Français n'avaient pas trouvé dans Tippou-Saëb la même disposition amicale que dans son père Hayder. Mais le Bailli eut lieu d'être rassuré : le fils avait hérité du père, et de son attachement à notre nation, et de sa haine contre les Anglais.

Nous avons suivi les mouvements de notre escadre dans sa relâche d'Achem. Nous allons donner maintenant un court aperçu des événements et des changements survenus dans la presqu'île, durant l'absence de notre armée navale.

Prévoyant l'union de l'armée française à celle du Nabab, lorsque la première aurait reçu les renforts que devait lui ame-

ner M. de Bussy, les Anglais, inquiets sur l'avenir de leurs
possessions de l'E., songèrent à réunir leurs forces contre le
Nabab. En guerre eux-mêmes avec les Marattes, ils n'avaient
pu attaquer les vastes Etats d'Hayder-Aly à la côte de Malabar, et ce prince, rassuré de ce côté, avait pu porter sa prin-
cipale armée dans le Carnate. Hastings, gouverneur-général,
d'accord cette fois avec son conseil, dans le but de mettre à
exécution les projets d'où pouvait dépendre le salut de leurs
possessions du Coromandel, négocia la paix avec les Marattes (1). Déjà le chevalier Coote, général de l'armée du Carnate, annonçait de Madras, le 25 septembre, aux directeurs
de l'honorable Compagnie à Londres, que la conclusion de
la paix était dans le meilleur train de se consommer. Heureusement que les préliminaires avaient été arrêtés et signés par
le chef Mahdeo-Scindia pour les Marattes, et par M. David-
Anderson au nom de la Compagnie.

Ces négociations, quoique traînant en longueur, se suivaient avec le plus grand mystère entre les deux délégués; il
était dit que le traité ne serait définitif qu'après l'approbation
et la ratification de leurs Gouvernements respectifs : le sceau
et le seing du *Peshwa* et les attestations des membres de Poonah se firent long-temps attendre. Les Anglais, pour se retirer au plus vite du mauvais pas où ils étaient si cet état de
choses eût duré, restituaient leurs conquêtes sur le *Peshwa,
Madheo-Row-Pundit-Purdham* et les autres chefs de la nation maratte; en outre, pour décider la cour de Poonah à conclure le traité, la Compagnie s'engageait à ne plus prêter au-

(1) « On cherche à dérober au public l'état alarmant des affaires de l'Inde.
Un ordre du Conseil a suspendu tous les paiements pour le service civil.
Il était dû six mois d'arrérages à l'armée du Bengale. Les divisions du Con-
seil sont au plus haut degré, et ajoutent à cet état de détresse générale.
M. Hastings a seul a combattre Whecler qui manque de candeur, Macphar-
son qui est un traître, et Stables qui est un imbécile.
                                                    (Gazette de Londres.)

cun appui, protection ni assistance à *Ragonaut - Rosw*, ancien chef des Marattes chassé par sa nation, avec laquelle elle avait fait alliance, et dont elle s'était servie pour conquérir plusieurs petits Etats voisins de Bombay : aujourd'hui qu'il ne servait plus ses desseins, elle le sacrifiait impitoyablement. Hayder-Aly, allié du Peshwa, ignorait que les clauses du traité fussent aussi proches de leur conclusion. M. Piveron de Morlat, qui était près du Nabab, dont l'armée investissait Velours, écrivit à M. de Suffren ce qui suit :

« *Au camp du Nabab, le 14 octobre 1782.*

» Monsieur le général,

» A l'instant même, je reçois une lettre du 23 septembre
» dernier, de M. de Montigny, qui me marque qu'on peut être
» tranquille sur les dispositions actuelles de la cour de Poo-
» nah; qu'il n'y a ni trève ni paix entre elle et les Anglais,
» que *Manafernis* (1) l'en assure chaque fois qu'il traite avec
» lui des intérêts de la nation, mais que cependant il ne ré-
» pond des dispositions de cette cour que pour le moment, et
» qu'elles seront *soumises dans la suite au développement des*
» *événements* lors de l'arrivée de M. le marquis de Bussy (2). »

Cette paix si nécessaire aux Anglais, si ardemment désirée par eux, n'avait pas lieu, si M. de Bussy fût arrivé à l'époque fixée avec les renforts annoncés depuis si long-temps; mais ce général, retenu à l'Ile-de-France, y attendit long-temps le peu de troupes qui avaient échappé aux flottes anglaises, et lorsque ces troupes se trouvèrent réunies au Port-Louis, elles y furent atteintes par un horrible fléau qui vint, en les

(1) C'était le premier ministre du Peshwa. Voici ses noms : Ballajie-Pun-
dit-Nana Furnavis.

(2) Voyez les pièces officielles à la fin du volume, n° 8.

décimant, diminuer leur nombre (1). Elles eurent donc besoin de secours et de rafraîchissements.

Les vaisseaux qui les avaient conduites, désignés sans discernement dans ces lointaines expéditions, se trouvaient hors d'état de reprendre la mer, avant d'avoir, au préalable, subi de grandes réparations ; cependant ils arrivaient du Cap, où ils avaient fait une longue relâche. Les Hollandais, dont la coopération eût été si utile, rassurés sur l'état de défense de leurs colonies du Cap et de Batavia (2), avaient mis, du Texel, cinq mois pour atteindre *Table-Bay*, et restaient en outre trois mois sur cette rade avant de se résoudre à faire route au-delà.

Les Marattes éloignaient toujours la ratification du traité, lorsque le Nabab Hayder-Aly, qui, depuis quelque temps, éprouvait une altération nuisible à sa santé, mourut à son camp d'Arcate, d'une tumeur qui lui était survenue entre les deux épaules, nommée par les Hindous *radjépora*, qui se traduit par *bouton-royal* ou *charbon*. Le mal faisant des progrès, il se détermina à appeler des médecins français. A la réception du message, M. le comte d'Offélize avait envoyé M. Rochard, médecin en chef, et M. Noël, chirurgien-major. Ayant visité le monarque, ils trouvèrent le mal invétéré, et l'engagèrent à se faire opérer de suite ; il s'y décida, mais il fallut consulter les devins. Scrupuleusement attaché aux rites de sa

(1) En quatre mois, on perdit quatre cent vingt-neuf soldats et matelots, et cent six noirs. A l'hôpital, cent cinquante infirmiers gagnèrent la maladie ; plusieurs en moururent. La ville offrait un affreux spectacle. Les cochons allaient dans le cimetière, jusque là sans clôture ; ils déterraient les corps et en ramenaient des lambeaux dans les rues. Cette perte retarda de six mois l'expédition de l'Inde, et fit perdre un tiers des forces qui y étaient destinées. (*Histoire de l'Ile-de-France*, par SAINT-ELME-LEDUC.)

(2) Il y avait une escadre de sept vaisseaux de guerre et huit mille cinq cent soixante-dix hommes de milices, sans compter quelques troupes de ligne.

religion, il attendit le jour heureux indiqué par ces derniers, et ce jour n'arriva que 72 heures après celui de la visite des médecins. « Est-ce à un grand homme comme toi, lui dit M. Noël, de rester soumis à une telle superstition ? » Mais le prince resta inébranlable, et le mal fit de nouveaux progrès. Le jour arrivé, Hayder se soumit à l'opération, et, quoique très-douloureuse, il la supporta avec courage; mais il mourut quelques jours après, à l'âge de soixante-trois ans, victime de la superstition qui, dans ce pays, règne encore de nos jours plus despotiquement que dans nulle autre contrée.

Heyder-Aly-Kan était incontestablement un des hommes les plus extraordinaires que l'Asie eût produits. Dépourvu de toute instruction, ne sachant ni lire ni écrire, personne ne calculait et ne connaissait mieux ses ressources que lui. Sa fortune était une preuve de ses talents et de son génie. De simple particulier, il était parvenu à la souveraineté d'un puissant royaume. Les qualités militaires étaient son côté le moins brillant; son beau-frère, Mirsaëb, tué à l'affaire de Porto-Novo, en 1780, avait toujours été l'âme de son armée; mais, en revanche, il possédait la politique au suprême degré. Strict observateur de la discipline militaire, il était impitoyable pour les moindres fautes commises dans le service. Cruel envers ses ennemis, il était doux, généreux et affable pour ceux qu'il regardait comme ses amis. Il aimait les Français et leur était attaché; mais, en retour, il avait voué aux Anglais une haine mortelle, qui se manifesta dans toutes les occasions : au reste, il passa sa vie à les combattre. Sa mort fut donc regardée comme une calamité pour les Français, dont ce prince secondait les vues. Hayder-Aly n'oubliait pas non plus qu'il avait dû une partie de ses succès à l'assistance de deux officiers français qui commandaient deux corps de cavaliers européens à sa solde et appartenant à son armée.

L'un d'eux avait été autrefois sous les ordres de M. de Puymorin ; mais, depuis la mort de ce chef, il était commandé par M. Boutenot, auquel on avait remis une commission de capitaine de la cour de France. Quoique ce corps fût recruté des déserteurs de toutes les nations, ou d'aventuriers qui étaient venus tenter fortune, il y régnait une discipline et une subordination égales à celles qu'on admire dans nos meilleures troupes d'élite ; il suivait le Nabab partout, et faisait le service près de sa personne.

L'autre corps, plus considérable, était commandé par un *partisan* nommé Henri Desnortz de la Salle de Lallée, d'une famille noble de Savoie. Après diverses aventures, il prit service chez les princes indiens, et devint bientôt chef d'un corps de quatre mille hommes ; mais les Anglais, instruits de l'attachement de M. de Lallée pour la France, intriguèrent si bien que le Nabab d'Adony, chez lequel il servait, fut forcé de le congédier. M. de Lallée passa avec sa troupe chez Nizan-Aly, Nabab de tout le Decan. Les Anglais le poursuivirent encore dans cette cour. De là il se rendit près d'Hayder-Aly, dont il mérita l'estime et la confiance. Il avait été honoré d'une commission de major par S. M. très-chrétienne ; en 1777, il en reçut une seconde faveur : le roi de France lui expédia la croix de Saint-Louis et un brevet de colonel.

A l'arrivée des troupes françaises, on n'en tira pas tout le parti qu'on aurait dû ; on parut le dédaigner, et il se tint éloigné de l'armée de M. Duchemin. Cependant il était considéré d'Hayder, et paraissait être agréable à Tippou-Saëb, dont il était en quelque sorte le lieutenant et le conseil.

Le droit d'hérédité à la souveraineté en Asie est bien faible, lorsqu'on n'a pas la force pour le faire valoir : l'usurpation d'Hayder-Ali-Kan en est elle-même une preuve frappante. Celui qui est assez audacieux pour s'emparer du trésor se rend facilement maître de l'armée, dont tout l'esprit militaire et le patriotisme consistent à recevoir exactement la paie. Soumis à la rigueur du despotisme militaire, le peuple, ainsi que dans l'Empire romain, vers le temps de sa décadence, n'est pour rien dans le choix de ses maîtres.

Tippou-Saëb, l'aîné des trois fils d'Hayder-Aly, et natif comme lui du pays de Mysore, était, dans le royaume du Tanjaoür, à la tête d'une armée de quarante mille hommes, lorsqu'il apprit la mort de son père, le 11 décembre. Il avait acculé l'armée anglaise sur *Panany* par sa victoire de *Pala-catcherry*, et formait l'investissement de cette première place, où s'étaient réfugiés l'armée anglaise et son nouveau général, le colonel M'Leod, qui remplaçait Humberton. Forcé de quitter son armée, Tippou lui donna l'ordre de décamper dans la nuit du 11 au 12. Quant à lui, il se hâta de venir prendre possession de ses vastes États, en se plaçant lui-même à la tête des troupes du Carnate. Peu s'en fallut cependant qu'au lieu d'un trône il ne trouvât la mort : il dut la couronne et la vie au dévoûment d'un des principaux chefs qui resta fidèle à son ancien maître et à son nouveau souverain. Aidé du petit corps d'élite aux ordres de MM. Boutenot et Poulet, il s'empara des trésors et de l'autorité. Ayant découvert que deux chefs de cavalerie avaient envoyé aux Anglais la nouvelle du décès du Nabab, en leur donnant le conseil de marcher sur l'armée, pour profiter du trouble qu'y causait la perte du vieux monarque, il les fit arrêter et renfermer, chargés de chaînes, dans un cachot.

La nouvelle de la mort du Nabab ne parvint que le 11 à M. d'Offelize, qui était campé à Mangicoupan, où il était en quartier d'hiver. Aussitôt cet officier se mit en marche, afin d'inquiéter les mouvements du major-général sir James Stuart, qui avait remplacé sir Eyre Coote, d'appuyer le parti français au camp d'Hayder, et de seconder les opérations de l'armée alliée, dont la cavalerie formait le blocus de Velours, que les Anglais voulaient ravitailler.

L'approche de M. d'Offelize portant ombrage au chef de l'armée du Nabab, en l'absence de l'héritier du trône, il prit le parti de s'arrêter, et se borna à envoyer complimenter Tippou-Saëb sur son avénement, aussitôt qu'il le sut arrivé. M. de Cossigny, lieutenant-colonel du régiment de l'Ile-de-France, fut choisi pour remplir cette mission importante, dans les circonstances où l'on était. A peine annoncé, il eut du prince une audience longue et des plus satisfaisantes. On concerta les opérations ultérieures, et il fut arrêté de marcher immédiatement sur Vandavachy et d'en former le siége. A l'approche des armées alliées, les Anglais, désespérant de sauver cette place, la firent sauter. Ils abandonnèrent également Carangouli, que nos troupes menaçaient, et en détruisirent les fortifications. Cependant, ces différentes marches et contre-marches avaient mis les armées alliées en présence de celle des Anglais. Les dispositions prises par Tippou-Saëb pour livrer bataille furent fort bien entendues et exécutées avec une aisance et une promptitude faites pour inspirer de la confiance. Ce prince était d'une taille élevée et fort bien fait. Doué d'une figure agréable, et le meilleur écuyer de son armée, on le vit en parcourir les rangs avec rapidité, afin de communiquer son enthousiasme à ses soldats. Mais les Anglais, intimidés, lâchèrent pied sans oser combattre. Sir James Stuart profita d'un épais brouillard pour se rapprocher de Madras. Mais, durant sa retraite, il fut constamment harcelé par la cavalerie du nouveau Nabab.

Telle était la situation de nos affaires à la côte, lorsque le Bailli jeta l'ancre à Goudelour. Il apprit, avec un bien vif chagrin, la perte récente de la flûte hollandaise la *Liberté*, prise par la frégate anglaise la *Médée*, capitaine Gore, sur la rade et à portée des canons de la place.

Cette flûte, expédiée de Trinquemalay par le chevalier des Roys, avec des malades, allait repartir après avoir embarqué l'artillerie et la mâture du *Bizarre*, lorsqu'elle fut abordée et enlevée dans les derniers jours de janvier.

Le Bailli s'empressa d'écrire, le 6 février, à M. Piveron

de Morlat (1), notre chargé d'affaires auprès de Tippou, et d'adresser une lettre de compliments au nouveau Nabab sur son avènement au trône de son père. Ephémère bonheur des princes ! Ce nouveau sultan, cet héritier du plus bel empire de l'Inde, salué par les acclamations de la plus puissante armée de l'Asie, devait mourir égorgé par le glaive d'un soldat anglais. Ses enfants, renfermés dans une étroite prison, seront condamnés, par leurs vainqueurs implacables, à y périr de misère, implorant sans cesse, et sans succès, la pitié de leurs impitoyables geôliers. M. de Suffren témoignait à M. de Piveron son embarras au sujet de M. de Bussy, quoiqu'il regardât son arrivée comme très-prochaine. Il lui faisait part de ses inquiétudes, relativement au *Petit-Annibal* et à la *Bellone*, qu'il avait détachés pour croiser à l'embouchure du Gange, et dont il n'avait pas de nouvelles ; enfin, il le priait de dire au Nabab qu'il avait besoin de viande fraîche, de blé, de mantègue et de grains nourriciers.

M. de Piveron reçut au camp de Nellipacom le courrier du Bailli, et courut présenter au Nabab, Tippou-Sultan-Bahader, la lettre de félicitations qui lui était destinée. Le 9 février, notre agent diplomatique s'empressa de répondre au général, et de lui faire connaître que le prince avait appris son arrivée à la côte avec beaucoup de satisfaction ; et que, quand il vint à l'entretenir des besoins de l'escadre, il avait donné immédiatement l'ordre d'expédier de Harny (2) tout ce qu'il fallait en provisions de bouche pour les équipages. En attendant cette réponse (3), qu'il ne reçut que le 12, Suffren était descendu

---

(1) Voyez cette lettre à la fin du volume, dans les pièces officielles, sous le nᵒ 8 et à sa date.

(2) Place forte conquise par Hayer-Aly, devenue le grand magasin de son armée dans le Carnate.

(3) Voyez cette note à la fin du volume, à sa date, parmi les pièces justificatives, sous le nᵒ 8.

à Goudelour, pour visiter les malades que les deux armées de terre et de mer avaient aux hôpitaux qu'on avait improvisés dans cette ville. Il fut contrarié de n'avoir pas trouvé M. Rochard, médecin en chef de l'armée, lors de son inspection : aussi, en rentrant à bord du *Héros*, s'empressa-t-il d'écrire à cet officier supérieur, pour lui faire part de ses observations (1). Peu de jours après, M. de Suffren ayant embarqué les vivres que lui avait envoyés Tippou, et ne jugeant pas sa présence indispensable à la côte, leva l'ancre et fit route pour Trinquemalay, où l'appelaient les besoins de son escadre. A son départ, il expédia le *Saint-Michel* de soixante-quatre, et le *Cowentry* de trente, pour croiser au large de Madras, où l'amiral apprit que l'on attendait un convoi escorté par un vaisseau seulement. M. de Beaumont le Maître avait permuté avec M. Dupaz, qui l'avait remplacé sur l'*Ajax*, vaisseau moins exposé aux expéditions isolées par sa marche lente, que le *Saint-Michel*; excellent voilier. Le 23 février, l'escadre entra dans le port de Trinquemalay, où elle rejoignit le *Vengeur*, abattu en carène, auquel on donnait un doublage en cuivre ; elle trouva un vaisseau de quarante-quatre canons, sous pavillon portugais, que le mauvais temps avait contraint d'entrer dans le port. Ce vaisseau, dont le chargement consistait en vin, cuivre et munitions de guerre, était, aux termes de l'ordonnance du roi, en contravention : M. de Suffren s'empara du navire et du chargement (2).

La corvette le *Chasseur* et le transport la *Comtesse-d'Artois* précédaient de quelques jours la division et le convoi aux ordres de M. de Peinier, qui amenait à son bord M. de Bussy. Tandis que le transport abordait à l'île de Ceylan avec le double des dépêches du général en chef, la corvette, sous

---

(1) Voyez cette lettre aux pièces justificatives, sous le n° 3.

(2) Ce vaisseau s'appelait la *Reine-de-Portugal ;* il avait relâché en novembre, à la suite d'un coup de vent. Ce vaisseau avait été bâti à Bombay, et vendu à un nommé Baretto de Souza, habitant de cette Présidence.

les ordres de M. de Boisgelin, faisait route pour Achem. Il y avait huit jours que l'escadre venait de quitter ce havre, au nord de la côte de Sumatra, lorsque le *Chasseur* y jeta l'ancre, près de la *Fortune* ; celle-ci lui remit les instructions laissées par l'amiral pour indiquer sa position. Après avoir pris quelques provisions fraîches avec les naturels, M. de Boisgelin remit à la voile, en se dirigeant vers le nord du golfe du Bengale. Comme il approchait la côte d'Orixa, il rencontra la frégate la *Médée*, qui le captura après un court engagement, dans lequel les Français perdirent cinq hommes : M. de Boisgelin et deux officiers furent blessés. La résistance que fit la corvette n'eut pour but, en raison de la disproportion de force des deux bâtiments, que de conserver intact l'honneur du pavillon.

Peu de jours après son arrivée à Trinquemalay, M. de Suffren reçut le duplicata des dépêches données à la corvette le *Chasseur*, qui avait été apporté par le transport la *Comtesse-d'Artois*, resté ancré à la *Pointe de Galles* ; elles lui annonçaient l'arrivée très-prochaine de M. de Bussy. Suffren fit suspendre les travaux qu'il avait ordonnés, et tint son escadre prête à accompagner jusqu'à Goudelour le convoi ardemment attendu. Dans le même temps, ayant appris par un caboteur que Tippou était forcé de quitter le Carnate, il lui expédia M. de Moissac, pour le prier d'attendre l'arrivée de M. de Bussy, qui lui était annoncée.

En effet, M. de Peinier avait appareillé du Port-Louis le 24 décembre pour Achem, où il devait faire sa jonction avec Suffren. Le 22 février, il envoie la *Cléopâtre* prendre langue au port de relâche. Le 2 mars, en vue de Sumatra, cette frégate la rejoint et lui rend compte que M. de Suffren était parti depuis six semaines, et que la *Fortune*, laissée par l'amiral au mouillage, venait d'en quitter il y avait huit jours. M. de Peinier assemble ses capitaines et se décide à faire voile pour Trinquemalay, sans relâcher à Achem.

Le 10 mars, la vigie de la pointe du mât de pavillon aperçut la flotte française, consistant en trois vaisseaux de ligne, une frégate et trente-deux navires, sur lesquels on avait embarqué deux mille cinq cents hommes de troupes et tout l'attirail en munitions de guerre et de bouche nécessaires pour une campagne.

Le Bailli, contrarié de tous ces retards, dans un moment où il savait que l'amiral Hughes ne tarderait pas à paraître sur la côte de Coromandel avec sa formidable escadre, dont tous les vaisseaux avaient été carénés et doublés en cuivre neuf, se hâta d'effectuer au plus tôt le débarquement des troupes françaises sur le continent. Ayant été rallié par ses croiseurs, M. de Suffren, qui avait engagé M. de Bussy à passer à bord du *Héros*, appareilla le 15 au matin, et ne prit de son escadre que ses vaisseaux doublés en cuivre pour accompagner la flotte à sa destination. Le lendemain soir, favorisés par les vents de S. et les courants qui portaient N., les vaisseaux et le convoi purent mouiller devant Porto-Novo, où les troupes prirent terre. Ces troupes consistaient dans le régiment de la Mark, sous les ordres du comte de la Mark en personne, un bataillon d'Aquitaine, commandé par le chevalier de Damas, un bataillon de Royal-Roussillon, conduit par M. de Vaugirard, lieutenant-colonel, et trois cents hommes d'artillerie de Besançon ; mais aucun de ces corps n'était complet, à cause de la perte de nos convois et de l'épidémie qui était venue décimer ce qui avait pu atteindre l'Ile-de-France.

Nos affaires dans l'Inde venaient tout-à-coup de changer de face ; nous devions recueillir le fruit de l'ineptie qui avait présidé en France à leur direction. La prise ou la destruction dans les mers d'Europe de deux de nos convois, dont la nouvelle fut répandue avec intention ; les retards que leur perte occasionna à l'arrivée de M. de Bussy, qui crut devoir attendre la flotte de M. de Peinier ; la mort d'Hayder-Aly, qui vint compléter cette série de malheurs, décidèrent le Peshwa et tout le corps des chefs de la nation maratte à ratifier, le 2 décembre, à Poumah, le traité de paix, avantageux pour eux, que leur offrait la Compagnie anglaise, qui voulait se débarrasser de toute contestation avec ces voisins belliqueux, dont le pays était de difficile accès, entouré de montagnes, de rivières et de défilés.

Toutefois, les doubles originaux du traité ne furent finalement échangés, avec toutes les formalités publiques entre les plénipotentiaires, que le 24 février 1783. Mais depuis longtemps, sur la promesse du maratte Madher Rowscindia, que la paix aurait lieu, M. Hornby, gouverneur de Bombay, en conseil, d'accord avec le gouverneur-général du Bengale Hastings (1), et poussé par le lord Macartenay, qui craignait pour sa Présidence de Madras, si une prompte diversion n'avait lieu, s'était décidé à faire attaquer à l'improviste les vastes Etats d'Hayder-Aly-Kan sur la côte de Malabar. L'arrivée du convoi sous l'escorte du commodore Bikerton, le 5 septembre, en donnant d'immenses renforts à l'armée anglaise, permit dès lors d'organiser un plan d'opérations qui devait sauver les possessions de la Compagnie dans le Carnate; mais les succès de ce plan dépendaient entièrement du traité avec les Marattes, puisque alors toutes les forces britanniques pourraient agir avec sûreté de ce côté de la Péninsule contre Hayder-Aly, et le contraindre, afin de résister au torrent, à diviser sa puissante armée d'Arcate, pour venir à la défense de son territoire de l'O., favorable aux incursions.

Cette agression projetée était injuste, puisqu'elle était con-

_____

(1) Le 29 novembre, le gouvernement de Bombay reçut une lettre du gouverneur-général et du conseil au Bengale, portant une remise de 15 larks de roupies (3,750,000 fr.) sur le chef et le conseil à Suratte; subside qui permit au gouvernement de poursuivre avec la plus grande vigueur ses préparatifs contre les possessions d'Hayder-Aly sur la côte de Malabar. (Lettre de Bombay, décembre 1782.)

traire au traité de paix, et néanmoins elle reçut son exécution au *vu* et *su* du Peshwa, qui commit la faute de ne pas s'y opposer. Cette agression brutale eut donc lieu, quoique l'article IX du traité portât que le Nabab Hayder-Aly, *allié des princes marattes*, aurait six mois du jour de la ratification du traité pour rendre les conquêtes faites sur les Anglais et leur allié, le Nabab Mahomet-Aly-Cawn, depuis l'époque à laquelle Hayder avait fait sa paix avec le Peshwa. En outre, l'art. X stipulait : « Les Anglais s'engagent, de plus, en leur propre nom ainsi qu'au nom de leurs alliés, qu'ils maintiendront également la paix avec le *Nabab Hayder-Aly-Cawn* sous les conditions spécifiées à l'art. IX du présent traité (1). » Eh bien! sans lui notifier le traité, sans même lui en donner connaissance, et avant l'époque (24 février 1783) à laquelle les articles pouvaient être regardés comme définitifs, les Anglais attaquèrent le fils et le successeur d'Hayder-Aly-Cawn, avec lequel ils promettaient de rester en paix sur la côte de Malabar !

Le 12 décembre, le général Mathews partit de Bombay pour Calicut avec des forces imposantes, qui furent embarquées à bord des transports qu'escortait le vaisseau l'*Afrique*, de soixante-quatre, de la division du commodore Bikerton, revenu pour la seconde fois, le 28 novembre, à la Présidence anglaise sans avoir rencontré l'escadre de Hughes (2).

---

(1) Voyez la pièce officielle n° 13, à la fin du volume.

(2) De quel avantage fut pour les Anglais le bon état des vaisseaux qu'ils envoyaient dans l'Inde ! Ceux de Bikerton arrivent de Plymouth à Bombay, repartent pour Madras, reviennent à Bombay, et sont employés à la conquête du Malabar, sans avoir eu besoin de réparations. Tous les nôtres, au contraire, arrivaient au Cap de Bonne-Espérance en mauvais état, séjournaient sur cette rade, et n'en relevaient que pour subir de nouvelles réparations au Port-Louis, avant de pouvoir atteindre un des havres de l'Inde : de là ces retards funestes qui empêchèrent la conquête du Coromandel, et sauvèrent les Anglais d'une ruine inévitable.

L'expédition ayant relâché à Goa, le général Mathews apprit tout à la fois la mort d'Hayder-Aly et le mouvement rétrograde de l'armée du Midi sous les ordres de Tippou-Saëb, son fils, par suite du départ de ce prince, mouvement qui libérait les troupes commandées par le colonel M'Léod, qui avaient été si fortement compromises. Ces heureuses nouvelles, jointes à la confirmation de la non arrivée de Bussy, qu'on disait à l'Ile-de-France, changèrent les dispositions arrêtées en conseil à Bombay, et le général se fit débarquer avec son armée sur les bords de la rivière le Mirgy, à 5 lieues N. de la petite forteresse de Ragamundry et de la ville d'Onoré, appartenant l'une et l'autre au nouveau Sultan Tippou-Saëb.

Tandis qu'il se portait vers Onore, Mathews expédia une partie des navires-transports, sous la protection de l'*Isis* et de la *Junon*, pour chercher à Panany les troupes inutiles à la défense des possessions du Midi, depuis l'éloignement du corps d'armée précédemment aux ordres de Tippou-Saëb : Ragamundry se rendit le 28 décembre, et Onore fut pris d'assaut le 5 janvier 1783.

Ayant eu les renforts qu'il attendait, le général Mathews, après avoir long-temps hésité, se remit en marche, et obtint des succès qu'il était loin de prévoir par ses remontrances au gouvernement de Bombay, qui lui avait donné l'ordre de tenter une entreprise contre Bednore.

Le 16 janvier, l'armée du brigadier-général Mathews s'ébranla de nouveau pour se porter sur Condapore, qu'elle réduisit après une légère résistance. Hayder-Nagur, Bedanore et Mangalore tombèrent successivement au pouvoir des Anglais. Trois vaisseaux de cinquante canons et un de soixante-quatre, que Hayder-Aly avait fait mettre sur les chantiers, devinrent la proie des vainqueurs. Mais la conquête de Bedanore, capitale du pays de ce nom, au-delà des Gates (1), et

_____

(1) Longue chaîne de montagnes dans la presqu'île de l'Inde, qu'elle divise dans toute sa longueur en deux parties fort inégales. Elle arrête les

qui enflammait l'orgueil britannique, devait être la source de
grands revers. D'abord, le général n'observa pas la capitulation, mit le gouverneur Hyat-Saëb en prison, et promit à ses
troupes la dépouille du trésor, montant à plus de 14 lacks
de pagodes (environ 12 millions). Peu après, il se raccom-
moda avec Hyat-Saëb, et rompit les promesses faites à son
armée, qui, par les fortes instances qu'elle fit, obtint un demi-
lack de pagodes seulement. Ce procédé du général excita le
plus vif mécontentement parmi les officiers et les troupes, au
point que les colonels Macleod et Humberston, et le major
Shaw, qui commandaient sous lui, quittèrent l'armée et se
rendirent à Bombay. Malgré l'absence de ces trois officiers
supérieurs, les affaires continuèrent, pendant quelque temps
encore, à être favorables aux armes de la Compagnie ; deux
causes y contribuaient, l'absence du monarque et la conspi-
ration que des agents anglais, envoyés au pays de Mysore,
formèrent avec les partisans de la famille de l'ancien Rajah,
qu'encourageaient les succès du général Mathews. Les conspi-
rateurs parvinrent à s'emparer de *Séringapatnam*, capitale des
Etats du défunt Hayder-Aly, où ils se renforcèrent de tous les
prisonniers anglais, qu'ils mirent en liberté.

En apprenant ces nouvelles, Tippou-Saëb n'en fut point
abattu ; mais, comprenant combien sa présence était nécessaire dans ses Etats pour les conserver, il se décida à s'y rendre
avec son armée, sans perdre de temps, et demanda à M. d'Offelize à être suivi par un corps d'Européens. Cette demande
embarrassa d'abord le comte, qui se voyait resté seul, à trois
marches des Anglais, avec un corps d'armée déjà très-faible
par lui-même, et qu'on lui demandait d'affaiblir encore ; il
fallait néanmoins se prononcer. Dans la crainte que le Sultan, contrarié d'un refus, ne fît sa paix avec les Anglais, M. le
comte d'Offelize souscrivit à ses exigences ; en conséquence,

vents périodiques : ainsi, tandis que sur la côte de Malabar on jouit du
printemps, la côte de Coromandel est dans l'hiver, *et vice versâ*.

M. de Cossigny (1) eut ordre de marcher avec l'armée du prince, à la tête du bataillon de l'Ile-de-France et d'un détachement d'artillerie. Le 24 février, Tippou, après avoir juré de revenir dans le Carnate aussitôt son expédition de l'O. terminée, laisse trois mille Cipayes et sept mille chevaux sous les ordres d'un chef fidèle et capable, Sagetti-Sahëb, pour seconder les Français; ensuite, faisant lever le camp à sa formidable armée, il la dirige à marches forcées vers le pays de Mysore, par le défilé de Changamah, qui restait libre. Le comte d'Offelize, de son côté, prit la route de Goudelour, et sut tellement en imposer, par d'heureuses dispositions, à la puissante armée anglaise qui lui était opposée, que, de l'aveu d'un de ses chefs, elle n'osa pas troubler la nôtre dans sa retraite. Le général Stuart campa sur la rive N. du Paléar, où il arrêta son mouvement agressif, et y attendit le général en chef, sir Eyre Coote, qui avait annoncé sa prochaine arrivée de Calcuta.

Cet état de choses déconcerta les espérances de M. de Bussy et contribua à aigrir son caractère, sur lequel de fréquentes attaques de goutte et une cruelle maladie gagnée à l'Ile-de-France avaient déjà influé. Pour lui, tout était changé : son nom, sur lequel on avait tant compté, ne causait pas la moindre impression; il en fut de même de son fameux manifeste qui invitait les peuples à secouer le joug des Anglais : il arrivait trop tard et pas assez bien appuyé pour offrir secours et assistance aux princes indiens. Les hommes et les choses n'étaient plus les mêmes. Lui, personnellement, n'était plus le lieutenant-colonel de Bussy gouvernant le Dekcan sous le nom du Soubab-Salabut-Jong, qui l'appelait son génie militaire; ce Bussy qui tenait la puissance anglaise en échec dans les Circars; ce Bussy que le présomptueux Lally voyait comme un rival de gloire dangereux : ce Bussy n'était plus qu'un vieil-

(1) Voyez, à la fin du volume, la note n° 17 sur M. de Cossigny.

lard incapable, vaniteux et maladif; au lieu de se retremper,
il s'était consumé dans vingt-deux ans de repos au milieu de
ses richesses. Il eût fallu à ce général des personnes au fait
de la politique nouvelle des puissances belligérantes, et des
militaires capables de le diriger dans les opérations straté-
giques. Le corps d'armée du comte d'Offelize pouvait lui fournir des officiers instruits, dans l'expérience desquels il eût dû
chercher un appui; mais, dès en débarquant, il témoigna une
injuste prévention contre eux. M. le comte d'Offelize lui-
même, à qui l'ancienneté donnait le second rang dans l'armée, appelé par son grade au conseil, fut abreuvé de mauvais procédés de la part de ce chef orgueilleux. M. de Bussy
semblait s'attacher à repousser particulièrement ses avis, et
s'oubliait souvent jusqu'à employer des expressions inconve-
nantes envers cet homme de mérite. Mais laissons notre armée de terre avec le nouveau général qui la commande, et revenons à notre escadre. Plus tard, nous reparlerons des opérations de M. de Bussy, parce qu'elles influenceront et déter-
mineront les mouvements de M. de Suffren, qui n'oubliera jamais que le sort de l'armée est essentiellement lié au sort de
l'escadre. Bientôt, hélas! on verra les fautes d'un chef inhabile et sans énergie faire dépendre le sort de nos braves soldats du courage de nos marins et de l'héroïsme de leur amiral.

M. de Suffren, qui sentait le prix des instants qu'il perdait
à la côte, pressait le débarquement des munitions et des bagages de l'armée. Le temps s'avançait, et l'on devait s'attendre chaque jour à voir reparaître l'escadre de sir Edward
Hughes, contre laquelle nos quelques vaisseaux ne pouvaient
se mesurer. Il fallait qu'ils rentrassent à Trinquemalay, pour
se radouber et recevoir les effets nautiques qui n'étaient pas
déchargés des bâtiments-transports. Quelque activité qu'on
apportât, nos vaisseaux ne purent appareiller que le 23 mars,
avec le convoi. Le même jour, le *Fendant* et le *Saint-Michel*,
la *Cléopâtre* et le *Cowentry*, firent voile sous le commande-

ment de M. Peinier, pour aller croiser au vent de Madras, afin d'intercepter un convoi escorté par un vaisseau de guerre, qui y était attendu. Les transports délestés, et par conséquent trop légers, ne portaient pas la voile, et, cependant, il fallait louvoyer pour remonter la côte. Les brises soufflant du S. et les courants portant N., la flotte mit cinq jours pour atteindre Porto-Novo, où elle resta jusqu'au 7 avril. A cette époque, les vents de terre se déclarèrent enfin, et, avec eux, la mousson du S.-O. s'établit. M. de Suffren, aux aguets, donna l'ordre de lever l'ancre, et, le 11 avril, on était en vue de Trinquemalay, lorsque la *Bellone*, envoyée en découverte, signala l'escadre anglaise, forte de vingt-quatre voiles, dont dix-sept vaisseaux de ligne. Le signal de forcer de voiles fut hissé à bord du *Héros*, et tous les bâtiments gagnèrent l'entrée du port, avant que les Anglais pussent s'y opposer. Leurs chasseurs s'emparèrent seulement de deux petites corvettes non armées, restées au large. En échappant de la sorte à un ennemi démesurément supérieur, on éprouva les heureux effets de l'activité que M. de Suffren mettait à tout ce qu'il entreprenait. M. Hughes continua sa route vers le N., et, au coucher du soleil, aucun vaisseau anglais n'était plus en vue. M. de Suffren, qui se trouvait sous les ordres de M. de Bussy, crut devoir lui rendre compte de l'heureuse rentrée de l'escadre à Trinquemalay. Mais un motif d'une bien autre importance le détermina à expédier un navire à la côte de Coromandel, au risque de sacrifier le bâtiment qu'il destinait à cette expédition délicate et périlleuse. Il était essentiel de prévenir nos croiseurs de l'arrivée de M. Hughes, de leur donner des ordres de lever la croisière et de se tenir sur leurs gardes en faisant leur retour. Il choisit, pour remplir cette mission difficile, M. de Villaret de Joyeuse, qu'il fit passer à bord de la *Naïade*, grande corvette à batterie couverte. L'amiral et le capitaine n'ignoraient pas que la côte allait être gardée et surveillée avec une grande sévérité, et que désormais, pour y pénétrer, il faudrait beaucoup d'adresse et de courage. Aussi, M. de Villaret, en prenant congé de M. de Suffren, lui demanda-t-il en riant si, dans ses instructions, il avait pensé à joindre des lettres de recommandation pour lord Macartenay et sir Edward Hughes (1). Le jeune capitaine partit pour Goudelour; mais, le lendemain, en approchant de terre, il rencontra le vaisseau le *Sceptre*, de soixante-quatre, capitaine Graves, qui était resté en observation au vent de notre établissement militaire.

La partie n'étant pas égale, la *Naïade* prit chasse devant son puissant ennemi, qui la poursuivait. M. de Villaret crut un instant pouvoir lui échapper à la faveur de la nuit, lorsqu'en se levant, la lune vint trahir ses espérances. Rejointe par son antagoniste, la *Naïade* accepte courageusement le combat que lui livre le *Sceptre*; il dura 5 heures avec un acharnement qui n'a pas d'exemple, dont 3 heures 1/4 vergues à vergues.

Les deux bâtiments étaient favorisés par un beau clair de lune, un petit frais du large et une mer tranquille, qui assuraient tous les coups qu'ils se portaient. La *Naïade*, criblée de boulets, ses mâts de hune coupés, la mèche de son gouvernail brisée, sept pièces démontées, trente-quatre de ses meilleurs hommes tués ou blessés, son gréement haché, fut contrainte d'amener, après avoir dignement soutenu l'honneur du pavillon; mais le *Sceptre*, quoique moins maltraité dans cette lutte inégale, eut cependant beaucoup de monde hors de combat, ses voiles en lambeaux et sa grande vergue coupée.

Le capitaine du *Sceptre*, en recevant M. de Villaret à son bord, lui dit ces paroles flatteuses dans la bouche d'un ennemi : « *Vous nous livrez, Monsieur, un beau bâtiment de*

(1) Voyez, à la fin du volume, la note nº 12, contenant le récit de M. de Villaret lui-même.

guerre, mais vous nous l'avez vendu bien cher. » Le capitaine Graves, obligé de lever sa croisière, laissa arriver pour Madras, en prenant la *Naïade* à la remorque, et eut pour son prisonnier tous les égards dus à la valeur.

Le 12 avril, la veille de l'arrivée de l'escadre anglaise, M. Peinier, par une heureuse inspiration, quitta son point de croisière. Bloquant étroitement Madras, il détruisit, dans le peu de jours qu'il y resta, un grand nombre de bâtiments vivriers, ainsi que la flûte hollandaise la *Liberté*, enlevée sous le canon de Goudelour par la *Médée*. Ses bordées se portèrent souvent si près de terre, que les batteries du fort Saint-Georges tirèrent plusieurs fois sur les vaisseaux et les frégates de sa petite division.

Le 13 avril au matin, le surlendemain de l'heureuse rentrée de l'escadre dans le port de Trinquemalay, le *Héros* appela à l'ordre, par un signal particulier, le capitaine de brûlot Pierre Bouvet, commandant la corvette la *Fortune*. « Monsieur, lui dit Suffren, voilà un paquet pour le ministre; appareillez à l'instant, et annoncez au Roi nos succès. » Cette mission était bien faite pour flatter un officier comme Bouvet, plein d'ardeur et d'une noble ambition. A peine de retour à bord, il leva l'ancre, salua l'amiral et fit servir pour sa nouvelle destination.

Le même jour (**13** avril), l'amiral Hughes atteignit la rade de Madras; à peine arrivé, il expédia cinq vaisseaux de ses meilleurs voiliers, sous le guidon du commodore Bikerton, à la poursuite de M. Peinier; mais ils revinrent quelques jours après sans avoir pu le rejoindre.

Le *Bristol*, de cinquante canons, capitaine Burney, et son convoi, arrivèrent heureusement le 17; des calmes que cette flotte éprouva à l'O. des Maldives lui firent éviter la rencontre de notre division et la sauvèrent d'une perte inévitable.

Effrayée sur le sort de ses possessions asiatiques, l'Amirauté anglaise avait expédié, le 11 septembre 1782, une

nouvelle flotte, composée de dix vaisseaux de la Compagnie
et de deux munitionnaires portant des troupes, sous l'escorte
du vaisseau le *Bristol*, capitaine Burney ; et, joignant l'activité à la prudence, ce convoi se rangea sous la protection de
la grande escadre de l'amiral Howe, qui le conduisit jusqu'à
Madère : l'escadre allait approvisionner Gibraltar. Notre ministère, qui n'avait ni l'intelligence des hommes, ni celle des
choses, se trompa jusqu'au dernier instant, et sur le théâtre
de la guerre, et sur la valeur des généraux qu'il employait.
Au lieu d'envoyer des vaisseaux dans l'Inde, et d'y obtenir un
résultat inimaginable, il préféra concentrer ses escadres aux
Antilles et devant Gibraltar, se contentant d'expédier, en novembre seulement, le petit vaisseau le *Fier*, de cinquante, la
frégate l'*Hermine* et des transports. Cette dernière expédition,
qui portait la légion suisse de *Meuron*, quelques compagnies
françaises à la solde de la Hollande, et des détachements
pour l'armée de Bussy, envoyée plus tôt, pouvait rendre d'immenses services. Par l'époque tardive de son départ, et vu
son mauvais état de navigabilité, elle ne put arriver que le
8 février 1783 au Cap de Bonne-Espérance : la paix la de-
vançant sur les mers de l'Inde, elle y arriva trop tard. Au
lieu que le *Bristol* et son convoi, en mouillant le 17 avril sur
la rade de Madras, coopérèrent, pour l'avantage de nos ennemis, aux dernières opérations de la guerre. Il nous a fallu,
pour suivre les faits, anticiper de quelques mois sur les dates ;
maintenant nous revenons à notre escadre.

M. de Suffren, prévoyant combien sa présence allait être
utile à la côte de Coromandel, hâtait dans la baie de Trinquemalay le radoub de ses vaisseaux. Les chantiers européens
n'offraient pas une plus grande activité que celle qui se déployait dans ce port nouvellement conquis, et si éloigné de
la métropole. A mesure que chaque vaisseau était disposé à
reprendre la mer, M. de Suffren l'envoyait, pour être plus en
appareillage, dans l'arrière-baie, où il avait effectué sa première

descente. M. de Peinier, dont l'absence causait une vive inquiétude à l'armée, forcé de faire un long circuit pour gagner le vent de Ceylan, mouilla dans les premiers jours de mai avec ses quatre bâtiments, qui n'avaient besoin que de légères réparations. Le retour de cet habile officier causa une joie générale à nos marins, qui appréciaient leur infériorité numérique vis-à-vis de leurs puissants ennemis.

Mais Suffren, ne voyant pas revenir la *Naïade*, expédia immédiatement le *Cowentry* à Goudelour, pour savoir des nouvelles de M. de Bussy et prendre ses ordres. Le 12 mai, la frégate fut de retour, et Suffren sut alors la prise de la *Naïade* et le beau combat soutenu par elle. Dans ses dépêches, le marquis pressait le Bailli de venir le rejoindre. Voici ce que Suffren mandait au ministre à cette occasion : « M. le » marquis de Bussy m'a écrit et donné ordre d'aller le rejoin- » dre. Son ordre était motivé pour trois raisons : le manque » de vivres, le manque de munitions de guerre, et le mauvais » effet que ferait dans l'Inde mon inaction. Cet ordre n'a pu » me faire accélérer mes travaux ; mais il m'a fait soutenir » l'activité que j'y avais mise autant que le climat, l'épuise- » ment des hommes qui en est une suite, et nos travaux mul- » tipliés l'ont permis. » (1) On verra que, grâce à son zèle et à son activité, son escadre fut prête au jour du danger.

(1) Archives de la Marine.

CHAPITRE VIII.

M. de Bussy. — Organisation de son armée. — On lui conseille de prendre l'offensive. — Le marquis reste à Goudelour. — Il reprend les usages de l'Asie. — Il se tient renfermé sous ses tentes. — Succès de Tippou. — Réjouissances au camp français. — Hughes passe devant Trinquemalay. — Dispositions militaires de Bussy. — Hughes n'ose l'attaquer. — Le Bailli envoie le brave Peinier porter des vivres et des munitions au marquis. — La division revient à Trinquemalay. — L'armée anglaise marche en avant. — Bussy rétrograde sur Goudelour. — Faute commise par le général Stuart. — Bussy n'en profite pas. — Combat des armées françaises et anglaises. — Détresse des Français renfermés dans Goudelour. — Suffren mouille devant Goudelour et reçoit des renforts pendant la nuit. — Il appareille au jour pour combattre Hughes. — Les deux escadres manœuvrent plusieurs jours pour se gagner le vent. — Le 20 juin, le Bailli, avec quinze vaisseaux, attaque l'escadre anglaise. — Les Anglais vaincus lui abandonnent le champ de bataille. — Suffren revient victorieux à Goudelour. — Il rend à Bussy les soldats qu'on lui avait prêtés. — Suffren fait débarquer quinze cents marins, pour attaquer l'armée anglaise, consternée de la défaite de son escadre. — Bussy s'y refuse. — Suffren attristé retourné à bord du *Héros*. — La *Médée*, frégate anglaise, vient sous pavillon parlementaire annoncer la paix.

Après le départ de l'escadre, M. de Bussy, profitant du repos que prenaient les troupes anglaises sur la rive gauche du Paléar, s'occupa de divers détails concernant l'organisation de son armée. Il la divisa en deux brigades et un corps de réserve : la première brigade, sous les ordres du baron d'Albigeac, se composait des régiments d'Austrasie et Royal-Roussillon ; la seconde, commandée par le comte de la Mark, était formée des régiments d'Aquitaine et de la Mark ; dans le corps de réserve, qui avait pour chef le vicomte d'Houdetot, on avait réuni aux artilleurs des détachements de l'Ile-de-France, des volontaires étrangers de la marine, des volontaires de Bourbon et quelques compagnies d'élite prises parmi les Cipayes. Indépendamment de ces troupes européennes et d'une forte garnison à Goudelour, dont M. Dubostel était le gouverneur, nous avions les trois mille hommes d'infanterie et les sept mille chevaux laissés par Tippou-Saëb.

Le chagrin que ressentit de ses fausses opérations le chef qui amena l'armée dans l'Inde, le conduisit au tombeau. Le comte d'Offelize, qui lui succéda, se borna, vu ses faibles moyens, à une campagne d'observation justement admirée. Les puissants renforts que M. de Bussy conduisait avec lui donnèrent à cette armée une importance qu'elle n'avait pas eue jusqu'ici. La première brigade campait près de Vilnour, la seconde près de Mangicoupan. Le Nabab avait procuré des bœufs, et l'artillerie était en état de marcher. Les officiers instruits conseillaient d'aller en avant, de prendre l'offensive et d'occuper Permacoul, petite place forte située sur une montagne, conquête d'Hayder-Aly, et que son fils, en partant pour la côte Malabar, avait proposée au comte d'Offelize. Sur le refus de cet officier de diminuer ses forces, déjà si réduites, Tippou-Saëb ordonna d'en faire sauter les fortifications; mais cet ordre fut mal exécuté, et cette place offrait une position militaire excellente, dont le général Stuart sut profiter plus tard. Au lieu de montrer cette activité et cette énergie dont M. de Suffren lui donnait l'exemple, le marquis de Bussy s'abandonna à la mollesse; il adopta, ou plutôt reprit les usages de l'Asie, et se tint enfermé sous ses tentes, pour s'y repaître de faste et d'adulation. Là, invisible pour son armée, il ne communiquait qu'avec ceux qui lui rendaient hommage et qui caressaient son amour-propre; il ne recevait d'impulsion que de ses courtisans et de ses flatteurs. Voilà l'homme que le cabinet de Versailles avait nommé supérieur à Suffren, et sur lequel il avait tant compté pour le rétablissement de nos affaires dans l'Inde. Ce choix ne dénotait-il pas, ainsi que nous l'avons dit, une profonde inintelligence et une ignorance complète de nos intérêts dans cette partie du monde?

Bientôt M. de Bussy apprit les succès de notre allié et les prodiges de valeur du régiment de l'Ile-de-France et des autres détachements français qui avaient suivi le Nabab à la

côte de Malabar. Au lieu de s'ébranler et de profiter de la
consternation que ces nouvelles jetaient parmi nos ennemis, il
se contenta de faire des réjouissances à Mangicoupan, où il
tenait son quartier-général. Ce jour-là même, l'escadre britannique, forte de dix-huit vaisseaux (1), qui avait quitté
Madras le 1er mai, passa en vue du camp, remontant au S.

Le 24 mai, on ne comptait encore que cinq vaisseaux au
mouillage dans l'arrière-baie, lorsque parut l'amiral Hughes
avec sa formidable armée. Aussitôt M. de Suffren, mu par
cette audace froide dont l'impulsion était irrésistible, quitte
son vaisseau, encore retenu dans le port, et hisse son pavillon à bord d'un des vaisseaux de la division du dehors, et la
fait embosser. L'escadre anglaise, soit qu'elle eût en vue
une opération dont on n'a jamais connu le but, soit tout autre motif, ne fit aucune démonstration d'attaque. Elle continua sa route vers le S. Alors, tous nos vaisseaux sortirent
du port, et vinrent successivement prendre poste dans l'arrière-baie.

M. de Suffren profita du passage de l'escadre ennemie pour
satisfaire aux demandes pressantes de M. de Bussy, qui lui
étaient parvenues par un bateau du pays. En se portant dans
le S., M. Hughes laissait libres les communications entre
Trinquemalay et Goudelour. Le Bailli détache en grande hâte
le *Fendant*, la *Cléopâtre* et le *Cowentry*, pour aller conduire
au marquis deux grosses flûtes hollandaises, chargées de munitions pour l'armée de terre. Néanmoins, M. de Bussy, malgré l'instance qu'il mettait à sa demande, représentait à
l'amiral les inconvénients d'affaiblir son escadre, par les risques auxquels seraient exposés ces vaisseaux dans leur expédition. Ces dernières considérations étaient bien de nature à
arrêter tout autre que M. de Suffren; mais cet homme, dévoué

(1) Le *Bristol*, capitaine Burnay, s'était réuni aux dix-sept vaisseaux
sortis de Bombay.

à l'honneur de la France, ne balança pas à secourir nos soldats, et le brave Peinier, secondant les vues de son amiral,
mit à la voile avec les cinq bâtiments désignés. « Je ne puis
» deviner, écrivit Suffren à M. de Souillac, quel est le plan de
» M. Hughes. Est-il là pour attendre des renforts ou inter-
» cepter ceux que nous attendons ? Epie-t-il le moment où
» j'irai au secours de Goudelour pour attaquer Trinquema-
» lay, qu'il prendrait aisément, étant obligé, pour que mes
» vaisseaux soient, je ne dis pas bien armés, mais en état de
» sortir, d'enlever cinq cents hommes de la garnison ? Voici
» donc le parti que j'ai pris : Croyant qu'avec quinze vais-
» seaux, dont huit seulement doublés, je ne pouvais pas en
» attaquer dix-sept qui sont tous doublés en cuivre et plus
» forts que les miens, qui ont l'avantage du vent, que je ne
» puis leur disputer, vu la supériorité de leur marche ;
» persuadé qu'ils ont laissé le dix-huitième avec quel-
» ques frégates, pour bloquer Goudelour, j'ai envoyé deux
» transports chargés de vivres et d'artillerie, sous l'escorte
» du *Fendant*, de la *Cléopâtre* et du *Cowentry*. J'ai cru que
» c'était le moyen le plus sûr pour secourir Goudelour et ne
» pas risquer la place de Trinquemalay, d'où dépend notre
» existence dans les mers de l'Inde. J'ai cru qu'en n'obéissant
» pas à l'ordre de M. de Bussy, donné dans des circonstances
» différentes, j'en remplissais les vues. Si nous n'avions pas
» eu Trinquemalay, nous n'aurions point le *Vengeur*, ni le
» *Brillant*; nous n'aurions pu refaire toutes nos ferrures des
» gouvernails, etc. Je suis avec respect, etc (1). »

Le 31 mai, dans l'après-midi, l'escadre ennemie reparut !
Elle était précédée par un de nos bâtiments-transports expédiés le matin pour l'Ile-de-France, fuyant à toutes voiles
pour regagner le port. M. de Suffren, concevant alors les
plus vives inquiétudes pour M. de Peinier, se décida, avant

(1) Archives de la marine.

l'approche des Anglais, à expédier un canot, monté par un officier, vers la côte, afin de donner avis à vos bâtiments du retour des Anglais. L'amiral Hughes s'arrêta devant Trinquemalay et manœuvra pendant deux jours à faire croire qu'il avait dessein d'attaquer nos quatorze vaisseaux, embossés et soutenus par les batteries de la montagne de la Découverte. La contenance assurée de l'escadre du Roi en imposa tellement aux ennemis, qu'ils n'osèrent rien entreprendre; et le 2 juin, au matin, ils laissèrent porter vers le N. et disparurent. Ce départ précipité fut attribué au rapport que firent, sans doute, à l'amiral Hughes, quelques matelots anglais prisonniers, concernant l'expédition de Goudelour. Ces hommes, retenus à bord de la flûte les *Bons-Amis*, parvinrent, dans la nuit, à enlever une embarcation et à gagner un des vaisseaux de l'escadre britannique.

Les inquiétudes que le Bailli avait conçues pour M. de Peinier, au retour subit de l'escadre anglaise, augmentèrent encore par la direction qu'elle venait de prendre. Toutefois, elles cessèrent au bout de huit jours : le vaisseau, les deux frégates et les deux flûtes rallièrent l'escadre le 10 juin. M. de Peinier, après avoir débarqué à Goudelour toutes les munitions de guerre demandées par M. de Bussy, revenait à Trinquemalay, lorsque, le 3 juin, par le travers de Trinquebar, ses vigies lui signalèrent l'armée navale de la Grande-Bretagne. Aussitôt, il fit le signal de courir au large, en augmentant de voiles. Il paraît qu'il ne fut pas reconnu, puisqu'on ne le chassa point; et de la sorte il évita une rencontre funeste. Mais, ce commandant était porteur de lettres du marquis qui faisaient pressentir la situation critique dans laquelle il allait bientôt se trouver. L'amiral était donc dans une cruelle incertitude sur le sort de l'armée. M. de Bussy ne lui avait inspiré aucune confiance à leur première entrevue; et, sans douter de sa bravoure personnelle, M. de Suffren avait combattu le projet d'une guerre défensive, qu'il paraissait avoir adopté. Son système, à lui, était celui d'une guerre offensive, adopté par Hayder-Aly, et le seul qui pût chasser les Anglais de l'Arcate. Mais l'incertitude du Bailli cessa devant une affligeante réalité : des lettres que M. de Bussy hasarda sur un bateau, qui avait passé de nuit au milieu de l'escadre anglaise, vinrent lui apprendre la fâcheuse position de ce général.

Nous avons laissé M. de Bussy s'abandonnant au repos dans son camp de Mangicoupan, et livrant les intérêts de la France, la vie de nos soldats et l'honneur de nos armes, à une foule d'intrigants qui se prétendaient fort versés en diplomatie, et qui ne déployèrent que des ruses et des finesses dont le résultat devait amener la ruine de notre armée.

Nous transcrirons comme un grand enseignement les lignes suivantes de M. Trublet de la Villejégu, témoin oculaire des fautes commises. Il voulut s'abstenir de les raconter en entier; mais, dans le peu qu'il en dit, on trouvera encore clairement exprimé, malgré une grande réserve, le sentiment de la douloureuse indignation dont il était pénétré à leur souvenir : « Puissent donc enfin les gouvernements, écrivait ce brave officier (1), abandonner, à l'égard des pays éloignés d'eux, le funeste système qu'on leur a constamment reproché! Qu'ils cessent d'envoyer, pour fonder ou perpétuer les colonies, des intrigants affamés, parce qu'ils surchargent, en Europe, la société, qui les tient plus sous sa main, et qui a plus le moyen de réprimer leurs déportements! Quel espoir de construire, avec des éléments si fangeux, l'édifice de nouvelles sociétés, et surtout de lui donner pour base quelques vertus?

» Mais quels reproches ne méritent pas des ministres qui décorent l'exil de quelques-uns de ces importants, qui fati-

---

(1) Voir à la fin de ce volume, sous le n° 19 des notes, un article biographique sur ce marin distingué.

guent, par leur vilité, les cours, de grades et de titres, dont le moindre scandale est la dépense qu'ils occasionnent! L'état-major de l'armée contenait plusieurs de ces seigneurs qui, chassés de Versailles, étaient venus porter la désorganisation dans la troupe, donner le spectacle hideux de leurs vices, nous exposer au mépris des nations au milieu desquelles nous nous trouvions.

» Nous verrons un de ceux-là, chargé de faire une sortie, faire battre sa troupe et assurer sa vie en se rendant prisonnier. Du moins, il en courut mille bruits à sa honte ; mais les ombres de la nuit enveloppèrent sa manœuvre.

» Un autre, affublé de je ne sais quel grade, mais qui lui donnait beaucoup d'importance dans l'armée et d'influence dans les opérations, au moment du combat, pourra-t-on le croire d'un officier français! cherche de l'âme dans sa bouteille, et, ô honte! il n'y trouve que l'ivresse! Il tombe dans un état de dégradation telle, qu'après avoir été passé en revue par l'armée, il resta le jouet de la canaille. »

On voit que M. de Castries ne fut pas mieux conseillé dans le choix qu'il fit de plusieurs des officiers de l'armée de terre, M. de Bussy en tête, que ne l'avait été M. de Sartines pour quelques-uns des capitaines de l'armée navale.

Le général James Stuart (1), délivré de la présence de l'armée du Nabab, et assuré de la coopération de l'escadre anglaise, conformément au plan de campagne arrêté en conseil au fort Saint-Georges, lève son camp, traverse le Paléar et va s'établir à Permacoul, petite place fortifiée sur une mon-

---

(1) Le lieutenant-général sir Eyre Coote, qui était allé à Calcutta, d'où il avait fait passer des renforts à l'armée de Madras, revint, avec 10 lacks de roupies, à cette Présidence, le 24 avril, pour reprendre le commandement en chef de cette armée ; mais il mourut le surlendemain de son arrivée. James Stuart resta chargé du commandement de toutes les troupes du midi.

tagne dont le Nabab s'était emparé. En partant pour la côte de Malabar, Tippou l'avait proposée à M. d'Offelize; mais celui-ci l'ayant refusée, vu le peu de troupes qui lui restait, ce prince donna ordre de faire sauter ses fortifications. Cet ordre fut si mal exécuté, que sir James Stuart fit remettre facilement cette forteresse à l'abri d'un coup de main.

En apprenant le mouvement en avant de l'armée anglaise, le baron d'Alligeac, dont la brigade était campée près de Vilnour, eut ordre de se replier à Mangicoupan, sur l'autre brigade que commandait le comte de la Mark; le vicomte d'Houdetot, à la tête d'une avant-garde composée d'un détachement de l'Ile-de-France, des volontaires de la marine, des volontaires de Bourbon et de quelques Cipayes, alla peu de temps après remplacer provisoirement la première brigade. Paraître craindre l'ennemi, c'était lui inspirer de la confiance; de plus, par cette manœuvre de retraite, on laissait Pondichéry à découvert, on abandonnait d'excellentes positions, pour se replier sur une place incapable de protéger l'armée, et qui ne lui offrait aucun point d'appui pour résister. Le Nabab avait procuré des bœufs; l'artillerie était en état de marcher, le comte d'Offelize et les officiers instruits le conseillaient; mais, atteint de la goutte (1), M. de Bussy, qui avait dû jadis sa grande réputation plutôt aux ruses de la politique et à sa bravoure personnelle qu'à ses talents militaires, préféra rester à Mangicoupan, s'y retrancher, et publier que son intention était uniquement de se tenir sur la défensive. Une pareille mesure fut inexplicable; elle parut inspirée par la folie.

Cette faute de laisser l'ennemi maître de la campagne fut regardée comme la source des malheureux événements qui s'en sont suivis, et qui faillirent causer la perte des Français dans cette partie du monde. Mais Suffren veillait sur eux : il

---

(1) M. de Bussy, resté valétudinaire, mourut à Pondichéry en janvier 1785, âgé de soixante-sept ans.

était réservé au génie tutélaire de ce grand homme de sauver l'armée de Bussy par une victoire navale, afin de mériter une fois de plus la reconnaissance de sa patrie par son importance et par l'éclat qu'elle jeta sur nos armes.

L'escadre anglaise, en revenant de Trinquemalay, mouilla avec la plus parfaite sécurité entre Porto-Novo et Goudelour, où elle fut rejointe par les transports du convoi arrivé avec le *Bristol;* Hughes, puisant une parfaite quiétude dans le nombre et la force de ses vaisseaux, croyait avoir recouvré sur le Bailli l'empire des mers que ce dernier lui avait enlevé l'année précédente.

A la vue de son escadre, le major-général Stuart quitte le camp qu'il occupait paisiblement aux environs de Permacoul, et se met en marche pour passer dans le S. de Goudelour. M. de Bussy, sortant momentanément de son apathie, reconnut enfin que l'intention de l'ennemi n'était point de passer la rivière du Paléar sous le feu d'un camp retranché; et, dans le fait, on ne conçoit pas qu'un pareil espoir fût entré dans la pensée d'un militaire. Il lui fallut donc, malgré lui, quitter ce camp, fortifié avec beaucoup d'art et un grand travail, pour aller prendre position dans l'O., du côté de *Bahour:* Cette position se trouva par hasard si heureuse, qu'elle promettait un succès assuré à notre armée, soit que les Anglais avançassent, soit qu'ils battissent en retraite. Sir James Stuart sentit bien la faute qu'il avait commise et fit halte, n'osant avancer ni rétrograder; mais, par le peu de discrétion que le marquis de Bussy mit dans ses projets, il sut d'une manière positive, au moyen de ses espions, que l'intention de ce général était de rester sur la défensive, et il se mit en marche le 6 juin au matin.

Cette manœuvre hardie aurait dû causer la perte de l'armée anglaise, engagée dans un défilé étroit et sablonneux d'où l'artillerie pouvait à peine se retirer, et au milieu duquel un seul bataillon soutenu par un corps de cavalerie suffisait pour l'écraser.

Aussitôt que ce mouvement fut aperçu par les officiers français en reconnaissance, M. de Boissieux, major d'Austrasie, courut en rendre compte au marquis. « Une brigade suffit, général, lui dit-il, et jamais les Anglais ne revoient Madras. » Cet avertissement venait, sans contredit, d'un des meilleurs officiers de l'armée ; mais il était, ainsi que son colonel, le vertueux comte d'Offelize, un de ces hommes de mérite qui déplaisaient aux entours du général, et on ne l'écouta pas. Toutefois, comme plusieurs officiers rapportaient les mêmes choses, MM. de la Mark et de la Rochethulon montèrent à cheval pour reconnaître la position de l'ennemi et juger de ce qu'il y avait à faire : ils revinrent en annonçant qu'il était trop tard pour agir.

Le général, dans le trouble de sa pensée, après avoir laissé Stuart s'avancer au Midi, assembla son conseil, et il fut décidé qu'on décamperait le soir même pour aller prendre position sous les glacis de Goudelour. Le Nabab ayant laissé ses troupes sous les ordres de M. de Bussy, le chef Sageste-Sahêb reçut l'ordre de se placer, avec sa cavalerie, sur les derrières de l'armée anglaise, de la harceler et de lui couper les vivres. Quant à M. de Bussy, il se retrancha et attendit l'événement.

Les deux armées étaient campées dans le S. à une demi-lieue de distance l'une de l'autre, entre la mer et un coteau boisé auquel elles appuyaient l'une sa droite, l'autre sa gauche, et l'espace qui les séparait était couvert de cocotiers et de palmiers.

L'armée française, commandée par M. le marquis de Bussy, et en second par M. le comte d'Offelize, maréchal-de-camp, était composée de deux mille deux cents Européens effectifs, et deux mille trois cents Cipayes, divisée en deux brigades, et de trois mille Cipayes et deux mille Piedas de l'armée du sultan Tippoo. Les deux bataillons d'Austrasie et le bataillon Royal-Roussillon formaient la première brigade, commandée par M. le baron d'Albigeac, brigadier. La seconde était composée du bataillon d'Aquitaine et de deux bataillons du régiment de la Mark. M. le vicomte d'Houdelot commandait l'avant-garde, formée par les volontaires étrangers et ceux de Bourbon, et cinq à six cents Cipayes.

L'armée anglaise, commandée par le général Stuart, était forte de quatre mille Européens, douze mille Cipayes, et dix-huit cents hommes de cavalerie noire.

L'armée du roi campait à cinq cents toises en avant de Goudelour, entre deux buttes formées par des buttes de sable que l'on occupa : celle de la droite, par cent cinquante hommes et huit cents Cipayes, commandés par M. Bint, lieutenant-colonel; celle de la gauche, nommée la *Tombe des Fakirs*, fut gardée par cinquante hommes et quelques Cipayes. La droite et le centre du camp étaient couverts par quelques retranchements informes. Entre le poste de Bint, éloigné d'environ quatre cents toises, et la droite du camp et le coteau boisé, il y avait un intervalle de deux cent cinquante toises, qui fut occupé par les trois mille Cipayes du Nabab, dont le front fut protégé par une batterie de pièces de quatre, placée sur une pointe du coteau, auquel ces Cipayes appuyaient leur droite. Sept autres batteries furent établies sur les deux buttes et sur le front de notre camp.

Le 12 juin au soir, M. de Bussy, informé que les ennemis faisaient beaucoup de mouvements dans les bois du coteau, et que l'on entendait traîner de l'artillerie, y fit marcher cinq cents hommes de la brigade d'Austrasie, pour renforcer le poste de la droite des Cipayes du Nabab. Le 13, à la pointe du jour, les ennemis firent un feu très-vif sur ces Cipayes et sur le poste de Bint de deux batteries, l'une de huit pièces de dix-huit, et l'autre de six pièces d'un calibre inférieur, qu'ils avaient établies dans la nuit sur deux plateaux de ce coteau. Les trois mille Cipayes du Nabab disparurent dès les premiers coups, et on ne les revit plus ; alors les cinq cents hommes de la brigade d'Austrasie, qui pouvaient être coupés par la fuite des Cipayes, n'eurent que le temps de se replier sur le poste de Bint, où ils rejoignirent leur brigade, qui, ainsi que l'avant-garde, avait eu ordre de s'y porter, et qui s'y mit en bataille, la gauche de ce poste faisant face au coteau. Les deux bataillons de la Mark furent rapprochés de Goudelour, pour couvrir l'ambulance et la communication de cette ville avec le camp ; et le bataillon d'Acquitaine, campé à la gauche, vint occuper nos retranchements, qui se trouvaient dégarnis par l'éloignement de la brigade d'Austrasie et du régiment de la Mark, qui avaient été portés, la première au poste de Bint et le second à l'ambulance. Vers 7 heures du matin, plusieurs colonnes ennemies débouchèrent des bois du coteau et se dirigèrent sur le poste de Bint et la brigade d'Austrasie. Mais l'extrême vivacité du feu de huit pièces du régiment de cette brigade, et de deux pièces de dix-huit du poste de Bint, les en tint toujours éloignés. Le feu des batteries ennemies ayant été éteint après 4 heures de durée, et les colonnes étant rentrées dans les bois, on cessa de tirer de part et d'autre. A 9 heures 1/2, la brigade d'Austrasie eut ordre de rentrer dans les retranchements, et l'avant-garde, commandée par le vicomte d'Houdetot, resta au poste de Bint pour le renforcer. Le bataillon d'Aquitaine retourna dans son camp, à la gauche. A peine les troupes avaient-elles eu le temps de prendre quelque nourriture, que deux colonnes ennemies débouchèrent des bois de cocotiers, en avant du poste de Bint, sur lequel elles se dirigèrent avec beaucoup de célérité. Dès que la brigade d'Austrasie vit reparaître les ennemis, courir aux armes, sortir des retranchements et se former en colonne, fut l'affaire d'un moment. M. le baron d'Albigeac la mena aux deux colonnes ennemies, qu'elle chargea à la baïonnette, et avec une telle impétuosité que ces colonnes s'entremêlèrent et furent repoussées dans le bois d'où elles sortaient. Le bataillon d'Aquitaine se porta à la *Tombé-des-Fakirs*, pour s'opposer à une diversion que les ennemis paraissaient vouloir faire dans cette partie.

Pendant que la brigade d'Austrasie s'enfonçait dans le bois à la poursuite des ennemis, deux autres colonnes, l'une de grenadiers anglais, commandée par lord Cathcart, et l'autre de troupes hanovriennes aux ordres du colonel Kelly, débouchèrent pour la seconde fois des bois de la droite sur le poste de Bint, qui était alors livré à ses propres forces; elles s'en emparèrent; de là, elles marchèrent à nos retranchements, qu'elles voyaient dégarnis, et s'y établirent (1). Elles furent chargées dans ce moment par le premier bataillon de la Mark, qui, obligé de céder à leur grande supériorité, se replia sur notre gauche pour la renforcer. M. le comte de la Mark fut blessé dès le commencement de cette charge, et obligé de laisser le commandement à M. de Fretag, son lieutenant-colonel. Le deuxième bataillon de ce régiment s'était rendu au village de Vandipaléon, sur l'avis qu'un corps ennemi se portait sur nos derrières.

Le baron d'Albigeac ayant été averti que nos retranchements étaient au pouvoir de l'ennemi, rallia la brigade d'Austrasie, et la ramena, par le chemin de Chalembron, à une seconde charge, qui fut plus meurtrière, par la résistance des ennemis, qui ne cédaient ce terrain que pied à pied. Cependant, après un combat long et opiniâtre, ils abandonnèrent nos retranchements et se retirèrent au poste de Bint, dont ils

---

(1) La brigade d'Austrasie, la baïonnette en avant, repoussait une colonne ennemie; elle eût complété sa défaite, si l'ordre donné par M. d'Offélize, au bataillon d'Aquitaine, que commandait M. Damas, d'occuper le retranchement évacué, eût été exécuté. Cet officier, dans sa défense, prétendit que M. de Bussy lui avait envoyé dire de ne pas quitter son poste.

restèrent les maîtres, et le combat cessa tout-à-fait vers 1 heure après midi.

Ce rapport, publié par ordre de la cour, oublie de mentionner que M. de Bussy, malade de la goute, se fit porter dans son palanquin, et qu'on le vit rester dans les endroits les plus exposés ; mais il fallait autre chose à un chef que de payer de sa personne : il fallait qu'il sût donner des ordres. M. le comte d'Offelize, présent partout où il pouvait être nécessaire, déploya tous les talents d'un militaire consommé.

Toutefois, on continua à se canonner jusqu'à 6 heures du soir, et à la nuit on s'empara de quelques pièces laissées sur le champ de bataille (1). Lorsque la tranquillité fut rétablie dans tous les postes, le général fit assembler le conseil pour délibérer sur les mesures à prendre. D'abord on parut décidé à attendre l'ennemi de pied ferme en dehors de la place ; mais sur un avis qui parvint au quartier-général au milieu de la nuit, que de nouvelles batteries devaient au jour foudroyer nos bataillons, on changea cette disposition ; les troupes rentrèrent, et la bataille encore indécise fut regardée comme perdue par l'abandon de nos postes. Cependant jamais soldats ne méritèrent plus d'être victorieux ; ceux de la brigade d'Austrasie, surtout, donnèrent l'exemple de la plus grande bravoure : ce que fit d'admirable cette brigade dispenserait de s'étendre sur les éloges que méritèrent MM. d'Albigeac, de Villeneuve, de Boissieux et de Vaugirard, tous d'Austrasie ou de Royal-Roussillon ; MM. de Canaples, Desvaux et Derivet, officiers supérieurs qui servirent en qualité de volontaires. La manière dont combattit l'artillerie, commandée par M. de Senarmont, fut aussi au dessus de toute louange (2).

(1) Notre perte consista en onze canons, dix-huit caissons et les quatre pièces du Nabab.

(2) Notre perte (a), vu le petit nombre des combattants, est très-con-

(a) De l'aveu des ennemis, leur perte s'éleva à soixante-huit officiers, sept cents soldats européens et trois cent cinquante-six Cipayes tués ou blessés.

Ce fut de la sorte que notre armée, qui pouvait prendre avec succès l'offensive, se trouva, par une série de fautes de son chef, renfermée dans une place si mal fortifiée qu'on ne pouvait la regarder que comme une enceinte de murs sans défense ni ouvrage avancé, n'offrant pas un seul point à l'abri de la bombe, investie de toutes parts, sans vivres, sans munitions, manquant d'eau. Un simple blocus, sans avoir recours à une attaque vive, allait mettre cette armée à la merci des Anglais.

Dans une situation aussi déplorable, les regards de nos soldats se portèrent vers nos marins; car les cœurs généreux se comprennent: ils les appelaient de leurs vœux, et invoquaient M. de Suffren comme un dieu tutélaire. Cette armée si brave, capable de si grandes choses avec un tout autre général, n'avait plus d'autre espoir de salut que dans l'assistance de notre escadre. A celle-ci seule désormais la gloire de conjurer le péril imminent qui menace l'autre.

« C'en était fait désormais, toute communication était interdite entre l'armée et l'escadre: celle de l'ennemi était vesidérable:

Brigade d'Austrasie de 1,000 hommes effectifs.

24 officiers . . . tués ou blessés.	}	Austrasie.
59 sous-officiers *id.*		
151 soldats . . . . *id.*		
5 officiers . . . *id.*	}	Second bataillon Royal-Roussillon.
18 sous-officiers *id.*		
61 soldats . . . . *id.*		
5 officiers . . . *id.*	}	Régiment de la Marck.
10 sous-officiers *id.*		
18 soldats . . . . *id.*		
9 officiers . . . *id.*	}	Volontaires étrangers de la marine, de Bourbon et autres.
17 sous-officiers *id.*		
26 soldats. . . . *id.*		
4 officiers . . . *id.*	}	Artillerie.
9 sous-officiers *id.*		
40 soldats . . . . *id.*		

nue mouiller par le travers de son camp, pour intercepter par mer tous les secours qu'on eût voulu essayer de jeter dans la place assiégée par terre, et, d'après l'expédition infructueuse de la *Naïade*, la prudence ne permettait plus de tenter cette voie. De quelle utilité eût été, d'ailleurs, une pareille communication. M. de Suffren n'ignorait pas l'état de détresse de l'armée. M. Bussy le lui confirma par des lettres hasardées sur un bateau que M. de Suffren lui avait envoyé, et qui passa au milieu de l'ennemi, à la faveur de sa petitesse et de l'obscurité de la nuit. D'une part, M. de Bussy invoquait son secours, lui faisait connaître l'extrémité à laquelle il allait être réduit; de l'autre, il ne lui dissimulait pas le danger d'essayer de le délivrer en présence de dix-huit vaisseaux de guerre, n'en ayant pas quinze à leur opposer, et encore plus faibles que ceux de l'ennemi. Tenter le sort d'un combat en apparence si désastreux, c'en était fait des Français dans l'Inde. En un mot, M. de Bussy appelait M. de Suffren; mais il se gardait bien de donner l'ordre qui eût déchargé ce dernier de la responsabilité, au cas de non succès : il voulait peut-être se ménager par avance des moyens de défense propres à figurer dans quelques mémoires justificatifs (1). »

» Cette ruse, plus digne d'un obscur praticien que de la loyauté d'un guerrier, n'échappait pas, sans doute, à Suffren; mais sa grande âme la dédaignait. Uniquement occupé de la gloire du nom français, compromise, du déshonneur qui va rejaillir sur la France, ému du sort de tant de braves gens qui semblent lui tendre les bras, il jette un regard sur son escadre : il la voit partager ses sentiments, et il ose se charger des événements. Il assemble ses capitaines :

« L'état critique, Messieurs, où se trouvent les affaires du » Roi exige que nous travaillions tous de concert. Loin de » nous toute mésintelligence capable de nuire au bien de la

(1) Voyez, à la fin du volume, la pièce officielle sous le n° 29.

» chose ; montrons que l'honneur d'être Français vaut bien
» l'avantage dont se prévaut l'ennemi. L'armée, sous les murs
» de Goudelour (elle n'était pas encore renfermée dans la
» place), est perdue si nous n'allons à son secours. La gloire
» de la sauver nous est peut-être réservée ; nous devons du
» moins le tenter. Vous connaissez, Messieurs, les nouveaux
» ordres du Roi ; croyez qu'il ne faut pas moins que cela pour
» m'empêcher de partager vos périls. »

» Ces nouveaux ordres avaient rapport à l'ordonnance du
Roi qui enjoignait à tous les commandants d'escadre de passer à bord d'une frégate au moment d'une action. (L'affaire
malheureuse de M. de Grasse, que tout le monde connaît,
avait provoqué cette ordonnance.)

» Il dit, et un élan général répondit à l'appel de Suffren ;
la confiance, premier gage de la victoire, se communiqua
dans tous les équipages. On se dispose à appareiller ; on n'as-
pire qu'après le moment de se trouver en présence de l'ennemi.

» Les équipages, affaiblis par les pertes et les maladies,
furent augmentés par ceux des frégates et des bâtiments de
transport. On ne laissa armés que la *Cléopâtre*, le *Cowentry*
et la *Consolante*. Ce renfort, néanmoins, laissait encore bien
des vides dans les équipages ; mais le zèle et l'ardeur dou-
blaient les forces.

» TRUBLET DE LA VILLEJÉGU. »

Le 11 juin, les vaisseaux appareillèrent de Trinquemalay
et se dirigèrent vers Goudelour ; mais la faiblesse et l'inconstance des brises ne permirent à l'escadre d'atteindre le travers de Trinquebar que le 13. Elle ne put approcher davantage l'ennemi, parce que les vents, ayant passé au N.-O.,
l'obligeaient de courir à terre pour rallier le fond. Toutefois,
les frégates en découverte purent s'avancer assez vers le N.
pour apercevoir et signaler l'ennemi au mouillage.

Le 14, le Bailli de Suffren lui-même eut connaissance de l'escadre anglaise ; mais les brises variables et les grains du N.-O. l'empêchèrent de l'approcher pendant 48 heures. Cependant le *Héros*, et quelques autres vaisseaux d'une marche supérieure, avaient été aperçus par les militaires aux aguets. A la vue de ces voiles dans le S., le silence morne qui régnait dans Goudelour fit place à ce cri de joie : *Voilà le Commandeur !* Aussitôt, un rayon d'espoir vint briller sur les visages de ces braves, consternés par le sinistre avenir qui se présentait à eux.

L'escadre anglaise, mouillée à Porto-Novo, protégeait les navires qui portaient les munitions de guerre et de bouche de son armée de terre, et empêchait qu'il n'entrât dans Goudelour aucun secours par mer. Mais le 13, à la vue des vaisseaux français, Hughes se rapprocha de la place bloquée.

Le 16, le vent de la mousson ayant enfin repris son cours, l'escadre française s'avança en bel ordre vers les vaisseaux anglais, au mouillage au S. de Goudelour. Les frégates signalèrent dix-huit vaisseaux de guerre. Aussitôt M. de Suffren appelle la *Cléopâtre*, passe à son bord et s'avance pour reconnaître l'ennemi, toujours immobile. Une de ses frégates appareilla pour nous reconnaître. M. de Suffren se livrait, après son repas, à ce moment de repos auquel la chaleur du climat invite, et M. de Rosily faisait petite voile. Cependant, se croyant bientôt assez près de l'ennemi, il réveille l'amiral, qui aperçoit la frégate anglaise portant sur la sienne. Suffren, à la vue des couleurs britanniques, sent la haine se réveiller au fond de son cœur. Oubliant les ordres de la cour, il ordonne à M. de Rosily de rejoindre la frégate aux couleurs de la Grande-Bretagne, et aussitôt la *Cléopâtre* se couvre de toile pour approcher son antagoniste ; mais la frégate anglaise n'osa pas accepter le défi et se replia sur son escadre. Comme notre armée continuait son aire, l'amiral Hughes fit lever l'ancre, se forma en bataille et porta au large, avec des vents du S. au S.-S.-E., pour éviter de combattre sous le vent. Notre armée, renfermée dans Goudelour, voyait déjà l'ennemi lever le blocus par mer, avec l'espoir qu'il ne le reprendrait plus. A la manière dont l'arrière-garde française arrivait, l'amiral anglais craignit que Suffren ne coupât son convoi, encore à l'ancre, ainsi que l'*Isis*, qui était restée de l'arrière, n'ayant appareillé que long-temps après son escadre. En conséquence, il fit virer vent devant tous ses vaisseaux à la fois. Cette forte arrivée de l'arrière-garde tenait à une disposition de combat arrêtée par Suffren, et de laquelle il attendait le plus grand effet. Inférieur en force à l'ennemi, et n'ayant pas un vaisseau à présenter à chacun des vaisseaux anglais, il arrêta son ordre de bataille, comme s'il avait eu la supériorité du nombre. Tout ce que concevait cet homme extraordinaire portait l'empreinte de son audace. Il voulait faire doubler l'arrière-garde ennemie sous le vent, par le *Saint-Michel*, l'*Annibal-Anglais* et la *Consolante*, et, pendant que ces vaisseaux s'attacheraient à la combattre d'un bord, les cinq vaisseaux de soixante-quatorze, le *Fendant*, l'*Argonaute*, le *Héros*, l'*Illustre* et l'*Annibal*, l'attaqueraient de très-près de l'autre. Pendant ce temps, nos autres huit vaisseaux de soixante-quatre devaient combattre l'escadre anglaise à distance, uniquement pour la tenir en respect et l'empêcher de virer de bord et de se replier sur son arrière-garde, qui, placée entre deux feux, se serait trouvée écrasée. Le virement de bord des vaisseaux anglais fut imité par l'escadre du Roi ; mais l'évolution ne s'acheva pas, parce que l'amiral anglais, rallié par l'*Isis*, et se trouvant près de terre, reprit les amures à tribord et continua à courir largue ; manœuvre qui fit juger dès lors le peu d'envie qu'il avait de combattre. Notre armée, courant aux mêmes amures, suivait l'ennemi.

Le soleil baissait, et un combat de peu de durée ne pouvait être décisif. Aussi, quoiqu'on fût à portée de canon, le général fit tenir le vent à l'escadre. Après avoir couru quelque

temps au plus près tribord amures, il fit hisser le pavillon
blanc percé de bleu, supérieur au pavillon damier rouge et
blanc, signal de virer de bord vent devant par la contre-marche. Aussitôt l'évolution achevée, il serra le vent sous les
amures opposées. Les deux escadres coururent des bords
toute la nuit; mais les vaisseaux anglais, doublés en cuivre
neuf, marchant mieux que les nôtres, se trouvèrent au vent,
c'est-à-dire dans le S. Toutefois, leur convoi était dispersé,
et deux des plus gros bâtiments furent sur le point d'être pris
par le *Fendant*, lorsque le général lui fit signal de lever la
chasse et de rallier l'armée. Ce qui détermina Suffren à donner cet ordre à Peinier, c'est que l'escadre anglaise, au large,
paraissait approcher, quoique nos vaisseaux ressentissent encore la brise de terre, soufflant, contre son ordinaire, de la
partie de l'O. On s'attendait à ce que cette brise, qui s'affai-
blissait, fît place à une autre venant du large.

Cependant le vent resta faible et variable, et l'ennemi ne
chercha point à nous combattre. Suffren, qu'une considération dominait, en maîtrisant son entraînante ardeur, le besoin de connaître la position des Français dans Goudelour,
Suffren, disons-nous, alors sous le vent, s'approcha de terre,
et un bateau vint lui apporter des nouvelles du marquis de
Bussy. A 8 heures et demie du soir, il fit mouiller son escadre dans la rade de Goudelour.

Ainsi, en forçant l'ennemi à lui céder la place, il acquit un
premier avantage, celui de pouvoir recruter ses équipages des
détachements pris dans la troupe et parmi les Cipayes. En
effet, on s'empressa, dans la nuit, d'embarquer douze cents
hommes, qu'on répartit à bord de chaque vaisseau de l'armée.
Le marquis de Bussy fit d'autant moins de difficulté d'envoyer
à Suffren ce renfort, que l'escadre était non seulement le
seul espoir de l'armée de terre, et qu'il savait que les ennemis n'avaient pas eu le temps de débarquer les munitions de

guerre dont ils avaient besoin pour ouvrir la tranchée devant la place.

Le 18, à 9 heures du matin, les vents soufflaient de l'O. au O.-S.-O. : munie de ses renforts, l'escadre du Roi appareilla, et forçant de voiles, elle se trouva au vent des Anglais. Suffren manœuvra tout le jour pour engager le combat, mais inutilement, parce que l'amiral Hughes, dont les vaisseaux avaient un avantage décidé sur les nôtres, aussitôt que l'escadre du Roi arrivait à portée de la sienne, laissait porter et s'éloignait.

Le lendemain 19, les deux armées ne cessèrent d'être en vue.

A 5 heures du soir, elles s'approchèrent à la portée du canon, et manœuvrèrent ; celle des Anglais, pour gagner le vent, celle des Français pour le conserver.

Le 20, enfin, la brise d'O. régnait toujours et donnait le vent à notre escadre. Jusqu'alors, l'amiral Hughes avait semblé éviter le combat, parce qu'il avait espéré que la brise du large (1), qui souffle ordinairement sur toute la côte, et qui, par cas extraordinaire, ne s'était pas fait sentir depuis que les deux escadres étaient en présence, lui procurerait l'avantage du vent. Trompé dans son attente, et voyant la la position rapprochée des deux armées, il se décide à accepter la bataille dans les conditions sous lesquelles on la lui imposait. L'amiral Hughes comprenait qu'il ne pouvait plus cette fois éviter d'en venir aux prises sans paraître fuir. Confiant dans l'avantage que lui donnait la supériorité du nom-

(1) Cette brise commence ordinairement entre 1 heure et 2 heures de l'après-midi, et dure jusqu'après minuit. Au calme qui survient ensuite succède, vers 4 heures, le vent de terre. Pour expliquer le phénomène des brises, il faudrait entrer dans quelques détails sur la théorie des vents ; nous préférons nous borner à indiquer ce qui existe. A l'aide de ces deux brises, les vaisseaux remontent ou redescendent la côte à contre-mousson, se jouant des vents régnant au large.

bre, il ordonne divers virements de bord dans le but de prendre position.

Le Bailli passe à bord de sa frégate, et aussitôt que ses insignes de commandement brillent au mât d'artimon de la *Cléopâtre*, on voit apparaître à la tête du grand mât de cette frégate le pavillon damier bleu et blanc, supérieur au pavillon blanc percé de bleu, exprimant l'ordre à l'armée de former la ligne de combat dans l'ordre naturel tribord amures. Aussitôt sa ligne formée, Suffren laissa arriver sur la ligne anglaise. A 2 heures après midi, l'amiral Hughes, dont l'escadre courait au S., ayant fait virer ses vaisseaux vent arrière, Suffren ordonne aux siens d'exécuter la même évolution. Pendant que l'armée de France manœuvrait, la *Cléopâtre* arborait le signal de former la ligne de bataille dans l'ordre naturel, les amures à babord comme les ennemis.

Si on ne remarquait pas toute la précision qu'on pouvait désirer, du moins y apercevait-on dans chacun l'envie de bien faire et la volonté de coopérer de tout son pouvoir au succès de nos armes, sentiments qui jusque là, pour le bonheur de l'Angleterre, s'étaient si peu montrés. A ce signal succéda, à 2 heures 3/4, celui d'arriver à l'E. Déçu dans son espoir de nous gagner le vent, Hughes acceptait enfin le défi que lui jetait son intrépide adversaire. Chaque vaisseau ennemi, sous ses huniers, serrait sa ligne, ainsi formée :

AVANT-GARDE.

	La *Défense*. . . .	74 Newnham.
	L'*Isis*.	50 Holladay.
L'*Active*.	Le *Gibraltar* . . . 80	{ Bikerton, commodore. { Hicks, capitaine de pavillon.
	L'*Inflexible* . . .	64 Cherwind.
	L'*Exeter*.	64 Smith.

CORPS DE BATAILLE.

Le *Worcester* . . 64 Hughes.
L'*Africa*, ... 64 Mac-Donall.

	Le *Sultan*. . . . 74 Mitchell.
La *Médée*.	Le *Superb*. . . . 74 { Edward Hughes, vice-amiral. Newcome, capitaine de pavillon.
Goiverd.	Le *Monarca*. . . 70 Gell.
	Le *Burford* . . . 70 Reiner.
	Le *Sceptre* . . . . 64 Graves.

ARRIÈRE-GARDE.

	Le *Magnanime* . 64 Mackensie.
	L'*Eagle* . . . . . 64 Clarke.
	Le *Héros*. . . . . 74 { King, commodore. Jones, capitaine.
	Le *Bristol* . . . . 50 Burney.
	Le *Montmouth*. . 64 Alms.
	Le *Cumberland* . 74 Allen.

A 3 heures 1/2, comme on était très-près de l'armée anglaise, qui nous attendait bâbord amures, le général, qui surveillait de son regard d'aigle les mouvements de nos vaisseaux, fit le signal de venir au vent tous à la fois, afin qu'ils pussent bien former leur ligne. Notre escadre arrivait avec le vent et la houle, par la hanche de bâbord de l'ennemi. Elle était formée dans l'ordre de bataille suivant :

AVANT-GARDE.

	Le *Sphinx*. . . . . 64 du Chilleau.
	Le *Brillant* . . . . 64 Kersauson.
La *Fine*.	Le *Fendant*. . . . 74 { de Peinier, commandant. de Saint-Félix, capit. de pavillon.
	Le *Flamand* . . . 50 Perrier de Salvert.
	L'*Ajax* . . . . . . 64 Dupas de la Mancelière.

CORPS DE BATAILLE.

	L'*Annibal-Anglais* 50 de Beaulieu.
La *Cléopâtre*,	L'*Argonaute* . . . 74 de Clavières.
	Le *Héros* . . . . . 74 de Moissac.
	L'*Illustre* . . . . . 74 de Bruyères.
de Rosily.	Le *Saint-Michel*. 60 de Beaumont-Lemaître.

ARRIÈRE-GARDE.

	Le *Vengeur*	64 de Cuverville.
	Le *Sévère*	64 de Maureville de Langle.
Le *Cowentry.*	L'*Annibal.*	74 d'Aymar, commandant.
	Le *Hardi*	64 de Kerhué.
	L'*Artésien.*	64 de Vignes d'Arrac.
	La *Consolante* . .	40 de Costebelle.

A 4 heures 1/4, les deux escadres étaient à la portée du fusil, lorsque Suffren, qui se tenait avec la *Cléopâtre* par le travers de son avant-garde, fit arborer, au grand mât de sa frégate, le pavillon mi-partie rouge et blanc, supérieur au pavillon blanc à croix rouge, exprimant l'ordre de commencer le feu. Hughes, de son côté, et au même instant, hissait aux mâts du *Superb* un signal semblable. Aussitôt, un cri de *Vive le Roi!* s'éleva de chaque bord, et à ce cri d'enthousiasme succéda l'explosion des canons.

L'escadre de Hughes, préparée au combat, répondit à la nôtre par un ouragan de fer qui sortit des flancs de ses dix-huit vaisseaux.

Le vaisseau le *Flamand*, lourd et difficile à évoluer, se trouvait au vent de l'armée, qui était en panne, pour se maintenir par le travers de la ligne anglaise, dont chaque vaisseau avait un hunier sur le mât. M. de Salvert laissa arriver vent arrière, en passant entre le *Fendant* et l'*Ajax*, pour se ménager, en revenant au vent, la facilité de reprendre son poste. Cette manœuvre audacieuse, au moment où le feu allait commencer, fut justement admirée : elle porta le *Flamand* presque dans la ligne ennemie. « Pourquoi faut-il, » s'écrie le brave Trublet de la Villejégu, que ce capitaine » ait laissé un autre en recueillir le fruit ? » Et cet autre, c'était lui ! Les volées des deux vaisseaux l'*Exeter* et l'*Inflexible* éclatèrent à la fois contre le *Flamand*, et, sous une pluie de boulets et de mitraille, M. de Salvert perdit la vie. L'équipage français ne se trouble pas devant cette grêle de fer, qui tourbillonne et décime ses braves marins, en le privant de son capitaine ; il a foi dans Trublet, et, en effet, cet habile officier, auquel revient le commandement du vaisseau, reprend son poste en ligne, dirige et encourage les braves qui le secondent. Au *Flamand* reviendra la plus belle page de cette glorieuse action (1).

Au corps de bataille, le *Héros* se trouva encore par le travers du *Superb*. Le Bailli n'est pas à bord, mais le brave de Moissac, ce compagnon fidèle de Suffren, qui a sa confiance intime, commande ce vaisseau. Moissac est tellement animé de la profonde ardeur de son chef, que l'absence des insignes de l'amiral est le seul indice qu'il n'est pas à bord. L'*Illustre*, son loyal matelot de l'arrière, que commande toujours le comte de Bruyères, continue, ainsi qu'au combat du 3 septembre, à mériter les éloges de son général. Le *Héros* et l'*Illustre* tiennent tête au *Superb*, au *Monarca* et au *Burford*. Sur l'avant du *Héros* est l'*Argonaute*, que monte de Clavières. Ce vaisseau, qui a pour antagoniste le *Sultan*, combat également l'*Africa*, aux prises avec le *Petit-Annibal*.

A l'arrière-garde, de Cuverville combat Mackenzie. Leurs vaisseaux, le *Vengeur* et le *Magnanime*, sont de même force, et le courage est égal des deux côtés. Le *Hardi* est assailli successivement par le *Bristol* et le *Montmouth*. Ces vaisseaux, plus éloignés entre eux que ceux qui les précèdent, ne se font point de mal : les Anglais, sous le vent, pointent leurs coups trop haut.

A l'avant-garde, le *Fendant*, de soixante-quatorze, combat le *Gibraltar*, de quatre-vingts. Ce beau vaisseau, enlevé aux Espagnols par l'amiral Rodney, sur Dom Juan Langara, porte le guidon de Bikerton. Le brave Peinier, après avoir foudroyé l'*Inflexible*, était venu prendre corps à corps le com-

---

(1) Voyez à la fin du volume, sous le n° 11 des pièces justificatives, une lettre de l'amiral Villaret-Joyeuse.

modore, que le *Brillant* abandonnait pour l'*Isis*, mieux proportionné à sa force. Le fougueux de Saint-Félix, regrettant son indiscipline, revenu de l'Ile-de-France pour continuer la lutte, servait comme capitaine de pavillon sur le *Fendant*. Du Chilleau, réparant sa conduite à l'affaire du 3, délaisse le vaisseau de Holladay pour placer son *Sphinx*, de soixante-quatre, bord à bord de la *Défense*, de soixante-quatorze. La valeur de son équipage l'élève à la hauteur de son adversaire.

Ce combat, commencé avec courage, se soutient avec gloire, et le pavillon de France, arboré à la poupe de chaque vaisseau, ne s'est jamais déployé avec plus de splendeur.

Suffren parcourt notre ligne de bataille, tenant à la tête du grand mât de la *Cléopâtre* le pavillon mi-partie rouge et blanc, supérieur au pavillon blanc écartelé bleu, signal d'approcher l'ennemi à portée de pistolet.

Lui-même, emporté par son ardeur, approcha tellement le vaisseau le *Héros*, que des boulets ennemis tombèrent à bord de la *Cléopâtre*; l'un d'eux vint couper un cordage à quelques pouces au dessus de l'endroit où sa main l'avait saisi. Le Bailli, privé de son point d'appui, trébuche, et on le croit blessé. Quel moment d'angoisse, quoique de courte durée, pour les hommes valeureux qui l'entourent! Le Bailli, ayant retrouvé son équilibre, se tourne vers le timonnier, et lui ordonne de laisser porter encore : « *Lof*, *Lof*, » commande spontanément le capitaine de Rosily, sous l'impression douloureuse qu'il avait éprouvée.

Suffren, surpris qu'on ose répéter un commandement autre que le sien, regarde avec sévérité M. de Rosily, comme pour lui demander compte d'une pareille audace. « Oh! général, lui dit ce jeune capitaine, avec cet entraînement qu'inspire un dévoûment sincère, voulez-vous donc exposer inutilement votre vie et compromettre la gloire et les intérêts de la France? Le Roi vous a prescrit, par son ordre du 12 avril, de ménager vos jours utiles à la patrie ; voudriez-vous, par impru-

20

dence, assurer le triomphe de l'Angleterre? Ah! du moins
que je ne sois pas responsable envers le pays d'avoir contribué à le priver de ce qu'il lui importe tant de conserver! »
Suffren comprenant la noble fermeté de M. de Rosily, lui
tendit affectueusement la main, et se laissa entraîner au large
de la ligne française, d'où ses signaux furent mieux aperçus. (1) « Mais, convenons-en, à la gloire de tous et d'un
» chacun, dit M. Trublet de la Villejégu, le général n'eut pas
» d'occasion de stimuler l'ardeur de ses vaisseaux; tous com-
» battirent vaillamment, surtout l'avant-garde, qui soutint le
» plus grand effort de l'ennemi. »

Le feu éclate dans la hune d'artimon du *Fendant*, par l'explosion d'un baril de grenades. L'accident arrivé au *Vengeur*,
au combat du 3 septembre, se renouvelait ici, mais n'était
pas, à beaucoup près, aussi sérieux, puisqu'on s'en rendit
maître sans aucun sacrifice. Toutefois, le *Fendant*, obligé de
sortir momentanément de la ligne pour remédier à l'accident
survenu, laissait un grand vide, parce que le *Brillant*, qui le
précédait, ne tenait pas exactement son poste. Le *Gibraltar*
parut vouloir en profiter pour couper notre ligne; mais il
rencontra le *Flamand*, qui avait laissé porter pour couvrir
le *Fendant*, afin d'aider l'équipage de ce vaisseau à éteindre le commencement d'incendie qui le forçait à quitter son
poste. Le *Flamand* donc, auquel était réservé une si belle part
dans ce glorieux combat, sent croître et s'exalter son courage
devant un formidable adversaire. Trublet, l'un de ces braves
officiers bleus que la guerre trouva heureusement disponibles
pour remplir les cadres des états-majors de l'armée où ils

(1) Nous tenons ces détails de M. Dulaurent, de Pondichéry, lieutenant
de vaisseau à bord du *Vengeur*, qu'il quitta le 31 juillet 1783; ils nous
furent confirmés par plusieurs autres personnes. Nous étions nous-même
prisonnier de guerre des Anglais, en 1808, dans cette ville de Pondichéry,
où nous avons connu plusieurs officiers qui avaient servi sous Suffren et
sous Bussy.

apportaient leur expérience, encouragea ses gens, et, à sa voix, les canons de ses batteries tonnèrent contre le *Gibraltar* avec tant de succès, qu'on vit ce vaisseau mettre tout à culer et rentrer avec précipitation dans sa ligne, d'où il ne chercha plus à sortir. (1) Ce fut à ce moment que l'*Ajax*, en s'approchant de l'*Inflexible*, perdit son capitaine Dupas de la Mancelière.

Sous le feu des volées qui grondent toujours, on continue à combattre vaillamment de part et d'autre; mais l'espoir de la victoire inspire des prodiges de valeur à nos matelots, et la lutte qu'ils soutiennent à nombre inégal est héroïque. Le feu de nos vaisseaux se maintient si vif et si bien servi, que de temps en temps l'ennemi se trouve forcé à faire de fortes arrivées pour s'y soustraire. Nos capitaines, que l'intrépide Bailli a enthousiasmés de son dévoûment, ponctuels à exécuter l'ordre exprimé par le signal qui brillait au grand mât de la *Cléopâtre*, répété par le *Cowentry*, laissaient porter sur l'ennemi pliant toujours, et le suivaient en le maintenant à demi-portée de fusil, ainsi que le prescrivait Suffren, dont le courage veillait sur le combat.

La *Consolante*, en queue de l'arrière-garde, observait les mouvements des derniers vaisseaux de la ligne ennemie, afin de les empêcher de nous doubler au vent, ce qu'ils auraient dû essayer, vu leur supériorité numérique; mais aucun, pas même le *Cumberland*, de soixante-quatorze, qui marchait en serre-file, ne chercha à en faire la démonstration.

---

(1) Cette manœuvre du *Gibraltar* avait peut-être pour objet de remplir l'engagement que le capitaine, nouvellement arrivé d'Europe, avait pris d'enlever un de nos vaisseaux au premier combat où il se trouverait. Des prisonniers français nous ont rapporté qu'on s'amusait beaucoup à Madras de cette fanfaronnade, surtout lorsqu'on apprit que le vaisseau rouge (c'est ainsi que les Anglais désignaient le *Flamand*, à cause de sa couleur), avait suffi pour tenir en respect le redoutable *Gibraltar*, et faire passer au capitaine sa fantaisie.   (*Trublet de la Villejégu.*)

Il y avait deux heures et demie que l'on combattait avec la même énergie lorsque la nuit se fit. Elle vint trop tôt, au gré de nos marins, séparer les escadres et leur arracher les fruits de la victoire. Les canons de nos vaisseaux, maîtres du champ de bataille, ne cessaient de tirer sur les vaisseaux anglais, qui battaient en retraite en laissant porter, pour suivre ceux d'entre eux que les dommages qu'ils avaient reçus dans leurs bois, leurs mâtures et leurs agrès, avaient forcés d'arriver vers la fin du combat (1).

Il était entré dans les calculs de l'amiral anglais, affirme M. Trublet de la Villejégu, de ne se laisser approcher et de ne commencer le combat qu'au moment où le soleil serait assez avancé dans sa course pour ne permettre qu'un engagement de peu de durée. Mais, à voir l'énergique ardeur dont nos équipages étaient animés, la manœuvre de l'ennemi, qui pliait sans cesse, ne peut-on pas assurer que cette journée, déjà si glorieuse pour la France, eût complété la grandeur du triomphe de nos armes, en faisant tomber en leur puissance plusieurs des vaisseaux anglais ?

L'amiral anglais montra ses feux durant les premières heures de la nuit ; ensuite il les éteignit. Les trois frégates françaises parcoururent notre escadre, en donnant l'ordre à nos capitaines de se tenir prêts à recommencer le lendemain. M. de Saint-Félix, qui servait comme capitaine de pavillon à bord du *Fendant*, passa au commandement du *Flamand*. Le Bailli jugea que ce brave officier avait dignement réparé ses torts, et lui rendit sa confiance. Les équipages, épuisés de fatigue, étant en branle-bas depuis six jours, travaillèrent néanmoins avec zèle à se réparer. Pendant la nuit, on louvoya pour se maintenir près de Goudelour, afin d'empêcher sir Edward Hughes d'en approcher. Au jour, par la rapidité

(1) Voyez aux pièces officielles, sous le n° 23, un rapport de M. de Rosily.

des courants, qui portaient N., on se trouva sous le vent de Pondichéry. M. de Suffren, crainte d'être drossé davantage, fit mouiller son escadre par neuf brasses, relevant la pointe de *Conjimer*, au N.-N.-E., à 2 lieues 1/2. A midi, le *Cowentry*, en découverte, signala l'escadre anglaise dans le S.-E., c'est-à-dire au vent. La légèreté des vaisseaux anglais, leur grande supériorité de marche sur les nôtres, leur avaient permis de refouler le courant, tandis que nos vieux vaisseaux mailletés avaient été maîtrisés par lui. M. de Suffren attendit vainement l'amiral Hughes, qui, maître d'attaquer, se donna bien garde d'approcher de lui.

Le 22, à 3 heures du matin, l'escadre appareilla à la faveur d'une petite brise et alla jeter l'ancre devant Pondichéry, aux premières heures du jour. A cet instant, on aperçut les Anglais sans ordre, faisant route au N.-N.-O. : l'amiral Hughes s'attendait peu à cette rencontre-là, qui le mettait sous le vent de notre armée.

S'imaginant sans doute en imposer, il tint le vent, quoique son grand mât de hune fût dépassé, et que plusieurs de ses vaisseaux dégréés travaillassent à se réparer. Mais il ne lui fut pas facile de donner le change à Suffren : à peine l'Anglais eut-il annoncé, par sa manœuvre, l'intention de combattre, que le signal d'appareiller brilla au grand mât de la *Cléopâtre*, et successivement ceux de former la ligne de combat et d'arriver sur l'ennemi. La promptitude avec laquelle chaque vaisseau mit sous voiles témoigna de la bonne volonté de chacun d'eux dans l'exécution des ordres donnés.

Mais l'amiral anglais, loin de seconder de bonne grâce le désir que témoignait M. de Suffren, laissa arriver au N. et se couvrit de voiles. Hughes abandonnait l'empire des mers et l'Inde à son infatigable adversaire. Jamais escadre de l'arrogante Angleterre n'avait tant refusé de combats. La supériorité de marche des vaisseaux anglais sur les nôtres fit juger toute poursuite inutile ; en conséquence, l'escadre du

Roi reçut l'ordre de tenir le vent et de faire voile pour Goudelour.

Hughes alla à quelques lieues de là et laissa tomber l'ancre devant Alemparvé. Cet endroit se reconnaît aux ruines d'une ancienne forteresse de la dépendance du *Mogol*, à l'O. de laquelle se trouve une chaudry à l'usage des voyageurs et une aldée habitée par des naturels, la plupart vivant de leur pêche. Plusieurs des vaisseaux anglais avaient un pressant besoin de boucher des voies d'eau considérables, qui, si elles ne compromettaient pas leur sûreté, du moins fatiguaient leurs équipages, exténués de fatigue et décimés par nos boulets et les maladies. Ce ne fut que le 25 que Hughes put atteindre Madras, où il débarqua ses blessés, ses malades et ses scorbutiques.

Quoique l'escadre française n'eût reçu que très-peu de dommages dans sa mâture et dans ses agrès; qu'elle n'eût eu que deux cents hommes tués, y compris MM. Dupas de la Mancelière, capitaine de vaisseau; Perrier de Salvert, lieutenant-commandant; de Robineau, enseigne; Dieu, capitaine de brûlot, auquel on dut la conservation du *Sévère* au combat de Négapatnam; L'Isselée, officier auxiliaire, et Dumoulin, officier d'infanterie, et qu'elle n'eût eu que trois cent quatre-vingt-six hommes blessés, parmi lesquels on comptait MM. de Saint-Félix, capitaine de vaisseau; de Ravenel, lieutenant; de Poyniat, de Bonnevie et de Than, enseignes; Groignard, capitaine de brûlot; de Gouardun, officier auxiliaire; de Villianne, d'Egmont, de Lesquin et Flantin, officiers d'infanterie, le Bailli fut privé, par le défaut de marche de la plupart de ses vaisseaux, de profiter de l'état de détresse où se trouvaient réduits plusieurs vaisseaux anglais (1).

Outre la difficulté que la supériorité de marche de l'escadre, ayant tous ses bâtiments doublés en cuivre, lui aurait fait

_____

(1) Nous subissions encore ici les conséquences de l'imprévoyance qui avait présidé au choix des vaisseaux destinés pour l'Inde.

éprouver à les joindre, il avait encore à craindre de ne pouvoir revenir qu'avec beaucoup de peine au S., s'il tombait trop dans le N. D'un autre côté, le retour de l'escadre victorieuse devant Goudelour ne pouvait qu'encourager les troupes qui s'y étaient renfermées, et décourager les assaillants. Ces motifs réunis le déterminèrent à cesser de poursuivre l'amiral anglais et à se diriger en toute hâte sur la place assiégée, et il y mouilla le 23 après midi.

Aussitôt que nos vaisseaux furent ancrés, Suffren se disposa à descendre à terre, afin de s'entretenir avec M. de Bussy. L'apparition de notre escadre, qui attestait la retraite de Hughes, parut comme un prodige. La joie, l'ivresse gagnent tous les cœurs. Nos soldats ne pouvaient se lasser de contempler le pavillon de la France, auquel le dernier succès de nos marins donnait tant d'éclat. Tous ces braves militaires oublient qu'une armée ennemie est rangée sous les murs de la place et qu'elle peut être attaquée. Ils courent donc au rivage, où ils s'impatientent de ne pas voir M. de Suffren arriver. Il paraît enfin ! Les acclamations, les transports de la joie la plus expressive l'accueillent, et la brise du large porte jusqu'au camp des ennemis cet hommage, que des cœurs reconnaissants rendaient à ses vertus héroïques.

A peine les vagues ont-elles déposé la chelingue sur la plage, que les soldats veulent ravir aux *béras* (1) l'honneur de porter le palanquin envoyé au débarcadère pour transporter M. de Suffren jusque dans Goudelour ; le Bailli s'y oppose. Les *béras* enlèvent le palanquin, que suit dans sa marche une foule compacte, laissant échapper des transports d'allégresse, douce récompense de sa persévérante valeur, qui dut le dédommager de toutes les contrariétés qu'il avait essuyées. Le cortége s'arrêta sur la place où M. de Suffren

_____

(1) *Béras* ou *boués*, nom qu'on donne aux hommes qui portent les palanquins.

fut déposé; M. de Bussy, qui l'y attendait au milieu de son état-major, prit M. de Suffren par la main, et, en le présentant aux officiers de l'armée qui l'entouraient, dit : « Messieurs, *voilà notre sauveur.* »

M. de Suffren, préoccupé des moyens de faire lever le siége au général Stuart, dont l'armée, par l'éloignement des transports, manquait de vivres et de munitions de guerre, propose, en remettant à terre les renforts qu'on lui avait fournis, d'y joindre un corps composé de matelots et de soldats des garnisons des vaisseaux, commandé par des officiers de la marine. Ce secours fut accepté; mais on n'en devait faire aucun usage, tant était grande l'inertie du chef.

Suffren envoie ses ordres à bord des vaisseaux. On ne peut se former une juste idée de l'empressement des braves marins à se faire inscrire sur les listes ; on eût dit qu'ils briguaient l'avantage d'assister à une fête ; et chacun prit les meilleurs de leurs vêtements que les balles et la mitraille avaient respectés. Le 24 au matin, avant le jour, le débarquement se fit. Mais, au lieu de profiter de ce premier moment d'enthousiasme pour tomber en masse sur l'armée anglaise, découragée par la retraite de sir Edward Hughes et par les privations auxquelles elle était réduite, on resta dans une apathie sans exemple. On voyait les Anglais occupés à élever des retranchements ; à peine tirait-on quelques coups de canon pour arrêter leurs travaux. Le général Bussy s'en rapportait aux espions qu'il croyait avoir (1), et il ignora toujours complètement ce que faisaient les ennemis.

Suffren, l'homme de la guerre offensive, ouvrit différents

---

(1) Doit-on s'étonner d'avoir toujours été si mal servi par ces hommes, dont la faible paie s'élevait à 8 roupies par mois (20 fr.) ? N'aurait-on pas dû s'y attendre, avec une si honteuse parcimonie, qui contrastait d'une manière si frappante avec la prodigalité du gouvernement anglais pour tous les traîtres qui servent les intérêts de sa nation ?

avis; mais on avait toujours quelque chose à y opposer : le chapitre des inconvénients ne finissait jamais. Homme d'action plutôt qu'orateur, il se fatigua bientôt de ces éternelles plaidoiries, qui remplissaient la durée de ces conférences, où tout vint lui révéler la faiblesse et l'ineptie de celui qui les présidait (1). Dégoûté de ce qu'il voyait, il se retira à bord de son escadre, en demandant si on prétendait qu'il allât avec ses vaisseaux forcer le camp ennemi.

Sir James Stuart, déconcerté par la présence de notre escadre, restait dans l'inaction; on eût dit qu'il existait une suspension d'armes entre les Français et les Anglais, si quelques coups de canon, tirés de loin en loin, ne fussent venus rappeler que les hostilités duraient toujours.

Le résultat de toutes les délibérations de M. de Bussy et de son conseil fut d'ordonner une sortie le 25, avant le jour. Le commandant du bataillon d'Aquitaine, ce même officier qui, n'exécutant pas l'ordre du comte d'Offelize au combat du 13, laissa l'ennemi s'emparer de nos retranchements, fut précisément choisi pour commander la sortie à la tête de son bataillon. Cet officier supérieur fit battre les braves qui lui étaient confiés avec perte de vingt hommes tués et quatre-vingts faits prisonniers; lui-même se rendit aux Anglais, en laissant planer sur sa conduite des soupçons encore plus défavorables à son honneur qu'à son intelligence.

M. de Suffren avait résolu de ne plus descendre à terre qu'à la tête de ses équipages; il attendait pour cela que le général Stuart se portât à une attaque vive contre la place; mais rien n'annonçait cet événement, sinon comme vraisemblable, du moins comme prochain, puisqu'il manquait de vivres et de munitions. Cependant, d'après différents avis, le Bailli, que cet état d'inaction révoltait, essaya d'embosser

(2) M. de Bussy était, à cette même époque, nommé grand'croix de l'ordre de Saint-Louis !

des bâtiments d'un faible tirant d'eau devant le camp anglais et d'y établir des batteries sur des chaloupes ; mais le terrain abritait trop les ennemis et il renonça à les canonner. Il se résigna donc à attendre à bord de son *Héros* le dénouement qui devait résulter de cette force d'inertie employée par chacun des généraux, également embarrassés de leur rôle dans la position difficile où ils se trouvaient placés l'un et l'autre : la paix vint à propos mettre un terme à leur perplexité.

CHAPITRE IX.

Lettre de l'amiral Hughes. — Suffren accepte ses propositions. — Bussy rejette celles du conseil de Madras. — Obstination des deux généraux, Stuart et Bussy. — Ils se canonnent durant plusieurs jours. — Bussy se rend enfin à l'évidence. — La *Salamandre* appareille pour Madras avec des commissaires français. — Arrivée de la *Surveillante*. — Suffren est rappelé. — Cinq vaisseaux restent sous le commandement du brave Peinier. — L'escadre se rend à Trinquemalay se réparer. — Suffren apprend son élévation au grade de lieutenant-général. — Le 5 octobre, les vaisseaux appareillent les uns pour le Cap, les autres pour l'Ile-de-France. — Succès de Tippou. — Il est oublié dans le traité de paix de Versailles. — On lui retire le régiment de l'Ile-de-France. — Faute commise par le ministre. — Tippou fait la paix avec les Anglais. — Puissance de la Grande-Bretagne en Asie. — Réunion des vaisseaux français à Table-Bay. — Fêtes données au Bailli. — Arrivée de l'escadre anglaise et du commodore King. — Perte de l'*Exeter*. — Secours envoyés par Suffren. — Avant son départ, le Bailli versé 22,000 piastres dans la caisse du payeur des troupes françaises. — Départ de l'armée au bruit des salves des canons des forts. — Séparation des vaisseaux par la latitude de Madère. — Suffren donne avec le *Héros* et le *Hardi* dans le détroit. — Le tonnerre tombe à bord du *Héros*. — Arrivée de Suffren à Toulon. — Il se rend à Paris. — Sa réception par le Roi et la famille royale. — Le Bailli est nommé vice-amiral. — S. M. tient un chapitre extraordinaire de l'ordre du Saint-Esprit et nomme Suffren chevalier de l'ordre. — Le peuple témoigne au Bailli son admiration dans tous les lieux publics où il le trouve. — Le vice-amiral part pour la Provence. — Les Etats de cette province lui remettent une médaille à son effigie. — Malte le nomme son ambassadeur. — Le Roi fait faire des tableaux représentant les batailles du Bailli. — Difficultés qui s'élèvent entre la France et l'Angleterre. — Suffren est nommé au commandement de l'escadre de Brest. — Le Roi laisse au vice-amiral le choix des capitaines. — Suffren travaille avec le ministre. — Son duel avec le prince de Mirepoix. — Sa mort. — Ses obsèques en l'église Sainte-Marie-du-Temple.

La victoire de Suffren nous avait rendu l'empire de la mer; l'immobilité de Bussy, qui se refusait de tomber avec nos marins sur l'armée ennemie, nous empêchait de ressaisir la puissance militaire dans le Carnate. Cependant le malaise augmentait de jour en jour parmi les Anglais, privés de l'assistance de leur convoi, et par la difficulté de se procurer des vivres de l'intérieur. Sageste-Saëb battant le pays avec sa cavalerie, interceptait toutes les issues du camp.

Le Bailli se désolait de rester ainsi dans l'inaction devant Goudelour, lui dont le zèle, le patriotisme et l'activité surent si bien profiter des circonstances et suppléer à tout ce qui lui avait manqué ; mais son génie était paralysé par l'inertie de son chef, et nos intérêts compromis devaient subir encore ici les fautes du ministère. Bussy, nommé lieutenant-général, commandait les forces de terre et de mer, et Suffren était sous ses ordres.

Pour sortir de sa position, le Bailli comptait sur l'arrivée des renforts importants qu'on lui amenait. Son intention était d'agir d'après ses inspirations, si M. de Bussy ne prenait aucune détermination. En effet, il venait d'apprendre que six des huit vaisseaux partis du Texel en juillet 1782, portant la légion de Luxembourg, étaient arrivés en avril à l'Ile-de-France, et que de là, malgré leur lenteur et leur hésitation à prendre part à la lutte, ce qui se voyait par leur longue station sur la rade du Cap de Bonne-Espérance, ils se préparaient à faire voile pour Ceylan. Suffren avait également reçu la nouvelle officielle que le *Fier*, de cinquante, et la frégate l'*Hermione*, avaient mouillé, le 8 février, sur rade de Table-Bay avec leur convoi, amenant la légion de *Meuron*, quelques compagnies franches engagées au service de la compagnie hollandaise des Indes, et des détachements pour notre armée de Goudelour ; et, comme ces navires devaient continuer leur route en mars, ils ne pouvaient tarder à le rejoindre, quoiqu'ils eussent à faire une seconde relâche à l'Ile-de-France. Durant cette guerre, le Cap et le Port-Louis furent des étapes que nos flottes ne dépassaient jamais sans s'y arrêter démesurément (1).

Les projets de conquêtes conçus à Achem par Suffren, et renvoyés à un temps plus prospère, pouvaient donc aujourd'hui, grâce à sa victoire navale, s'accomplir facilement avec les secours attendus d'un instant à l'autre. Les succès inouïs de notre allié Tippou-Saëb à la côte de Malabar,

(1) Ce qui provenait de leur mauvais état de navigabilité.

étaient un heureux présage pour la réalisation des nôtres dans le Carnate.

Pendant que le Bailli se livrait à l'espoir de rendre d'immenses services à son pays, en donnant bientôt une fin glorieuse à la guerre dans l'Inde, la frégate anglaise la *Médée*, portant pavillon parlementaire, fut aperçue le 29 juin au soir, à toute vue au nord ; cette frégate paraissait se diriger sur notre mouillage. M. de Suffren détacha aussitôt le *Saint-Michel* pour aller la reconnaître et l'escorter au milieu de l'escadre. Ces deux bâtiments de grande marche ayant pu laisser tomber l'ancre de nuit en rade, le capitaine Goiverd s'empressa de remettre au Bailli les paquets dont il était porteur, ainsi que la lettre suivante qui les accompagnait :

« *Edoward Hughes, amiral de l'escadre de Sa Majesté Britannique, à M. le bailli de Suffren, chevalier grand'croix de l'ordre de Saint-Jean-de-Jérusalem, amiral et commandant les forces navales de S. M. très-chrétienne dans les Indes.*

» Madras, le 25 juin 1783.

» Monsieur, à mon arrivée dans cette rade avec l'escadre de S. M. Britannique, qui est sous mes ordres, j'ai reçu des instructions authentiques par lesquelles il me paraît certain que les articles préliminaires de la paix entre la Grande-Bretagne, la France et l'Espagne, ainsi qu'avec les Américains, ont été signés par les ministres plénipotentiaires à Versailles, le 20 janvier, et ratifiés en France le 9 février suivant. Je prends donc la liberté de vous adresser cet avis, qui doit nous porter à faire cesser toute hostilité entre les sujets de la Grande-Bretagne et de la France, à commencer au 9 juillet. Je suis persuadé que Votre Excellence rendra justice à mon caractère d'officier qui a toujours conservé dans son cœur les principes d'humanité, et qui vous manifeste sa résolution actuelle. En conséquence, il ne me reste qu'à prier Votre Excellence, après avoir réfléchi sur mon paquet, de me mander franchement, et le plus tôt possible, si elle veut continuer de dévaster ces mers ; sur quoi j'attends une réponse claire et décisive.

» Le sieur Goiverd, capitaine de la *Médée*, frégate de S. M. Britannique, aura l'honneur de vous remettre mon paquet, sous l'auspice du pavillon de vérité ; en cas qu'il ne vous rencontre pas, il est chargé de le remettre à M. le marquis de Bussy, pour vous le faire tenir, parce qu'il est de notre devoir, comme officiers de nos souverains respectifs, de faire cesser toute hostilité. J'espère trouver un ami dans Votre Excellence, et j'ai l'honneur d'être, avec le plus profond respect, Monsieur, votre très-humble et très-obéissant serviteur,

» *Signé* E. HUGHES. »

Le lord Macartenay et sir Edward Hughes ayant reçu de Bassora, par M. Wraxall, la nouvelle de la signature des préliminaires de paix, proposaient à MM. de Bussy et Suffren, quoique cette nouvelle ne vînt pas officiellement du gouvernement, de cesser les hostilités. Déjà des officiers anglais faits prisonniers par la brigade d'Austrasie à l'attaque des retranchements de Goudelour, à l'affaire du 13, avaient avoué que le bruit public à Madras était que les préliminaires de la paix devaient être signés en Europe depuis plusieurs mois. Ces militaires témoignaient hautement leur mécontentement de ce que le gouvernement de la Présidence les exposait à des périls lorsqu'il pouvait présumer que les hostilités avaient cessé entre les nations belligérantes. Mais le Conseil de Madras, ayant appris par ses espions l'état de détresse de notre armée sous un chef apathique et malade, et se confiant dans la supériorité numérique de leur escadre, se donna garde de s'arrêter à une nouvelle que les lois de l'humanité exigeaient cependant de prendre en considération. Lord Macartenay et

son conseil étaient dominés par l'espoir de clore la guerre en
humiliant nos armes ; la facile conquête du seul refuge de
notre armée de terre leur en offrait l'occasion, en même temps
que la puissante escadre de Hughes dissiperait ou s'empare-
rait de nos vaisseaux.

Le génie de Suffren, la bravoure et le dévoûment de nos
marins déconcertèrent ces perfides espérances ; les résultats
de la lutte tournèrent à la confusion de ceux qui l'avaient provoquée, et restèrent pour le Bailli les titres les plus beaux de
la gloire qu'il a acquise dans cette immortelle campagne.

Quoi qu'il en fût du tardif envoi de leur message, le gouverneur de Madras et l'amiral anglais demandaient qu'en conséquence des avis certains venus par la caravane à Bassora,
qui annonçaient que la paix était rétablie en Europe, on ces-
sât, de part et d'autre, de répandre le sang en Asie.

Le Bailli de Suffren, dont l'âme grande et généreuse gé-
missait sans doute de ne devoir ses victoires qu'aux dépens
de l'humanité, acquiesça, pour ce qui le regardait, aux propositions de l'amiral Hughes, et consentit à une suspension
d'armes jusqu'à l'arrivée de nouvelles officielles.

Un bateau parcourut l'escadre en annonçant à chaque bord
la nouvelle qu'avait apportée la *Médée*. Le silence de la nuit
fut interrompu par des cris de joie que le dernier souffle de
la brise du large apporta à nos soldats, qu'un étroit blocus
tenait renfermés dans l'enceinte sablonneuse et dénudée de
Goudelour. Chacun de nos marins se rendormit, bercé par
l'espoir de revoir bientôt la patrie, les foyers et les objets de
ses affections : toutefois, ce moment d'enthousiasme cessa au
réveil ; la pensée était revenue à ces braves gens que la paix
leur ravissait un triomphe assuré.

Le 30 au matin, M. de Suffren descendit à terre accompagné des envoyés anglais, et les présenta à M. de Bussy, auquel il appartenait, en sa qualité de généralissime, de prononcer sur de si grands intérêts.

Les propositions du gouvernement de Madras furent long-
temps l'objet de ces interminables discussions qui avaient si
fort dégoûté Suffren quelques jours auparavant. Ces propositions raisonnables, que l'humanité imposait, acceptées sans
aucune difficulté, par le Bailli pour l'escadre, et qui étaient un
événement plus heureux pour le Marquis que pour tout autre,
vu son état d'apathie et de langueur, restèrent sans réponses
positives de sa part. Cette indécision fit dire de lui qu'il ne
savait faire ni la paix ni la guerre.

Les négociateurs anglais se portèrent sur le camp de
James Stuart; mais ce général, qui attendait des secours de
l'armée du Midi, feignant de méconnaître leur caractère et leur
mission, refusa d'accéder aux propositions dont ils étaient
porteurs, quoiqu'elles émanassent du gouverneur de Madras en
conseil, sous les ordres duquel il se trouvait. Cette conduite
étrange de la part de cet officier-général lui valut plus tard les
arrêts, dont le punit lord Macartenay. (1) En attendant que les
deux généraux comprissent le devoir de leur position, Suffren
regagna son *Héros* avec les envoyés de la présidence, laissant
M. de Bussy et sir James terminer, quand et comme ils vou-
lurent, cette scène ridicule, qui n'avait aucun but et qui n'inspirait aucun intérêt. De la rade on entendait, de distance en
distance, quelques coups de canon; les deux généraux anta-
gonistes se signalaient de la sorte leur état d'hostilité. Heu-

(1) Le général Stuart, passé en Angleterre, attendit l'arrivée de lord
Macartenay pour lui demander raison de l'avoir mis aux arrêts pendant
qu'il commandait Madras. Le 8 juin au matin, de l'année 1786, le duel
eut lieu près de Kinsington; le colonel Fularton accompagnait lord Macartenay, le colonel Gordon, le général Stuart. Les deux champions se
battirent à la distance de douze pas. Le lord Macartenay fut blessé à
l'épaule, et les témoins firent cesser le combat. MM. Hunter et Home,
chirurgiens, aidés des témoins, le déshabillèrent et le reconduisirent chez
lui en voiture. L'état de lord Macartenay s'améliora, et il revint à la
santé.   *(Gazette de Londres.)*

reusement que cette prolongation de la guerre ne coûta à l'humanité ni larmes ni sang.

Enfin le 2 juillet, Bussy, mieux inspiré, souscrivit aux propositions acceptées depuis quatre jours par Suffren, et la *Médée* repartit immédiatement pour Madras avec M. de Launay, commissaire de l'armée de Goudelour ; la corvette la *Salamandre* fut expédiée à la présidence par le Bailli, avec M. de Moissac, major de l'escadre, pour convenir des arrangements relatifs à la paix. Toutefois, la communication entre les troupes et le camp resta interdite, quoiqu'on se fût rendu réciproquement les prisonniers faits ; chaque vaisseau reprit le détachement qu'il avait à fournir à l'armée de terre. Au bout de quelques jours, l'armée anglaise décampa, pour se retirer dans différentes places sous la domination de la Compagnie. Quant à celle de M. de Bussy, elle reprit le cantonnement de Mangicoupan.

Suffren fit partir l'escadre pour Trinquemalay, où venait d'arriver un convoi avec des vivres et des munitions de guerre, afin qu'elle pût s'y approvisionner avant de quitter l'Inde. La saison s'avançait, et les dépêches officielles du ministre n'arrivaient pas ; le Bailli restait à la côte avec son *Héros*, pressant M. de Bussy, rentré en possession de Pondichéry, de prendre un parti sur la destination ultérieure des vaisseaux dont la présence devenait inutile et onéreuse.

Il désespérait d'obtenir de ce chef indolent et irrésolu une décision, lorsque, le 25 juillet, la frégate la *Surveillante*, illustrée par Ducouëdic, dans son mémorable combat contre le *Québec*, vint faire cesser son embarras, en apportant aux deux généraux les dépêches du marquis de Castries : Suffren était rappelé en France, avec la plupart de ses vaisseaux victorieux. En conséquence des ordres du ministre, le *Fendant*, le *Brillant*, l'*Annibal-Anglais*, l'*Argonaute* et le *Saint-Michel* furent les vaisseaux qu'on opposa avec deux frégates, sous le commandement du brave de Peinier, à un pareil nombre de vaisseaux anglais qui avaient eu ordre de rester dans les mers de l'Inde.

L'*Ajax*, l'*Illustre*, l'*Annibal* et le *Hardi*, devaient se rendre en droite ligne de Trinquemalay au Cap de Bonne-Espérance, et y attendre le Bailli. Le *Sphinx*, le *Flamand*, le *Héros*, le *Vengeur*, le *Sévère* et l'*Artésien* furent désignés pour faire escale à l'Ile-de-France. Toutefois, Suffren, qui, après s'être entendu avec M. de Bussy, était allé rejoindre son escadre à Ceylan, ne vida le port de Trinquemalay, avec ses vaisseaux remis en état, que le 5 octobre. Le 14 septembre, il avait renvoyé la frégate l'*Hermione*, arrivée après la paix, et avait remis le duplicata de ses dépêches au chevalier du Péron, son capitaine (1).

On venait donc de passer du tumulte de la guerre au repos de la paix; quoique ce passage soit doux en théorie, ce fut une faute commise par le cabinet de Versailles, que de l'avoir ainsi brusqué. Ce calme, qui survint tout-à-coup au milieu des préoccupations et des dangers d'une guerre active qui durait depuis cinq ans, causa plus de surprise que de jouissance; la nation comprit que cette paix n'avait pas la solution qu'elle devait avoir, bien que l'indépendance de l'Amérique eût été reconnue : en continuant la guerre, il lui paraissait qu'on obtiendrait davantage. Les ouvertures faites et les dispositions pacifiques dans lesquelles se maintinrent les ministres anglais, après avoir connu la victoire de Rodney, le 21 de ce même mois, disaient assez que l'Angleterre craignait, pour son avenir, les éventualités d'une prolongation de guerre maritime; elle redoutait une prolongation de lutte entre ses vaisseaux et les flottes réunies de la France, de l'Espagne et de la Hollande; car cette dernière puissance, jusqu'alors frappée d'inertie et de mauvais vouloir, se disposait enfin, quoique avec lenteur, à prendre part à la guerre.

(1) Voyez cette pièce officielle, sous le n° 25.

Le cabinet de Saint-James, qui voyait l'Amérique lui échappe, voulant conjurer le péril de sa situation, qui ne pouvait qu'augmenter par les victoires de Suffren dans l'Inde, s'était adressé à la cour de Versailles vers le commencement de mai; il voulait la paix et la demandait pour l'Angleterre : était-ce le moment de l'accorder ?

Si la paix est un don du ciel, encore faut-il qu'elle soit faite à propos et avec discernement; mais il était dit que tout, dans cette guerre, même son dénouement, viendrait témoigner que nos hommes d'État ne possédaient point la grandeur de vues, la virilité d'action, en un mot les qualités voulues pour diriger les intérêts d'une grande nation. Nos ministres ne comprirent pas que, si la lutte engagée entre l'Angleterre d'un côté, nous et nos alliés de l'autre, était onéreuse à la France, elle épuisait bien autrement en hommes, en vaisseaux et surtout en argent, cette nation isolée de toute autre, et l'exposait à des périls imminents (1). Cependant les lamentations des négociants de la cité de Londres; les regrets touchants que George III exprimait à son Parlement sur la situation du pays, ses vœux de voir cesser les calamités d'une guerre *compliquée*, dont la durée affectait son cœur; les taxes multipliées sous lesquelles les frais de la guerre faisaient gémir le peuple anglais, parlaient assez haut de la détresse de nos ennemis. Nos ministres, pressés d'en finir, bouchèrent leurs oreilles et fermèrent les yeux; indifférents aux destinées de l'Inde, ils se tinrent pour satisfaits des propositions qui leur furent faites, parce qu'elles nous donnaient rigoureusement, malgré nos fautes, ce qui nous revenait, et à nos alliés ce qu'ils avaient droit de prétendre.

Mais si nous envisageons cet événement sous son véritable jour, et dans ses résultats immenses à l'égard de la puis-

---

(1) Voyez, à la fin de cet ouvrage, le tableau que nous avons donné des vaisseaux pris ou perdus par chacune des nations belligérantes.

sance de la Grande-Bretagne, qu'il consolidait au lieu de l'affaiblir, nous dirons, avec une conviction puisée dans les faits, que cette paix, conclue sitôt, fut une grande faute. Cette paix arrêta Suffren et notre allié Tippou-Saëb dans le cours de leurs victoires ; elle assura l'empire de l'Inde aux Anglais, et priva la France des avantages qu'elle devait recueillir de leur défaite. Un cabinet plus intelligent, qui eût eu l'œil ouvert sur le gouvernement britannique, eût dû apercevoir son embarras et continuer la guerre ; mais le nôtre suivit un système tout opposé, puisqu'à la première sollicitation qui lui en fut faite, il se prépara à remettre l'épée dans le fourreau ; et, pour accélérer cet instant, il envoya le 5 de septembre, le secrétaire du Conseil d'Etat, Gérard de Reyneval, à Londres, afin de s'assurer plus positivement des dispositions avouées par les ministres de la Grande-Bretagne. Alors les négociations furent conduites avec une telle activité, qu'en moins de trois mois les puissances belligérantes commencèrent à en ressentir les effets.

Les commissaires anglais et américains arrêtèrent et signèrent à Paris, le 30 novembre, neuf articles qui constituaient le traité de paix entre les deux Etats, mais qui ne devait être conclu que lorsque la France et l'Angleterre seraient convenues des termes de la paix. Une telle réserve était un acheminement vers une paix générale : aussi les préliminaires en furent-ils signés à Versailles, le 20 janvier 1783 (1). Entre autres conditions, la Grande-Bretagne restituait à la France tous les établissements qui lui appartenaient au Bengale, sur les côtes d'Orixa, Coromandel et Malabar, et assurait, pour les sujets français, un commerce sûr, libre et indépendant, tel que le faisait l'ancienne *Compagnie des Indes-Orientales*, soit qu'ils le fissent individuellement ou en corps de Compagnie, etc. Pour l'Espagne, non

(1) Voyez cette pièce, sous le n° 20 des notes, à la fin du volume.

seulement elle resta en possession de l'île de Minorque et de la Floride-Occidentale, mais elle obtint encore la cession de la Floride-Orientale. — A ces conditions, il fut convenu, entre les puissances belligérantes, que toutes les autres conquêtes qu'elles avaient respectivement faites seraient restituées de part et d'autre.

Le jour auquel la France et ses alliés l'Espagne et les États-Unis signaient les préliminaires de paix, les États-Généraux, sous la protection de la France, convenaient d'un armistice avec l'Angleterre. Les difficultés qui arrêtaient la signature du traité entre la Hollande et la Grande-Bretagne, provenaient de la cession de Négapatnam et de ses dépendances, qu'exigeait le cabinet de Saint-James, ainsi que la liberté de la navigation pour les sujets britanniques dans les mers orientales de l'Inde. Ces difficultés firent reculer jusqu'au 3 septembre la signature du traité définitif entre les autres puissances. Ce n'avait été que la veille, le 2 septembre, que les États-Généraux étaient rentrés, par un traité de paix (1), en possession des îles et postes, qu'ils avaient perdus aux Indes-Orientales et Occidentales; mais ils n'avaient pu se dispenser de souscrire aux exigences de l'Angleterre. La Hollande recueillait en cela les fruits de son mauvais vouloir à nous seconder dans une guerre où elle se trouvait si fortement intéressée.

Voici ce que le baron Derk-Van-der-Capellen, seigneur du Pol, dit aux États-d'Over-Issel, assemblés le 20 septembre, au sujet du traité du 2, qui mécontentait la nation batave.

» C'est à la France à qui nous devons tout ce que nous
» avons encore conservé. Lorsque la guerre commença,
» nous avions quelques vaisseaux équipés; l'on en construi-
» sit d'autres. Enfin nous eûmes une marine qui n'était pas
» à mépriser. *Nous n'avons pas sçu tirer parti de l'heureuse*

(1) Voyez aux notes à la fin du volume la pièce sous le n° 21.

» occasion que la Providence nous offrit, en joignant nos
» forces inférieures à celles de nos alliés, contre notre ennemi
» harassé, épuisé, et déjà sur les dents. Nous serions aujour-
» d'hui membres d'une confédération puissante et victo-
» rieuse ; nous figurerions comme confédérés dans les né-
» gociations de paix, là où nous n'avons paru que comme les
» protégés de la France. Mais à quoi employâmes-nous nos
» vaisseaux ? Quel dommage avons-nous porté à notre enne-
» mi ? Quels services avons-nous rendus à nos amis ? » Mais
le mal était irréparable ; il fallut que la Hollande subît les
conséquences de la conduite inexplicable du Stathouder à la
Haye, du baron de Plettemberg au Cap de Bonne-Espérance
et de la régence de Batavia aux Indes : conduite à laquelle le
baron Van-der-Capellen faisait allusion. En effet, les Etats-
Généraux, sur la demande de la France, avaient arrêté d'envoyer dix vaisseaux de guerre à Brest pour se réunir à ceux
que nous y avions en armement ; de là, profitant de l'absence des forces britanniques employées sous le commandement de Howe, au ravitaillement de Gibraltar, l'armée Gallo-
Batave devait aller à la rencontre d'un nombreux convoi anglais, attendu de la Jamaïque. Qu'avait fait le Stathouder ? Il
s'y était refusé, parce qu'il favorisait en secret l'Angleterre (1);
il donnait pour prétexte que les capitaines avaient déclaré que
leurs vaisseaux étaient en mauvais état et qu'ils manquaient
de vivres, de cordages et de voiles de rechange. Cependant,

(1) En 1784, sir James Harris fut nommé ambassadeur à la Haye, afin
de détruire les sentiments malveillants que la République nourrissait encore contre l'Angleterre, à cause des dures leçons qu'elle en avait reçues
durant la dernière guerre, et de faire recouvrer au parti anglais, *identifié
avec le Stathouder*, l'ascendant que les patriotes et la faction française lui
avaient enlevé.

Le prince d'Orange, qui n'était pas animé par l'esprit du peuple, con-
templait avec insensibilité les malheurs de la République.

(*Notice historique sur James Harris, publiée par son petit-fils.*)

ce concours de nos alliés, les Etats-Généraux, était urgent, vu que quelques mois auparavant, l'Espagne ayant fait un semblable appel à la France, pour attaquer Gibraltar, une forte division navale, sous le pavillon de M. de Guichen, avait quitté Brest, et les forces que nous y avions rassemblées, s'en trouvaient considérablement diminuées.

Le baron de Plettenberg, qui avait dû son salut au zèle et au dévoûment de Suffren, gardait sur les rades du Cap les vaisseaux hollandais chargés de troupes, au lieu de les expédier à leur destination. La régence de Batavia, malgré ses 8,500 hommes de milices et quelques auxiliaires fournis par ses alliés, les princes malais, avait mis une obstination impardonnable à conserver sans emploi, sur l'ancrage de la capitale Javanaise, les sept vaisseaux de l'amiral Schryver, plutôt que de les envoyer se réunir à ceux de Suffren, et assurer, par leur formidable assistance, un triomphe complet, qui amenait indubitablement la ruine de l'Angleterre dans cette partie du monde.

Quoiqu'il en fût, il n'en est pas moins positif que, malgré le manque d'énergie et de bon vouloir chez nos alliés bataves ; malgré la mauvaise direction que nos ministres donnèrent à la guerre qu'ils conduisirent mollement, jamais la puissance britannique, au moment où la nouvelle de la paix parvint dans l'Inde, n'y avait couru plus de danger. En effet, l'amiral Hughes, ancré à Madras, à trente-quatre lieues sous le vent, avec des vaisseaux délabrés, des équipages incomplets et malades, ne pouvait de long-temps reprendre la mer. Suffren, au contraire, avec son escadre victorieuse, était devant Goudelour, n'attendant qu'un signal de Bussy pour réunir ses équipages à nos soldats, et tomber ensemble sur les Anglais, terrifiés par la défaite de leur flotte et la présence de la nôtre. A terre, l'armée de Stuart n'osait sortir du camp fortifié qu'elle occupait au sud de Goudelour, crainte d'être harcelée dans sa retraite par la cavalerie de

Sageste-Saëb, tandis que nos bataillons la poussaient de front. Aussi le général anglais appella-t-il à son secours le colonel Lang, avec une division de l'armée méridionale ; mais craignant l'insuffisance de ce renfort, il donna l'ordre au colonel Fullarton, qui commandait cette armée, opérant dans le pays de Coimbature, de rebrousser chemin en toute hâte vers Goudelour, afin de l'aider à sortir de la position difficile dans laquelle le mettait la retraite de l'escadre de Hughes et la dispersion du convoi. A la côte de Malabar, les affaires de la Compagnie avaient pris une tournure plus mauvaise encore ; Tippou, à la tête de son armée, secondé par M. de Cossigny et les braves qu'il commandait, assisté en outre par le corps d'élite du partisan de Lallée, avait recouvré ses provinces, battu et détruit l'armée anglaise qui les avait conquises : encore quelques jours sans être arrêté dans ses succès, il repassait les Gates et revenait nous aider à chasser les Anglais de la côte de Coromandel.

Les vaisseaux armés de la Compagnie hollandaise, arrivés à Ceylan avec la légion de Luxembourg, allaient entrer en ligne, et faire pencher de tout leur poids la balance en notre faveur.

A l'Ile-de-France, le *Fier* et l'*Hermione* étaient en relâche avec leur convoi. La légion suisse de Meuron, les compagnies franches et les détachements de recrues qu'ils amenaient pour nos bataillons, assuraient à notre armée de terre une puissance qui ne s'était jamais vue en ces lointaines contrées, et l'équilibre des forces se rompait enfin à notre avantage.

Au Cap de Bonne-Espérance, quatre vaisseaux de guerre hollandais, nouvellement arrivés, et deux frégates (1), se

(1) Ces vaisseaux étaient le *Wassenaër*, de soixante, l'*Utrecht*, de soixante, le *Goes*, de cinquante-quatre, et la *Princesse-Louise*, de cinquante-quatre. Les frégates étaient le *Brunswich* et le *Jason*, qui revenaient de Surinam.

disposaient à faire voile pour nous rallier. Ainsi, de tous les côtés, quoique tardivement, l'orage s'amoncelait sur l'Asie, pour y renverser la puissance britannique. Mais de Vergennes, chef du cabinet, en se rendant trop vite aux désirs de paix exprimés par Rockingham, Richemond et Fox, secrétaire-d'État aux affaires étrangères, qui jugeaient en profonds politiques la situation critique de leur pays, fit perdre à la France l'occasion unique qui se présentait d'écraser l'arrogante Angleterre (1).

Parvenus à l'époque du traité de paix, et avant de rejoindre le Bailli de Suffren, faisant voile pour la France, qu'il nous soit permis de parler sommairement des victoires du sultan Tippou, et du changement qu'apporta le traité de Versailles aux opérations de notre allié. Dans la lutte diplomatique qui précéda le traité, nos ministres, complètement battus là où ils devaient être victorieux, ne stipulèrent rien en faveur du fils de notre fidèle ami Hayder-Aly. Au contraire, l'art. 16 du traité lui était défavorable, en ce que nous consentions à l'abandonner à la merci de l'Angleterre, s'il ne subissait les conditions de paix qu'elle lui imposerait.

(1) Le gouvernement français a encore à se reprocher, dans cette guerre, de n'avoir point secouru, dans l'Inde, Hayder-Aly, notre puissant et fidèle allié. Ce prince était seul capable d'empêcher les Anglais d'étendre leur domination en Asie; il fut indignement abandonné. Depuis cette époque, Tippou-Saëb, son fils, périt victime de la même insouciance et de la même impéritie de la part des ministres de Louis XVI, dont il réclama en vain des secours par ses ambassadeurs. Malgré toutes les fautes du gouvernement dans cette guerre, le résultat prouve qu'avec de bons plans et quelques officiers supérieurs tels que Suffren, La Mothe-Piquet, etc., la France peut réparer ses pertes et rendre à son pavillon l'éclat qu'il a conservé si long-temps sous Louis XIV.

En général, la France a été faible en politique; elle a été quelquefois trahie par ses ministres; mais, sans trahison, elle est en arrière, de ce côté, avec l'Angleterre et l'Autriche.

(Abrégé chronologique de l'histoire de la marine française).

Cependant, l'assistance que nous en avions reçue valait bien la peine qu'on ménageât ses intérêts, comme ceux des autres parties contendantes. Aussitôt qu'on nous eut proposé notre strict nécessaire, l'impatience du ministère gâta tout; elle entraîna son acquiescement, comme les nuages traînent à leur suite le vent qui les pousse et les dissipe. Au lieu de paraître des politiques clairvoyants, nous nous montrâmes, comme on nous vit toujours, pétulants et légers; plus aimables dans un salon que redoutables dans un cabinet. Les Vergennes, les Castries, les Ségur et les Moustier, n'étaient pas de force en diplomatie avec les Fox, les Richemond, les Rockingham et les Fitz-Herbert, et encore moins avec les Pitt et les Shelburne, qui les remplacèrent le 3 juillet, c'est-à-dire entre la signature des préliminaires et celle du traité définitif.

Nous crûmes avoir assez fait, parce que nous obtenions mieux qu'on ne nous avait accordé lors du honteux traité de de 1763, et parce qu'en outre le cabinet de Saint-James consentait à l'affranchissement de la ville de Dunkerque, de l'odieuse inspection d'un commissaire anglais, ainsi qu'à l'abrogation et à la suppression de tous les articles onéreux relatifs à ce port, à compter du traité de paix, conclu à Utrecht en 1713. Mais nos ministres ne voyaient donc pas que si la Grande-Bretagne cédait à la France, comme preuve sincère de reconciliation et d'amitié, la petite île de Tabago, elle gardait l'importante colonie du Canada, qu'elle lui avait enlevée dans la précédente guerre; que si nous rentrions en possession de nos insignifiants comptoirs de l'Inde, elle conservait les vastes possessions qu'elle y avait conquises sur les princes du pays. Là, de même qu'un arbre gigantesque, la puissance anglaise enfonçait de solides et profondes racines dans le sol fécond de cette riche et immense contrée, d'où ses rameaux d'or devaient s'étendre jusque sur l'Europe; et, en effet, l'Asie n'a-t-elle pas été pour la Grande-Bretagne une source inépuisable de richesses, avec lesquelles elle put toujours soudoyer les rois qu'elle liguait contre nous (1).

Ainsi, tandis que la neutralité armée du nord tenait en respect la Grande-Bretagne, il manquait à la France un homme d'un génie assez puissant pour diriger d'une main vigoureuse, avec ensemble et persévérance, les armées formidables de la coalition (2); sous leurs forces réunies, il étouffait cette nation ambitieuse; l'occasion perdue, l'étoile de l'Angleterre reprit le dessus et domina, depuis cette époque, le monde entier. Voilà le fruit du fameux traité de Versailles, qui fut fait si mal à propos, et qui doit être considéré par nous, Français, comme un de ces malheurs sans remède, qui surviennent dans les grandes luttes des nations. Le fait est que Louis XVI et son ministère tant vanté, ne comprirent point les immenses avantages que pouvait retirer la France d'une guerre faite avec succès dans l'Inde. Ce qui le prouve, c'est l'abandon de nos possessions asiatiques, au commencement des hostilités; c'est le retard qu'on mit à attaquer les Anglais, quoique nous eussions trouvé un allié puissant dans

(1) Le 5 janvier 1776, sa dette nationale se montait à 123,964,500 livres sterling 2 deniers 3/4 de deniers; en 1785, cette dette s'élevait à 240,188,848 livres sterling 5 schellings 1 denier; ce qui, en évaluant la livre sterling à 24 fr. 04 c., argent de France, formait le capital énorme de 5,860,607,897 fr. 20 c., lorsque la guerre dans l'Inde lui ôtait les ressources qu'elle y puisait.

(2) La France avait 70 vaisseaux et 68 frégates.

L'Espagne....	60 —	50 —
La Hollande...	40 —	36 —

Ensemble. 170 vaisseaux et 154 frégates.

Dans ce chiffre énorme ne figurent pas les bâtiments de guerre de l'Amérique du Nord, qui occasionnaient des pertes immenses au commerce anglais. Ainsi, la suprématie de l'Angleterre, établie par le traité de 1763, n'était plus qu'une prétention qui s'évanouissait après avoir été glorieusement contestée. (Voyez, à la fin du volume, la liste des vaisseaux pris ou perdus par les puissances belligérantes.)

le sultan du Mysore ; c'est la mollesse et la négligence qu'on apporta à pousser la guerre, lorsqu'elle fut entreprise, et l'empressement à faire la paix, lorsqu'il était urgent de redoubler d'efforts.

Nous avions laissé Tippou, quittant le Carnate, le 24 février, et s'avançant à marches forcées, par le défilé de Changamah, vers le pays de Mysore, accompagné par le bataillon de l'Ile-de-France, aux ordres de M. de Cossigny, et une compagnie d'artilleurs français. Le sultan, ayant pu s'emparer de sa capitale avant l'arrivée du général Mathews, s'empressa, après y avoir rétabli l'ordre et la paix, de descendre dans le Canara, dont le vaste territoire était soumis aux armes de la Grande-Bretagne.

Jusque-là, les affaires de la Compagnie avaient pris un cours favorable, mais elles changèrent de face à compter du 7 avril, jour où l'armée de Tippou, se présentant sur le théâtre de la guerre, eut sa première escarmouche avec les troupes ennemies : à partir de cet instant, les villes occupées par les Anglais ouvrirent successivement leurs portes à leur ancien maître. Deux postes, qui servaient de communication entre la côte et Bednore, furent honteusement abandonnés ; une terreur panique se répandit parmi les troupes anglaises ; un grand nombre d'hommes et de chevaux se noyèrent dans la fuite ; de gros magasins et une nombreuse artillerie furent détruits ou laissés à la merci de l'armée de Tippou. Le 28 avril, Mathews, poussé l'épée dans les reins, était contraint de s'enfermer dans Bednore avec ce qui lui restait de troupes fidèles, et le 3 mai il était réduit à se rendre à la merci de son ennemi, en stipulant les honneurs de la guerre. Mais, les Anglais n'ayant pu remplir les conditions qu'ils avaient souscrites, et qui étaient relatives aux diamants et aux trésors tombés en leur pouvoir, le Sultan, se souvenant de la conduite du général, en pareille occurrence, déchira la capitulation et le retint prisonnier avec tous ses gens, dont les rapports anglais ;

pour atténuer leur défaite, évaluèrent le nombre à six cents Européens et seize cents Cipayes.

On atteignit le frère du général, qui fuyait chargé de dépouilles et Tippóu le fit mourir; quant à Mathews, on l'envoya le 9 mai à Beddagore, dans l'intérieur, avec ses troupes : de là, leur vainqueur les dirigea sur Chittedrong où ils arrivèrent le 21. Parvenus peu de temps après à Séringapatnam, le général y fut jeté dans les fers et empoisonné avec vingt de ses principaux officiers. Le Sultan agissait de représailles, car ces atrocités avaient été provoquées par les généraux anglais eux-mêmes (1).

« Certes, dit fort judicieusement M. Saint-Elme-Leduc, » si le sultan du Mysore avait eu des historiens à sa solde, » pour exposer ses griefs et ses plaintes, ils n'auraient pas » manqué de dévoiler la mauvaise foi britannique dans toutes » ses transactions, dans tous ses agissements; violation des » traités garantis, invasion des nations les plus inoffensives. »

Onore suivit le sort de Bednore; les troupes Mysoréennes s'en emparèrent après une courte résistance. De là elles se dirigèrent sur Mangalore, chantier de constructions navales du Sultan. Les Anglais battus sur tous les points se retiraient devant les troupes victorieuses de notre allié; de toutes leurs conquêtes, il ne leur restait plus que le fort de Carwar et Mangalore. Le siège fut mis devant cette dernière place le 19 mai, et Tippou n'attendait que sa reddition prochaine pour repas-

(1) En février 1783, le général Mathews fait faire le siège d'Ananpore, où il espère trouver d'immenses trésors. Le 14, la ville est emportée d'assaut, la garnison passée au fil de l'épée, et quatre cents des plus belles femmes de l'Inde offrent en vain de racheter leur honneur et leur vie au prix de leurs richesses. Les habitants sont livrés à toutes les fureurs d'une soldatesque indisciplinée et avide; les enfants de Tippou-Saëb n'échappent au carnage qu'en traversant la rivière de Trongebadra sur un petit bateau, et se réfugient dans la forteresse de Mangalore.

(Saint-Elme Le Duc, *Histoire de l'Île-de-France*.)

ser les Gates, tomber de nouveau sur les Anglais dans le Carnate et nous aider à les en chasser; mais la nouvelle de la paix vint, après 60 jours de tranchée ouverte, déconcerter ses projets : M. de Cossigny eut ordre, le 21 juillet, de le quitter avec ses troupes. Privé du puissant concours des Français, Tippou avec ses troupes seules, n'osa pas donner l'assaut, quoique le fossé fût comblé et la brèche faite ; il réduisit le siége en blocus, ce qui fit traîner en longueur la reddition de la place. Le colonel Campbell demanda à capituler, et Tippou lui accorda les honneurs de la guerre.

Toutefois, malgré notre défection, malgré l'assistance de leur escadre qui n'avait plus à redouter la nôtre, les Anglais étaient dans une fâcheuse situation à la côte de Malabar, lorsqu'à la sollicitation de M. de Bussy, le sultan Tippou consentit à faire sa paix avec l'honorable Compagnie. Voici ce qu'un officier supérieur de l'armée de Bombay écrivait à un de ses amis, à Londres :

« Notre situation ne pouvait être plus critique, lorsque nous
» avons reçu la nouvelle de la paix ; elle a sauvé notre armée,
» qui probablement était perdue ; mais nous sommes loin de
» jouir de cette paix nous-mêmes. Les plus grandes dissen-
» sions prévalent entre les officiers de la Compagnie ; le sujet
» de dispute n'est pas de savoir quel sera le plus grand avan-
» tage de la Compagnie, mais ce qui produira le plus au profit
» des employés. Il est vrai que Tippou a offert de bonnes
» conditions de paix ; mais en même temps il recrute des
» troupes et augmente ses finances. Il paraît que sous-main
» les Français l'encouragent ; en un mot, la Grande-Bretagne
» a tout à craindre de ce monarque puissant et ambitieux. »

Pour en finir avec ce dernier épisode de la guerre de l'Inde, que nous laissâmes sur les bras de notre allié, envers lequel nous nous conduisîmes aussi mal que les Anglais l'avaient fait vis-à-vis du roi de Candy, en 1726, nous dirons qu'à la fin de décembre, Meer Mohud Cawn, général en chef de l'ar-

mée de Tippou , dans le Carnate , se mit en marche pour
Changama-Pass , accompagné de MM. Saleir et Staunton ,
nommés par le lord Macartenay pour arrêter les bases du
traité de paix projeté entre Tippou-Saëb et l'honorable Compagnie anglaise. A ces envoyés s'était réuni M. John Hudd-
lestone , nommé par l'honorable Hornby , gouverneur de Bombay , et son conseil. De son côté , M. de Bussy , qui comprenait ce que notre défection avait de répréhensible , en laissant le fils d'Hayder-Aly continuer seul la lutte que nous
avions alimentée lorsqu'elle nous était utile , eut l'air d'inter-
venir officieusement comme médiateur , mais dans le but de
pousser ce prince à accepter les conditions qu'on lui offrait.
Néanmoins , les négociations allaient traîner en longueur , vu
que les agents de la Compagnie et les *Vackeels* de Tippou
n'étaient pas d'accord sur plusieurs points du traité ; mais le
missionnaire allemand Schwarz , de la ville de Magdebourg ,
que lord Macartenay avait pris la précaution de joindre à
ses envoyés , eut le talent de les abréger. Ce missionnaire ,
qui demeurait à Madras , possédait les langues du pays , qu'il
habitait depuis quarante ans. Hayder-Aly ayant puni un jour
son fils Tippou-Saëb devant lui , Shwarz intercéda si chaleureu-
sement pour l'enfant , que la grâce fut accordée. Tippou , qui
n'avait jamais oublié l'éloquence avec laquelle le missionnaire plaida sa cause , lui avait voué une affection particulière :
sa présence influença donc beaucoup l'esprit du prince , et
avança l'époque du traité (1) , qu'il signa , le 11 mars 1784 , à
son camp d'Arcote , à trois lieues de Mangalore.

Les puissances belligérantes se rendaient réciproquement
les conquêtes qu'elles avaient faites ; clauses à peu près illu-
soires pour le Sultan et toutes favorables aux Anglais. En
effet , Tippou avait reconquis toutes ses possessions , sauf quel-

---

(1) Voir aux pièces justificatives , à la fin du volume , le traité sous le
n° 22.

ques districts, tels que Cananore et Carwar, et il abandonnait pour toujours à la Compagnie la nababie d'Arcate et les royaumes de Tanjaour et de Travancor.

Pendant que l'*Annibal*, l'*Illustre*, l'*Ajax* et le *Hardi*, sous le commandement de M. d'Aymar, se rendaient directement au Cap de Bonne-Espérance, le *Héros*, le *Sphinx*, le *Flamand*, l'*Artésien*, le *Vengeur* et le *Sévère*, ainsi que la *Fine* et la *Cléopâtre*, regagnaient, sous le pavillon de l'illustre amiral qui les avait si souvent menés à la victoire, le hâvre assuré du Port-Louis de l'Ile-de-France, d'où ils étaient partis, deux ans auparavant, démunis de tout. L'histoire maritime d'aucun peuple ne fait mention d'un exemple d'opiniâtreté, d'audace et de constance qu'on puisse mettre en parallèle avec l'héroïque volonté de Suffren, que soutenait un dévoûment sincère à la patrie.

En quittant Trinquemalay, le Bailli sut que, le 5 mars, le Roi l'avait élevé au rang de lieutenant-général, grade gagné bien avant qu'il eût été obtenu. L'armée, qui se glorifiait de son chef, apprit avec un vif enthousiasme la nouvelle récompense accordée à sa valeur et à ses talents militaires.

Le ministre, qui était inquiet sur la santé de M. de Bussy, dont il n'avait pas de nouvelles, lui donnait en outre, à défaut de ce général, le commandement en chef des forces et des établissements de la France au-delà du Cap de Bonne-Espérance (1).

Après une courte relâche à l'Ile-de-France, Suffren, dans les premiers jours de novembre, prit congé de son ami, M. le vicomte de Souilhac, et appareilla pour le Cap de Bonne-Espérance. Il laissa derrière lui le *Vengeur*, le *Sévère* et la frégate la *Fine* (2), qui avaient besoin de grandes répa-

(1) Voyez la pièce officielle qui est sous le n° 26.

(2) Le *Vengeur*, en partant de l'Ile-de-France, fit tellement d'eau que M. de Cuverville se trouva contraint de relâcher à Saint-Paul, Ile-Bourbon, où son vaisseau fut condamné. Le *Sévère* et la *Fine* continuèrent

rations avant de se risquer sur les mers orageuses du banc des Aiguilles.

L'arrivée de M. de Suffren sur la rade du Cap de Bonne-Espérance, annoncée à l'avance par les quatre vaisseaux partis en droite ligne de l'Inde et qui y attendaient leur amiral, causa un bonheur indicible à la population reconnaissante et enthousiaste de cette colonie. Les maisons des habitants, de même que les édifices publics, furent spontanément illuminés; il fut accueilli comme le sauveur du pays, et de brillantes fêtes furent données en son honneur.

L'amiral était depuis quelques jours sur la rade hollandaise, lorsque, le 10 décembre 1783, une division de la flotte anglaise (1), sous le guidon du commodore King, vint y relâcher, maltraitée par une tempête qu'elle avait essuyée quelques jours auparavant. Les vaisseaux anglais furent obligés, sous un fort vent de S.-E., de courir des bordées pour at-

leur route pour la France; mais, en entrant au Cap, M. de Maureville perdit son vaisseau; toutefois, l'équipage fut sauvé. Ce fut par la *Fine*, qui arriva à Brest le 1er mai, qu'on apprit ce nouveau sinistre.

(1) Cette division navale était ainsi composée :

Le *Cumberland*, de 74.		Ce vaisseau, au lieu de 750 hommes, n'avait que 600 hommes, dont 160 sur les cadres, terme moyen.
Le *Héros*. . . . . de 74.		
Le *Monarca* . . . de 70.		
L'*Europa*. . . . . de 64.		Ces vaisseaux, au lieu de 650 hommes, n'avaient que 540 hommes, dont 115 sur les cadres, terme moyen.
L'*Africa* . . . . . de 64.		
Le *Scepter*. . . . de 64.		
L'*Exeter* (a). . . de 64.		
Le *San-Carlos*. . . de 50.		Ce vaisseau, au lieu de 520 hommes, n'avait que 460 hommes, dont 96 sur les cadres.
La *Naïade*. . . . de 28.		Cette grosse corvette, au lieu de 240 hommes, n'avait que 170 hommes, dont 31 sur les cadres.

(a) Ce vaisseau fut brûlé; ses mâts servirent au *Sceptre*, qui avait perdu les siens. Quelque temps après, les Anglais perdirent sur cette rade le vaisseau le *Superb*, que l'amiral Hughes avait monté durant la guerre dans l'Inde.

22

teindre le mouillage. L'un d'eux, l'*Exeter*, ayant manqué à virer de bord, se jeta au plein : Suffren, qui l'observait d'un œil sûr et exercé, devinant l'accident, à la manœuvre de ce vaisseau, avait donné le signal de tenir les chaloupes prêtes à porter secours à un bâtiment en danger; aussi, lorsque l'*Exeter* fit côte, les embarcations françaises arrivèrent-elles les premières sur le lieu du naufrage. Ce fut un touchant spectacle de voir les marins des deux escadres, naguère si acharnés à leur destruction réciproque, rivaliser de dévoûment pour se prodiguer les secours les plus empressés. Le commodore King, qui avait toujours désiré connaître le Bailli, dont il avait eu tant de fois occasion d'admirer le génie audacieux sur les champs de bataille, se rendit à bord du *Héros*, pour saluer et remercier l'amiral. Après avoir prolongé sa visite, il quitta ce grand homme et conserva toujours un gracieux souvenir de l'accueil qu'il en avait reçu.

Pendant son séjour au Cap de Bonne-Espérance, M. de Suffren, voyant l'état de détresse où se trouvait le trésor de la colonie, et par suite le dénûment des troupes qui en composaient la garnison, fit verser dans la caisse du payeur une somme de 22,000 piastres fortes (1), provenant de la vente des prises faites dans l'Inde par son escadre.

Le 3 janvier 1784 Suffren, au bruit des salves des canons de la citadelle et des forts qui dominent la rade, remit sous voiles; il quitta Table-Bay avec le *Héros*, l'*Annibal*, l'*Illustre*, le *Sphinx*, l'*Artésien*, l'*Ajax*, le *Flamand*, le *Hardi* et la frégate la *Cléopâtre*; mais avant de vider la rade, le *Héros*, au mât de misaine duquel brillaient les insignes de lieutenant-général, courut un bord, rendit le salut et laissa porter, afin de suivre sa route vers la France, où tant d'honneurs l'attendaient.

(1) Environ 130,000 fr. (Voir la lettre de M. Percheron, intendant du Cap.)   (*Pièces justificatives, n° 6.*)

La traversée du Cap, jusqu'à la latitude de Madère, n'eut rien de remarquable ; là Suffren, qui devait se rendre à Toulon, se sépara des vaisseaux de son escadre, et ne garda pour conserve au *Héros* que le *Hardi* ; l'*Annibal*, l'*Illustre* et la *Cléopâtre* firent route pour Brest ; le *Sphinx*, l'*Artésien*, l'*Ajax* et le *Flamand* se dirigèrent sur Rochefort. En approchant du cap Saint-Vincent, par un beau temps, le Bailli venait de rentrer dans sa chambre, lorsque la foudre éclata tout-à-coup sur le pont, tua un homme et en blessa huit autres. Le lendemain, il donna dans le détroit et passa devant Gibraltar ; de là, côtoyant avec un bon vent les côtes espagnoles, il laissa tomber l'ancre en rade de Toulon, le 26 mars, au bout de quatre-vingt-trois jours de traversée.

Suffren, après avoir donné quelques instants à ses affections de famille, partit en poste pour Paris ; mais, avant de s'éloigner du *Héros*, il n'oublia pas de recommander très-particulièrement, et jusqu'à son retour, cinquante et un Indiens de la côte de Coromandel, qu'il avait engagés pour trois ans, et qu'il projetait de conduire à Malte, pour y enseigner la culture du coton.

Le Bailli de Suffren arriva à Paris le 5 avril, à deux heures du matin, et alla descendre chez M. de Saint-James, trésorier de la marine. Après quelques heures de repos, il partit pour Versailles, et se rendit chez le ministre de la marine, qui l'accueillit avec la plus grande affabilité. Vers midi et demi, M. de Castries quitta son cabinet, accompagné du Bailli, pour le présenter à Louis XVI. En entrant dans la salle des gardes, qu'il fallait traverser, le maréchal-ministre dit : « *Messieurs,* » c'est M. de Suffren ! » A ces mots, les gardes-du-corps se levèrent, et, quittant leurs mousquetons, ils lui formèrent un cortège jusqu'à la chambre du Roi. Cette réception rappelait celle que ce grand homme avait prédite pour son retour lorsque, nommé au commandement des cinq vaisseaux de Brest, il vint prendre congé du Roi : comme l'huissier de service faisait avec peine ouvrir la foule pour qu'il pût entrer : « Je vous remercie aujourd'hui, dit-il à son introducteur, en grognant et nazillant d'après son habitude ; mais à mon retour, Monsieur, vous verrez que je saurai bien me faire faire place moi-même. » Suffren avait tenu parole.

S. M. reçut le Bailli de la manière la plus flatteuse, lui répéta à plusieurs reprises qu'elle était fort contente de ses services ; et, dans un moment d'entraînement où elle venait d'entretenir l'amiral de ses opérations dans l'Inde, S. M. daigna lui annoncer les grâces qu'elle lui avait réservées. M. de Suffren, attendri par tant de marques de bonté de la part du souverain, le remercia avec un profond sentiment de reconnaissance. Louis XVI prit tellement de plaisir à converser avec lui, qu'il le retint deux heures dans son cabinet.

La Reine, cette si gracieuse princesse, lui fit de son côté un accueil des plus affectueux ; elle voulut le présenter elle-même à M. le Dauphin, à qui elle l'annonça ainsi : « Voilà » M. de Suffren ; c'est un des hommes qui ont le mieux servi » le Roi. » Et comme l'enfant royal répétait mal le nom de M. de Suffren, « *mon fils*, reprit la Reine, *apprenez de bonne heure à entendre prononcer et à prononcer vous-même le nom des héros défenseurs de leur pays.* » Une réception aussi bienveillante l'attendait chez Monsieur (1), frère de Louis XVI ; ce prince l'embrassa, et lui dit en le pressant contre son sein : « Je veux que vous m'aimiez autant que je vous estime ! » Mme la comtesse d'Artois, qui ne recevait pas ce jour-là, voulut cependant qu'on lui présentât M. de Suffren, et ce fut la seule personne qu'elle admit chez elle. Le jeune duc d'Angoulême, son fils, était à son travail lorsque le Bailli entra ; le prince se leva aussitôt, et, s'avançant vers M. de Suffren, il lui dit : « Je lisais en ce moment l'histoire des hommes il- » lustres, je quitte avec plaisir mon livre, puisque j'en vois

(1) Il devint roi de France, sous le nom de Louis XVIII.

» un. » M. de Suffren prit congé de la famille royale et revint à Paris, où son nom était dans toutes les bouches. Il ne pouvait paraître au spectacle, ni dans aucun lieu public, sans que la foule empressée ne lui témoignât, par ses acclamations, l'estime et l'admiration qu'il lui inspirait. Ce grand homme recevait de la cour et de la nation la récompense que lui méritaient les glorieux services rendus à la patrie.

Le samedi suivant, le Bailli ne parut ni à l'ordre ni au coucher, quoique, ce jour-là même, le Roi, voulant lui donner des marques distinguées de sa satisfaction et proportionnées à ses services, l'eût désigné pour être chevalier de ses Ordres (1) et nommé vice-amiral, en lui accordant les entrées de sa chambre. Mais le lendemain, il dîna chez le maréchal de Castries, et alla ensuite faire sa cour au Roi. Pendant le dîner du ministre, où, entre autres personnages éminents, se trouvait le comte d'Estaing, un des convives appela ce dernier général. « *Monsieur*, dit le comte en désignant M. de Suffren, *voici le seul général qu'il y ait ici.* » Quelques jours plus tard, le 18 avril, le Bailli de Suffren prêtait serment entre les mains de S. M., pour la place de vice-amiral (2). Le mois suivant, le 9 mai, ne voulant pas retenir plus long-temps le Bailli à la cour, le Roi tint un chapitre extraordinaire de l'ordre du Saint-Esprit dans son cabinet, et S. M. le nomma

(1) Comme Suffren était dans l'ordre de Malte, l'idée s'était répandue, avant son retour, que son état l'empêchait d'aspirer aux plus hautes distinctions militaires. Afin de détruire cette opinion fausse, l'ordre de Malte, fier de son chevalier, fit présenter un mémoire au Roi, par son ambassadeur, dans lequel il prouva que ses membres peuvent prétendre à tous les grades militaires, et que la Croix de la Religion n'est pas incompatible avec la décoration des autres ordres.

(2) Le Roi créa pour Suffren une quatrième charge de vice-amiral, et l'ordonnance portait qu'étant uniquement érigée pour lui, elle serait supprimée à son décès. (Voyez la pièce officielle portant le nº 30.)

chevalier de l'ordre (1). Jamais les Tourville, les D'Estrées, les Jean-Bart, les Duguay-Trouin, voir même les Turenne, les Condé, les Villars, le maréchal de Saxe, etc., ne reçurent, au retour de leur campagne, un accueil plus honorable que célui qui fut fait à M. de Suffren. C'est que la France entière comprenait que c'était lui qui avait véritablement forcé les Anglais à demander la paix, et à la conclure avec une précipitation surprenante.

Le Bailli revint en Provence, se réunir à ses parents, qu'il n'avait qu'entrevus à son passage de Toulon à Paris. Dans les premiers jours de septembre, il put embrasser son jeune frère, le commandeur de Suffren Saint-Torpez, qui venait du siége d'Alger, où il s'était distingué, sous les ordres du lieutenant-général espagnol don Antonio Barcelo. D'Alger, l'escadre espagnole était retournée à Carthagène : c'était donc de ce dernier port que cet officier, qui commandait les frégates de Malte la *Sainte-Elizabeth* et la *Sainte-Marie*, avait relevé pour Marseille, où il était entré le 3, ayant besoin de faire faire quelques réparations à ses bâtiments.

En octobre, les États de Provence remirent au Bailli de Suffren une médaille à son effigie, qu'ils lui avaient décernée. En voici la description :

CÔTÉ DE LA FIGURE,

Pierre-André de Suffren Saint-Tropez (2), chevalier des ordres du Roi, grand'croix de l'ordre de Saint-Jean-de-Jérusalem, vice-amiral de France.

---

(1) Ce jour-là même, le comte d'Estaing fit présent à M. de Suffren d'une trophée de bronze doré et d'or moulu, dont la pendule n'était que l'accessoire. Ce trophée était analogue aux belles actions de M. de Suffren. (*Gazette de France.*)

(2) Nous avons indiqué que le nom s'écrit Saint-Torpez, ainsi qu'il est porté à l'acte de naissance,

AU REVERS,

Une couronne de laurier, fermée, avec les armes de la Provence, contenant cette inscription :

Le Cap protégé,
Trinquemalay pris,
Goudelour délivrée,
L'Inde défendue,
Six combats glorieux.

Les États de Provence ont décerné cette médaille.

1784.

Le 18 juillet 1787, le ministre lui annonça que le Roi avait ordonné qu'il fût fait des tableaux, pour rappeler sans cesse les combats de la dernière guerre, si honorables pour ses armes et son pavillon. Le premier de ces tableaux qui avait été exécuté représentait le combat de la Praya.

Sa place de vice-amiral, aussi bien que celle d'ambassadeur extraordinaire de la Religion auprès de Sa Majesté très-chrétienne, exigeaient la présence du Bailli à Paris; il habitait l'hôtel Montmorency, à l'entrée de la rue de la Chaussée-d'Antin. Là paix enchaînait le génie du grand homme. Cependant, au mois d'octobre 1787, quelques difficultés survenues entre la France et l'Angleterre firent craindre qu'une guerre nouvelle ne vînt troubler le repos dont jouissait l'Europe. Devant les éventualités d'une reprise d'armes, le Roi ordonna, en 1788, l'armement d'une escadre au port de Brest, et désigna le Bailli de Suffren pour en prendre le commandement. S. M., sachant combien l'indiscipline des officiers de la marine avait été préjudiciable aux succès de ses armes, dans les combats de l'Inde, laissa au vice-amiral le choix des capitaines qui devaient servir sous ses ordres.

Après s'être entendu avec M. de Montmorin, nouveau secrétaire-d'Etat, qui avait remplacé M. de Castries au ministère de la marine, Suffren se disposait à se rendre à Brest, afin d'y organiser son armée navale; mais, tout-à-coup, le

Bailli se trouva atteint d'une maladie assez grave, qui vint suspendre son départ. Tous les biographes ont affirmé que cette maladie conduisit l'amiral au tombeau. Je dirai tout-à-l'heure quelles raisons m'ont porté à croire qu'ils ont été induits en erreur, et que le Bailli de Suffren périt dans une rencontre particulière. Il mourut le 8 décembre 1788. Cette date est officiellement constatée par un acte de l'Etat civil que j'ai retrouvé à l'Hôtel-de-Ville de Paris, et dont je crois devoir donner l'extrait suivant :

VILLE DE PARIS.

Extrait du registre des actes de décès de la paroisse Sainte-Madeleine-Ville-Lévêque, pour l'année 1788.

L'an mil sept cent quatre-vingt-huit, le dix décembre, a été présenté en cette église, et transporté en celle de Sainte-Marie-du-Temple, à Paris, le corps de très-illustre religieux, seigneur frère Pierre-André de Suffren Saint-Tropès, Bailli, Grand'Croix de l'ordre de Saint-Jean de Jérusalem, vice-amiral de France, chevalier des ordres du Roi, ambassadeur extraordinaire de la Religion auprès de Sa Majesté très-chrétienne, ancien capitaine et général des galères de son ordre, Commandeur des commanderies de Jalès, Trinquetaille et Puimoisson au grand prieuré de Saint-Gilles et de Troyes, au grand prieuré de France, décédé d'avant-hier, en son hôtel, Chaussée-d'Antin, âgé de cinquante-neuf ans et quatre mois, en présence de très-illustre religieux seigneur Marie-Gabriel-Louis Texier d'Hautefeuille, Commandeur des commanderies de Plype et de Laon, ancien mestre de camp de dragons et prieur du prieuré conventuel de Saint-Jean-Goulf de Varenne, ordre Saint-Benoît, et diocèse de Langres, procureur du vénérable commun trésor de son ordre, et de très-illustre religieux, Charles-Gabriel-Dominique de Cardenat d'Havrincourt, bailly, grand'croix de l'ordre de Saint-Jean de Jérusalem, commandeur de la commanderie de Beauvoir-Lez-Abville, maréchal des camps et armées du Roi, et de haut et puissant seigneur Pierre-Marie de Suffren, comte de Saint-Tropès, gouverneur, pour le Roi, de la ville et citadelle de Saint-Tropès, et colonel du régiment de Bassigni, et de messire Charles-Eugène de Bernier de Pierre-Vert, vicaire-général du diocèse d'Aix, abbé commandataire de l'abbaye de Mazan, tous deux ses neveux, témoins soussignés.

Signé, le chevalier d'HAUTEFEUILLE, le bailly d'HAVRINCOURT, le comte de SUFFREN SAINT-TROPÈS, l'abbé de PIERRE-VERT, de BRUNY DE LA TOUR D'AIGRES.

Une révélation curieuse, relative à la mort du Bailli de Suffren, ayant été rendue publique, il y a quelques années, par l'auteur d'un ouvrage dont le sujet est emprunté à la vie des gens de mer, je ne devais point négliger cette circonstance, qui contredit l'opinion généralement accréditée, touchant le genre de mort auquel succomba notre glorieux vice-amiral.

M. A. Jal, historiographe de la marine, t. III, p. 161, des *Scènes de la vie maritime* (1), s'exprime ainsi :

« Puisque je suis amené à parler de duels, il faut que je » raconte un fait historique, absolument inconnu, et qui est » venu bien par hasard à ma connaissance. On a toujours dit » que le Bailli de Suffren était mort d'apoplexie ; il avait, en » effet, la conformation apoplectique au plus haut degré, et » on put facilement répandre dans le public qu'il avait été » étouffé par le sang. Eh bien ! il mourut en duel ! Voici dans » quelle circonstance : Le prince de Mirepoix avait deux ne- » veux sur un des vaisseaux de l'escadre du Bailli de Suffren ; » ils se comportèrent mal, à je ne sais quelle affaire, dans » l'Inde. Le Roi les fit mettre, à leur retour, à l'ombre d'une » prison d'Etat (2). Ils y étaient depuis quelques années, » quand M. de Mirepoix rencontra par hasard l'amiral dans » un salon.

» — Tu es bien en cour, dit-il au Bailli de Suffren, et tu » peux me faire obtenir la grâce de mes neveux ; emploie-toi » pour cela, tu obligeras beaucoup notre famille.

» Suffren ne répondit pas d'abord ; le prince de Mirepoix » renouvela ses instances ; même silence obstiné de la part » du Bailli, qui enfin, poussé à bout, lui répartit :

» Je ne veux rendre aucun service à tes neveux : ainsi n'in- » siste pas.

(1) 3 vol. in-8°. Paris, 1832.

(2) Je pense que les coupables n'avaient point été enfermés, mais seulement menacés d'une destitution.

» — Mais, pourquoi ce refus ?

» — Pourquoi ? Parce que je ne saurais employer mon
» crédit pour des jean f....

» La réplique était cruelle : Mirepoix s'emporta ; il soutint
» l'honneur de ses neveux, et dit au Bailli de Suffren :

» — Je ne souffrirai pas qu'on outrage mes parents, et si
» tu as du cœur, tu me rendras raison de ce jugement, qui
» outrage toute ma maison.

» Le Bailli de Suffren pouvait faire rougir le prince de Mi-
» repoix d'une démarche aussi peu raisonnable ; il semblait
» en effet que, pour toutes sortes de raisons, ce duel devait
» être impossible ; mais l'illustre chef d'escadre accepta le
» cartel. On se rendit à Versailles, derrière le cavalier Ber-
» nin, et on se battit à l'épée. Il arriva, dans cette rencon-
» tre, ce qui devait arriver : Suffren fut blessé au-dessous de
» l'estomac. On le remit promptement dans sa voiture, et on
» le ramena à Paris, à l'hôtel Montmorency, qu'il habitait.
» Un chirurgien, appelé pour le panser, demanda des orties
» blanches, afin de fouetter la plaie. L'intendant du Bailli
» de Suffren, M. Gérard, — le père de M. le baron Gérard,
» l'homme le plus spirituel parmi nos peintres, — M. Gérard
» dit à un des employés de l'office, M. Dehodency, d'aller
» chercher des orties ; il en trouva sous la neige, dans les
» Champs-Elysées : quand il revint, l'amiral n'était plus. En
» mourant, le Bailli avait recommandé qu'on gardât le plus
» profond secret sur cette affaire. Il y a trois ans seulement
» qu'elle m'a été racontée par ce même M. Dehodency, qui a
» tenu autrefois le café du théâtre des Variétés. La véracité de
» ce vieillard ne saurait m'être suspecte ; il n'avait pas inventé
» un pareil roman, et il m'a rapporté, j'en suis sûr, avec
» naïveté, cet événement dont il reste le dernier témoin. »

Ce récit, je dois le dire, a étonné beaucoup les contem-
porains du Bailli de Suffren et trouvé des incrédules parmi
les hommes que leurs relations de famille ou d'amitié sem-

blaient avoir mis en position d'être parfaitement informés
d'un fait que les souvenirs de M. Dehodency rétablissent si
formellement. M. A. Jal m'a dit qu'un des neveux du Bailli,
M. le baron de Vitrolles, à qui il raconta, chez feu M. le
marquis de Fortia-d'Urban, ce qu'on vient de lire, rejeta
comme une invention fabuleuse l'idée du duel, et persista à
affirmer que la tradition de sa maison était que Suffren mourut d'une mort subite, mais naturelle, et que jamais personne
n'avait révoqué cela en doute. M. Jal objecta que le vieillard,
ancien serviteur de M. de Suffren, pour qui il avait toujours
un attachement respectueux et sincère, n'avait aucun intérêt
à mentir; que, d'ailleurs, il n'était pas homme à imaginer
de pareilles scènes de roman; ce fut vainement : M. le baron
de Vitrolles resta persuadé que la vérité était du côté de la
tradition vulgaire. M. A. Jal n'avait rien à opposer à cette
négation absolue, et il resta du côté de l'affirmation, parce
qu'elle lui venait d'un homme respectable, qu'il a connu
long-temps, et qu'il a toujours vu simple et sincère.

M. Dehodency vit encore. J'ai eu le désir de le voir et de
l'entendre raconter l'événement dont M. Jal a écrit, il y a
treize ans, le récit presque sous sa dictée. J'ai prié M. Jal de
me procurer une entrevue avec un homme qu'il était intéressant pour moi de connaître, parce qu'il a connu Suffren
et qu'il pouvait me donner sur lui quelques détails précieux
pour un biographe. Le 17 juillet 1845, à onze heures du matin, nous sommes allés, M. A. Jal et moi, aux Batignolles,
dans une maison située à quelques pas de la barrière de Cli-
chy, n° 7, et au troisième étage de cette maison, nous avons
trouvé, endormi sur son lit, M. Dehodency, qui s'est bientôt
réveillé pour répondre à nos questions. Après s'être fait reconnaître du vieillard, auprès de qui nous nous excusions de
l'avoir dérangé, M. Jal a dit à M. Dehodency : Voici une personne qui écrit une vie du Bailli de Suffren; elle vient vous
demander quelques renseignements sur l'amiral que vous

avez bien connu. — Très volontiers, Messieurs ; tout ce que ma mémoire bien affaiblie pourra me rappeler, je vous le dirai. — D'abord, dites-moi, je vous prie, le Bailli est bien mort d'apoplexie, n'est-ce pas ? — Non, non, en duel ! — Et en disant ces mots, M. Dehodency a vivement porté la main sur son cœur, comme pour affirmer sur l'honneur la vérité de ce qu'il disait. — Ah ! c'est en duel ; et quel fut son adversaire ? — M. de Mirepoix. — Vous souvenez-vous des circonstances qui précédèrent et suivirent le duel ?

Alors M. Dehodency, sans hésiter, nous a répété presque littéralement ce qu'il avait dit, il y a seize ans, à M. Jal ; il y a ajouté seulement les détails que voici : — Je n'étais pas à Versailles quand M. de Suffren se battit ; personne de la maison du Bailli n'y était, et ce que nous avons su du combat, nous l'avons tenu de M. le Bailly d'Havrincourt, à qui Monsieur le dit lorsqu'il fut près de son lit pendant deux jours ; car M. de Suffren ne succomba pas tout de suite ; il souffrit pendant deux jours et mourut le troisième. Lorsqu'on ramena Monsieur, blessé, de Versailles, Duchemin, son valet de chambre, me dit : Ah ! mon dieu ! quel accident : voilà Monsieur qui est rapporté avec un coup d'épée au travers du corps ! Va-t-en chercher Gérard et sa femme. — La femme de Gérard était femme de charge et avait les clés du linge ; Gérard était le chef de l'office, et Monsieur avait en lui beaucoup de confiance. — Je fis ce que m'ordonnait Duchemin. Pendant ce temps là on avait fait venir un chirurgien, dont je ne me rappelle plus le nom ; il demanda des orties blanches et je courus en chercher à l'allée des Veuves ; mais cela ne fit rien. Monsieur mourut donc le troisième jour, comme je vous disais ; on l'enterra au Temple, et nous y allâmes tous, bien entendu. Monsieur avait ordonné qu'on tint la cause de sa mort très-secrète ; nous n'en dîmes rien, en effet, et, de tous côtés, ses amis répandirent, qu'après avoir langui un peu, des suites d'une attaque, il était mort. Quelque temps après, je vis un des neveux de M. le Bailli de Suffren, à qui je crus pouvoir dire ce qu'il en était. Il me gronda en me disant : Pourquoi m'as-tu caché cela. — Bah ! lui répondis-je, Monsieur ne voulait pas que vous l'apprissiez ; vous vous seriez fait quelque affaire avec la famille de Mirepoix, et cela n'aurait pas ressuscité votre pauvre cher oncle. »

M. Dehodency nous a conté ensuite une anecdote dont le héros était Gérard, le chef d'office. Je ne crois pas devoir la reproduire, parce qu'elle est étrangère à mon sujet. En finissant, je dois déclarer que l'impression qui m'est restée de ma visite chez le vieux serviteur du Bailli de Suffren, c'est qu'il nous a fait le récit de la mort de son maître avec un ton de candeur qui ne me laisse aucun doute sur la sincérité du narrateur. Il m'est démontré maintenant, comme à M. Jal, que le Bailli est mort d'un coup d'épée.

M. Dehodency, nous parlant de la taille et de la figure de Suffren, nous a dit : « Qui voit sa statue le voit ; c'est lui tout-à-fait, tout vivant. »

M. Jal, qui connaît la fille de M. Dehodency et son gendre, M. T., chef de bureau au ministère des finances, m'a dit tenir d'eux que depuis trente ans ils ont entendu leur père et beau-père raconter souvent les derniers instants du Bailli de Suffren, et toujours avec les mêmes détails.

La perte de M. de Suffren fut une calamité nationale, dans l'état de crise où allait entrer la France. Ayant acquis au plus haut point la confiance du Roi, admis à son conseil, il eût été de force, avec son génie et son caractère inflexible, à donner une autre direction à l'explosion que firent en 1789 les doctrines républicaines qui s'étaient introduites dans le cœur du royaume. Doué d'une organisation de fer, la nature l'avait rendu propre à tout, et il eût retenu à flot le vaisseau de l'Etat, qu'une impulsion fatale poussait sur les écueils.

M. de Suffren etait d'une taille moyenne, mais d'un embonpoint excesssif ; aussi avait-il beaucoup souffert sous le ciel de l'Inde : il était contraint, pour pouvoir supporter la chaleur du climat sans en être accablé, de se tenir (hors les grandes occasions) en corps de chemise, que recouvrait une veste de coton léger qu'il ne boutonnait jamais. Sa coiffure habituelle était un chapeau de feutre gris à larges bords (1).

La régularité de ses traits donnait à sa figure un air de noblesse et de bonté, quoiqu'un sourire moqueur et dédaigneux s'y remarquât sans cesse. Il était juste, mais sévère et dur dans ses rapports avec ceux qui l'approchaient en pouvoir ; doux et affectueux avec ses inférieurs ; à cause de cette bizarrerie dans sa manière d'être, ses capitaines l'appréciaient, l'admiraient, mais ne l'aimaient pas. Cependant, lorsqu'il n'était pas contrarié, ses relations étaient polies et gracieuses avec tout le monde ; on l'a vu souvent s'entretenir familièrement avec les gens de son équipage, et même avec les matelots des bords qu'il visitait; aussi la confiance qu'il était parvenu à leur inspirer était poussée jusqu'à l'enthousiasme.

A un sang-froid imperturbable dans le feu, le Bailli de Suffren joignait une ardeur et une activité qui soulèvent et entraînent les masses. A une grande élévation de caractère, à un esprit droit, à des connaissances très-étendues, il alliait une vivacité de jugement qui lui faisait saisir de suite toutes les chances qui devaient naître des circonstances et des événements. Son génie, inquiet ou contrarié, le portait à critiquer ce qu'il ne trouvait pas conforme à ses vues ; il déclamait sans cesse contre la tactique, proclamait son inutilité; mais, l'occasion s'en présentait-elle, il se montrait le meilleur tacticien de l'époque. L'audace formait la base de son

(1) Dans les combats, Suffren ne quittait point ce chapeau, qui lui avait été donné par son frère, l'évêque de Nevers. Les matelots lui attribuaient une vertu superstitieuse, qui avait beaucoup d'analogie avec celle que les soldats attachèrent plus tard à la redingote grise de Napoléon ; le chapeau de Suffren était pour ses marins le gage assuré de la victoire, et l'égide qui préservait leur amiral de toute atteinte.

caractère militaire. Il était d'une rigueur inflexible pour les officiers chez lesquels il croyait remarquer de la lâcheté ou même de la faiblesse ; alors, ni le rang, ni les liens de l'amitié, pas plus que ceux du sang, ne pouvaient tempérer sa sévérité contre eux. Le vice-amiral de Suffren est l'un des hommes qui ont le plus honoré la France, par la grandeur et l'importance de ses travaux. Jamais officier de marine ne posséda à un plus haut degré l'amour de la gloire, la passion du bien du pays, la haine contre les Anglais ; il fit servir ces sentiments, innés en lui, à l'avantage de sa patrie. Dans le Bailli de Suffren, la Provence, son berceau, a perdu l'un de ses enfants les plus éminents ; la France, l'un de ses plus illustres et dévoués défenseurs ; la marine, l'un de ses plus grands capitaines.

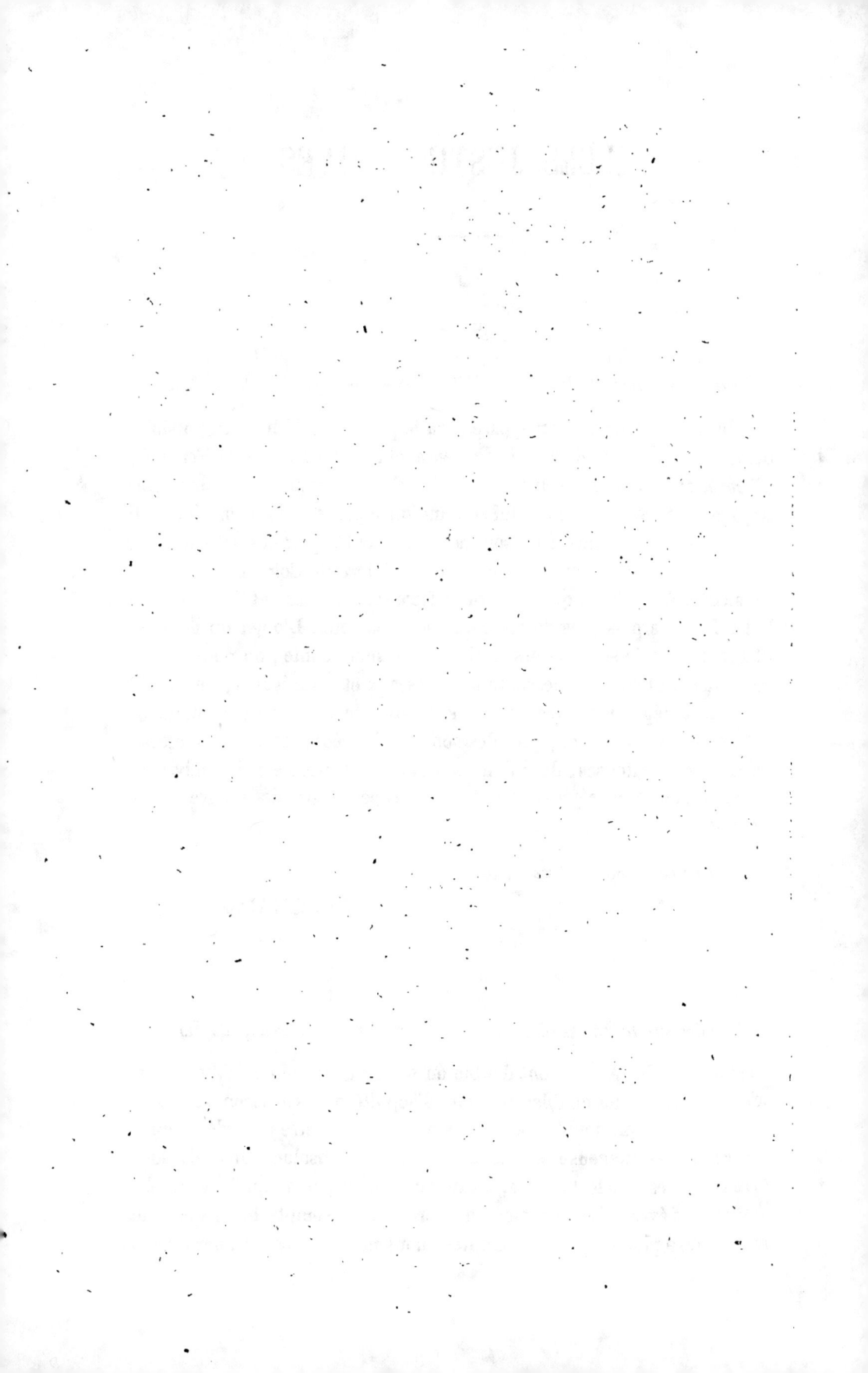

PIÈCES JUSTIFICATIVES.

N° 1.

Ordre donné par M. le comte d'Estaing à M. le chevalier de Suffren.

M. le chevalier de Suffren appareillera le plus tôt qu'il lui sera possible, avec les vaisseaux l'*Artésien* et la *Provence*, et avec les frégates la *Fortunée*, la *Blanche* et la *Chimère*, pour aller mouiller devant l'embouchure de Savannah, à la distance de terre qui lui sera indiquée par les pilotes pratiques. Il tâchera, par le relèvement de son mouillage, de bloquer dès actuellement tous les bâtiments anglais qui sont dans la rivière de Cok-Pur; il mouillera aussi près de terre qu'il pourra le faire sans danger, et il fera mouiller les frégates plus près de terre que les vaisseaux. L'objet du moment est d'empêcher de sortir. Lorsque l'escadre sera réunie, on pourra faire rapprocher du lieu de la descente les vaisseaux et les frégates, qui serviront alors à déposer des troupes. Il sera utile de s'assurer promptement du fond, et de constater, par des sondes réitérées, les connaissances, toujours très-douteuses, des pilotes américains. Toute l'escadre suivra au moment même que le gouvernail du *Réfléchi* permettra de le faire. J'espère que ce sera aujourd'hui.

A bord du *Languedoc*, le 7 septembre 1779.

Signé ESTAING.

N° 2.

Mémoire sur la nécessité de doubler en cuivre les vaisseaux du Roi.

Depuis que les Anglais ont doublé en cuivre quantité de vaisseaux, et qu'ils continuent à les doubler avec tant d'activité qu'ils le seront tous dans peu, l'opération de doubler les nôtres ne doit point être regardée simplement comme avantageuse, elle est d'une nécessité absolue. Sans cela, lorsqu'ils seront les plus forts, ils seront sûrs de joindre, et lorsqu'ils seront faibles, de nous éviter. Leurs armements seront plus prompts, leurs vaisseaux pourront être plus long-temps aux Iles, nous ne pourrons occuper aucune croisière avec avantage ; tandis qu'eux, même avec des forces inférieures, désoleront notre commerce. On voit dans les relations de l'amiral Rodney avec quelle confiance il envoie trois vaisseaux dans la Méditerranée, avec quelle témérité il en fait croiser devant le Fort-Royal, où nous en avions vingt-cinq. Sans les vaisseaux doublés, vu l'approche de la nuit et le mauvais temps, Langara aurait pu échapper ; le *Prothée* doublé n'aurait pas été pris. Ces réflexions, qu'il est impossible à un marin de ne pas faire, m'ont affecté sensiblement, en voyant échapper l'escorte du convoi que l'armée combinée vient de prendre. Si le *Zélé* eût été doublé, il aurait joint et attaqué le *Ramillies*. Dans ma croisière précédente, j'aurais pris cinq corsaires que j'ai chassés, et un convoi très-riche, allant de Londres à Lisbonne, que j'ai manqué, pour avoir chassé seize heures un corsaire, qui m'a éloigné de vingt-cinq lieues de ma croisière, que j'avais établie du cap la Roque aux Barlingues. Enfin, l'audace avec laquelle le commodore Johnston croise, avec un cinquante canons et quelques frégates, entouré de cinquante vaisseaux de guerre, est une bien forte preuve de ce que je viens d'avancer.

Il paraît, par les efforts qu'on a faits pour doubler plusieurs frégates et quelques vaisseaux, qu'on a senti l'importance de cette opération ; ainsi on ne s'occupera dans ce mémoire que des moyens de doubler promptement tous, ou presque tous les vaisseaux du Roi.

Il ne peut y avoir que deux obstacles : 1° le manque d'argent ; 2° le manque de matière ouvrée, et peut-être même non ouvrée.

Quant au premier, l'importance de la chose doit l'emporter sur toute autre considération. Si on ne peut augmenter les fonds pour cet objet, qui serait de 7 à 8 millions, il vaudrait encore mieux diminuer les armements, suspendre les constructions, laisser des paiements en arrière. Mais un meilleur moyen, et infiniment plus avantageux, est un emprunt dont on assignerait l'intérêt et l'amortissement sur le tiers réservé à la caisse des Invalides, des prises faites par les vaisseaux doublés, et à la paix, sur des fonds de la marine. En faisant croiser sur les côtes d'Angleterre, on ferait des prises immenses, et les corsaires seraient bientôt détruits.

Pour accélérer ce travail, dont la nécessité n'est que trop démontrée, il faut travailler dans les trois grands ports, et en même temps au Port-Louis et à Marseille, où l'on peut envoyer les frégates et les corvettes. Il faut, en conséquence, destiner les vaisseaux et autres bâtiments pour chacun des ports où l'on aura la matière et les ouvriers. Voici les moyens qu'on emploiera à Toulon : il y a en Provence deux ou trois martinets à raffiner et laminer le cuivre, qui ne travaillent que peu ; le Roi les prendrait et les donnerait à des entrepreneurs, pour y faire travailler avec célérité et multiplier les fonderies, marteaux, engins, etc.

On emploiera à cet usage la forge qui est à Ardenne, près de Toulon. On pourra établir aisément d'autres martinets sur la petite rivière de Gapeau, qui n'est qu'à trois lieues de Toulon, et sur l'Envauhe, qui est près de Marseille. Quant au cuivre, on peut en tirer de toutes les places de commerce, Gênes, Livourne, Naples, Venise, qui en tirent des mines du Frioul, Constantinople, où il y en a immensément, Smyrne, etc.

Il y a des mines de cuivre en Vivarais et en Auvergne ; il n'y manque pas de positions pour y établir des martinets, supposé qu'il n'y en eût pas ; et par la Loire, on ferait passer aisément les matières ouvrées à Nantes, et de là à Brest. Les mines du Bigorre peuvent fournir le port de Rochefort.

Si l'on trouve qu'il soit plus expédient de faire venir du cuivre ouvré de Hollande, il faut se servir des frégates doublées et armées en flûte, qui, n'ayant d'autre mission et marchant bien, éviteraient les croiseurs ennemis. On doit observer qu'il n'y a point d'endroits dans le royaume d'où l'on ne puisse faire transporter dans un des trois grands ports pour 15 francs par quintal ; la matière étant chère par elle-même, les frais de voiture deviennent un petit objet.

On trouvera aisément au contrôle général l'état des mines du royaume, des engins, etc. Elles ne peuvent fournir toutes les places de commerce ; le Levant, l'Allemagne, en peuvent fournir plus ou moins.

(1) On ne doit rien négliger pour engager nos alliés à faire de même ; ils marchent si mal en général, qu'il est vraiment impossible de faire la guerre avec eux, avec quelque espérance de succès. Dans ce moment, nous sommes vingt-sept vaisseaux ; si l'amiral anglais, qui en a trente-six, venait dans ces mers, il conviendrait de manœuvrer de façon à éviter le combat, tâcher de le réduire à une canonnade, et profiter de la première circonstance favorable pour se retirer avec honneur. Cela ne serait pas impossible si la marche des deux armées était à peu près égale ; mais dans le cas présent, presque tous les vaisseaux anglais étant doublés en cuivre, plusieurs de notre armée, carénés depuis deux ou trois ans ; nous serions joints de très-près, et les Anglais, étant fort supérieurs en nombre et en forces, notre armée courrait les plus grands risques. Jugez si l'objet mérite considération, et s'il était mis sous les yeux du conseil du Roi, pourrait-il y avoir deux avis ? Je sens que j'en dis trop ; mais l'importance majeure d'une opération qui peut accélérer la paix, la faire faire glorieuse, mérite votre indulgence, et je finis, crainte d'en abuser.

(1) Cette partie du mémoire est écrite toute entière de la main de M. de Suffren.

N° 3.

A M. Rochard, médecin en chef de l'armée.

A bord du *Héros*, ce 10 février 1783, en rade de Goudelour.

J'ai été ce matin, Monsieur, voir notre hôpital ; j'aurais bien désiré vous y trouver. J'ai remarqué que les malades étaient assez bien, j'ai même vu que leur ration était plutôt plus forte que trop faible ; mais je vous avouerai que votre chirurgien-major m'a paru aimer un peu trop à couper ; et comme la plupart de ce qu'ils appellent blessures ne sont que des ulcères dépendant d'un vice scorbutique ou autre, il me semble que ces malades ne devraient être traités que par vous, et le chirurgien ne panser et n'opérer que selon vos ordonnances. Je crois que vous êtes trop bien intentionné pour ne pas faire céder ces petits égards d'état au bien des malades. Je désirerais aussi que nos malades fussent plus séparés selon leurs maladies. Un scorbutique, qui n'a point la fièvre, est très-mal entre deux malades qui, non seulement l'ont, mais de plus ont une dysenterie épidémique. Au reste, comme vous avez plus d'expérience que moi dans ces sortes de choses, je soumets mes vues aux vôtres.

J'ai l'honneur d'être très-respectueusement, Monsieur, votre très-humble et très-obéissant serviteur ;

Signé, le Chevalier de SUFFREN.

N° 4.

Au capitaine du vaisseau le Flamand.

J'espère, Monsieur, que le vent du S. va finir. Comme je ne voudrais pas perdre de temps et que je ne puis partir avant vous, vu la pesanteur de la marche du *Flamand*, qui ne permet d'espérer que vous puissiez me rejoindre, je vous prie d'appareiller le plus tôt qu'il vous sera possible.

J'ai l'honneur d'être très-sincèrement, Monsieur, votre très-humble et obéissant serviteur.

Le Chevalier de SUFFREN.

Le 15 février 1783, à Porto-Novo.

N° 5.

Ed. Hughes, amiral de l'escadre de S. M. Britannique, à M. le Bailli de Suffren, chevalier grand'croix de l'ordre de Saint-Jean-de-Jérusalem, amiral et commandant les forces navales de S. M. très-chrétienne dans les Indes.

Madras, le 25 juin 1783.

Monsieur, à mon arrivée dans cette rade avec l'escadre de S. M. Britannique, qui est sous mes ordres, j'ai reçu des instructions authentiques, par lesquelles il me paraît certain que les articles préliminaires de la paix entre la Grande-Bretagne, la France et l'Espagne, ainsi qu'avec les Américains, ont été signés par les ministres plénipotentiaires de Versailles, le 20 janvier, et ratifiés en France le 9 février suivant. Je prends donc la liberté de vous adresser cet avis, qui doit nous porter à faire cesser toute hostilité entre les sujets de la Grande-Bretagne et de la France, à commencer au 9 juillet. Je suis persuadé que Votre Excellence rendra justice à mon caractère d'officier qui a toujours conservé dans son cœur les principes d'humanité, et qui vous manifeste sa résolution actuelle. En conséquence, il ne me reste qu'à prier Votre Excellence, après avoir réfléchi sur mon paquet, de me mander franchement, et le plus tôt possible, si elle veut continuer de dévaster ces mers; sur quoi j'attends une réponse claire et décisive.

Le sieur Goiverd, capitaine de la *Médée*, frégate de S. M. Britannique, aura l'honneur de vous remettre mon paquet, sous l'auspice du pavillon de vérité; en cas qu'il ne vous rencontre pas, il est chargé de le remettre à M. le marquis de Bussy, pour vous le faire tenir, parce qu'il est de notre devoir, comme officiers de nos souverains respectifs, de faire cesser toute hostilité. J'espère trouver un ami dans Votre Excellence, et j'ai l'honneur d'être, avec le plus profond respect, Monsieur, votre très-humble et très-obéissant serviteur.

Signé Ed. HUGHES.

N° 6.

A M. le maréchal de Castries, ministre secrétaire-d'État de la marine.

Au Cap de Bonne-Espérance, le 2 janvier 1784.

MONSEIGNEUR,

Par un arrangement utile au service du Roi dans cette colonie, M. le Bailli de Suffren a bien voulu donner ordre qu'on versât dans la caisse du

Cap une somme de 21,974 piastres, qui proviennent des prises que son escadre a faites dans l'Inde.

La piastre a été passée, ainsi que vous le verrez par le reçu ci-joint, au prix de 6 livres 5 sols; mais M. le Bailli de Suffren, qui ne se dément jamais sur rien, n'a pas voulu que la valeur en soit portée plus haut.

Je fais recette, Monseigneur, de cette somme, que je conserve pour payer les avances au régiment de Pondichéry, lorsqu'il s'embarquera; ce sera toujours une charge de moins pour le Roi.

Je suis avec un profond respect, Monseigneur, votre très-humble et très-obéissant serviteur,

Signé PERCHERON.

N° 7.

Note extraite de la correspondance astronomique du baron de Zach (décembre 1719).

La famille de Suffren n'est proprement point originaire de la ville d'Arles, mais à six lieues de là, de la ville de Salon, où elle existe encore. A notre passage par cette dernière ville, nous eûmes le plaisir d'y faire la connaissance personnelle d'un digne membre de cette illustre famille, M. Palamède de Suffren, neveu du célèbre Bailli de Suffren, qui cultive les sciences et surtout la botanique et l'agriculture, avec une intelligence et un succès peu ordinaires. A ses vastes connaissances théoriques et pratiques en cette partie, M. de Suffren ajoute un talent tout particulier pour dessiner et pour peindre d'après nature. Il nous fit voir ses superbes dessins coloriés, de plus de cent cinquante espèces ou variétés différentes de figues, qui viennent en Provence, et qu'il a peintes avec un art, une vérité vraiment étonnante. Il a composé un grand ouvrage sur cet arbre et sur ce fruit qu'il se propose de publier. Malgré les nombreuses recherches de Duhamel, de Bernard, et autres botanistes, sur ce fruit, un très-grand nombre de variétés leur avaient échappé, et n'auraient jamais été ni décrites ni figurées. Leur nomenclature et synonymie présentait une grande confusion, et il n'y avait pas de canton, pas de village, qui n'offrît à M. de Suffren des arbres, des fruits, ou du moins des noms nouveaux. Non content d'avoir étudié cette production de la nature en France, pour donner la dernière perfection à l'histoire d'un des arbres les plus intéressants du midi de l'Europe, M. de Suffren voulait encore connaître ceux qu'on cultive sur les côtes de l'Italie : il était sur le point de les parcourir. Nous ignorons, depuis que nous avons quitté la France, en 1811, quels ont été les succès de ses travaux, et si son ouvrage a paru. Très-certainement, si ce succès n'a dépendu que de ses connaissances et de son zèle, il doit avoir été complet ; mais nous craignons bien que les changements survenus depuis lors en France n'aient mis des obstacles à l'exécution d'un ouvrage dispendieux, et qui demande des encouragements que les gouvernements seuls peuvent donner.

M. Palamède de Suffren a eu la bonté de nous conduire lui-même à l'Hôtel-de-Ville voir le monument que la ville de Salon a consacré à la mémoire de son oncle. Ses concitoyens le lui ont fait ériger de son vivant, à son retour de ses étonnantes et valeureuses expéditions aux Indes. C'est une colonne de marbre de Tarrare, surmontée de son buste, fait par Foucou, et sur laquelle est gravée l'inscription composée par l'Académie des Inscriptions et Belles-Lettres à Paris, et que nous rapporterons ici, parce qu'on ne saurait trop répéter les belles actions des grands hommes, et qu'il est toujours bon et utile de les rappeler de temps en temps.

« Pierre-André Suffren de Saint-Tropez, grand'croix de l'ordre de Saint-
» Jean-de-Jérusalem, capitaine des vaisseaux du Roi, sort de Brest le 22
» mars 1781, sauve le Cap de Bonne-Espérance, livre plusieurs combats
» dans les mers de l'Inde ; souvent vainqueur, jamais vaincu, même avec
» des forces inférieures ; fait respecter les armes de la France, protège ses
» alliés, prend Trinquemalay, délivre Goudelour, répare, approvisionne
» ses vaisseaux, sans autres ressources que son génie : rappelé par la paix,
» arrive à Toulon le 26 mars 1784, reçoit de la nation de justes éloges,
» du Roi le grade de vice-amiral et le cordon de ses ordres. La ville de
» Salon, berceau de ses ancêtres, lui a consacré ce monument. »

Étant en 1786 à Toulon, j'ai été sur le vaisseau la *Couronne* (1), que montait M. de Suffren, lorsqu'il faisait ses grands exploits dans les mers des Indes. Ce vaisseau était alors en réparation dans le fameux bassin de Grognard. J'étais jeune, plein de feu, rempli d'enthousiasme pour ce héros, dont tout le monde, surtout en Provence, sa patrie, parlait, vantait, exaltait, racontait les faits d'armes. Je me rappelle, après trente-quatre ans encore, avec quel plaisir, avec quel intérêt, avec quelles vives émotions j'ai parcouru cette forteresse de bois sur laquelle s'étaient consommées tant et de si belles actions. Je n'étais plus à Toulon ce jour-là, j'étais à Ceylan, sur la côte de Coromandel, à Trinquemalay, à Goudelour, à Madras, à Pondichéry, etc. Si cette carcasse en œuvres mortes et en radoub a pu produire un tel effet sur un homme étranger à la gloire d'une

(1) C'est du vaisseau le *Héros* que veut parler M. de Zach, puisque M. de Suffren n'a jamais monté d'autre vaisseau que celui-ci pendant toute sa campagne de l'Inde. La *Couronne* était un vaisseau de quatre-vingts, qui, dans la guerre de 1778, fit successivement partie des escadres de MM. Dorvilliers, de Guichen et de Grasse.

nation, quels doivent être les transports d'un jeune garde-marine français qui parcourt ce même plancher qu'un Suffren avait arpenté de ses pas, en accomplissant ses hauts-faits et gestes !

Salon, toute petite ville de cinq mille âmes, a cependant produit plusieurs grands hommes. Nous avons déjà parlé d'Adam de Craponne : Hozier, Suffren, Lamanon étaient de cette ville. Le fameux médecin, astrologue, prophète, Michel Nostradamus, n'y a que son tombeau ; il était natif de Saint-Rémy, à cinq lieues de Salon, république considérable du temps des Romains, nommée Glanum, que Clovis Iᵉʳ, qui s'était fait baptiser par saint Rémy, archevêque de Reims, en 496, et qui l'accompagna, en 501, dans un voyage en Provence, avait donnée à cet archevêque, duquel elle a pris son nom actuel, etc. etc. *(Extrait de J. F. G. Hennequin)*.

Nᵒ 8.

Correspondance du Bailli de Suffren avec M. Piveron de Morlat, envoyé français à la cour du Nabab Hayder-Aly-Khan.

M. Piveron, homme de plume et d'épée, avait suivi le Nabab depuis 1781, dans ses guerres et avait montré un grand courage ; il était fort instruit des mœurs orientales et de la manière de traiter les affaires dans l'Inde. M. de Souillac avait pour lui la plus haute estime ; le corps d'armée de M. Duchemin lui dut sa subsistance et les secours abondants fournis par Hayder-Aly, qui, sans M. de Piveron, nous eût abandonnés et aurait fait sa paix avec les Anglais.

M. le commandeur de Suffren.

Goudelour, le 22 septembre 1782.

Monsieur le Général,

Je suis arrivé avant-hier, envoyé par le Nabab, avec un lack de roupies pour notre armée, et chargé de sa part de parler à M. le comte d'Hoffelize de la nécessité où il est d'aller chercher les lieux de fourrages pour sa cavalerie, et des moyens de maintenir Goudelour en état de défense pendant ce temps, avec assurance du prince de revenir sur les Anglais, s'ils entreprenaient une seconde fois de se porter sur Goudelour. Je pars aujourd'hui, pour retourner près de lui.

Le Nabab, M. le Commandeur, me charge de vous donner avis qu'il a donné l'ordre à Vennagi-Pandet de délivrer à M. Motais cinquante mille serres de riz, pour vous être envoyées à Trinquemalay. Il attend les mesures des boulets dont vous avez besoin, de la manière que je vous les ai demandés de sa part, par ma dernière lettre.

Veuillez bien, je vous prie aussi, avoir une correspondance fréquente avec ce prince; il est plus essentiel que jamais de l'entretenir dans ses heureuses dispositions pour nous, jusqu'à l'arrivée de M. de Bussy; car nos ennemis secrets, dans son Dorbar, renouvellent tout ce qu'ils ont déjà fait pour l'en détourner. Ils ont été jusqu'à lui dire que tout ce qu'on lui avait annoncé de ce général était faux; qu'il ne devait arriver que dans un an, et que, d'ici à ce temps, il viendrait aux Anglais des forces considérables de terre et de mer, qui les rendraient supérieurs à nous des deux côtés. Votre apparition à la côte ferait un bien bon effet dans les circonstances.

Ci-joint, M. le Commandeur, une lettre de M. de Montigny. Il a envoyé ici deux personnes chargées de faire, à vous et au général de terre, des ouvertures de la part des Mahrattes. Il est bien nécessaire que ce dont il s'agit se passe dans le plus grand secret, et soit traité de manière à ne pas donner d'ombrage à Hayder-Aly. Ces messieurs auraient bien désiré vous trouver ici; ils se rendent à Trinquebar, sans passer à Goudelour, où ils trouveront M. de Launay.

Tipou-Saheb a eu, en dernier lieu, un très-grand avantage sur les Anglais, dans les environs de Trichenapaly; il leur a pris deux mille Cipayes, quatre pièces de canon et beaucoup de munitions, dans une place qu'ils avaient évacuée subitement pour s'aller jeter dans Trichenapaly.

Je suis, etc. etc.

Signé PIVERON DE MORLAT.

M. *Piveron de Morlat.*

A Trinquemalay, le 25 septembre 1782.

J'ai reçu, Monsieur, la lettre que vous m'avez fait l'honneur de m'écrire le 13 septembre. Cette lettre, ainsi que celles que j'ai reçues de la côte, m'ont infiniment tranquillisé; si j'avais su les dispositions de Goudelour, les secours que le Nabab y avait fait passer, et sa disposition prochaine de marcher, j'aurais été encore plus tranquille. J'aurais bien eu envie de faire au Nabab un détail circonstancié de mon dernier combat; mais en vérité cela n'était point possible; et si je vous le faisais, vous approuveriez ma réticence à cet égard. Vous savez que ma coutume est de vous écrire toutes les fois que j'expédie des dépêches au Nabab; mais j'étais si pressé et si fatigué que je ne le pus pas. Offrir au Nabab de marcher avec lui était une chose très-bien faite; mais je crois que l'on avait mal fait d'insister sur cette proposition, et qu'il avait vu la chose mieux que nous, en la refusant. Le Nabab me demande dans ses quatre lettres des nouvelles de M. de Bussy; il m'embarrasse beaucoup, car je n'en sais aucunes.

Les lettres du 27 juillet, en m'annonçant une occasion plus sûre, ne me disent rien; ce qui ne laisse pas que de m'embarrasser.

Je vais dans ce moment partir pour la côte; vous sentez bien que, vu la saison, je ne pourrai y être que bien peu; je ne puis point avoir encore de projets fixes pour l'hivernage; il dépend des nouvelles et des circonstances que l'on ne peut prévoir : cependant le temps presse pour se décider. J'envoie au Nabab les mesures des calibres de boulets dont j'ai besoin; c'est à Goudelour que je désirerais qu'il me les fît rendre. La lettre que je lui écris maintenant n'est qu'une lettre de compliments; je lui avais envoyé une petite caisse d'excellentes oranges de Bourbon; comme il ne m'a pas répondu à ce sujet, j'ignore si ces petites attentions sont de bon goût. Vous pouvez l'assurer que Trinquemalay restera muni de façon à demander une très-grande entreprise. Je me porte on ne peut mieux; la fatigue et le chagrin n'ont point pris sur ma santé. Ma blessure était une contusion à la jambe qui n'a eu aucune suite.

Agréez, je vous prie, les assurances du respectueux attachement avec lequel

J'ai l'honneur d'être, etc.,

Signé le chevalier DE SUFFREN.

P. S. Je désirerais que le Nabab donnât des ordres bien précis à Vennagi-Pandet pour nous envoyer des bœufs et des moutons à Goudelour; et il est d'autant plus nécessaire que l'on se dépêche, que je pars d'ici sans aucun rafraîchissement pour les malades.

Je joins ici la note des boulets dont j'ai besoin, et je vous envoie les calibres dans la forme que le Nabab les a demandés. Pour le moment, je n'ai pas besoin de trente-six. Mais si le Nabab avait la commodité d'en faire faire, cela pourrait nous servir à l'occasion.

État des boulets dont l'escadre a besoin :

Calibre de 24	8,000	Calibre de 8	2,000
18	4,000	6	4,000
12	8,000	4	1,000

Il serait bon d'avoir cette quantité-là; mais quand on ne l'aurait pas toute, on pourrait encore attendre le convoi.

M. le Commandeur de Suffren.

Au camp du Nabab, près Chambargar, le 8 octobre 1782.

MONSIEUR LE GÉNÉRAL,

J'ai reçu la lettre en date de Trinquemalay, le 25 septembre dernier, que vous m'avez fait l'honneur de m'écrire. Votre apparition à la côte va faire le meilleur effet, mais j'apprends avec bien de la peine que vous n'avez aucunes nouvelles de M. de Bussy. L'arrivée de ce général à Ceylan a été annoncée au Nabab pour la mi-septembre; ce mois s'est écoulé en entier sans en entendre parler; il est infiniment inquiet, et ce retard lui fait prendre croyance à ce que je vous ai marqué dans ma dernière, qu'on lui avait écrit; c'est-à-dire que M. de Bussy ne devait arriver que dans un an, et que d'ici à ce temps, il viendrait aux Anglais des forces considérables de terre et de mer, qui les rendraient supérieurs à nous des deux côtés. Je suis cependant parvenu à lui persuader que ce mensonge n'avait été ourdi que par nos ennemis, ou leurs fauteurs; et en lui faisant entendre qu'on ne pouvait fixer un voyage de mer à quinze jours près, à raison des évènements de cet élément. J'ai persisté à lui dire qu'incessamment M. de Bussy arriverait à Ceylan, et que, d'un moment à l'autre, il en recevrait la nouvelle. Il est donc nécessaire, M. le Commandeur, que vous l'entreteniez souvent dans cette idée, car sa bonne volonté pour nous a besoin d'être soutenue. Il me disait encore dernièrement : « Depuis deux ans et demi que je suis descendu sur cette province,
» j'ai perdu vingt mille chevaux, beaucoup d'éléphans, de chameaux, de
» bœufs, et une quantité considérable de monde. J'ai dépensé des som-
» mes immenses. Mon armée est réduite à rien, en comparaison de ce
» qu'elle était d'abord. Mes troupes manquent de vivres, et leur mécon-
» tentement est au point, que je crains d'en être désobéi à l'occasion, et
» que je n'ose rien risquer contre les Anglais avant l'arrivée de M. de
» Bussy. Si ce général ne précède pas l'arrivée des troupes anglaises, que
» résultera-t-il de ma persévérance à vous rester uni, malgré mille sollicita-
» tions contraires qui me sont faites journellement ? Cependant, j'ai donné
» ma parole aux Français d'être leur ami, je la tiendrai; mais la fidélité que
» je mets à la garder m'est bien nuisible; vos troupes qui sont à Gou-
» delour sont si peu nombreuses, que je n'ose les perdre de vue, de
» crainte que les Anglais ne fassent contre elles quelque entreprise vi-
» goureuse à laquelle il leur serait difficile de résister, vu le mauvais
» état de cette place. Si je n'avais eu cette crainte, je me serais porté

» dans le N. de la côte, où, par les richesses que j'y aurais trouvées, je
» me serais récupéré de l'immensité de mes dépenses. D'un autre côté,
» mon pays est attaqué à la côte Malabar : jugez donc de ma perplexité.»

J'entrevois, Monsieur le Commandeur, dans le silence que vous gardez
sur le détail de votre dernier combat, des choses chagrinantes pour vous
et le bien du service du Roi ; je prends beaucoup de part à la peine que
vous en avez éprouvée. L'escadre anglaise est dans ce moment encore à
Madras dans le plus mauvais état. Ce qui le prouve, c'est le conseil qui a
eu lieu à ce sujet, et dans lequel l'amiral Hughes a déclaré affirmativement
qu'elle était hors d'état de tenir la mer pendant l'hiver, et que, vu la
perte de Trinquemalay, il ne voyait aucun port pour se réfugier et se radouber que Bombay. Le lord Macarteney s'est fort opposé à ce dernier
parti, en disant que si l'escadre quittait la côte dans ce moment, il fallait
renoncer aux possessions anglaises dans cette partie, et qu'il valait mieux,
au lieu de les abandonner, sacrifier les vaisseaux. Cependant l'avis de ce
gouverneur prévaudra probablement, l'amiral se trouvant directement sous
ses ordres et ceux du comité, et n'ayant pas le droit de faire des représentations.

Le Nabab, Monsieur le Commandeur, a donné des ordres précis à Vennagi-Pandet de vous fournir, à votre arrivée à Goudelour, tous les bœufs,
moutons, et la mantecque dont vous aurez besoin. Il y fera passer incessamment des légumes secs. Quant aux boulets, je lui en ai présenté les
passe-balles et l'état de la quantité que vous demandez. Il m'a dit que,
dans ce moment, il ne pourrait pas remplir en totalité aussi promptement
que vous le désirez, mais qu'il vous en enverrait à Goudelour autant qu'il
pourrait, et vous ferait venir le reste de son pays, ce qui ne pourrait pas
avoir lieu sur-le-champ. Il en fera faire également de trente-six par la suite.
Les oranges de Bourbon, que vous avez envoyées au prince, lui ont tellement fait plaisir qu'il vous en a envoyé en échange une caisse de Thé-
ringapatnam, en me faisant goûter alors des deux espèces, et remarquer
que celles de son pays étaient plus douces et plus belles que celles de
Bourbon.

Le bon état où je lui ait dit, de votre part, que vous avez laissé Trinquemalay l'a beaucoup intéressé, dans la conviction où il est de l'impor-
ance qu'il y a de nous conserver cette place.

Je suis, etc.

Signé PIVERON DE MORLAT.

M. Piveron de Morlat.

Devant Goudelour, le 6 octobre 1782.

J'ai reçu, Monsieur, les lettres que vous m'avez fait l'honneur de m'é-

crire, et je suis trop accablé d'affaires pour répondre avec le détail que
cela exigerait. Je sens bien combien vous devez avoir d'inquiétudes; elles
ne peuvent finir qu'à l'arrivée de M. de Bussy. Je vois combien vous aurez
de peine à avoir de l'argent, et avec quelle chaleur on vous en demandera;
je ne puis, dans ce moment-ci, que vous exhorter à la patience. Pour moi,
je suis obligé de quitter la côte, à cause de l'approche de la mauvaise saison. Je reviendrai le plus tôt que je pourrai, si cela dépend de moi, car
une fois joint à M. le marquis de Bussy, ce sera lui qui décidera des opérations de l'escadre. Je vous envoie un petit mémoire des mâts que je prie
le Nabad de me faire couper; il sera toujours bon qu'ils le soient, malgré
l'incertitude où je suis de l'instant où je pourrai aller les prendre.

J'ai l'honneur d'être, etc.

Signé Le Chevalier DE SUFFREN.

P.-S. Vu la saison, M. de Bussy ne pourra arriver que par le N. Si nous
hivernons à la côte de l'E., on peut, dès le mois de janvier, attaquer les
provinces du N. de Madras, et, si l'escadre anglaise a quitté la côte, entreprendre le siége de Madras avant son arrivée. Madras attaqué par le S. par
la petite armée de Goudelour, par le N. par celle de M. de Bussy, et à l'O.
par celle du Nabab, avec l'artillerie immense que nous avons, peut être
réduit dans vingt-cinq jours. Ne dites de cela au Nabab que ce que vous
croirez convenable; il serait bon que pendant l'hiver le Nabab nous fît des
magasins en blé et en riz.

Note des mâts nécessaires à l'escadre.

En cas qu'il y ait dans le pays des bois propres à la mâture, tels que
bois de teck et autres bois aussi légers et aussi liants, il faut en faire
couper, choisir ceux où il y aura le moins de nœuds et dont les veines
sont droites.

Nombre de pièces.	Longueur.	Epaisseur.
6	de 80 à 90 pieds.	25 à 22 pouces de diam.
12	de 70 à 80	21 à 24
24	de 60 à 65	19 à 22
24	de 65 à 70	18
30	de 45 à 55	12 à 16

Voilà les pièces nécessaires pour pourvoir à nos besoins actuels et à venir. Le Nabab m'a offert d'en faire couper. Je profite de son offre. Je ne
sais pas cependant le moment où je pourrai les prendre. Il n'est pas nécessaire de dire qu'il faut que ces mâts soient droits et bien sains, qu'ils
aient au petit bout les deux tiers du diamètre du gros; les longueurs sont
en pieds, les épaisseurs sont en pouces de diamètre; quand on ne pour-

rait pas avoir toute la quantité, ni même la plus grande partie, ce ne serait pas une raison pour n'en pas couper. Si j'avais eu les mesures du Nabab, j'en aurais fait la réduction, mais M. Piveron est prié de la faire, et la fera très-aisément.

Signé le Chevalier DE SUFFREN.

Lettre de M. de Suffren au Nabab.

Du 6 octobre 1782.

NABAB,

Je viens de recevoir deux de vos lettres; on me les envoyait par mer sur un petit bâtiment de seize canons qu'un vaisseau de guerre anglais de soixante-quatorze, contre toutes les lois, est venu prendre dans la rade de Trinquebar; heureusement un des envoyés des Mahrattes est venu à terre avec toutes ses lettres. Je vous félicite des avantages considérables qu'a remportés votre illustre fils; j'en suis très-charmé, et par rapport au bien de la cause commune, et à cause du plaisir que vous devez en avoir.

J'ai été voir M. le comte d'Hoffelize; quoiqu'il voie avec peine votre éloignement de lui, il se flatte de bien défendre Goudelour; mais il désirerait que vous lui envoyassiez un détachement de cavalerie, pour pouvoir être instruit de la marche des Anglais, et trois mille Cipayes; avec ce renfort, il est sûr de résister aux Anglais; il voit avec peine qu'il n'est pas possible de faire son dépôt à Chalembrón, comme vous le lui conseillez. 1° Il dit que cette place n'est point assez grande pour contenir son monde; 2° que le gros canon ne peut pas passer par les portes; 3° qu'il n'aurait ni assez de bœufs ni assez de temps pour faire les transports. Ce qui inquiète le plus M. d'Hoffelize, c'est qu'il craint que votre éloignement ne vous empêche de lui faire passer de l'argent; il en a grand besoin; outre qu'il a engagé beaucoup de Cipayes, il a été obligé de travailler aux fortifications, et y travaille encore. Par les lettres que je reçois, M. de Bussy sera bientôt dans l'Inde; mais voici une saison qui ne permettra pas aux vaisseaux de guerre d'aborder sur cette côte. Je vais être obligé moi-même de m'éloigner, et ce sera pour joindre M. de Bussy. Lorsque nous serons joints, je vous le ferai savoir, pour que vous concertiez les opérations de guerre avec lui. L'incertitude de la mer, surtout dans la saison où nous allons entrer, pourrait retarder l'arrivée de mes nouvelles; mais soyez tranquille, rapportez-vous-en à M. de Bussy. Les lettres de M. de Montigny, chargé des affaires du Roi auprès des

Mahrattes, et ce que m'ont dit les envoyés, m'assurent fort qu'ils n'ont point fait la paix avec les Anglais et qu'ils ne la feront point.

Signé le Chevalier DE SUFFREN.

M. Piveron de Morlat.

Ce 6 octobre, à 7 heures du soir.

Je me hâte de répondre à la lettre que vous m'avez fait l'honneur de m'écrire le 3 octobre. J'ai eu des nouvelles de M. de Bussy, le 1er août, et j'ai vu qu'il ne peut se flatter de partir que vers le 15 septembre. Dès lors il ne peut venir que par le N., et ne pouvant être ici le 15 octobre, temps où la côte devient impraticable, on ne peut se flatter de l'y voir que dans les premiers jours de janvier. Mais la même raison qui l'empêchera d'aborder à cette côte en empêchera les Anglais, et, si M. Hughes quitte la côte, nous pourrons nous trouver en mesure de débuter par le siége de Madras. Le point essentiel est de bien faire sentir au Nabab que les mêmes tempêtes qui nous empêchent de risquer notre escadre et notre armée, en empêcheront aussi les Anglais, et que nous les préviendrons à la fin de l'hivernage. Dites-lui qu'outre cinq vaisseaux qui sont à False, il y en a en chemin autant au moins ; que M. de Bussy a envoyé des ordres au Cap, pour qu'ils fussent en droiture dans l'Inde sans passer par Maurice. La réunion de toutes nos forces ne peut avoir lieu que vers la fin de novembre ; mais, dans les premiers jours de janvier, on peut se mettre à même de frapper de grands coups. Je ne lui ai point écrit tout cela, parce que je me méfie des gens de son Dorbar ; dites-lui-en ce que vous croirez convenable qu'il sache, mais surtout le plus grand secret ; car, si les Anglais savaient notre rendez-vous, tout serait perdu. Je ne saurais trop vous répéter de lui bien dire que voici la saison où il n'est plus à craindre qu'on vienne chercher cette côte, et qu'à l'ouverture de l'autre nous y serons les premiers. Vennagi-Pandet m'a fourni des bœufs, des moutons et 50,000 serres de riz. Je n'ai point encore de légumes secs. Je sens toute la force du raisonnement du Nabab, nous ne lui rendons aucun service, et nous ne cessons de lui demander de l'argent, même avec aigreur. Grande partie du dernier lack a été employée à rendre plus d'argent qu'on n'en avait prêté, car on avait prêté des piastres à 6 livres, on ne les avait pas voulus sur ce pied, mais on a voulu des pagodes à 8 livres 10 sous, ce qui fait une perte de 18 p. 100 pour le Roi. Vous verrez, par ma lettre au Nabab, que sans fixer l'époque de l'arrivée de M. de Bussy, je la regarde comme très-prochaine ; elle l'est réellement. M. de Peinier a envoyé avant lui la *Cléopâtre*, de 36 canons, avec douze transports; il devait partir de False le 15 juillet. Le manque de vivres à False, et la difficulté des transports, ont été les seules causes de ce retardement, car il est à False depuis le 20 mai. Nous avons des offres des Mahrattes. Les Rajas du N. ont envoyé à M. d'Hoffelize; dans peu de mois, la révolution peut être générale. Profitez de la circonstance pour faire sentir au Nabab combien il sera glorieux pour lui d'avoir attaché le grelot; combien la France en sera reconnaissante. Ce n'est point, en vérité, le temps d'abandonner notre cause. Si le Nabab veut laisser à M. d'Hoffelize cinq cents chevaux et trois milles Cipayes, il ne craindra pas les Anglais. Le prince pourra poursuivre ses projets dans le N. Dites au prince que je ne suis pas complimenteur; que c'est pour ne pas l'ennuyer que, dans mes lettres, je ne parle qu'affaires; que mon attachement pour lui est sans bornes; que je n'oublierai jamais qu'il a fait une marche de quatre jours pour venir conférer avec moi. On a exigé que je lui écrivisse encore pour de l'argent; en vérité, j'en suis si honteux que je n'ai pas su insister.

Recevez les assurances du respectueux attachement avec lequel j'ai l'honneur d'être, etc.

Signé le Chevalier DE SUFFREN.

M. le Commandeur de Suffren.

Au camp près Velour, le 28 octobre 1782.

MONSIEUR LE GÉNÉRAL,

J'ai reçu hier les deux lettres du 6 de ce mois que vous m'avez fait l'honneur de m'écrire. La nouvelle que j'ai, de votre part, donnée au Nabab, du départ de M. de Bussy, de l'Ile-de-France, vers le 15 septembre, et de la réunion de toutes nos forces à la fin de novembre, lui a fait tant de plaisir, qu'en conséquence il m'a paru absolument décidé à rester dans la province jusqu'à cet heureux moment, en abandonnant le projet qu'il avait eu d'abord d'aller dans le N. De cette manière, il sera en mesure de faire passer subitement des secours à M. le comte d'Hoffelize, si les Anglais entreprenaient de se porter de nouveau sur Goudelour, et de les y suivre lui-même. Il n'a point répondu à la proposition d'envoyer actuellement trois mille Cipayes et cinq cents cavaliers, et à laquelle il s'était déjà refusé. Au premier mouvement que l'armée anglaise ferait sur cette place, je la lui renouvellerais, et l'exciterais de toutes mes forces à aller lui-même secourir un dépôt aussi intéressant. J'ai, M. le Commandeur, bien fait entendre au prince, et répété plusieurs fois ce que vous m'avez recommandé particulièrement de lui dire, que,

si la mauvaise saison empêchait M. de Bussy d'aborder à cette côte avant qu'elle fût finie, et vous-même d'y rester plus long-temps, outre la nécessité où vous étiez d'aller vous joindre à ce général, cet empêchement était le même pour l'escadre anglaise; qu'à la fin de l'hivernage, c'est-à-dire dans les premiers jours de janvier, toutes nos forces réunies s'y porteraient et y précéderaient les Anglais, et qu'à cet effet M. de Bussy avait expédié une frégate au Cap, pour donner ordre à la seconde division de venir le rejoindre en droiture dans l'Inde, sans passer par Maurice; qu'alors on serait à lieu d'entreprendre le siége de Madras tout en débutant; que vous étiez pénétré de tous les services qu'il nous avait rendus jusqu'ici; que le roi de France les apprendrait avec reconnaissance, et la lui témoignerait; qu'enfin il touchait au moment d'en recueillir les fruits; qu'encore un peu de temps, il serait en mesure d'écraser dans toute l'Inde nos ennemis communs, etc. etc. Il m'a répondu : « J'ai beau-
» coup de confiance à tout ce que me dit M. de Suffren. Ce que vous
» m'annoncez de sa part me fait le plus grand plaisir, et je le crois; plût
» à Dieu que ce moment fût déjà arrivé, et qu'aucun événement ne dé-
» truisît d'aussi bons projets, car je désire autant la gloire de votre na-
» tion que la mienne. »

J'ai cru qu'il ne fallait pas actuellement lui parler du rendez-vous de nos forces, à raison de ce qu'il est bien difficile qu'un secret soit gardé dans sa cour, quoique je l'aie prié d'en observer un très-scrupuleux sur toutes ces choses, et que je me sois approché très-près de lui, et aie parlé bas pour le lui dire. Il m'a ajouté ensuite qu'il serait nécessaire, aussitôt la réunion de nos forces, que M. de Bussy lui expédiât un aviso pour l'en instruire, afin de combiner avec lui les opérations de la campagne.

J'ai fait part au Nabab, Monsieur le Commandeur, de la note des mâts qui vous sont nécessaires, en lui rappelant l'offre qu'il vous a faite précédemment de vous en faire couper. J'ai fait la réduction de leurs dimensions en mesures à lui connues, et j'en fais faire présentement la traduction en mahratte, comme il l'a désirée. A ce sujet, il m'a dit : « Je vais faire
» faire ces mâts le plus promptement possible, près de Mangalor, où je les
» ferai transporter. Je vais faire également armer cinq à six vaisseaux,
» depuis quarante jusqu'à soixante canons, que j'ai dans ce port; je
» pense qu'ils pourront être utiles à M. de Suffren, et se battre conjoin-
» tement avec les siens et sous ses ordres, contre nos ennemis. Je ne
» puis que leur donner des Lascars pour équipages; mais ce général sera
» à lieu de les composer mieux, en faisant passer sur ces vaisseaux un
» certain nombre d'Européens, et en tirant des miens un pareil nombre
» de Lascars. »

24

Je ne sais, Monsieur le Commandeur, si ces vaisseaux ne vous seraient pas plus à charge qu'utiles; mais c'est par intérêt pour la cause commune, et par une suite de la confiance que le Nabab a en vos opérations, qu'il a fait cette proposition. Je n'ai donc pas pu me dispenser de lui répondre que je croyais qu'elle vous serait fort agréable, et que vous verriez avec plaisir son pavillon dans votre escadre. Je pense, en même temps, qu'il serait à propos que vous lui écrivissiez des choses honnêtes à cet égard; j'envisage, d'un autre côté, l'acceptation de sa proposition comme très-avantageuse pour nous, en ce que, de cette manière, il se lie d'autant plus à nos intérêts.

J'ai ensuite parlé au Nabab des deux lacks de roupies dont notre armée a besoin, en lui répétant tout ce que lui a écrit à ce sujet M. le comte d'Offelize, et lui ajoutant particulièrement de votre part que, d'après tout ce qu'il avait déjà fait pour elle, vous étiez confus de lui faire cette demande; mais qu'elle en avait tellement besoin, à raison des travaux qu'on avait été obligé de faire pour mettre Goudelour en état de défense, et qu'on continuait, que vous ne pouviez vous dispenser de lui représenter que cette somme lui était nécessaire pour couvrir ses dépenses les plus urgentes, jusqu'à l'arrivée de M. de Bussy. Il m'a répondu de vous écrire de sa part que, lors de votre départ pour l'expédition Trinquemalay, vous l'aviez prié de ne pas laisser manquer notre armée de l'argent et des vivres dont elle aurait besoin; qu'il avait eu égard à votre recommandation; qu'il lui avait fourni jusqu'ici cinq lacks de roupies et six lacks de vivres; et que si, décidément, vous trouviez indispensable qu'il donnât encore cette somme, il la donnerait. Je crois donc nécessaire, Monsieur le Commandeur, qu'en remerciant le Nabab de cette condescendance pour vous, vous lui écriviez de nouveau pour l'assurer du besoin qu'a l'armée de cette somme, et je suis persuadé qu'alors il la donnera.

Vous n'avez point de compliments à faire auprès de ce prince; l'estime particulière et la haute considération qu'il a pour vous, vous en dispensent. Tout ce qui vient de votre part est reçu avec le plus grand empressement. Il est bon juge, et il semble avoir pris pour vous les sentiments que tous les bons Français vous doivent à juste titre.

Vous devez, Monsieur le Commandeur, avoir reçu présentement sept mille cinq cents boulets, cent charges des mantecque et autant de légumes secs, qu'à ma connaissance le prince a fait transporter à Goudelour pour vous être remis.

L'armée du Nabab est présentement campée à deux cosses et demi de Velour. Le prince a annoncé qu'il resterait dans ce lieu au moins vingt jours. Il a été ces jours-ci reconnaître cette place; je l'y ai accompagné;

je ne crois pas que ce soit pour en faire le siége, car il m'a dit au moment où il l'observait : « Lorsque M. de Bussy sera ici, nous ne tarderons » pas à nous emparer de cette place et de toutes les autres qui restent » aux Anglais. »

Je suis, etc.

Signé PIVERON DE MORLAT.

Lettre de M. de Suffren au Nabab.

Du 13 octobre 1782.

NABAB,

J'ai reçu la lettre que vous m'avez écrite le 8 de ce mois, par laquelle vous m'annoncez que Vennagi-Pandet me verra pour me communiquer des lettres de votre part ; je l'ai vu, et il m'a parlé fort au long sur tous les objets dont vous l'aviez chargé. La précédente lettre que je vous ai écrite, et qui était fort longue, répondait, en quelque façon, aux objets que vous m'avez proposés ; mais je vais y répondre plus en détail. J'ai été parcourir la place de Goudelour, on continue à y travailler ; mais, malgré les travaux que l'on y fera, on ne peut se flatter d'en faire une bonne place, l'enceinte en est trop grande et les fortifications un peu mauvaises. On ne peut espérer de s'y soutenir que par une forte garnison. M. le comte d'Offelize vous demande trois mille Cipayes, et je crois, en vérité, que ce n'est pas de trop ; nous avons dans la place beaucoup de canons, et ils seront placés avec intelligence par les soins de M. d'Espinasse, dont vous connaissez l'habileté. Il m'est impossible de débarquer un seul Européen, les quatre combats que j'ai soutenus m'en ont fait perdre, tuer ou estropier près de mille. Depuis dix mois que je suis parti, j'en ai perdu 600 par la maladie ; aux hôpitaux de Trinquemalay et de Goudelour, 800, de sorte qu'il me manque 2,400 hommes, et sans les équipages des vaisseaux que j'ai eu le malheur de perdre, je n'aurais pas pu rendre à M. d'Offelize les Européens et les Indiens que j'avais embarqués. Relativement à M. de Bussy, je ne puis vous dire que ce que je vous ai dit dans ma précédente : il est sûrement parti, mais dans la saison où nous sommes, il ne peut point aborder cette côte. Quelque chagrin que j'aie de m'éloigner de vous, il faut, pour le salut de l'escadre, que je parte et que j'aille au devant de M. de Bussy ; une fois lui et moi réunis, les affaires prendront un autre tour, et l'on peut regarder, de ce moment-là, la puissance des Anglais comme anéantie. Si vous avez la bonté d'envoyer à M. d'Offelize les Cipayes qu'il vous demande, les cinq cents hommes de cavalerie, pour éclairer les démarches des Anglais, et l'argent nécessaire pour attendre M. de Bussy, je ne vois point d'inconvénient que vous suiviez votre projet d'aller dans le N. Il paraît que les Anglais veulent former une armée dans le S. Après la défaite de Braithwaite par votre illustre fils, ils envoyèrent le *Yarmouth* avec un train d'artillerie et des officiers ; le *Yarmouth* ayant été pris, ils ont envoyé un autre bâtiment que j'ai brûlé ; mais les officiers et le monde qu'il avait étaient débarqués, la plus grande partie des munitions de vivres et de guerre ont été perdues. Le mauvais temps me force de m'éloigner de la côte, et dans deux jours au plus tard, je compte partir. Je vous prie de n'être point inquiet si vous ne recevez pas de mes nouvelles : les voies de mer sont trop incertaines pour y compter. Conservez-moi vos bontés, et soyez persuadé qu'autant par devoir que pour exécuter les ordres du Roi mon maître, et par l'inclination que j'ai pour vous, je ne négligerai rien de ce qui pourra nuire à nos ennemis communs.

Je vous remercie des ordres que vous avez donnés à Vennagi-Pandet de me fournir des bœufs, des cabrits, des ognons, de la mantecque et des dattes.

Dès que j'aurai tous ces différents objets, je lui en ferai donner des reçus.

Signé Le Chevalier DE SUFFREN.

P.-S. à M. Piveron. — Je vous envoie, Monsieur, la copie de la lettre que j'écris au Nabab ; ce sera la dernière, au moins pour quelque temps. Je m'en rapporte à celle que j'ai eu l'honneur de vous écrire avant-hier. Je crains encore que l'esprit qui régnait du temps de M. Duchemin ne se renouvelle, et que les clabauderies ne recommencent.

Signé Le Chevalier DE SUFFREN.

M. le Commandeur de Suffren.

Au camp du Nabab, près Velours, le 14 octobre 1782.

MONSIEUR LE GÉNÉRAL,

A l'instant même, je reçois une lettre du 23 septembre dernier, de M. de Montigny, qui me marque qu'on peut être très-tranquille sur les dispositions actuelles de la cour de Pounah ; qu'il n'y a ni paix ni trève entre elle et les Anglais ; que *Nanafernis* l'en assure chaque fois qu'il traite avec lui des intérêts de la nation ; mais que cependant il ne répond des dispositions de cette cour que pour le moment, et qu'elles seront soumises dans la suite au développement des événements, lors de l'arrivée de M. le marquis de Bussy.

Ces nouvelles, Monsieur le Commandeur, ne sont qu'une confirmation des dernières qu'on a eues de M. de Montigny; mais dans la même lettre, il m'en écrit une autre par *post-scriptum*, qui est on ne peut plus intéressante pour vous. La voici en propres termes : « Nanafernis m'assure qu'il » est venu une escadre d'Europe à Bombay, composée de six vaisseaux de » guerre et de seize bâtiments de transports; point de troupes de débar- » quement, du moins à Bombay. Cette escadre est partie depuis six jours » pour aller, dit-on, rejoindre celle de l'amiral Hughes; il serait bien im- » portant d'empêcher cette jonction. »

Quoique M. de Montigny me commande de transmettre à M. le comte d'Offelize les nouvelles qu'il m'écrit, je ne lui fais point part de celle-ci, et n'en donne connaissance qu'à vous et à M. de Launay; et comme il m'a envoyé une lettre pour M. de Boistel, dans la crainte qu'il ne lui parle de cette nouvelle inquiétante, j'écris à ce dernier en lui envoyant sa lettre : « Je crois bien important, si M. Montigny vous parle des vaisseaux anglais » de Bombay, de ne vous en ouvrir qu'à M. le Commandeur. »

Je vais, d'un autre côté, Monsieur le Commandeur, écrire sur-le-champ à M. de Montigny pour le prier de s'informer plus particulièrement si cette nouvelle est vraie; mais lors de sa réponse, vous ne serez plus à la côte.

Je suis, etc.

Signé PIVERON DE MORLAT.

M. le Commandeur de Suffren.

Au camp du Nabab, près Velours, le 15 octobre 1782.

Monsieur le Général,

Le Nabab, hier au soir, me dit de vous écrire qu'il venait de recevoir la nouvelle, de la côte Malabar, que vingt vaisseaux, les uns grands, les autres petits, étaient partis de Bombay, sans qu'on sût où ils allaient; qu'il présumait cependant qu'ils se portaient sur Mangalor, ou autre de ses possessions, ou bien qu'ils venaient se joindre à l'escadre de M. l'amiral Hughes. Cette nouvelle, Monsieur le Commandeur, me paraît la même que m'a marquée M. de Montigny, et dont je vous ai fait part hier.

Le Nabab m'ajouta de vous écrire également, de sa part, qu'il avait eu avis que trois vaisseaux de guerre de l'escadre de M. Hughes étaient venus débarquer à Négapatnam le colonel Lang et trois cents hommes de troupes, avec plusieurs pièces d'artillerie, des munitions de guerre et de bouche. Je lui répondis que j'avais eu, au commencement de ce mois, la nouvelle que cette opération avait eu lieu lorsque vous étiez encore à

Trinquemalay, et que je pensais que c'était la même qu'on lui marquait présentement.

Je suis, etc.

~ *Signé* PIVERON DE MORLAT.

M. le Commandeur de Suffren.

Au camp du Nabab, près Velours, le 17 octobre 1782.

MONSIEUR LE GÉNÉRAL,

J'ai reçu la lettre du 13 de ce mois, que vous m'avez fait l'honneur de m'écrire, jointe à la copie de celle de même date que vous avez adressée au Nabab, et que je lui ai fait une seconde fois interpréter. Le prince vous a répondu et m'a chargé de vous écrire que le mauvais temps de la mousson du N. commençant à se déclarer, il sentait parfaitement que vous ne pouviez plus long-temps sans danger rester à la côte; que, conséquemment, convaincu de ce que vous lui dites à ce sujet, il était le premier à vous inviter à partir, vous recommandant aux destins heureux qui accompagnent les grands hommes (ce sont ses expressions). Il m'a ajouté : « Je » sens trop aujourd'hui l'importance de votre départ de Goudelour pour » suivre mon premier projet d'aller dans le N.; je resterai donc sur la » province jusqu'à l'arrivée de M. de Bussy, et, si les Anglais font de nou- » velles entreprises sur cette place, je lui porterai un prompt secours; » assurez-en de ma part M. de Suffren. Qu'il parte promptement; qu'il aille » rejoindre M. de Bussy; qu'il revienne le plus tôt possible avec lui, et alors » nous ferons de grandes choses, qui me consoleront de l'inaction où je » suis obligé de rester. C'est pour les intérêts de votre nation que je m'y » résous; mais j'ai promis d'être votre ami, l'allié de votre Roi; je gar- » derai scrupuleusement ma promesse. Que M. de Suffren parte dans cette » confiance et en assure M. de Bussy quand il le verra. » De cette ma- nière, il n'enverra pas les trois mille Cipayes ni les cinq cents cavaliers que M. d'Offelize lui avait demandés. Lorsque je lui en ai parlé, il y a déjà quelque temps, de la part de Monsieur le comte, cette proposition ne parut pas lui plaire, je ne sais pourquoi. Je vous avoue, Monsieur le Com- mandeur, que cet intérêt que le Nabab prend à ce qui nous regarde m'at- tendrit réellement. Je crois pouvoir vous certifier qu'il est sincère, quoi qu'on en dise; car, que n'a-t-il pas fait pour nous jusqu'ici? Vous rendez justice à ses sentiments; M. de Bussy la lui rendra certainement aussi; mais ce que vous me dites par votre post-scriptum, et dont je m'étais déjà aperçu, me fait trembler jusqu'à l'arrivée de ce général. Quoi qu'il en soit, je mettrai tout en œuvre pour soutenir continuellement le prince dans son heureuse bienveillance pour nous, soyez-en persuadé.

Agréez, Monsieur le Commandeur, les vœux que je fais pour que toute sorte de bonheur couronnent vos glorieuses entreprises, et veuillez bien, je vous supplie, me conserver vos bontés.

Je suis, etc.

Signé PIVERON DE MORLAT.

M. Piveron de Morlat.

A Goudelour, le 6 février 1783.

J'étais à Gamjam, Monsieur, lorsque j'appris, par les équipages de la frégate le *Cowentry*, que nous prîmes le 12 janvier, la mort d'Hayder-Aly. Je pensai alors qu'il était essentiel de gagner la côte. Je renonçai à toute entreprise, et je partis le 15, dès que j'eus rassemblé les vaisseaux chasseurs. J'ai été si fort contrarié par les calmes, que je ne suis arrivé qu'aujourd'hui. Je n'ai pas même osé passer sur Armégon, parce que l'année passée, précisément dans le même temps, j'y fus retenu dix jours par les calmes. J'en ai à présent du regret; mais je ne savais pas pour lors que le Nabab Tippou suivît les grands desseins de son père. Les Anglais nous l'avaient dit battu complètement par le général Mathews, vers Calicut, et je craignais que l'on eût besoin de moi ici. Recevez mon compliment sur le parti qu'ont pris le Nabab et son armée, car je ne doute pas que vous n'y ayez eu la plus grande part. Je lui écris une lettre de compliments. Je suis un peu embarrassé relativement à M. de Bussy; mais je crois qu'à présent on peut regarder et assurer son arrivée comme très-prochaine.

Ma croisière n'a pas été heureuse, voici ce que j'ai pris:

Le *Cowentry*, de trente canons; le *Blancford*, vaisseau de compagnie, où il y avait huit cents balles de drap; une gourave ou pale, de vingt canons, marche supérieure; cinq senaults, sous pavillon anglais, allant au Bengale; sur divers parias détruits ou brûlés, cinq cents tonneaux de riz; un bâtiment de soixante-dix tonneaux, chargé d'artillerie et effets d'artillerie, allant du Bengale à Gamjam; un bâtiment de soixante-dix tonneaux, chargé de poivre, alun, noix d'Arèque.

J'aurais pu faire beaucoup mieux, mais, mais, mais, etc. Il y a dans l'escadre beaucoup de malades; nous aurions besoin de repos, mais c'est le temps d'agir. L'envoi du vaisseau commandé par M. de Boisquenay prouve que nos malheurs d'Amérique n'ont point fait renoncer à l'Inde; sans l'épidémie qui a diminué l'armée de M. de Bussy, et qui en a retardé l'arrivée, nous aurions fait de belles choses cette année. Je n'ai encore vu que M. de Solminihac. Je suis mouillé entre Pondichéry et Goudelour : au jour, j'irai à Pondichéry. D'Achem, j'avais détaché le *Petit-Annibal* et la *Bellone*, pour aller faire une croisière à l'embouchure du Gange ; je n'en ai point de nouvelles, ce qui m'inquiète fort, et je ne sais qu'imaginer.

Agréez, je vous prie, les assurances du respectueux attachement avec lequel j'ai l'honneur d'être, etc.

Signé Le Chevalier DE SUFFREN.

P. S. Je vous prie de dire au Nabab que je n'ai pas cru convenable, dans mes premières lettres, de lui faire des demandes, mais que j'aurais particulièrement besoin de viandes fraîches, blé, mantecque et graines jaunes.

M. le Commandeur de Suffren.

Au camp du Nabab Tippou-Sultan-Bahader, près Nellipacom,
le 9 février 1783.

MONSIEUR LE GÉNÉRAL,

J'ai reçu ce soir, avec un bien sensible plaisir, la lettre du 6 de ce mois, que vous m'avez fait l'honneur de m'écrire. J'ai été, sur-le-champ, présenter au Nabab Tipou-Sultan celle qui y était jointe, à son adresse. Depuis long-temps, ce prince me demandait de vos nouvelles ; il a appris votre arrivée avec beaucoup de satisfaction. Il n'ignore point, M. le Commandeur, la haute estime et la grande considération qu'avait pour vous le feu Nabab son père ; il sait combien vous méritez ces sentiments, et je crois pouvoir vous assurer qu'il en est pénétré lui-même. Depuis long-temps déjà je l'entretenais des besoins que vous auriez à votre arrivée. Il me répondait toujours qu'il avait tous les objets qui vous étaient nécessaires, dans Harny ; et, lorsque je lui ai parlé ce soir de la nécessité de vous les faire parvenir, il en a donné l'ordre sur-le-champ.

J'ai, Monsieur le Commandeur, un million de choses à vous dire ; je ne le puis aujourd'hui, le prince me pressant de faire ma lettre, pour l'envoyer avec la sienne à l'instant par un chameau coureur. Il désire m'expédier auprès de vous, lorsque M. Delaunay, qu'il attend ici, s'en retournera ; alors j'aurai l'honneur de vous entretenir de tout ce qui s'est passé pendant votre absence, et des grands intérêts actuels. Dans l'impossibilité où je suis de vous entretenir présentement, je me tranquillise sur ce que M. Delaunay me marque vous avoir communiqué la dernière lettre du 3 de ce mois, que je lui ai écrite, et qui vous mettra au fait de la position actuelle du prince.

Nous sommes ici à cinq cosses de Vandavachy, et M. le comte d'Offelize est campé à une cosse de nous. L'armée anglaise s'est portée à Vandavachy, pour favoriser, dit le Nabab, son évacuation. Le prince a l'intention de l'aller attaquer; s'il prend ce parti, j'aurai l'honneur de vous
en instruire, comme de tout ce qui se passera.

Je suis avec respect, etc.

Signé PIVERON DE MORLAT.

P. S. La perte que nous avons faite par la mort d'Hayder-Aly-Kan est
irréparable. Quoique Tipou-Sultan semble vouloir poursuivre les projets
de son père et demeurer notre allié, il n'a ni la capacité, ni le génie, ni
les talents militaires du feu Nabab. Ce sont des vérités dont on a eu occasion de se convaincre depuis son avènement.

Hayder-Aly-Kan était le prince le plus étonnant qui ait jamais paru en
Asie. De rien, il a formé ses vastes États par la force de son bras; il a
su, par son génie, les conserver jusqu'à la fin, et est mort la terreur de
l'Inde entière et de la nation anglaise, au milieu des conquêtes qu'il a
faites sur cette nation belliqueuse et puissante. Tipou-Sultan a hérité
subitement de ces grandes possessions, de trésors immenses, d'une nombreuse armée; il en est trop orgueilleux. Dieu veuille qu'il sache se
maintenir dans ces beaux avantages, tant que nous aurons besoin de lui.
Le feu Nabab était d'ailleurs sincère ami des Français (et je mets de côté,
en disant cela, l'intérêt qui pouvait lui faire rechercher notre alliance);
il en a donné des preuves convaincantes jusque dans ses derniers moments. Il avait pris beaucoup de confiance en moi, et me donnait journellement des marques publiques de ses bontés, ce qui me facilitait son
accès et m'a souvent aplani beaucoup de difficultés dans les objets que
j'ai à traiter avec lui. Je le regrette infiniment, et pour la nation, et
pour moi-même.

Tippou-Sultan connaissait d'abord la manière dont je me suis com-
porté avec le feu Nabab, et sa bienveillance pour moi; d'un autre côté,
les trois chefs qui ont commandé l'armée au moment de la mort de son
père et jusqu'à son arrivée, lui ont rendu compte de la conduite que j'ai
tenue dans cette circonstance critique; de sorte qu'il me traite avec beaucoup d'honnêteté et de bonté. Il me témoigne aussi de la confiance; j'ai
tout lieu personnellement de m'en louer; mais quant aux affaires dans
tous les genres, quelle différence de génie, de lumières, d'action, de
manière de gouverner, de lui au grand homme qui n'est plus!

Je suis avec respect, etc. etc.

Signé PIVERON DE MORLAT.

N° 9.

Lettre du Ministre de la Marine, adressée au commandant de Brest. (1)

A Versailles, le 31 juillet 1784.

Parmi les grâces que le roi a accordées, Monsieur, aux officiers qui ont servi dans l'escadre de l'Inde, ceux de votre département sont compris pour celles ci-après, savoir :

M. de Saint-Félix, capitaine de vaisseau, 400 fr. de pension sur le trésor royal, ajoutée à celle de 800 fr. qu'il a obtenu sur l'ordre royal et militaire de Saint-Louis, pendant la campagne ;

M. de Cuverville, autre capitaine de vaisseau, 400 fr. de pension sur le trésor royal, ajoutée à celle de 600 fr. sur l'ordre de Saint-Louis qui lui a été accordée pendant la campagne ;

M. Cramezel de Kerhué, autre capitaine de vaisseau, 600 fr. de pension sur le trésor royal ;

Les sieurs de Rosily et Kersauson de Gousmelquin, lieutenants de vaisseau, faits capitaines de vaisseau à prendre le rang qui leur sera réglé ;

Le sieur Lusignan, lieutenant de vaisseau, 500 fr. de pension à prendre sur les Invalides ;

Le sieur du Boissauveur, lieutenant de port, qui a été blessé, 600 fr. de pension sur les Invalides ;

Le sieur Leveneur de Beauvais, autre lieutenant de port, la croix de Saint-Louis ;

Le sieur Villaret de Joyeuse, capitaine de brûlot, de Lorient, resté dans l'Inde, commandant le *Cowentry*, fait lieutenant de vaisseau ;

Le chevalier de la Salle, capitaine de brûlot de Lorient', 500 fr. de pension sur les Invalides ;

Le sieur Joly, capitaine de brûlot, de Lorient, la croix de Saint-Louis ;

Le sieur Kerlero de Rosbo, capitaine de brûlot, de Lorient, resté dans l'Inde, la croix de Saint-Louis.

Le sieur Trublet de Villejégu, capitaine de brûlot pour la campagne, de Lorient, le grade de lieutenant de vaisseau et la croix de Saint-Louis ;

Les sieurs Clemencierre, Puvin de Keraudrin et Groignard, autres capitaines de brûlot pour la campagne, tous trois de Lorient, le grade de capitaine de brûlot, brevetés en pied ;

Le sieur Le Carlier d'Herlye, enseigne de vaisseau, fait lieutenant de vaisseau à prendre le rang qu'il a précédemment perdu, et 400 fr. de pension sur le trésor royal ;

(1) Jean-Charles comté d'Hector, lieutenant-général des armées navales, etc.

Le sieur Royon de Carcaradec, autre enseigne de vaisseau, fait lieutenant de vaisseau, à prendre son rang à présent ;

Les sieurs Duplessis de Cadignan, chevalier Baché, Gigault de Bellefonds, Michel de Monthuchon, autres enseignes de vaisseau, faits lieutenants de vaisseau, à prendre le rang qui leur sera réglé ;

Le sieur Courson de Lavillehelio, autre enseigne, fait capitaine de brûlot ;

Le sieur de Kervet de Keravel, autre enseigne, une lettre de satisfaction que je joins ici et que vous lui remettrez ;

Le sieur Tromevie de Guignereuc, enseigne de port, pour accélérer son avancement ;

Les sieurs Gestu de Châteaufens et Bonnet, enseignes de vaisseau, pour la campagne, tous deux de Lorient, faits enseignes de vaisseau du jour où le sieur Pallière l'a été ;

Les sieurs Sebire de Beauchêne et Chevalier du Drezit, lieutenants de frégate, faits capitaines de brûlots ;

Les sieurs Veruin-Daigrepont et Fournier de Frele, gardes de pavillon, faits enseignes de vaisseau ;

Les sieurs Porciet de Bonnevie et de Closmadeuc, gardes marine, faits enseignes de vaisseau ;

Le sieur Godefroy, maître canonnier, fait sous-aide-major d'artillerie, surnuméraire à Brest ;

Le sieur Caupenne, capitaine d'armes, fait sous-lieutenant dans la division de Brest ;

Mme de Salvert, veuve du lieutenant de vaisseau, tué commandant le *Flamand* au dernier combat devant Goudelour, a obtenu 1,200 fr. de pension sur le trésor royal.

J'ai l'honneur d'être, avec un sincère attachement, Monsieur, votre très-humble et obéissant serviteur,

Le maréchal DE CASTRIES.

N° 10.

Du même au même.

Versailles, le 31 juillet 1784.

Le Roi, en prononçant, Monsieur, sur les grâces méritées par les officiers qui ont bien servi dans l'escadre de l'Inde, sous les ordres de M. le Bailly de Suffren, a prononcé aussi sur le sort de ceux qui se sont mal conduits ; il y en a six de votre département :

Sa Majesté a cassé M. le chevalier de Cillart, capitaine de vaisseau, commandant le *Sévère*, qui, au combat du 6 juillet 1782, devant Négapatnam, avait amené le pavillon;

Elle a fait expédier la permission de retraite ci-jointe à M. de la Landelle-Roscanvre, capitaine de vaisseau, qui a demandé à quitter son commandement après l'affaire de Trinquemalay;

Elle a donné la retraite, avec 600 fr. de pension sur le trésor royal, au sieur Tréhouret de Pennelé, lieutenant de vaisseau, qui, ayant obtenu le commandement du *Bizarre*, l'a perdu à la côte Coromandel par son incapacité; vous lui remettrez sa permission de se retirer que je joins ici;

Elle a aussi donné la retraite, avec 800 fr. de pension sur le trésor royal, au sieur de la Boixière, lieutenant de vaisseau, qui était en second sur l'*Artésien* au combat de la Praya;

Enfin, elle n'a pu conserver au service le sieur de la Pallière, enseigne de vaisseau, qui, se trouvant de quart sur l'*Orient*, et son père étant attaqué de la goutte, a perdu ce vaisseau sur une roche par son entêtement et son ignorance; sa permission de retraite est ci-jointe.

Un autre vaisseau, qui n'était pas sous les ordres de M. le bailly de Suffren, a été perdu par la désobéissance et la faute très-grave du sieur L'Héritier, lieutenant de frégate, embarqué sur le *Sérapis*. Ce vaisseau, se trouvant en relâche à Madagascar, le sieur Roché, qui commandait, ordonna un transversement d'eaux-de-vie, et enjoignit, en même temps, que les lumières fussent tenues soigneusement dans les fanaux pendant cette opération. Le sieur L'Héritier, qui commandait dans la calle, fit sortir les lumières des fanaux, malgré les représentations de ceux qui y étaient : le feu prit aux eaux-de-vie et brûla le vaisseau. Ces faits sont constatés par un procès-verbal, et Sa Majesté a cassé le sieur L'Héritier pour sa désobéissance et le mal qu'elle a causé. J'envoie l'ordre expédié pour cet effet à M. Thevenard, commandant à Lorient, où le sieur L'Héritier se trouve.

J'ai l'honneur d'être, etc.

Le maréchal DE CASTRIES.

N° 11.

L'amiral Villaret au citoyen Trublet.

Paris, le 15 floréal an 9. (5 mai 1801.)

Je ne sais, mon cher camarade, si on a déjà entrepris d'écrire la campagne de l'Inde de M. de Suffren; mais quel que soit le talent de l'écrivain, eût-il même les manuscrits de ce grand homme, je doute fort qu'il rende ses mémoires plus intéressants que votre journal, que je vous engage instamment à publier. Je regrette que votre travail ne soit pas achevé, car il y aura probablement un chapitre auquel on sera obligé d'ajouter quelque note intéressante pour l'histoire, et je vous avoue que j'aurais eu grand plaisir à faire cet article, c'est, mon cher Trublet, celui de la dernière affaire où le général mit le comble à sa gloire, et dans laquelle le *Flamand* joua un si beau rôle.

Je pars dans deux heures. Adieu, mon vieux camarade; mettez-moi toujours sur la liste de vos amis, car vous serez toujours à la tête de la mienne.

VILLARET.

N° 12.

L'amiral Villaret-Joyeuse.

En rade de Brest, à bord du vaisseau amiral l'*Océan*, le 7 frimaire
an 10 de la République. (28 novembre 1801.)

*Certain officier, mon cher Trublet, répondit un jour à M. de Choiseul, qui lui disait qu'il ne serait jamais employé sous son ministère, « eh bien monseigneur, j'attendrai ! » : Attendez donc, mon vieux camarade, faites-vous auteur, puisque votre vocation et vos talents vous y appellent, et je vous promets qu'on vous lira avec plaisir, si vous apportez autant de charmes dans vos ouvrages que vous en avez dans vos lettres et dans la société.

Le signal de virer à pic est à la tête de mes mâts, j'entends raisonner les sifflets. Je sors avec quatorze vaisseaux, six frégates et huit mille hommes de débarquement. Latouche m'attend sous les Pennemark avec six autres vaisseaux et sept à huit frégates ou corvettes. Linois part de Cadix avec une division; Gantheaume sort de Toulon avec une autre; les Bataves m'amènent le *Neptune*, le *Jean de With* et le *Ruyter*, de soixante-dix-huit ou quatre-vingts : Je vais, par conséquent, offrir la branche d'Olivier à Toussaint-Louverture avec trente-huit ou quarante vaisseaux portant dix-huit mille hommes aux ordres du général Leclerc qui est embarqué à mon bord avec sa femme, sœur du premier consul.

Je commandais *la Bellone* lorsque nous rencontrâmes l'amiral Hughes remontant de Bombay à Madras. Le Bailli voulant annoncer cette nouvelle au chevalier de Peinier, qu'il avait laissé en croisière sur la rade de Madras, me fit passer sur la *Nayade* pour lui porter cet avis. « Puisque vous me mettez sur une charrette pour une mission aussi épineuse, donnez-moi donc, général, des lettres de recommandation pour le lord Macarteney et pour l'amiral Hughes. » — « Je sens comme vous, me dit-il, le danger qui vous menace, mais je ne veux pas compromettre une aussi belle frégate que la *Bellone;* je veux me mettre en règle en cas qu'il mésarrive à la division de M. de Peinier, et si quelqu'un peut réussir dans ce projet c'est vous. » Le seigneur Jupiter, comme vous savez, mon cher camarade, savait dorer la pilule.

Votre épisode sur Pallière est fort, mais il est malheureusement vrai, et un des grands mérites d'un historien est la vérité, et la vérité quoique nue est la parure de l'histoire.

Je bavarde quoique nous abbations; je sors avec une faible brise du N. et je crains qu'elle ne nous mène pas bien loin, mais mes ordres sont impératifs.

Je vous embrasse, respect à votre dame.

No 13.

Traité d'amitié perpétuelle et d'alliance entre l'honorable Compagnie des Indes-Orientales et le Peshwa-Madhoo-Row-Pundit-Purdham, etc.

ART. 1er. — Il est stipulé et convenu entre l'honorable Compagnie anglaise des Indes-Orientales et le Peshwa, par la médiation de Mádhoo-Row-Scindia, que tous les pays, places, cités et forts, y compris Basseen, etc., qui ont été conquis sur le Peshwa durant la guerre survenue depuis le traité, lequel avait été conclu par le colonel Upton, et qui sont tombés entre les mains des Anglais, seront remis au Peshwa. Les territoires, forts, cités, etc., qui devront être restitués, seront remis dans un délai de deux mois, à compter de l'époque que ce traité sera perfectionné (ainsi qu'il est réglé ci-après), à telles personnes que le Peshwa ou son ministre Nana Punayese nommera à cet effet.

ART. 2. — Il est convenu, entre la Compagnie anglaise et le Peshwa, que Salsette et trois autres îles, savoir : Elephanta, Carania et Hog, qui sont comprises dans le traité du colonel Upton, continueront à jamais d'être en la possession des Anglais. S'il a été pris quelques autres îles durant le cours de la présente guerre, elles seront restituées au Peshwa.

ART. 3. — Comme il a été stipulé par le quatrième article du traité du colonel Upton, « que le Peshwa et tous les chefs de l'État des Mahrattes » s'accordent à donner à la Compagnie anglaise pour jamais tous leurs droits » et titres à la ville de Baroach, aussi pleins et entiers qu'ils les ont ja- » mais reçus des Mogols ou autrement, sans s'y réserver aucun droit de

» chout (ou revenu), ou autres droits quelconques ; de sorte que la Com-
» pagnie possédera ladite ville sans participation ni prétention d'aucune
» espèce » ; en conséquence, cet article continuera d'avoir sa pleine force
et son effet.

ART. 4. — Le Peshwa étant convenu précédemment, par le traité du
colonel Upton, par forme d'amitié, de céder aux Anglais un district de trois
lacks de roupies près de Baroach, les Anglais consentent à présent, à la
prière de Madhoo-Row-Scindia, d'abandonner leur droit audit pays en faveur du Peshwa.

ART. 5. — Le district que Seeajee et Futty-Sing-Gwichwar ont donné
aux Anglais, et dont il est fait mention au septième article du traité avec
le colonel Upton, y ayant été laissé dans un état de suspens, les Anglais,
dans la vue d'obvier à toutes contestations futures, conviennent à présent
que ce district sera restitué ; et il est réglé par la présente que si ce district est trouvé faire partie du territoire du Gwichwar, il sera restitué au
Gwichwar ; et, s'il se trouve faire partie du territoire du Peshwa, il sera
restitué au Peshwa.

ART. 6. — Les Anglais s'engagent, qu'ayant accordé à Ragonaut-Row
(ancien chef des Mahrattes, chassé par sa nation et soutenu par les Anglais),
un délai de quatre mois, à compter de l'époque que ce traité sera perfectionné, pour fixer sa résidence, ils ne lui donneront, après l'expiration de
cette époque, aucun appui, protection ni assistance, et ils ne lui fourniront point de l'argent pour sa dépense, et le Peshwa, de sa part, promet
que si Ragonaut-Row consent à se rendre volontairement et de son propre mouvement près de Maha-Rajah Madhoo-Row-Scindia, et à résider
paisiblement près de lui, il lui sera payé chaque mois une somme de
25,000 roupies pour son entretien ; et il ne lui sera fait aucun mal quel-
conque par le Peshwa ou par aucune personne de sa nation.

ART. 7. — L'honorable Compagnie anglaise des Indes-Orientales et le
Peshwa, désirant que leurs alliés respectifs soient compris dans cette
paix, il est réciproquement stipulé par la présente que chacune des parties fera la paix avec les alliés de l'autre de la manière spécifiée ci-après :

ART. 8. — Le territoire, qui a été long-temps le Jaghire (apanage)
établi de Seeajee-Gwichwar et de Futty-Sing-Gwichwar, c'est-à-dire que
tout le territoire que Futty-Sing possédait au commencement de la guerre
présente, restera ci-après et à jamais en sa possession sur le pied usité, et
à compter de la date à laquelle le présent traité aura été perfectionné, ledit
Futty-Sing paiera à l'avenir au Peshwa le tribut, comme il en avait coutume avant la guerre présente, il remplira ses services, et il sera soumis
à l'obéissance, qui ont été long-temps établies, et qui sont de coutume.

Il ne sera formé par le Peshwa aucunes prétentions contre ledit Futty-Sing pour le temps qui s'est déjà écoulé.

ART. 9. — Le Peshwa promet que, comme le Nabab Aly-Hayder-Cawn, ayant conclu un traité avec lui, a troublé et occupé les territoires appartenant aux Anglais et à leurs alliés, on les lui fera abandonner, et qu'ils seront restitués à la Compagnie et au Nabab Mahomet-Aly-Cawn. Tous les prisonniers qui ont été faits de sa part ou d'autre, durant la guerre, seront relâchés, et l'on fera abandonner à Hayder-Aly-Cawn tous ses territoires appartenant à la Compagnie anglaise et à ses alliés, dont il peut avoir pris possession depuis le 9 du mois Ranzan, en l'année 1180, qui est la date de son traité avec le Peshwa; et lesdits territoires seront remis aux Anglais et au Nabab Mahomet-Aly-Cawn dans le délai de six mois, après que ce traité sera perfectionné; et les Anglais, en tel cas, sont convenus qu'aussi long-temps qu'Hyder-Aly-Cawn s'abstiendra, dans la suite, de commettre des hostilités contre eux et contre leurs alliés, et aussi long-temps qu'il continuera d'être en amitié avec le Peshwa, ils n'agiront en aucune façon hostilement envers lui.

ART. 10. — Le Peshwa promet, tant en son propre nom que de la part du Nabab Nizam-Aly-Cawn, Ragojee-Bousala, Syna-Saheb-Souba et du Nabab Hayder-Aly-Cawn, qu'à tous égards, ils maintiendront la paix avec les Anglais et leurs alliés, le Nabab Asoph-ul-Doulah-Behader, et qu'ils ne leur apporteront aucun trouble à aucun égard. Les Anglais s'engagent, tant en leur propre nom qu'au nom de leurs alliés le Nabab Asoph-ul-Doulah et le Nabab Mahomet-Aly-Cawn, qu'à tous égards ils maintiendront la paix avec le Peshwa et ses alliés le Nabab Nizam-Aly-Cawn, Ragojee-Bousala et Sina-Saheb; et les Anglais s'engagent de plus, en leur propre nom, ainsi qu'au nom de leurs alliés, qu'ils maintiendront également la paix avec le Nabab Hayder-Aly-Cawn, sous les conditions spécifiées à l'art. 9 du présent traité.

ART. 11. — L'honorable Compagnie des Indes-Orientales et le Peshwa conviennent mutuellement que les vaisseaux de l'une et de l'autre n'apporteront aucun trouble ni empêchement à leur navigation réciproque, et il sera donné aux navires de l'une et de l'autre un libre accès aux ports respectifs, où ils ne seront aucunement inquiétés; mais il leur sera donné réciproquement la protection la plus plénière.

ART. 12. — Le Peshwa et les chefs de l'Etat des Mahrattes conviennent, par la présente, que les Anglais jouiront des priviléges de commerce, comme ci-devant, dans les territoires des Mahrattes, et qu'ils n'y éprouveront aucune espèce d'interruption; et, de la même manière, la Compagnie des Indes-Orientales promet que le Peshwa jouira des priviléges de commerce sans interruption dans les territoires des Anglais.

Art. 13. — Le Peshwa s'engage, par la présente, à ne point souffrir qu'il s'établisse aucune factorérie d'autres nations européennes dans ses domaines ou dans ceux des chefs qui dépendent de lui, excepté uniquement ceux qui y sont déjà établis par les Portugais, et il n'entretiendra aucune liaison d'amitié avec quelqu'autre nation européenne, et les Anglais, de leur côté, s'engagent à ne point donner d'assistance à aucune nation du Decan ou de l'Indostan qui serait en inimitié avec le Peshwa.

Art. 14. — Les Anglais et le Peshwa sont mutuellement convenus de ne donner aucune espèce de secours aux ennemis les uns des autres.

Art. 15. — L'honorable gouverneur-général et le Conseil du Fort-Guillaume s'engagent à ne point permettre qu'aucun des chefs, dépendants ou sujets des Anglais, établis à Bombay, à Suratte ou à Madras, contreviennent en aucun endroit au présent traité. De la même manière, le Peshwa Madhoo-Row-Fundit-Purdhem promet qu'aucun chef ou des sujets de l'Etat des Marattes ne fera rien qui y soit contraire.

Art. 16. — L'honorable Compagnie des Indes-Orientales et le Peshwa Madhoo-Row-Fundit-Purdhem, ayant la confiance la plus entière en Maha-Rajah-Subadar-Madhoo-Row-Scindia-Bahader, ils ont prié de part et d'autre ledit Maha-Rajah d'être leur garant mutuel pour l'adhésion perpétuelle et invariable des deux parties aux conditions de ce traité; et ledit Madhoo-Row-Scindia, par égard pour le bien-être des deux Etats, s'est chargé de la garantie mutuelle. Si aucune des deux parties s'écarte des conditions de ce traité, ledit Maha-Rajah joindra l'autre partie, et il tâchera, de tout son pouvoir, de porter l'agresseur à une bonne intelligence convenable.

Art. 17. — Il est convenu par la présente que tous les territoires, forts ou villes, dans le pays de Guzeratte, que Ragonaut-Row avait cédés aux Anglais avant le traité du colonel Upton, dont ils avaient pris possession, et dont la restitution a été stipulée par l'art. 7 dudit traité, seront rendus conformément aux stipulations de ce traité.

Ce traité, de dix-sept articles, a été réglé à Salbey, dans le camp de Maha-Rajah-Subadar-Madhoo-Row-Scindia, le 4me du mois Jemmad-ul-Saany, en l'année 1187 de l'hégire, qui correspond au 17me mai 1782 de l'ère chrétienne, par ledit Maha-Rajah et le sieur David Anderson. Il en sera envoyé copie par chacune des personnes sus-mentionnées à leurs commettants respectifs au Fort-Guillaume et à Poonah, les deux copies ayant été envoyées : l'une, sous le sceau de l'honorable Compagnie des Indes-Orientales et la signature des honorables gouverneur-général et conseil du Fort-Guillaume, sera remise à Maha-Rajah-Madhoo-Scindia-Row-Behader, et l'autre, sous le sceau du Peshwa Madhoo-Row-Fundit-Purdhem et la signature de Bellajee-Fundit-Nana-Furnavesse, sera remise au sieur Anderson. *Le présent traité sera alors censé complet et ratifié, et les*

articles qui y sont contenus deviendront obligatoires pour les deux parties con-
tractantes. (Ecrit en caractères mahrattes, par Kagoo-Bhow-Dewan.) « En
tout dix-sept articles, le 4me de Jemmad-ul-Akher, ou le 5me de Jeyt-Adeck,
dans le Shukul-Pattah, en l'année 1182. »

Signé en caractères mahrattes par Mahajee-Scindia , le même jour.

Convenu ce qui est écrit ci-dessus.

Signé :

Témoins , JAS. ANDERSON , WM. BLAIN, D. ANDERSON ,
J. ANDERSON , *assistant de l'ambassade.*

Fidèlement traduit.

N° 14.

Articles de la capitulation , arrêtés entre le Bailli de Suffren-Saint-Tropez,
lieutenant-général commandant en chef les forces navales de S. M. très-
chrétienne dans les mers de l'Inde; le baron d'Agoult , lieutenant-colonel
commandant les forces de terre devant Trinquemalay , et le capitaine Hay
Macdowal, commandant les forces de S. M. Britannique et de l'honorable
Compagnie des Indes-Orientales à Trinquemalay, dans l'île de Ceylan.

ART. 1er.---Les portes seront livrées dès que la capitulation sera signée
et approuvée. Les troupes déposeront leurs armes , artillerie , etc., en
faisceau, sur le glacis en sortant. Elles sortiront demain au soleil levant,
avec les mèches allumées, deux canons de campagne de six livres de balles,
un mortier et tout ce qui leur appartient , avec douze charges , et seront
conduites à bord pour être transportées à Madras, par la voie la plus courte,
sur des bâtiments de transport équipés et avitaillés à cet effet aux frais de
Sa Majesté très-chrétienne , et les troupes anglaises seront traitées comme
les équipages des vaisseaux du Roi.

ART. 2. --- Il sera destiné un bâtiment particulièrement pour l'officier
commandant, les officiers et l'état-major, ingénieur, commissaire, officier
d'artillerie, chirurgien et leur suite : ce bâtiment sera pareillement avi-
taillé et fourni des commodités nécessaires. Lesdits officiers emporteront
leurs papiers avec eux sans être examinés. Les bâtiments de transport seront fournis dans dix jours , et plus tôt s'il est possible, c'est-à-dire le
10 septembre prochain.

ART. 3. --- Les assiégeants fourniront une quantité de coulis suffisante
pour transporter à bord des bâtiments de transport les canons et mortiers
mentionnés dans le premier article , et le bagage des officiers et soldats.

ART. 4.---Les malades et blessés qui ne seront point en état d'être embarqués, et qui par là seront obligés de rester dans la place, auront la liberté de se rendre à Madras dès qu'ils le pourront : ils seront, en attendant, nourris et logés aux frais de Sa Majesté très-chrétienne.

ART. 5.---L'officier commandant, tous les autres officiers qui sont sous ses ordres, ceux attachés à la garnison, et généralement tout ce qui est employé dans les troupes du Roi ou de la Compagnie, pourront sortir librement de la place, sans être nullement inquiétés.

ART. 6. --- Les habitants et tous ceux qui dépendent de la place seront maintenus dans tous leurs droits, priviléges et prérogatives.

ART. 7.---Les magasins publics seront délivrés à la personne nommée à cet effet par les commandants des forces de Sa Majesté très-chrétienne ; mais tous les effets particuliers seront assurés aux présents propriétaires.

ART. 8.---On pardonnera aux déserteurs ; mais ils seront rendus fidèlement, et l'on n'emploiera aucun moyen pour obliger les troupes, soit européennes, soit indiennes, d'entrer au service de Sa Majesté très-chrétienne.

ART. 9.--- L'officier commandant les forces de Sa Majesté très-chrétienne sera responsable de tous les désordres que pourront commettre ses troupes.

ART. 10. --- L'officier commandant, et tous les officiers qui sont sous ses ordres, auront la permission de demeurer dans leurs maisons jusqu'à ce que le bâtiment mentionné dans le deuxième article soit prêt à faire voile pour Madras.

ART. 11.---La porte sera remise une heure après la capitulation accordée. La garnison sortira, comme il est dit à l'art. 1er, pour être conduite sur les bâtiments de transport. Finalement, la présente capitulation sera exécutée dans tous les onze articles avec une bonne foi réciproque.

A Trinquemalay, le 30 août 1782.

Signé HAY-MACDOWAL, *capitaine au 42e régiment, commandant ; le chevalier* DE SUFFREN ; *le baron* D'AGOULT.

N° 15.

Nous donnons ici la copie d'une lettre que Suffren écrivait sept mois après à son ami, M. Bolle, sur le combat dont nous venons de parler. (En 1782, M. Bolle était lieutenant de vaisseau, chargé du détail général de l'armée.) La lettre de Suffren à M. Bolle était confidentielle ; elle nous a paru fort intéressante, et nous la rapportons sans en retrancher un mot. Elle fera voir de quelle manière Suffren était secondé.

« J'ai reçu, Monsieur, les lettres que vous m'avez fait l'honneur de m'é-
crire par le *Convoi* et par le *Columbo*. J'accepte avec plaisir l'honneur que
vous voulez bien me faire de faire baptiser votre enfant; vous n'avez qu'à
choisir la commère, même les noms, si vous ne voulez pas donner les
miens. Je vous envoie la lettre pour le ministre; je désire qu'il y ait égard.
Il y aurait une place qui vous aurait bien convenu, c'eût été d'être auprès
de M. de Bussy pour l'éclairer sur les objets de marine; mais, ce qui m'a
empêché de le proposer, c'est la crainte que les gens qui l'entourent ne
vous eussent donné des désagréments qui auraient retombé sur moi.

» Je vous suis bien obligé de ce que vous me dites du combat du 3 septembre; la seule ressemblance qu'a cette affaire avec celle du 17 février,
c'est qu'on ne s'est pas plus soucié de se battre à l'une qu'à l'autre. Voici
le fait : C'est que, depuis six heures jusqu'à trois, on n'a pu se mettre en
ligne. Enfin, à cette heure-là étant venu à bout de faire passer de l'avant
les charrettes telles que le *Sévère* et le *Brillant*, la ligne passablement formée à grande portée du canon anglais, je fis signal d'arriver et tirai un
coup de canon pour le faire remarquer : le feu partit des deux lignes.
Comme je ne voulais commencer que de très-près, pour réparer cette erreur je pris le vent, fis cesser le feu et fis sur-le-champ signal de s'approcher à portée de pistolet, et j'exécutai le signal. Tous, oui, tous, pouvaient en faire autant. L'*Illustre*, marchant passablement ; l'*Ajax*, très-
mal, se sont mis en ligne; tous, oui, tous ont pu en faire autant; ils ne
l'ont point fait ou point voulu. M. de la Landelle dit qu'il a parcouru toute
la ligne : pourquoi quitta-t-il son poste? L'*Annibal*, en panne au vent à
moi, etc. Je crois qu'une source de leur mauvaise manœuvre, c'est qu'ils
ont cru que les Anglais, qui couraient à dix et même à douze aires de
vent, étaient au plus près; qu'ils n'ont pas vu que, quoique avec le grand
hunier sur le mât, je gouvernais et faisais grand chemin, et qu'eux ont
mis en panne la barre sous le vent. C'est la plus lâche des défections.
Les Anglais leur ont bien rendu justice (Barchon, 3, 348) : il faut voir
la gazette de Calcuta, qui dit, dans un article, que j'ai été fort mal
secondé; dans un autre, que le commodore et sept autres vaisseaux ont
eu peu ou point de part à l'action; dans un troisième, que j'ai été obligé
de casser sept capitaines; dans un quatrième, que, quoique trois vaisseaux tirassent sur moi, j'ai toujours fait un feu très-vif. C'est assez parler
d'une affaire sur laquelle ces Messieurs devraient avoir la pudeur de ne
rien dire. Nous pouvions détruire M. Hughes et rester les maîtres de
l'Inde : Dieu le leur pardonne!

» Je suis inconsolable du parti que l'on a pris pour l'*Alexandre*; il
semble qu'un vaisseau, pour venir dans l'Inde, ne doit pas être examiné
rigoureusement comme pour croiser sur le cap Clark ou Ouessant. Les

Anglais ont dix-sept vaisseaux plus forts que nos quinze ; et sûrement mieux commandés. Si vous partez pour France, tâchez de revenir avec un vaisseau ou une place agréable.

» Agréez, je vous prie, l'assurance du respectueux attachement avec lequel j'ai l'honneur d'être, Monsieur, votre très-humble et très-obéissant serviteur.

» Le Chevalier DE SUFFREN.

» Je vous prie de faire agréer mon respect à Mme Bolle.

» Ce 28 avril 1788. »

N° 16.

État des vaisseaux de l'escadre de M. de Suffren, à son départ de l'Ile-de-France, le 7 décembre 1781, et avec laquelle il a livré trois combats.

Le *Héros*, de 74 canons, vaisseau neuf, construit à Brest en 1779 (1).

L'*Annibal*, de 74 canons, vaisseau neuf, construit à Brest en 1779.

L'*Orient*, de 74 canons, vieux vaisseau, construit à Lorient en 1756, faisait partie de l'escadre de M. de Conflans, se perdit près de Trinquemalay.

Le *Sphinx*, de 64 canons, vieux vaisseau, construit à Brest en 1753, faisait partie de l'escadre de M. de Conflans ; se perdit près de Trinquemalay.

Le *Vengeur*, de 64 canons, vieux vaisseau, construit à Lorient en 1756, refondu en 1778, condamné à Bourbon en mars 1784, malgré un radoub complet en 1783 à Trinquemalay, et un nouveau à l'Ile-de-France ; il était arqué de 36 pouces.

Le *Bizarre*, de 64 canons, vieux vaisseau, construit à Brest en 1750, fit les campagnes de 1755 et 1757, sous Dubois de la Mothe, refondu en 1779, se perdit à Goudelour.

Le *Flamand*, de 50 canons, vieux vaisseau, construit à Rochefort en 1764, était dans l'Inde depuis 1777.

Le *Brillant*, de 64 canons, vieux vaisseau, construit à Brest en 1759, était dans l'Inde depuis 1776.

L'*Artésien*, de 64 canons, vieux vaisseau, construit à Lorient en 1763.

L'*Ajax*, de 64 canons, vieux vaisseau, construit à Lorient en 1768 ; il était parti armé en flûte.

(1) Cette date exprime celle de la mise à l'eau de chaque vaisseau.

Le *Sévère*, de 64 canons, vieux vaisseau, construit à Lorient en 1763; il était parti armé en flûte. M. de Cillart, dans son rapport au ministre, dit que ce vaisseau n'était qu'un bâtiment de commerce nullement disposé pour faire la guerre; en un mot, un mauvais navire.

Vaisseaux qui ont rejoint Suffren le 21 août 1782.
(Ils assistaient au quatrième combat livré par l'escadre.)

L'*Illustre*, de 74 canons, vaisseau neuf, construit à   en 1779.

Le *Saint-Michel*, de 60 canons, vieux vaisseau, construit à Brest en 1739, refondu en 1763.

Vaisseaux qui ont rejoint Suffren le 9 mars 1783.
(Ils assistaient au cinquième et glorieux combat livré par l'escadre devant Goudelour.)

Le *Fendant*, de 74 canons, vaisseau neuf, construit à Rochefort en 1776.

L'*Argonaute*, de 74 canons, vaisseau neuf, construit à   en 1779.

Le *Hardi*, de 64 canons, vieux vaisseau, construit à Rochefort en 1750.

Vaisseau qui devait rejoindre Suffren (1).

Le *Fier*, de 50 canons, vieux vaisseau, construit à Toulon en 1745, faisait partie de l'escadre de M. de la Clue, en 1759.

N° 17.

COSSIGNY.

David Charpentier Cossigny a été nommé pour être de l'expédition de l'Inde, en 1781, aux ordres du général Duchemin, commandant un détachement de 848 hommes du régiment de l'Ile-de-France, embarqué ainsi qu'il s'est embarqué lui-même sur l'escadre dont le Bailli de Suffren a pris le commandement après la mort du chef d'escadre d'Orves.

Il s'est trouvé, le 17 février 1782, sur le vaisseau le *Sphinx*, au combat naval qui eut lieu devant Sadras.

Débarqué à Porto-Novo le 9 mars, il a fait la campagne aux ordres des généraux Duchemin et d'Offelize, qui ont commandé successivement l'armée française, combinée à celle du Nabab Hayder-Aly-Khan, dont le colonel Cossigny a toujours fait l'avant-garde.

Après la mort d'Hayder-Aly, son fils, Tippou ayant appris que plusieurs provinces de ses États avaient été envahies par une armée anglaise, fit la

---

(2. Nous n'avons pas cité l'*Alexandre*, qui fut condamné à l'Ile-de-France, et brûlé.

demande au général d'Offelize du colonel Cossigny, qui fut expédié par
ce général le 9 février 1783, avec le bataillon du régiment de l'Ile-de-
France qu'il commandait et un détachement d'artillerie, avec ordre de
se combiner à l'armée de Tippou, qui, dans plusieurs circonstances, remit
au colonel Cossigny le commandement de toute son armée, avec laquelle
il a attaqué et pris, après bien des marches longues et pénibles, la place
de Vellore.

Il s'est ensuite porté sur Hayder-Magur, dont il a forcé les lignes, a
escaladé et pris la ville de vive force en plein jour, et repoussé l'ennemi qu'il a obligé de rentrer dans la citadelle, après un combat de poste
en poste de plus de trois heures; a mis le siége devant cette citadelle,
qui s'est rendue après dix-neuf jours de tranchée ouverte, défendue par
le général Mathews, qui avait à ses ordres un corps de 11 à 1,200 Européens et 600 Cipayes, qui tous ont été faits prisonniers de guerre, ainsi
que le général Mathews et cent et quelques officiers, tant des troupes de
ligne que de ceux qui étaient attachés aux Cipayes.

Successivement le colonel Cossigny s'est porté sur la ville et le fort d'O-
nor, qui a été pris de vive force.

Ensuite il s'est rendu devant Mangalore, où il a forcé un camp retranché commandé par le colonel Campbell, qui a été contraint de se replier
sur la ville, où il l'a attaqué de vive force, et obligé de se réfugier dans
la citadelle après un combat de plusieurs heures.

Tippou ayant mis le siége devant cette forte citadelle, le 19 mai de
1783, le colonel Cossigny, après soixante jours de tranchée ouverte, a
reçu des ordres du général de Bussy, le 21 juillet, pour cesser les hostilités
contre les Anglais, ce qu'il a fait, quoique les ouvrages fussent avancés
jusque sur le chemin couvert, que la contrescarpe eût été renversée, le
fossé comblé et la brèche faite. Tippou n'ayant pas cru devoir hasarder
l'assaut de la place, avec ses troupes seules, réduisit le siége en blocus.
Quinze jours après le général Campbel se rendit par capitulation. Le Nabab lui accorda les honneurs de la guerre; mais ce prince se voyant
abandonné par les Français, fit la paix avec les Anglais.

La situation du colonel Cossigny, lorsqu'il reçut l'ordre du général de
Bussy de cesser les hostilités, devint très-fâcheuse, et cette époque est la
plus critique où il se soit trouvé pendant le cours de cette campagne;
quoiqu'il n'eût que vingt lieues à faire pour se rendre à Mahé, sa retraite était d'autant plus difficile que le Nabab, mécontent de ce que les
Français avaient fait leur paix sans le comprendre dans le traité, paraissait vouloir rendre responsable le colonel Cossigny de cet événement. Dès
ce moment il cessa de payer la troupe, qui n'obtenait des vivres qu'avec
la plus grande peine.

Le soldat commençait à craindre que le Nabab ne retînt prisonnier le commandant, les officiers et le détachement réduit à moitié. Il paraissait que, pour mieux parvenir à ses fins, il cherchait à en diminuer encore le nombre ; en effet, en deux jours, il y eut une désertion d'une soixantaine d'hommes, à qui le Nabab avait fait donner dix, vingt, trente pagodes d'or, par chaque homme, suivant qu'ils étaient plus ou moins faciles à séduire. En vain le colonel Cossigny sollicitait auprès du Nabab que ces hommes lui fussent rendus ; il ne tenait aucun compte de ses réclamations, et plusieurs fois il crut qu'il serait arrêté dans le Dorbar même. Le colonel Cossigny lui fit dire un jour que, puisqu'il ne traitait pas mieux un chef et la troupe qu'il avait à ses ordres, à qui il devait d'être rentré en possession de ses États, il le prévenait qu'il allait se retirer. Le Nabab parut se calmer et lui fit dire que sa présence lui était encore nécessaire dans son armée ; qu'il ne croyait pas, d'ailleurs, que sa retraite pût être praticable.

Le colonel Cossigny se transporta chez le Nabab pour le prévenir que, si les soixante hommes qui manquaient à l'appel ne lui étaient pas rendus dans deux heures, sa troupe et lui sortiraient de son camp dans la journée. Le colonel Cossigny, n'ayant reçu aucune nouvelle favorable du Nabab, fit battre la générale et se porta avec armes et bagages sur une hauteur d'où il pouvait voir tous les mouvements qui se seraient faits dans le camp de Tippou, qui, craignant la confiance que la plus grande partie de son armée avait dans le chef français, se contenta d'expédier des ordres à un corps de quinze mille hommes qui étaient campés à deux journées de marche de Mangalor à Mahé, de s'opposer à la retraite du détachement français. Sur le déclin du jour, le colonel Cossigny se mit en marche, rencontra en effet les quinze mille hommes de l'armée de Tippou, qui, heureusement, étaient commandés par un chef qui était de ses amis. Il se porta de sa personne au devant de lui avec confiance, et, après une heure de conversation, il en obtint des vivres et la proposition de passer au service des Français. De part et d'autre, cependant, ils parurent s'être tenus sur leurs gardes, et ils se séparèrent néanmoins comme deux bons amis, quoique avec l'apparence de deux ennemis.

Ce n'est enfin que le dix-neuvième jour, après le départ de Mangalor, que, retenu par les mauvais chemins et plusieurs rivières que le corps français a passées à la nage, il est heureusement arrivé à Mahé.

Il est résulté de cette campagne que le détachement, aux ordres du colonel Cossigny a remis en possession Tippo de trois ou quatre provinces dont les Anglais s'étaient emparés, et dans lesquelles le général Mathews se croyait inexpugnable, suivant ses lettres à la présidence de

Madras, quand bien même il pourrait être attaqué par toute l'armée française, combinée avec celle de Tippou.

Il en est encore résulté que les Anglais, qui s'étaient emparés de très-grandes richesses, les ont perdues, et que, dans la campagne que le colonel Cossigny a faite auprès de Tippou, il a contribué à l'entier anéantissement d'une armée anglaise d'environ quinze cents Européens et vingt mille Cipayes; et lorsque, par la suite, Tippou a rendu justice au colonel Cossigny, ce prince n'a cessé de dire, dans son dorbar, de lui écrire à lui-même, qu'il devait ses possessions au colonel Cossigny comme à son père, et que cet officier ne pouvait point être récompensé avec de l'argent. En effet, le colonel Cossigny a affirmé que lui, ni les officiers à ses ordres, ni son détachement, n'avaient jamais reçu aucun don ni aucune gratification du Nabab Tippou. (P. 301, 1re col.)

Le colonel Cossigny alla de Mahé à Pondichéry pour rendre compte de sa campagne au général Bussy, et, de suite, il fit son retour à l'Ile-de-France. Peu de temps après, il reçut le brevet de gouverneur particulier de Pondichéry, avec ordre d'aller relever le général de Bussy ; mais le chef d'escadre Souillac, qui reçut en même temps le brevet de gouverneur-général, ayant appris la mort du général Bussy, se rendit également dans l'Inde. Le colonel Cossigny s'embarqua avec le gouverneur-général qui, après quatre mois de séjour à Pondichéry, lui remit le commandement de cette ville et de tous les établissements dans l'Inde.

(Cet article est extrait en entier de l'excellent ouvrage de M. Saint-Elme Leduc, intitulé : *Histoire de l'Ile-de-France*).

N° 18.

Relation détaillée de la Campagne de M. le Commandeur de Suffren, dans l'Inde, du 1er juin 1782 au 29 septembre suivant.

A Port-Louis, 1783.

« .... Le 3 septembre, à la pointe du jour, on aperçut l'escadre anglaise à la distance d'une lieue et demie.... La contenance des Anglais était bonne; ils nous observaient avec attention; on ne voyait que des longues-vues et des canons. Nos vaisseaux avaient leurs pavillons, et dans l'instant le pavillon français paraît sur la montagne de découverte et sur la place de Trinquemalay. Alors toutes les longues-vues tombent du même temps; ils sont stupéfaits, et ne s'attendaient pas que notre brave Commandeur eût pu s'emparer de la place en si peu de temps.

» Revenus de leur consternation, ils laissent porter, et chaque vaisseau paraît fuir.... La brise était forte et la mer houleuse ; nos vaisseaux n'avaient pas encore bien formé la ligne. Le Commandeur craint que l'ennemi ne lui échappe.; il fait signal de combat ; mais il a la douleur de voir, dans ce moment si intéressant pour la gloire de la nation, presque tous les vaisseaux être en défaut. L'avant-garde dépasse celle de l'ennemi et devient inutile ; l'arrière-garde ne donne pas. A 2 heures le combat s'engage ; mais, à proprement parler, le *Héros* et l'*Illustre* combattent seuls toute la ligne anglaise. L'*Ajax* a partagé la gloire de cette journée. La *Consolante* a étonné, ayant résisté au feu de huit vaisseaux sans avoir ralenti le sien. *Tirons un voile sur le reste, et plaignons le brave Commandeur de n'avoir pas été secondé comme il devait l'être.* Nos Messieurs auraient voulu revenir passer l'hivernage à l'Ile-de-France. Il y a de jolies femmes dont la conquête est bien plus aisée ; mais toujours se battre, être continuellement dans le feu, c'est trop. Eh bien ! s'il veut se battre, qu'il se batte seul, disaient-ils. Et ce sont des Français qui raisonnent ainsi, et qui, en haine du Commandeur, l'exposent à être tué ! Si tous les vaisseaux eussent donné, nous aurions ajouté à la prise de Trinquemalay celle de l'escadre anglaise. M. d'Aymard, commandant le *Saint-Michel*, à portée de l'ennemi, a ouvert sa batterie ; mais au premier moment, il a embarqué tant d'eau qu'il en avait trois pieds dans sa cale ; il a été obligé de se replier.

» Le *Vengeur* a éprouvé, au commencement du combat, un accident qui ne l'a pas empêché de se faire distinguer. Le feu a pris à son mât d'artimon ; il a été obligé de le couper pour empêcher la communication.

» On ne soupçonne pas MM. de Saint-Félix, de Galles, de Cuverville (1), de manquer de bravoure ; ils ont jusqu'à présent témoigné de la bonne volonté ; ils jouissent de l'estime publique ; mais pourquoi leur défection dans une circonstance essentielle ? Le *Grand-Annibal* est le seul peut-être dont il serait à désirer que le nom ne parût dans aucun journal. C'est M. de Tromelin qui le commande ; on lui impute d'être le chef et l'auteur d'une cabale contre M. de Suffren ; on l'accuse d'avoir séduit et entraîné MM. de Saint-Félix, de Galles et d'autres braves officiers : aussi doit-il être regardé comme le plus coupable.

» Le *Héros* et l'*Illustre* ont tenu presque seuls contre treize vaisseaux. M. de Suffren, pour sa part, a tiré dix-huit cents coups de canon ; n'ayant plus de boulets, il a continué son feu, et a tiré quelque temps à poudre, pour ne pas laisser apercevoir sa détresse à l'ennemi. Ce brave homme a été sur le point de mettre les pinces dans ses canons, se laisser ensuite

(1) On a voulu parler du capitaine du *Flamand*, M. de Salvert, qui avait remplacé depuis peu M. de Cuverville, passé au commandement du *Vengeur*.

serrer par les vaisseaux ennemis, et se faire sauter au milieu d'eux ; mais heureusement la nuit approchait. Notre arrière-garde, l'*Annibal*, le *Flamand*, le *Sévère*, l'*Orient*, ou plutôt les spectateurs fatigués d'une immobilité volontaire, ont fait un mouvement pour arriver. A ce simple mouvement, l'escadre anglaise a fait porter et a abandonné. » (1)

N° 19.

Note biographique sur M. TRUBLET.

Jacques-Jérôme-Antoine Trublet de la Villejégu, né à Lorient, le 17 novembre 1747, de Michel Trublet et de Anne-Marguerite de Montigny, appartient à la ville de Saint-Malo par sa famille paternelle, qui y était établie depuis plusieurs siècles. Son père, capitaine des vaisseaux de la Compagnie des Indes, s'était momentanément fixé à Lorient, où il s'était marié. Jacques Trublet fut d'abord destiné à l'état ecclésiastique. Il fit ses études humanitaires au collège des jésuites de La Flèche, sa théologie à Saint-Sulpice, et soutint même une thèse publique en cette Faculté, à Rennes, le 6 mai 1765 ; mais, sa vocation l'attirant ailleurs, il obtint à grande peine de ses parents l'autorisation de se consacrer à la marine.

Le 22 décembre 1767, il s'embarqua comme volontaire sur le *Berryer*, vaisseau de la Compagnie des Indes, et fit un voyage en Chine.

Son second voyage eut lieu sur le *Gange*, vaisseau de la même Compagnie, qui fit voile pour Pondichéry et le Bengale.

Après la dissolution de la Compagnie, il prit du service sur les vaisseaux du commerce, et fit, en qualité de premier enseigne, deux campagnes dans l'Inde, à bord du navire le *Terray*, du port de Nantes.

Le 20 décembre 1779, quoique non reçu capitaine, il obtint des lettres-patentes du Roi, portant dispenses d'examen, pour prendre le commandement du navire la *Marie-Anne de Sartines*, de Nantes, destiné pour l'Ile-de-France.

Le 21 décembre 1780, il fut attaché à la marine militaire en qualité de capitaine de brûlot, pour la campagne, et fut embarqué, le 21 février 1781, sur la frégate le *Séraphis*, capitaine Roche. Cette frégate fut incendiée, le 31 juillet 1781, à la côte de Madagascar, par l'imprudence d'un lieutenant de frégate, qui, présidant à un décantement d'eaux-de-vie, dans la cale, fit sortir les lumières des fanaux. Les esprits s'enflam-

---

(1) Cette relation a été écrite à l'Ile-de-France, le 5 novembre 1782, par un témoin désintéressé, qui a choisi dans les différents journaux envoyés de l'escadre les récits qui lui ont paru les plus exacts et les plus impartiaux.   *(Note de l'éditeur du Port-Louis).*

mèrent, et le navire fut totalement brûlé. Jacques Trublet parvint à se sauver à Madagascar, d'où il passa à l'Ile-de-France. Le Commandeur de Suffren y étant arrivé, M. Trublet reçut, le 1er novembre 1781, du gouverneur vicomte de Souillac, l'ordre d'embarquer sur un des vaisseaux de l'escadre, le *Flamand*, capitaine de Cuverville, sur lequel il exerça les fonctions de second. Il fit toute la campagne des années 1781, 82 et 83, avec honneur, et il se distingua notamment au combat du 20 juin 1783, devant Goudelour. M. de Salvert, alors capitaine du *Flamand*, ayant été tué dès le premier feu, fut remplacé dans le commandement par M. Trublet, qui fit admirer de toute l'armée ses brillantes manœuvres, dont la hardiesse contribua puissamment au succès de la journée. Combattant l'ennemi à portée de pistolet, il eut plus de cent hommes tués à son bord; il couvrit le vaisseau le *Fendant*, où le feu s'était déclaré, et lui permit ainsi de se reparer, pendant que, d'un autre côté, il forçait à la retraite le vaisseau anglais le *Gibraltar*, qui avait voulu profiter de cet accident pour rompre la ligne de l'armée française. Aussi, après l'action, le général décerna des éloges publics à M. Trublet, et lui remit sa propre croix de Saint-Louis, comme gage de sa promesse de le faire recevoir chevalier de cet ordre. En effet, à son retour en France, le Bailli de Suffren obtint cette distinction pour M. Trublet, qui fut en même temps nommé lieutenant de vaisseau.

Le brevet de chevalier qu'il reçut portait qu'il lui était accordé en raison de la *constante bravoure et de la haute intelligence dont il avait fait preuve pendant la campagne*, et le ministre de la marine, maréchal de Castries, lui annonçait en ces termes la double récompense dont il était honoré :

» Les éloges que M. le Bailli de Suffren a donnés aux services que vous
» avez rendus sous ses ordres pendant la campagne des Indes, et surtout
» dans le commandement du vaisseau le *Flamand*, après la mort de M. de
» Salvert au combat du 20 juin, devant Goudelour, ont engagé le Roi à
» vous récompenser d'une manière honorable et distinguée, en vous ac-
» cordant le grade de lieutenant de vaisseau et la croix de Saint-Louis. »

Peu de temps après, M. Trublet épousa à Lorient Mlle Carré de Luzançay, sa cousine-germaine.

Le 20 septembre 1786, il fut embarqué sur le vaisseau le *Patriote*, capitaine de Beaumont, et alla en station aux Antilles.

Le 11 septembre 1790, il fut nommé au commandement de la frégate l'*Emeraude*, et ensuite à celui de la *Résolue*.

Vers cette époque, la désorganisation s'introduisait dans la marine militaire. Les idées d'égalité qui travaillaient la nation tout entière devaient

surtout trouver un puissant ferment de discorde dans un corps où si long-
temps les priviléges de la naissance avaient prévalu sur les services rendus à l'Etat. Plusieurs officiers du grand corps s'étaient retirés volontairement; quelques-uns même avaient émigré. Ceux qui restaient étaient
en butte aux déclamations soi-disant patriotiques des marins subalternes.
L'insubordination en était venue à ce point qu'on voulait déposer le général d'Albert, commandant des forces navales à Brest.

Dans ces conjonctures, la position des officiers intermédiaires restés
fidèles à la voix du devoir était des plus délicates. Des mutins, comptant
sur les anciens griefs qu'ils pouvaient avoir à venger, et sur l'empressement qu'ils leur supposaient de profiter des événements pour se pousser
aux premiers postes de l'armée; les mutins, dis-je, se servaient de leurs
noms pour exciter à la révolte. De loyaux militaires ne pouvaient souffrir
qu'il en fût ainsi, et, d'un autre côté, dans l'intérêt même de la discipline, qui s'en allait de toutes parts, ils devaient tenir à conserver l'ombre
d'autorité et de confiance que leur témoignaient les subalternes. Dans ces
circonstances difficiles, quatre-vingts et quelques lieutenants et sous-lieu-
tenants de vaisseau, ayant à leur tête M. Trublet, se réunirent le 13 octobre 1790, à l'hôtel du commandant de la marine, à Brest, pour y délibérer une adresse à la nation. Dans cette proclamation, ils exposaient
leurs véritables sentiments de patriotisme et d'obéissance, protestaient
contre l'esprit de révolte, et faisaient entendre à tous le langage de l'honneur, de la discipline et de la conciliation, en même temps qu'ils rendaient un public hommage aux talents et à la bravoure du général appelé
à les commander. Cette adresse reçut l'approbation de la municipalité et
des commissaires du Roi; elle fut envoyée à l'Assemblée nationale et publiée.

Excité par cet exemple, un comité formé à Saint-Malo d'officiers de la
marine fit paraître, le 14 novembre suivant, une adresse dans le même
sens, dans laquelle il votait des remercîments aux marins de Saint-Malo
faisant partie de l'armée navale de Brest, pour l'esprit de subordination
qu'ils avaient manifesté en cette circonstance. La municipalité de Saint-
Malo se joignit à cette démonstration.

Le 28 juillet 1792, Jacques Trublet fut promu au grade de capitaine de
vaisseau, et, le 31 du même mois, nommé au commandement du vaisseau l'*Apollon*.

Enfin, le 6 février 1793, il fut porté sur la liste des capitaines de vaisseau de première classe à prendre rang du 1er janvier précédent.

Mais les terribles catastrophes des 10 août et 21 janvier, et les excès
qui les suivirent, avaient profondément blessé les sentiments de M. Tru-

blet, qui, sincère partisan des idées constitutionnelles et de la vraie liberté, ne pouvait voir leur triomphe dans l'empire de la violence et du désordre. Il hésitait à savoir s'il servirait le nouveau gouvernement lorsqu'une maladie grave lui survint. Il acquit en même temps la certitude de la mort d'un de ses frères, massacré par les noirs à Saint-Domingue; et un autre, officier d'artillerie de marine à Rochefort, fut tué dans un combat contre les Vendéens. Au milieu de ces chagrins qui lui venaient de tous côtés, M. Trublet sollicite et obtient un congé illimité. Il vint se renfermer à Saint-Malo, au sein de sa famille, pour y attendre des temps meilleurs; mais il ne tarda pas à y devenir suspect. Le comité de surveillance le fit désarmer, arrêter; et, chose monstrueuse! ce même comité, composé de citoyens de *Port-Malo*, comme on disait alors, le déclara, sans autre forme de procès, déchu de son grade dans la marine. Cependant il fut relaxé, mais en lui enjoignant de se retirer à vingt lieues des côtes de la mer. Le représentant du peuple, alors en mission à Rennes, lui permit de fixer sa résidence dans cette ville.

Il occupa les loisirs de cette retraite forcée à recueillir et coordonner les matériaux d'une relation de la campagne des Indes, qu'il publia en l'an X, sous les auspices du premier Consul. Cet ouvrage reçut l'approbation d'un grand nombre d'officiers généraux de la marine, dont la plupart avaient été ses compagnons d'armes dans cette guerre. Parmi ces approbations, nous citerons celles des ministres *Forfait* et *Decrès*, des amiraux Villaret de Joyeuse, Rosily, Thévenard, et du préfet maritime Caffarelli. Il espéra pouvoir profiter de cette faveur pour être réintégré dans le cadre d'activité de la marine, où son grade et sa pension lui avaient été confirmés dès que le calme s'était rétabli dans le gouvernement; mais ses démarches ne furent pas couronnées du succès qu'il en attendait.

Nommé successivement adjoint au maire de la ville de Rennes, membre du conseil de préfecture d'Ille-et-Vilaine, administrateur du bureau de bienfaisance, la seconde Restauration reconnut ses services militaires et civils, ainsi que l'injustice dont il avait été victime, en lui accordant le grade honorifique de contre-amiral dont il jouit jusqu'à sa mort, arrivée à Rennes le 21 juin 1829.

Nº 20.

Articles préliminaires de paix, entre le roi de France et le roi de la Grande-Bretagne, signés à Versailles, le 20 janvier 1783.

AU NOM DE LA TRÈS-SAINTE-TRINITÉ.

Le Roi très-chrétien et le Roi de la Grande-Bretagne, animés du désir égal de faire cesser les calamités d'une guerre destructive, et de rétablir entre eux l'union et la bonne intelligence, aussi nécessaires pour le bien de l'humanité en général que pour celui de leurs royaumes, états et sujets respectifs, ont nommé, à cet effet, savoir : de la part de S. M. très-chrétienne, le sieur Th. Gravier, comte de Vergennes, conseiller en tous ses conseils, commandeur de ses ordres, conseiller-d'État d'épée, ministre et secrétaire d'État, et des commandements et finances de sadite M., ayant le département des affaires étrangères, et de la part de S. M. Britannique, le sieur Alleyne Fitz-Herbert, ministre plénipotentiaire de sadite M. le Roi de la Grande-Bretagne ; lesquels, après s'être dûment communiqué leurs pleins pouvoirs, en bonne forme, sont convenus des articles préliminaires suivants :

ART. 1er. — Aussitôt que les préliminaires seront signés et ratifiés, l'amitié sincère sera rétablie entre S. M. très-chrétienne et S. M. Britannique, leurs royaumes, états et sujets, par mer et par terre, dans toutes les parties du monde ; il sera envoyé des ordres aux armées et escadres, ainsi qu'aux sujets des deux puissances, de cesser toute hostilité et de vivre dans la plus parfaite union, en oubliant le passé, dont leurs souverains leur donnent l'ordre et l'exemple ; et, pour l'exécution de cet article, il sera donné, de part et d'autre, des passe-ports de mer aux vaisseaux qui seront expédiés pour en porter la nouvelle dans les possessions desdites puissances.

ART. 2. — S. M. le Roi de la Grande-Bretagne conservera la propriété de l'île de Terre-Neuve et des îles adjacentes, ainsi que le tout lui a été cédé par l'art. 13 du traité d'Utrecht, sauf les exceptions qui seront stipulées par l'art. 5 du présent traité.

ART. 3. — S. M. le Roi de France, pour prévenir les querelles qui ont eu lieu, jusqu'à présent, entre les deux nations française et anglaise, renonce au droit de pêche qui lui appartient en vertu du même article du traité d'Utrecht, depuis le cap Bonavista jusqu'au cap Saint-Jean, situé sur la côte orientale de Terre-Neuve, par les 50° de latitude N., au moyen de quoi la pêche française commencera audit cap Saint-Jean, passera par le N. en passant par la côte occidentale de l'île de Terre-Neuve, aura pour limite l'endroit appelé Cap-Raye, situé au 47° 50' de latitude.

ART. 4. — Les pêcheurs français jouiront de la pêche qui leur est assignée par l'article précédent, comme ils ont droit d'en jouir par le traité d'Utrecht.

ART. 5. — S. M. Britannique cédera, en toute propriété, à S. M. très-chrétienne, les îles de Saint-Pierre et Miquelon.

ART. 6. — A l'égard du droit de pêche dans le golfe Saint-Laurent, les Français continueront à en jouir, conformément à l'art. 5 du traité de Paris.

Art. 7. — Le Roi de la Grande-Bretagne restituera à la France l'île de Sainte-Lucie et lui cédera et garantira celle de Tabago.

Art. 8. — Le Roi très-chrétien restituera à la Grande-Bretagne les îles de la Grenade et les Grenadins, Saint-Vincent, la Dominique, Saint-Christophe, Névis et Montferrat, et les places de ces îles conquises par les armes de la France et par celles de la Grande-Bretagne, seront rendues dans le même état où elles étaient quand la conquête en a été faite ; bien entendu qu'un terme de dix-huit mois, à compter de la ratification du traité définitif, sera accordé aux sujets respectifs des couronnes de France et de la Grande-Bretagne qui se seraient établis dans lesdites îles et autres endroits qui seront restitués par le traité définitif, pour vendre leurs biens, recouvrer leurs dettes et emporter leurs effets, et se retirer eux-mêmes sans être gênés à cause de leur religion ou pour quelqu'autre cause que ce puisse être, excepté pour les cas de dettes ou de procès criminels.

Art. 9. — Le Roi de la Grande-Bretagne cédera et garantira, en toute propriété, à S. M. très-chrétienne, la rivière de Sénégal et ses dépendances, avec les forts de Saint-Louis, Podor, Galam, Arguin et Portendick ; S. M. Britannique restituera aussi l'île de Gorée, laquelle sera rendue dans l'état où elle se trouvait lorsque les armes britanniques s'en sont emparées.

Art. 10. — Le Roi très-chrétien garantira, de son côté, à S. M. le Roi de la Grande-Bretagne, la possession du Fort-James et de la rivière de Gambie.

Art. 11. — Pour prévenir toute discussion dans cette partie du monde, les deux cours conviendront, soit par traité définitif, soit par un acte séparé, des limites à leurs possessions respectives. Le commerce de la gomme se fera à l'avenir comme les nations française et anglaise le faisaient avant l'année 1755.

Art. 12. — Pour ce qui est du reste des côtes de l'Afrique, les sujets des deux puissances continueront à les fréquenter selon l'usage qui a eu lieu jusqu'à présent.

Art. 19. — Tous les pays et territoires qui pourront avoir été conquis, ou qui pourraient l'être dans quelque partie du monde que ce soit, par les armes de S. M. très-chrétienne, ou par celles de S. M. Britannique, et qui ne sont pas compris dans les présents articles, seront rendus sans difficulté et sans exiger de compensation.

Art. 20. — Comme il est nécessaire d'assigner une époque fixe pour les restitutions et évacuations à faire par chacune des hautes parties contractantes, il est convénu que le Roi de la Grande-Bretagne fera évacuer les îles de Saint-Pierre et Miquelon, trois mois après la ratification du traité définitif, ou plus tôt, si faire se peut ; Sainte-Lucie aux Antilles et Gorée en Afrique, trois mois après la ratification du traité définitif, ou plus tôt, si faire se peut. Le Roi de la Grande-Bretagne rentrera également en possession au bout de trois mois, après la ratification du traité défini- tif, ou plus tôt, si faire se peut, des îles de la Grenade, les Grenadins, Saint-Vincent, la Dominique, Saint-Christophe, Nevis et Montferrat. La France sera remise en possession des villes et des comptoirs qui lui sont restitués aux Indes-Orientales, et des territoires qui lui sont procurés pour servir d'arrondissement à Pondichéry et à Karikal, six mois après la ratification du traité définitif, ou plus tôt, si faire se peut. La France remettra, au bout du même terme de six mois, les villes et territoires dont ses armes se seraient emparés sur les Anglais ou sur leurs alliés, dans les Indes-Orientales ; en conséquence de quoi les ordres nécessaires seront envoyés par chacune des hautes parties contractantes, avec des passe-ports réciproques pour les vaisseaux qui les porteront, immédia- tement après la ratification du traité définitif.

ART. 21. — Les prisonniers faits respectivement par les armes de S. M. très-chrétienne et de S. M. Britannique, par terre et par mer, seront d'abord, après la ratification du traité définitif, réciproquement et de bonne foi, rendus sans rançon et en payant les dettes qu'ils auront contractées dans leur captivité, et chaque couronne soldera respective- ment les avances qui auront été faites pour la subsistance et l'entretien de ses prisonniers, par le souverain des pays où ils auront été détenus, conformément aux reçus et aux états constatés et aux autres titres au- thentiques qui seront fournis de part et d'autre.

ART. 22. — Pour prévenir tous les sujets de plainte et de contestation qui pourraient naître à l'occasion des prises qui pourraient être faites en mer, depuis la signature de ces articles préliminaires, on est convenu réci- proquement que les vaisseaux et effets qui pourraient être pris dans la Manche et dans les mers du N., après l'espace de douze jours, à compter depuis la ratification de ces articles préliminaires, seront, de part et d'au- tre, restitués ; que le terme sera d'un mois, depuis la Manche et les mers du N. jusqu'aux îles de Canaries inclusivement, soit dans l'Océan, soit dans la Méditerranée ; de deux mois, depuis lesdites îles de Cana- ries jusqu'à la ligne équinoxiale ; et enfin, de cinq mois, dans tous les autres endroits du monde, sans aucune distinction ni autre exception plus particulière de temps et de lieux.

ART. 23. — Les ratifications des présents articles préliminaires seront

26

expédiées en bonne et due forme, et échangées dans l'espace d'un mois, ou plus tôt, si faire se peut, à compter du jour de la signature des présents articles.

En foi de quoi nous, soussignés, ministres plénipotentaires de S. M. très-chrétienne et de S. M. Britannique, en vertu de nos pleins pouvoirs respectifs, avons signé les présents articles préliminaires, et y avons fait apposer le cachet de nos armes.

Fait à Versailles, le 20e jour de janvier 1783.

Signé GRAVIER DE VERGENNES. (L. S.)

ALLEYNE FITZ-HERBERT. (L. S.)

N° 21.

Articles préliminaires entre S. M. Britannique et les États-Généraux.

Au nom de la Très-Sainte-Trinité.

Le roi de la Grande-Bretagne et les États-Généraux des Provinces-Unies, animés d'un désir égal de faire cesser les calamités de la guerre, ont déjà autorisé leurs ministres plénipotentiaires respectifs à signer une déclaration entre eux pour une suspension d'armes, et voulant rétablir entre les deux nations la paix et l'intelligence, aussi nécessaires pour le bien de l'humanité en général, que pour celui de leurs États et sujets respectifs, ont nommé à cet effet, savoir : De la part de S. M. Britannique, le très-illustre et très-excellent seigneur Georges, duc et comte de Manchester, etc., son ambassadeur extraordinaire et plénipotentiaire près S. M. très-chrétienne, et de la part de leurs hautes puissances lesdits États-Généraux, les très-excellents seigneurs Matthieu Lestevenon de Berkernode et Gérard Brantsen, respectivement leur ambassadeur et ambassadeur extraordinaires et plénipotentiaires, lesquels, après s'être dûment communiqué leurs pleins pouvoir en bonne forme, sont convenus des articles préliminaires suivants :

Art. Ier. — Aussitôt que les préliminaires seront signés et ratifiés, une amitié sincère et constante sera établie entre S. M. Britannique, ses États et sujets, et les États-Généraux des Provinces-Unies, leurs États et sujets, de quelque qualité ou condition qu'ils soient, sans exception de lieux ni de personnes; en sorte que les hautes parties contractantes apporteront la plus grande attention à maintenir entre elles et leurs États et sujets cette amitié et correspondance réciproques, sans permettre dorénavant que de part ni d'autre l'on commette aucune sorte d'hostilités par mer ou par terre, pour quelque cause, ou sous quelque prétexte que ce puisse être : et l'on évitera soigneusement tout ce qui pourrait altérer à l'avenir l'union heureusement rétablie, s'attachant au contraire à se procurer réciproquement en toute occasion tout ce qui pourrait contribuer à leur gloire, leurs intérêts et avantages mutuels, sans donner aucun secours ou protection, directement ou indirectement, à ceux qui voudraient porter quelques préjudices à l'une ou l'autre desdites parties contractantes. Il y aura un oubli général de tout ce qui a pu être fait ou commis, avant ou depuis le commencement de la guerre qui vient de finir.

ART. 2. — A l'égard de l'honneur du pavillon et du salut en mer par les vaisseaux de la République, vis-à-vis de ceux de S. M. Britannique, il en sera usé respectivement de la même manière qui a été pratiquée avant le commencement de la guerre qui vient de finir.

ART. 3. — Tous les prisonniers faits de part et d'autre, tant par mer que par terre, et les ôtages enlevés ou donnés pendant la guerre et jusqu'à ce jour, seront restitués sans rançon, dans six semaines au plus tard, à compter du jour de l'échange de la ratification de ces articles préliminaires ; chaque puissance soldant respectivement les avances qui auront été faites pour la subsistance et l'entretien de ses prisonniers, par le souverain du pays où ils auront été détenus, conformément aux reçus et états constatés, et autres titres authentiques qui seront fournis de part et d'autre ; et il sera donné réciproquement des sûretés pour le paiement des dettes que les prisonniers auraient pu contracter dans les États où ils auraient été détenus, jusqu'à leur entière liberté. Et tous les vaisseaux, tant de guerre que marchands, qui auraient été pris depuis l'expiration des termes convenus pour la cessation des hostilités par mer, seront pareillement rendus de bonne foi, avec tous leurs équipages et cargaisons ; et on procédera à l'exécution de cet article immédiatement après l'échange des ratifications de ce traité préliminaire.

ART. 4. — Les États-Généraux des Provinces-Unies cèdent et garantissent, en toute propriété, à S. M. Britannique, la ville de Négapatnam avec les dépendances d'icelle ; mais vu l'importance que les États-Généraux des Provinces-Unies attachent à la possession de la susdite ville, le Roi de la Grande-Bretagne, pour marque de sa bienveillance envers les susdits États, promet, nonobstant la susdite cession, de recevoir et de traiter avec eux pour la restitution de ladite ville, en cas que les États auraient à l'avenir quelqu'équivalent à lui offrir.

ART. 5. — Le Roi de la Grande-Bretagne restituera, aux États-Généraux des Provinces-Unies, Trinconomale, ainsi que toutes les autres villes, forts, hâvres et établissements qui, dans le cours de la guerre présente, ont été conquis dans quelque partie du monde que ce soit, par les armes de S. M. Britannique, ou par celles de la Compagnie anglaise des Indes-Orientales, et dont ils se trouveront en possession ; le tout dans l'état où il se trouverait.

Art. 6. — Les États-Généraux des Provinces-Unies promettent et s'engagent à ne point gêner la navigation des sujets britanniques dans les Indes-Orientales.

Art. 7. — Comme il s'est élevé des différends entre la Compagnie africaine anglaise et la Compagnie des Indes-Orientales hollandaise, relativement à la navigation sur les côtes de l'Afrique, ainsi qu'au sujet du cap Apollonia ; pour prévenir toute cause de plainte entre les sujets des deux nations sur ces côtes, il est convenu que, de part et d'autre, on nommera des commissaires pour faire à ces égards des arrangements convenables.

Art. 8. — Tous les pays et territoires qui auront été conquis ou qui pourraient l'être, dans quelque partie du monde que ce soit, par les armes de S. M. Britannique, ainsi que par celles des Etats-Généraux qui ne sont pas compris dans les présents articles, ni à titre de cession, ni à titre de restitution, seront rendus sans difficulté et sans exiger de compensation.

Art. 9. — Comme il est nécessaire d'assigner une époque fixe pour les restitutions et évacuations à faire, il est convenu que le Roi de la Grande-Bretagne fera évacuer Trinconomale, ainsi que toutes les villes, places et territoires dont ses armes se sont emparées et dont il se trouve en possession (à l'exception de ce qui est cédé par ces articles à S. M. Britannique), à la même époque que se feront les restitutions et évacuations entre la Grande-Bretagne et la France. Les États-Généraux remettront, à la même époque, les villes et territoires dont leurs armes se seraient emparées sur les Anglais dans les Indes-Orientales. En conséquence de quoi les ordres seront envoyés par chacune des hautes parties contractantes, avec des passeports réciproques pour les vaisseaux, qui les porteront immédiatement après la ratification de ces articles préliminaires.

Art. 10. — S. M. britannique et L. H. P. les susdits États-Généraux promettent d'observer sincèrement et de bonne foi tous les articles contenus et établis dans ce présent traité préliminaire ; et elles ne souffriront pas qu'il soit fait de contravention directe ou indirecte par leurs sujets respectifs ; et les susdites hautes parties contractantes se garantissent généralement et réciproquement toutes les stipulations des présents articles.

Art. 11. — Les ratifications des présents articles préliminaires, expédiées en bonne et due forme, seront échangées, en cette ville de Paris, entre les hautes parties contractantes, dans l'espace d'un mois, ou plus tôt si faire se peut, à compter du jour de la signature des présents articles.

En foi de quoi nous, leurs ambassadeurs et plénipotentiaires, avons signé de notre main, en léur nom, en vertu de nos pleins pouvoirs, les présents articles préliminaires, et y avons fait apposer le cachet de nos armes.

Fait à Paris, le deuxième jour de septembre 1783.

Signé (L. S.) MANCHESTER.

(L. S.) LESTEVENON, VAN BERKENROODE, (L. S.) BRANTSEN.

Mémoire que M. Bérenger, chargé des affaires de S. M. très-chrétienne, a présenté hier aux Etats-Généraux.

HAUTS ET PUISSANTS SEIGNEURS,

Quoique le Roi ne doute pas que V. H. P. n'aient été informées par MM. de Berkenroode et de Brantsen de la résolution où il a toujours été, et où il est encore, de restituer à la République, gratuitement et sans aucune compensation, tous les établissements hollandais que ses armes ont reconquis sur la Grande-Bretagne, cependant S. M. croit devoir en renouveler l'assurance directement à V. H. Puissances, et elle se flatte que ce procédé leur servira à apprécier ses sentiments magnanimes pour la République; sentiments que S. M. n'a jamais démentis, quoique des circonstances, qu'il serait inutile de rappeler, eussent dû lui inspirer quelque défiance, par rapport à l'énergie et même aux dispositions des Provinces-Unies.

Le soussigné, chargé des affaires du Roi, a l'ordre exprès d'assurer V. H. Puissances que la bienveillance et l'amitié que S. M. leur porte est inaltérable, et qu'elle saisira toujours, avec autant de plaisir que d'empressement, les occasions de leur prouver la sincérité de l'intérêt qu'elle prend à la gloire comme à la prospérité de leur patrie.

Fait à La Haye, le 22 octobre 1783.

C'est ainsi qu'un monarque dont la probité fait le caractère personnel, vient de fermer la bouche à la calomnie, dont la voix a été constamment employée depuis le commencement de nos différends avec l'Angleterre, par ceux qui étaient plus attachés à l'ennemi qu'à leur propre patrie, pour semer la jalousie et la défiance entre la France et la République. Il n'est sans doute aucun bon citoyen dans les Provinces-Unies qui, faisant attention à la générosité des procédés de S. M. très-chrétienne, ne se sentira ému par le reproche, quoique exprimé avec délicatesse, que des circonstances qu'il serait difficile de rappeler avaient dû lui inspirer de la défiance par rapport à l'énergie et même aux dispositions de ces Provinces. Quant à nous , nous n'y ajouterons aucune réflexion ; et très-persuadés que ni le monarque français, ni ce qu'il y a d'ailleurs d'hommes justes et éclairés en Europe, n'attribuera au corps de la nation hollandaise les circonstances dont S. M. très-chrétienne se plaint à juste titre. Nous nous contenterons de faire avec tous les vrais citoyens, c'est-à-dire avec la nation presque entière , des vœux pour qu'une recherche rigoureuse de ces circonstances et une punition exemplaire des coupables lave la République aux yeux de l'univers entier de la honte dont elle a été couverte pour un petit nombre d'individus ; recherche déjà résolue par les États de Hollande et de Zélande, et à laquelle les autres confédérés ne tarderont point sans doute de concourir. Cependant nous ne saurions finir cet article sans faire contraster avec les procédés de la France ceux que tient envers la République son prétendu ancien ami et allié. L'on sait que le but des articles préliminaires de paix que la cour de Londres a exigés, n'a été autre que de la forcer à racheter ces conditions au prix des anciens liens , où nous devrions nous engager à son égard. Il paraît qu'incapable d'employer envers la République d'autres moyens que ceux de la hauteur et de la violence, elle persiste constamment dans le même système ; et l'on assure que la conclusion du traité définitif traîne en longueur , parce que le duc de Manchester allègue qu'il n'a pas d'instructions à cet effet , et renvoie nos plénipotentiaires à des négociations à entamer à Londres même. Mais il est plus que probable que, comme tout le reste de la conduite des ministres anglais envers la République depuis 1778, cette politique opérera contre son but , et ne servira qu'à raffermir celle-ci dans les principes qu'elle a embrassés.

Extrait des résolutions des États de Hollande et de West-Frise.

Du vendredi 31 octobre 1783.

Etant délibéré, il a été trouvé bon et résolu « que la chose sera dirigée aux États-Généraux de manière qu'il soit mandé à MM. Le Stevenon de Berkenroode et Brantsen , ambassadeurs ordinaires et extraordinaires de L. H. P. à la cour de France, de témoigner au nom de L. H. P. à S. M. très-chrétienne, en réponse à la note remise par M. de Berenger ;

Que L. H. P., pénétrées des sentiments les plus vifs de reconnaissance pour les preuves multipliées qu'elles ont reçues de l'affection de S. M. pendant la guerre aussi injuste qu'inattendue, suscitée à la République par le Roi d'Angleterre, sont de nouveau très-vivement touchées de la déclaration favorable qui leur a été faite de la part de S. M. par M. de

Berenger, dans la note qu'il a remise à L. H. P., concernant la restitution de leurs établissements sans aucune compensation ; que L. H. P., appréciant selon leur juste valeur ces preuves convaincantes de l'affection de S. M. pour la République, saisissent cette occasion de témoigner à S. M. leur respect sincère pour sa personne et pour les sentiments magnanimes qu'elle a manifestés dans les circonstances où la République s'est trouvée, tant par la protection puissante qu'elle a accordée auxdits établissements, que par la généreuse restitution qu'elle veut en faire ; qu'à ce témoignage de leur reconnaissance, des preuves d'affection et de bienveillance de S. M. pour la République, L. H. P. ajoutent les plus fortes assurances qu'elles n'ont jamais douté des favorables dispositions de S. M. à l'égard de la République, quoique les circonstances dans lesquelles elles se sont trouvées ne leur aient pas toujours permis d'en donner des preuves efficaces, et que L. H. P. s'empressent de profiter de toutes les occasions qui pourront s'offrir à l'avenir de convaincre S. M. de la sincérité de leurs sentiments, et particulièrement de la reconnaissance que leur inspirent les témoignages qu'elle leur a donnés de son affection. »

Que copie de la présente résolution soit remise à M. Berenger.

N° 22.

Traité de paix entre Tippou-Sultan et l'honorable Compagnie anglaise.

ART. 1er. — La paix et un commerce d'amitié auront lieu immédiatement entre le Sultan Tippou et les Anglais, et leurs alliés respectifs. Aucune assistance ne sera donnée à l'avenir par aucun parti aux ennemis de l'autre.

ART. 2. — Aussitôt que le traité sera signé, Tippou s'engage à évacuer le Carnate et à relâcher les prisonniers anglais et indiens qui sont entre ses mains, dans l'espace de trente jours. Les Anglais relâcheront pareillement les prisonniers faits sur ce prince.

ART. 3. — Aussitôt le traité signé, on rendra à Tippou toutes les places qu'on a prises sur lui.

ART. 4. — Quand les prisonniers seront rendus, alors les Anglais évacueront le fort et le district de Cananore ; et Ambour et Sutgur seront remis par Tippou.

ART. 5. — Tippou ne formera plus à l'avenir de réclamations sur le Carnate.

ART. 6. — Tous les natifs du Carnate enlevés par Tippou pendant la guerre auront la liberté de revenir chez eux. Les sujets de Tippou enlevés de la même manière pourront retourner dans leur pays.

Art. 7. — Ce jour étant un jour de réconciliation générale, Tippou-Sultan-Bahader consent à pardonner aux rajahs Zemindars, ses voisins ou tributaires, qui ont favorisé les Anglais pendant la guerre; il le fait pour prouver à cette nation l'amitié et l'estime qu'il lui porte.

Art. 8. — Le Sultan Tippou confirme tous les priviléges commerciaux accordés ci-devant aux Anglais.

Art. 9. — Tippou restituera aux Anglais la factorerie de Calicut et les districts aux environs de Tillichery.

Art. 10. — Le traité sera signé et scellé par les commissaires, et de là envoyé au fort Saint-Georges, pour être confirmé, signé et renvoyé sous cinq mois, ou plus tôt, s'il est possible. Il sera ratifié ensuite par le gouverneur-général et par le conseil du Bengale, et renvoyé dans l'espace de trois mois, ou plus tôt, s'il est possible.

Signé le 11 mars 1784 :

Anthony SADLEIR, G.-D. STAUTON, John HUDDLES-TON, TIPPOU-SULTAN-BAHADER.

N° 23.

Paris, le 13 messidor an IX (2 juillet 1801).

RAPPORT.

Le vice-amiral, directeur et inspecteur du dépôt général de la marine et des colonies, au ministre de la marine et des colonies.

J'ai lu avec beaucoup d'intérêt le journal de la campagne de l'Inde de M. de Suffren, par le citoyen Trublet; il m'a paru très-bien écrit, avec vérité et impartialité. On voit qu'il a été fait sur les lieux, par un officier instruit et expérimenté. On ne peut que regretter qu'il ne l'ait pas achevé jusqu'à la paix. La dernière campagne de M. de Suffren n'est pas moins intéressante; c'est, pour ainsi dire, la plus glorieuse, puisqu'il a couronné ses autres campagnes par une victoire complète sur l'amiral Hughes, qui refusa un second combat et l'évita, en se réfugiant à Madras, poursuivi par une escadre de quinze vaisseaux en mauvais état, qui étaient, pour la plus grande partie, mailletés, doublés en bois ou sur franc-bord; et que les dix-huit vaisseaux anglais étaient tous doublés en cuivre, et dont plusieurs étaient arrivés depuis peu d'Europe.

Il est à désirer que le citoyen Trublet veuille bien continuer son journal et le publier (1). En outre de son utilité pour les marins, il honorera les fastes de la marine française. Les détails de cette campagne ne sont pas assez connus.

ROSILY.

N° 24.

A bord du *Fantasque*, le 10 juillet 1779.

Monseigneur,

Le général vous ayant rendu des comptes généraux de l'armée, je me bornerai à vous rendre celui du vaisseau le *Fantasque*.

Ayant appareillé le 5 au matin, j'avais remouillé le soir sous le Fort-Royal. Le signal d'appareiller, qu'on fit le 6, à 4 heures du matin, fut exécuté avec tant de célérité que, quoique le plus éloigné, j'arrivai à la tête. J'eus le bonheur d'être chef de file; j'essuyai par ma position le feu des vingt premières bordées, serrant le vent le plus que je pouvais. Cette passe dura 1 heure et 1/4. Après que la ligne anglaise m'eut dépassé, je pris mon poste dans la ligne de bataille. Les ennemis ayant reviré et regagné la tête, après 2 heures d'intervalle, le combat recommença pour moi, et dura 2 heures et 1/4.

Quoique maltraité par la perte de monde, par les avaries dans le corps du vaisseau, mâtures, voiles et agrès, je l'ai été bien moins que le poste honorable que j'ai occupé pouvait le faire craindre. C'est au feu vif et bien dirigé que j'ai fait qu'est dû cet avantage. Mes officiers et mon équipage se sont conduits avec tant de valeur et d'intelligence que je vous prie instamment d'accorder l'état des grâces que j'ai présenté à M. le comte d'Estaing. Vous feriez le bien du service, et vous mettriez le comble à ma reconnaissance, si vous daigniez accorder quelques grâces particulières au vaisseau, où en général tout l'équipage s'est bien conduit.

Je suis avec respect,

Monseigneur,

Votre très-humble et très-obéissant serviteur,

Le Chevalier DE SUFFREN.

(Arch. de la Mar.)

---

(1) Le manuscrit de M. Trublet n'était pas complètement achevé lorsqu'il le présenta au citoyen Forfait, ministre de la marine. Les encouragements de ce ministre et les invitations du vice-amiral Rosily déterminèrent l'auteur à y mettre la dernière main.

N° 25.

A bord du *Héros*, en rade de Trinquemalay, le 14 septembre 1788.

MONSEIGNEUR,

M. le chevalier du Perron m'ayant proposé de vous porter mes dépêches, je lui ai exposé que j'avais déjà eu l'honneur de vous écrire, et que les faits de guerre perdaient trop leur importance en temps de paix pour faire des dépenses extraordinaires à ce sujet. Il m'a répondu que son intention était d'aller vous faire sa cour, et que ma commission ne ferait que hâter son départ de quelques jours. Je l'ai accepté avec plaisir.

M. le chevalier du Perron étant arrivé après la paix, je ne puis que louer son zèle et les vifs regrets qu'il m'a témoignés de ne pouvoir plus se rendre utile (1).

Je suis avec respect,

MONSEIGNEUR,

Votre très-humble et très-obéissant serviteur,

Le Chevalier DE SUFFREN.

(Arch. de la Mar.)

N° 26.

Lettre de M. le marquis de Castries à M. le Bailli de Suffren.

Versailles, 6 avril 1783.

N'ayant eu, Monsieur, aucune nouvelle de M. de Bussy depuis le mois de juillet de l'année dernière, et plusieurs avis venus indirectement, me donnant les plus vives inquiétudes sur le dépérissement de sa santé, j'ai cru devoir prendre les ordres du Roi, pour le cas où mondit sieur de Bussy serait mort, ou viendrait à manquer avant l'exécution du traité définitif. S. M. a senti la nécessité d'y pourvoir et de prévenir les inconvénients qui pourraient résulter du partage de l'autorité, et jugeant ne pouvoir mieux placer sa confiance qu'entre vos mains, au défaut de M. de

(1) Le chevalier du Perron commandait la frégate l'*Hermione*.

Bussy, elle vous donne le commandement en chef de ses forces et de ses établissements au-delà du Cap de Bonne-Espérance, avec les mêmes pleins pouvoirs qu'elle avait accordés à mondit sieur de Bussy.

Et elle ordonne que ledit cas prévu arrivant, vous soyez reconnu, par qui il appartiendra, comme commandant en chef, sans autre ordre de sa part que la présente lettre.

J'enverrai, par la frégate du Roi la *Surveillante*, les ordres de S. M. à ce sujet, à l'Ile-de-France et au Cap de Bonne-Espérance.

(Arch. de la Mar.)

N° 27.

Les frégates la *Sultane*, de vingt-six canons de douze, et la *Mignonne*, de vingt-six de huit, dont S. M. ordonne l'armement à Toulon, pour aller croiser en Levant, à l'effet de protéger le commerce, seront commandées :

La première, par M. le chevalier Guiran de la Brillane; et la deuxième, par le Commandeur de Suffren.

Tous deux capitaines de vaisseau de réputation, et qui ont l'expérience de ces missions, auxquelles ils ont déjà été employés.

Approuvé par le Roi, le 16 septembre 1774. *(Arch. de la Mar.)*

N° 28.

Brevet du 1er juillet 1780.

Le 1er mars 1780, le Roi a accordé à M. le Commandeur de Suffren, capitaine de vaisseau, une pension de *quinze cents livres*, pour lui marquer sa satisfaction du zèle et de l'activité qu'il a apportés à remplir diverses missions particulières, commandant le vaisseau le *Fantasque*, de l'escadre de M. le comte d'Estaing, ainsi que de la bravoure et de l'habileté dont il a donné des preuves dans les combats qu'il a eu à soutenir, et particulièrement dans celui de la Grenade, où il était chef de file de l'escadre.

Cette grâce aura lieu à compter dudit jour 1er mars.

BLOUIN.

(Arch. de la Mar.)

N° 29.

Trinquemalay, le 26 avril 1783.

MONSIEUR DE MALEZIEU,

Je vous ai annoncé, par ma lettre n° 8, mon arrivée dans le port le 11 de ce mois ; le *Fendant*, le *Saint-Michel*, que j'avais envoyés avec la *Cléopâtre* et le *Cowentry*, sont arrivés ici le 20. Ils n'ont fait que cinq prises, chargées de riz, qui ont été brûlées. Les Anglais ont paru le 12 sur Tranquebar ; ils peuvent entreprendre sur Goudelour, et dans ce cas, quoique je n'aie que quinze vaisseaux, j'irai les attaquer dès que les deux qui sont en radoub seront en état, j'en suis convenu avec M. de Bussy ; cependant dans sa lettre, il ne me parle que d'une *diversion;* je ne vois pas comment elle pourrait avoir lieu : je crois que c'est une faute de son secrétaire, car je ne puis me persuader que par une expression aussi *louche,* il voulût me charger des événements. Pour vous tranquilliser sur Goudelour, voici un à peu près les troupes qui y sont :

Troupes blanches.	3,200 hommes.
Convalescents, employés volontaires.	600
Cipayes français, ...	2,400
idem hollandais	1,000
Piétons du Nabab.	4,000
	11,200

A la vérité la place ne vaut rien. Le Nabab a laissé 20,000 hommes dans la province, dont 8,000 de cavalerie ; mais le chef ne fait que ce qu'il veut et nous est d'un mince secours. Si vous êtes tranquillisé sur le nombre de bras, je doute que vous le soyez sur les têtes. S'il me convenait de les peindre, M. le comte d'Offelize, qui est celui qui a le plus fait la guerre et qui paraît en parler le mieux, ne l'a faite que comme officier de cavalerie.

Un bâtiment venu des îles m'a apporté la fâcheuse nouvelle qu'on y avait condamné l'*Alexandre;* me voilà, par la perte de l'*Orient* et du *Bizarre,* avec trois vaisseaux de moins que vous ne pensez. Permettez-moi de vous exposer qu'on fait dans nos ports de la très-mauvaise besogne. Lorsque je partis de Brest, le *Vengeur,* qu'on avait fait entrer de force dans le bassin, le *Sphinx,* l'*Artésien* faisaient de l'eau ; heureusement l'*Annibal* en fit assez pour forcer à le radouber, le caréner et le redoubler. L'*Illustre* a toujours fait de l'eau. Le *Saint-Michel* en fait depuis cinq mois, et aucun de ces vaisseaux n'ont essuyé de mauvais temps ; il serait bien essentiel que dans les ports on donnât des soins particuliers aux bâtiments qui sont destinés pour l'Inde. Il y a un article sur lequel je ne saurais trop insister, c'est celui des avisos. Quel plan peut-on faire quand on ne sait jamais rien? Les Anglais ont su, le 31 janvier, à Madras, le départ de leur flotte le 11 septembre. C'est aujourd'hui que j'apprends, sans aucuns détails, qu'il est parti sept bâtiments de l'île d'Aix pour ces mers. Il serait à souhaiter qu'il y eût deux avisos par flotte, un qui partirait un mois à l'avance, pour annoncer l'armement, et un qui partirait avec la flotte; il s'en séparerait hors des caps. Si je pouvais avoir des hommes et du cuivre en planche, je couvrirais les mers de croiseurs, car j'ai beaucoup de bâtiments propres à cet usage.

Je suis etc.

(Arch. de la Mar.)

N° 30.

4 avril 1784.

Le Roi a jugé à propos de créer une quatrième charge de vice-amiral, en faveur de M. le Bailli de Suffren-Saint-Tropès, ladite charge devant rester supprimée après lui.

Pour extrait de la décision de S. M.

BLOUIN.

(Arch. de la Mar.)

Paris, le 10 avril 1784.

J'ai reçu, M. le maréchal, la lettre que vous vous êtes donné la peine de m'écrire le 4 de ce mois; je vous remercie de l'avis que vous me donnez que le roi a nommé M. de Suffren vice-amiral, et que l'intention de S. M. est que cette quatrième place soit supprimée à la mort de M. de Suffren. J'espère que M. le maréchal me rend la justice de ne pas douter de la véritable et sincère amitié que j'aurai toute ma vie pour lui.

L. J. M. DE BOURBON.

A M. le maréchal de Castries.

(Arch. de la Mar.)

N° 51.

SUFFREN (ancienne maison de la République de Lucques.)

Hugon de Suffren vint s'établir en Provence dans le xive siècle, lors des troubles de cette république. Cette maison a formé trois branches ; il y en a une établie dans le pays étranger, et les deux autres en Provence. Elles ont pour auteur commun :

Antoine de Suffren, chevalier, seigneur d'Aubes et de Moulèges, marié, en 1571, à Louise de Châteauneuf, fille de Laurent de Châteauneuf, chevalier, et de Blanche de Simiane ;

Laurent de Suffren, fils de Joseph et de Marguerite de Montplaisir, marié, en 1748, à Marguerite de Regis-Fuveau, fille de Louis, chevalier, et de Louise Jujardy, a pour enfants : 1° Palamède de Suffren, officier de marine ; — 2° Louis, admis pour être comte du noble chapitre de Saint-Victor-lès-Marseille ; — 3° Emmanuel, encore jeune, aspirant pour être garde de la marine ; — 4° Félicité-Perpétue, mariée, le 27 mars 1776, à Charles-François de Riaus ; — 5° et 6° Appollonie et Colombe, non encore mariées.

De l'autre branche était Jean-Baptiste de Suffren, marquis de Saint-Tropez et de Saint-Cannat, baron de la Molle, seigneur de Richebois, qui épousa Geneviève de Castellane, fille du marquis de Castellane-Saint-Jeurs, seigneur du Golphe, de Grimaud, maréchal des camps et armées du Roi, et de dame Marguerite de Sabin-Janson, dont il a eu : 1° Paul, qui suit ; — 2° et 3° Louis et François, chevaliers de Malte, capitaines dans Royal-Comtois, tués l'un et l'autre au siége de Douai ; — 4° et Madeleine de Suffren, mariée à Jean-Baptiste, marquis de Castellane-Esparon ;

Paul de Suffren, premier procureur du pays de Provence en 1725, et procureur joint de la noblesse en 1749, a épousé, le 3 septembre 1755, Hiéronime de Bruny, fille de Jean-Baptiste de Bruny, seigneur de Châteaubrun, et de dame Élisabeth de Chataignier. Leurs enfants sont : — 1° Joseph-Jean-Baptiste, qui suit ; — 2° Louis-Jérôme, évêque de Sistéron ; — 3° Pierre-André, commandeur de Saint-Christol, capitaine des vaisseaux du Roi ; — 4° Paul, chevalier de Malte, capitaine des vaisseaux de la Religion ; — 5° et 6° deux filles, mariées, l'une à N... D'Arnaud, baron de Vitrole, et la seconde au marquis de Pierrevert ;

Joseph-Jean-Baptiste de Suffren, marquis de Saint-Tropez, mestre de camp cavalerie, a épousé, le 21 février 1744, Louise-Pulchérie-Gabrielle de Goesbriant, fille du comte de Goesbriant, maréchal-de-camp, gouver-neur du château du Taureau, et de Marie-Rosalie de Chatillon, dont : — 1° Pierre-Marie de Suffren, comte de Saint-Tropez, gouverneur de la ville et citadelle de Saint-Tropez, capitaine dans le régiment Royal-Lo-raine ; — 2° Louis-Victor, chevalier de Malte, officier du régiment Royal-Cravate ; — 3° Olimpe-Émilie, mariée à Louis-Charles de la Baume, comte de Suze.

Les armes : d'azur, au sautoir d'argent, cantonné de quatre muffles de léopards d'or.

(Dictionnaire de la Noblesse. — De la Chenaye-Desbois).

FIN.

ERRATA.

Page 1, dernière ligne, Chenaye-Dubois, lisez : *Chenaye-Desbois.*

Page 45, ligne 12, Monarque, lisez : *Maurepas.*

P. 84, l. 13 et *passim*, Gondelour, lisez : *Goudelour.*

P. 84, note 1, au lieu de : Il quitta la colonie et s'embarqua à bord de l'*Osterley.* A la prise de la *Pourvoyeuse,* on avait emménagé ce navire pour le recevoir. Un journal etc., lisez : *Il quitta la colonie et s'embarqua à bord de l'*Osterley, *prise de la* Pourvoyeuse : *on avait disposé ce navire pour le recevoir. Un journal etc.*

P. 85, l. 23, Tamjaour, lisez : *Tanjaour.*

P. 85, l. 27 et *passim*, Coot, lisez : *Coote.*

P. 92, l. 22, Maour, lisez : *Naour.*

P. 232, M. de Vigues, lisez : *de Vignes.*

P. 236, sommaire, Peinier et *passim*, lisez : *Peynier.*

P. 262, l. 21, Colonel, lisez : *Conseiller.*

P. 265, 3e note, au lieu de : à sa date, lisez : *et sa date.*

P. 287, l. 8, Alligeac, lisez : *Albigeac.*

P. 296, l. 21, après le *Cowentry*, ajoutez la *Fine* et etc.

P. 296, après : les forces : (n.) *Campagnes de l'Inde, Trublet de la Ville-jégu.*

P. 302, l. 29, *Cléopâtre — de Rosily,* lisez : *Cléopâtre, capitaine de Rosily.*

P. 337, note 1, au lieu de : Ce vaisseau.... n'avait.... lisez : *Ces vaisseaux.... n'avaient etc.*

P. 346, l. 22 et *passim*, Dehodency, lisez : *Dehodencq.*

LISTE

Des vaisseaux des puissances belligérantes, pris,
détruits, coulés bas, brûlés, ou naufragés
durant la dernière guerre.

VAISSEAUX ANGLAIS.

NOMS.	Canons.	Années.	PARAGES OU ILS ONT ÉTÉ PRIS, ETC.
		1777	
L'*Augusta*,	64		péri dans la Delaware.
L'*Actéon*,	28		péri devant Charles-Town.
La *Pomone*,	} 28		péries, corps et biens, sur les côtes de l'Amérique
La *Repulse*,			septentrionale.
		1778	
Le *Sommerset*,	64		naufragé sur le cap Cod, avec partie de l'équipage.
Le *Mermaid*,	28 }		péris sur le cap Henlope et à l'entrée de la Delaware,
La *Sirène*,	28 }		en fuyant l'escadre du comte d'Estaing.
La *Junon*,	32 }		
La *Lark*,	32 }		
La *Flora*,	32 }		brulés à Rhode-Islande, à l'approche de l'escadre du
L'*Orphéus*,	32 }		comte d'Estaing.
Le *Cerberus*,	28 }		
La *Minerva*,	32		prise par les Français devant Saint-Domingue.
Le *Fox*,	28		— en Europe.
L'*Active*,	28		— aux Antilles.
Le *Lively*,	24		— en Europe.
		1779	
L'*Ardent*,	64		pris par les Français en Europe.
L'*Expériment*,	50		— sur les côtes de la Géorgie.
Le *Montréal*,	32		— dans la Méditerranée.
L'*Ariel*,	28		— sur les côtes de la Géorgie.
Le *Serapis*,	44		— dans la mer du Nord, par les Français et les Amér.
Le *Quebec*,	32		sauté à la suite de son combat contre la *Surveillante*.
L'*Aréthusa*,	32		périe sur les roches de la Molême.
Le *Hussard*,	28 }		péris sur les côtes de l'Amérique septentrionale.
Le *Glasgow*,	24 }		
		1780	
Le *Cornwal*,	74		coulé bas après le combat du 19 mai.
Le *Thunderer*,	74 }		péris, corps et biens, aux Antilles.
Le *Stirling-Castle*	64 }		
La *Défiance*,	64		périe sur la barre de Charles-Town.
Le *Leviathan*,	50		naufragé près des Açores.
Le *Phénix*,	44		péri sur les côtes de l'île de Cube.
La *Blanche*,	32 }		péris, corps et biens, aux Antilles.
Le *Laurel*,	28 }		
L'*Andromède*,	28 }		
Le *Grampus*,	26		péri en revenant des Antilles.
Le *Déal-Castle*,	} 24		péris aux Indes occidentales.
La *Pénélope*,			
Le *Shark*,	28		péri sur les côtes de l'Amérique septentrionale.
L'*Unicorn*,	28		pris par les Français aux Antilles.

VAISSEAUX ANGLAIS.

NOMS.	Canons.	Années.	PARAGES OU ILS ONT ÉTÉ PRIS, ETC.
		1781	
Le *Culloden*,	74		péri, avec une partie de son équipage, sur la pointe Montuck.
Le *Terrible*,	74		brûlé à la suite du combat du 5 septembre.
Le *Romulus*,	44		pris par l'*Eveillé* sur le cap Charles.
Le *Charon*,	44		brûlé par les Français devant York-Town.
L'*Iris*,	32		
Le *Richemond*,	32		pris par les Français dans la Chesapeak.
La *Guadeloupe*,	32		
La *Thétys*,	32		périe dans la baie du Carenage, île de Sainte-Lucie.
Le *Greybond*,	28		péri en Europe.
Le *Cressent*,	28		pris par les Français en Europe.
Le *Pélican*,	24		péri sur les côtes de la Jamaïque.
Le *Fowey*,	24		— dans la Chesapeak.
Le *Sandwick*,	24		— sur les côtes de la Caroline du Sud.
La *Sirène*,	24		— en Europe.
		1782	
Le *Royal George*,	110		péri, corps et biens, dans la rade de Portsmouth.
La *Ville-de-Paris*,	104		
Le *Glorieux*,	74		péris, corps et biens, en revenant de la Jamaïque.
Le *Centaure*,	74		
Le *Ramillies*,	74		péri en revenant de la Jamaïque.
L'*Hector*,	74		coulé bas sur le banc de Terre-Neuve, à la suite d'un combat contre deux frégates françaises.
Le *César*,	74		sauté, après avoir été pris, par la faute des amarineurs.
L'*Annibal*,	50		pris dans l'Inde par les Français.
La *Ste-Monique*,	36		périe sur Tortola.
Le *Stag*,	32		— en Europe.
La *Blonde*,	32		— sur les côtes de l'Amérique septentrionale.
Le *Cerberus*,	32		— sur les Bermudes.
L'*Hinchinbrock*,	20		— sur les côtes de la Jamaïque.
Le *Solebay*,	28		brûlé sous Nevis.
		1783	
La *Pallas*,	36		périe près de l'île de Fayal.
Le *Caton*,	50		péri, corps et biens, en allant aux Indes.
Le *Superbe*,	74		péri devant Tallicheri.
Le *Coventry*,	28		pris par les Français à Ganjam.
L'*Argo*,	44		pris par les Français sur l'île de Sombrero.

VAISSEAUX FRANÇAIS.

NOMS.	Canons.	Années.	PARAGES OU ILS ONT ÉTÉ PRIS, ETC.
		1778	
La *Licorne*,	32		prises en Europe par l'amiral Keppel.
La *Pallas*,	32		
		1779	
Le *Rolland*,	64		brûlé dans le port de Brest.
La *Thétis*,	32		brûlée dans le port de Brest.
La *Prudente*,	32		prise par les Anglais sur les côtes de Saint-Domingue.
La *Fortunée*,	36		— aux îles du Vent.
La *Blanche*,	32		
L'*Alcmène*,	32		— aux îles du Vent.
L'*Oiseau*,	28		— dans la Manche.
La *Danaé*,	32		— dans la baie de Cancale.
		1780	
Le *Protée*,	64		pris par les Anglais près de Madère.
La *Charmante*,	32		périe sur les Saints, avec la plus grande partie de son équipage.
La *Diane*,	36		périe, corps et biens, aux Antilles.
La *Belle-Poule*,	32		prise par les Anglais en Europe,
La *Capricieuse*,	32		— et coulée bas.
La *Nymphe*,	32		— en Europe.
La *Junon*,	32		périe sur Saint-Vincent.
		1781	
La *Couronne*,	80		brûlée dans le port de Brest.
L'*Intrépide*,	74		brûlé dans la rade du Cap Français.
L'*Inconstante*,	32		sautée sur la pointe Tiburon, avec partie de son équipage.
La *Vénus*,	36		périe en Europe.
La *Magicienne*,	32		prise par les Anglais sur le cap Anne.
La *Minerve*,	32		— dans la Manche.
L'*Unicorn*,	28		— dans le golfe du Mexique.
Le *Lively*,	24		— sur les Açores.
L'*Étourdie*,	24		périe en Europe.
		1782	
La *Ville-de-Paris*	104		
Le *César*,	74		
Le *Glorieux*,	74		pris par les Anglais aux Antilles.
L'*Hector*,	74		
L'*Ardent*,	66		

VAISSEAUX FRANÇAIS.

NOMS.	Canons.	Années.	PARAGES OU ILS ONT ÉTÉ PRIS, ETC.
		1782	
Le *Caton*,	64		pris sur la Mona.
Le *Jason*,	64		
L'*Aimable*,	28		
Le *Pégase*,	74		— en Europe.
Le *Solitaire*,	64		— aux îles du Vent.
L'*Hébé*,	40		— en Europe.
L'*Aigle*,	40		— dans la Delaware.
Le *Magnifique*,	74		péri dans la rade de Boston.
Le *Scipion*,	74		— dans la baie de Samana.
La *Bourgogne*,	74		— près Porto-Cabello.
Le *Palmier*,	74		— en revenant en Europe.
L'*Orient*,	74		— dans la baie de Trinquemalay.
Le *Bizarre*,	64		— devant Goudelour.
La *Diligente*,	28		— sur le Cap Henry.
		1783	
La *Sibylle*,	32		prise par les Anglais sur les côtes de l'Amér. septen.
La *Concorde*,	32		— aux Antilles.
La *Coquette*, c.	20		— sur les îles Turques.
La *Naïade*, corv.	20		— sur la côte de Coromandel.
L'*Argo*,	44		repris sur Portorico.

VAISSEAUX ESPAGNOLS.

		1779	
Le *Poderoso*,	64		péri près des Açores.
La *Ste-Monique*,	32		prise par les Anglais près des Açores.
La *S.-Marguerite*	32		— sur les côtes du Portugal.
		1780	
Le *Saint-Joseph*,	70		péri en sortant de Brest.
Le *Phénix*,	80		
Le *Diligent*,	70		
Le *Monarca*,	70		pris par les Anglais sur le cap Sainte-Marie.
La *Princessa*,	70		
Le *Guipuscoa*,	64		— sur le cap Finistère.
Le *S.-Dominique*,	70		sauté avec tout son équipage.
Le *Saint-Julien*,	70		péri en rentrant à Cadix.
		1781	
La *Ste-Léocadie*,	32		prise par les Anglais dans l'Océan.
La *Ste-Catherine*	22		— vers le Détroit et coulée bas.
La *Grana*,	26		— en Europe.
		1782	
Le *Saint-Michel*,	70		échoué sous Gibraltar, pris et relevé par les Anglais.

VAISSEAUX HOLLANDAIS.

NOMS.	Canons.	Années.	PARAGES OU ILS ONT ÉTÉ PRIS, ETC.
		1781	
Le *Prince William*,	70		péri sur les côtes d'Hollande.
La *Hollande*,	68		coulée bas à la suite du combat du Doggersbanc.
Le *Mars*,	60		
Le *Mars*,	32		pris par les Anglais à Saint-Eustache.
La *Princesse Caroline*,	50		
Le *Roterdam*,	50		pris en Europe.
		1782	
L'*Union*,	64		périe, corps et biens, dans les mers du Nord.
Le *Zériczée*,	64		péri dans les mers du Nord, avec presque tout son équipage.

NOTA. — Nous n'avons pas cru devoir faire mention dans cette liste des vaisseaux des États-Unis, dont la marine, durant la dernière guerre, n'a consisté qu'en quelques frégates et corvettes.

Pl 6.

PLAN
du
Combat
dans la
Baie de la Praya.

Vaisseaux Anglais.

6. le Romney
7. le Hèros
8. le Montmouth
9. le Jupiter
10. l'Isis
11. la Diana
12. l'Active
13. le Vulcan
14. la Terror
15. l'Infernal
16. Hu Cutter

1re. de la Compagnie
ou transporta et enclume
tertia

Vaisseaux français.

1. le Hèros
2. le Combat
3. l'Artisan
4. le Vengeur
5. le Sphinx

Plaine de Cavaliers

Fort

Mouage ou l'on débarque

Sable fin

Île ronde

8 brasses

9 brasses

9 brasses

10 brasses

12 brasses

Sable et gravier 9 b.

8 brasses 7 b.

Sable et vase

Roches Sable

Pointe de l'Est

10 brasses 10 b ½ 18 brasses

15 brasses Roches

14 brasses 12 brasses

Pointe Tiburon

18 brasses 17 brasses 18 brasses

Roches Roches

1 Lieue marine ¼ ½ ¾ ⅞

COMBAT NAVAL

du 17 Février 178., 2.

Premier Combat

dans

L'INDE.

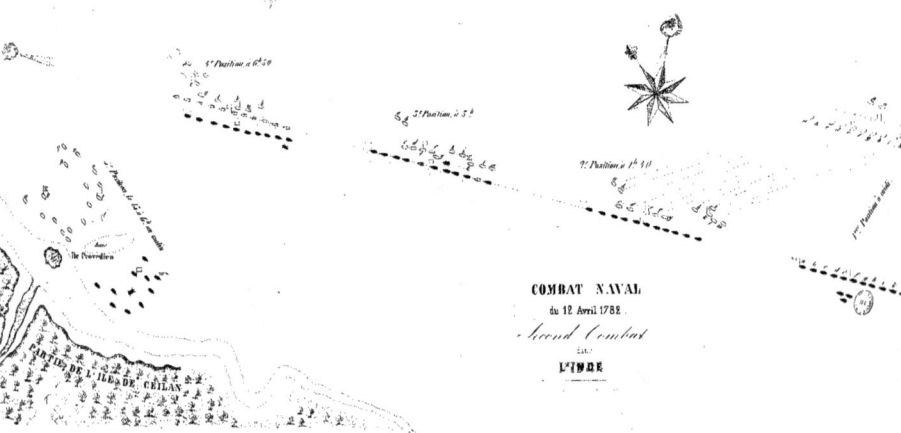

COMBAT NAVAL
du 12 Avril 1782.
Second Combat dit
L'INDE

Escadre Française.

le Flamand	54	Trinvville	
l'Annibal	74	Tromelin	
l'Hévos	64	l'Huel	
le Brillant	64	St Félix	
Héros	74	Suffren	
Sphinx	64	du Chillou	
Pet. Annibal	50	de Galle	
l'Artésien	64	Maurville	
Vengeur	64	Forbin	
Bizarre	64	la Landelle	
l'Orient	74	la Pallière	
Dillignat			
Fine			
Sublile			
2 Brulots			

vont prendre part au combat

| Ajax | | Seward |
| Pulture | | Bouvlois |

Escadre Anglaise.

Exeter	64	King Commodore
Hero	74	Hawker
Isis	50	Lumley
Hayford	74	Stone
Sultan	74	Watt
Superb	74	L'Hughes
Monarca	74	Gell
Worcester	64	Wood
Montmouth	64	Class
Eagle	64	Ambler
Magnanime	64	Wolseley
Sea Horse		
Rodney		

COMBAT NAVAL
du 5 Juillet 1782

Troisième Combat
dans *l'Inde*

Délembée et libellée

4.ª Position, à 4.ʰ30.ᵐ du soir

5.ª Position, à 10.ʰ30.ᵐ

1.ʳᵉ Position, à 6.ʰ du matin

2.ª Position, à 9.ʰ40.ᵐ

3.ᵐᵉ Position, à 6.ʰ du matin

Nagapa

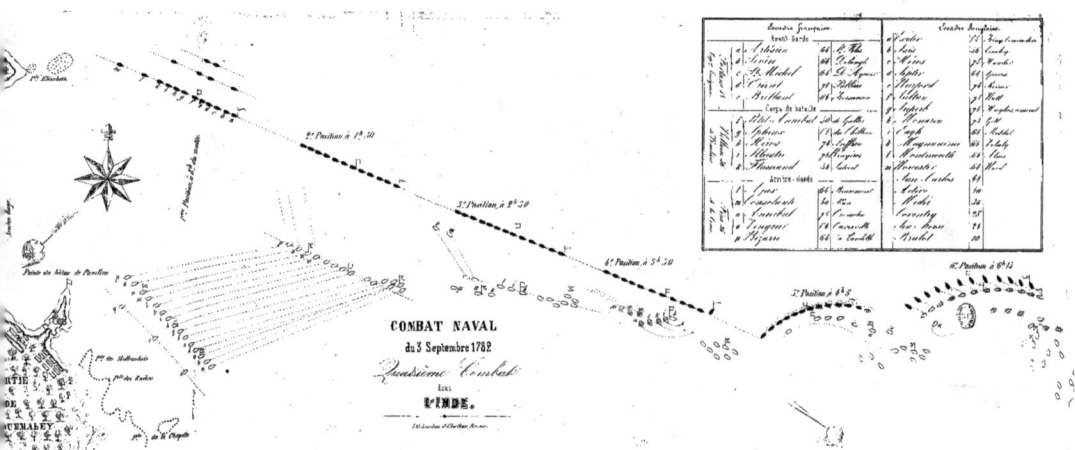

COMBAT NAVAL
du 3 Septembre 1782
Quatrième Combat dans
L'INDE.

COMBAT NAVAL
du 20 juin 1783.

Cinquième Combat
du
1er Sept.

BAYE DE TRINQUEMALAY

GOLFE DU BENGALE

www.ingramcontent.com/pod-product-compliance
Lightning Source LLC
Chambersburg PA
CBHW060955280326
41935CB00009B/731